服刑人员心理矫治

邵晓顺 主编

ZHEJIANG UNIVERSITY PRESS
浙江大学出版社

图书在版编目（CIP）数据

服刑人员心理矫治/邵晓顺主编. —杭州：浙江大学
出版社，2018.7（2024.7重印）
ISBN 978-7-308-18467-0

Ⅰ.①服… Ⅱ.①邵… Ⅲ.①犯罪分子－心理健康－
健康教育 Ⅳ.①D916.7

中国版本图书馆 CIP 数据核字（2018）第 176354 号

服刑人员心理矫治

邵晓顺　主编

责任编辑	王元新	
责任校对	韦丽娟	
封面设计	周　灵	
出版发行	浙江大学出版社	
	（杭州市天目山路 148 号　邮政编码 310007）	
	（网址：http://www.zjupress.com）	
排　　版	杭州好友排版工作室	
印　　刷	广东虎彩云印刷有限公司绍兴分公司	
开　　本	787mm×1092mm　1/16	
印　　张	15.25	
字　　数	381 千	
版 印 次	2018 年 7 月第 1 版　2024 年 7 月第 5 次印刷	
书　　号	ISBN 978-7-308-18467-0	
定　　价	38.00 元	

前　言

　　服刑人员心理矫治,是指运用心理学的理论、技术与方法以及相关学科理论,调整服刑人员的心理和行为,并促使其发生积极变化的活动。从这个含义出发,中华人民共和国成立以来的罪犯改造活动,一直以来都有心理矫治工作在其中。这是对心理矫治工作最为广义的一种理解。从这个层面来阐述心理矫治工作,国内外都有探索。

　　然而,以"咨询评估"为基础开展的服刑人员心理咨询工作,即本教材定义为狭义的心理矫治活动,在我国有 30 多年的历史,在西方国家也不过 100 多年。但是,心理矫治工作,目前不仅在西方国家,在我国亦已成为教育矫正服刑人员的基本手段之一。因此,如何从理论上更好地认识心理矫治手段的运行规律,并为矫正工作人员所掌握和运用,显然是颇为紧要的课题。

　　服刑人员心理矫治还包括心理治疗工作,由于此项工作专业性强,需要心理治疗师或精神科医师来开展诊断评估与治疗工作,非心理咨询师或矫正机构一般工作人员所能承担,因此本教材没有单独设章予以阐述。

　　本教材在写作中遵从了广义的概念,在阐述了狭义的心理矫治内容,即(心理)评估与分类、心理健康教育、心理咨询(个体与团体)、危机干预内容之后,详细阐述了广义心理矫治的内容,具体分为宏观层面的教育矫正模式与微观层面的个别化矫正及方案设计,提出了犯罪心理分析模式与矫正性谈话技术,以有效矫正服刑人员的犯因性问题(犯罪心理)。

　　本教材的核心观点可概括为:狭义的服刑人员心理矫治,以心理咨询和团体心理辅导为主体工作,在建立良好的咨访关系基础上,明确服刑人员的心理问题,并运用心理学的理论、技术与方法帮助解决之。广义的服刑人员心理矫治,通过人身危险性评估与矫正需求评估,在明确服刑人员的犯因性问题之后,设计个别化矫正方案与分类矫治方案,结合集体思想教育和监区文化建设,借助社会帮教活动,以综合矫治模式实现服刑人员犯罪心理的转归。而不管是心理咨询还是心理矫正,都要基于矫正工作人员良好的职业态度与职业精神,即对教育矫正工作的重视与精神投入。

　　本教材由邵晓顺担任主编。具体分工如下:邵晓顺(浙江警官职业学院)(第一章第一、二节,第三章,第六章,第八章,第十章,第五章与蒋小霞合写),雷成宏(浙江省十里坪监狱)(第一章第三节,第十二章第三节),张权(浙江省未成年犯管教所)(第二章),汪志刚(浙江省第一监狱)(第四章),蒋小霞(浙江省未成年犯管教所)(第五章与邵晓顺合写,第十二章第一、二节),张建平(浙江省第二监狱)(第七章),朱福正(浙江省第四监狱)(第九章),杨敏(浙江省女子监狱)(第十一章)。最后由邵晓顺修改定稿。

　　本教材在服刑人员心理矫治理论与实务操作方面都作了一些积极的探索,如三阶段评

1

估构建、教育矫正模式创新、犯罪心理分析模型以及个体咨询六阶段操作模式与团体辅导阶段发展理论等。这些探索中有的方面作者已经有所实践,而有的方面需要进一步的实践检验。热忱希望矫正工作研究者与实务部门的同行提出宝贵意见,以便对本教材做进一步的修改完善,亦为共同推进我国的矫正事业服务。

编写组
2018 年 1 月

目　录
CONTENTS

第一章　绪　论

20世纪初,服刑人员心理矫治在西方国家的矫正机构得到首创并运用,到现今已有100多年的历史。我国监狱开展心理矫治活动始于1985年,有监狱工作者运用心理测验量表对服刑人员进行了测量与研究。1987年,上海市少年犯管教所率先开设心理诊所,开展对未成年犯的心理测验和咨询工作。1989年,全国监管改造工作会议提出要开展心理咨询活动,建立服刑人员心理矫治工作制度,推动与促进了全国范围内的心理矫治工作。到2003年6月,司法部发布《监狱教育改造工作规定》,单列一章"心理矫治",对监狱开展心理矫治工作提出了规范且具体的要求。2009年2月,司法部监狱管理局发布《关于加强监狱心理矫治工作的指导意见》,就心理矫治工作的意义、指导思想和主要目标、工作内容与要求、组织保障等作出全面的规定。同年10月,司法部监狱管理局发布《关于进一步加强服刑人员心理健康指导中心规范化建设工作的通知》,对心理矫治硬件建设提出了规范、统一的要求。

公安看守所服刑人员的心理矫治工作近年来得到了一定程度的开展。2008年,公安部发布《看守所留所执行刑罚罪犯管理办法》,第四章"教育改造"规定:"对罪犯的教育应当根据罪犯的犯罪类型、犯罪原因、恶性程度及其思想、行为、心理特征,坚持因人施教、以理服人、注重实效的原则,采取集体教育与个别教育相结合,所内教育与所外教育相结合的方法。""有条件的看守所应当设立教室、谈话室、文体活动室、图书室、阅览室、电化教育室、心理咨询室等教育改造场所,并配备必要的设施。"

关于社区矫正中的心理矫治工作,我国于2003年开始试点工作,2009年在全国全面试行。2012年1月,最高人民法院、最高人民检察院、公安部、司法部联合制定了《社区矫正实施办法》并发布实施。该办法第九条规定:"司法所应当为社区矫正人员制定矫正方案,在对社区矫正人员被判处的刑罚种类、犯罪情况、悔罪表现、个性特征和生活环境等情况进行综合评估的基础上,制定有针对性的监管、教育和帮助措施。根据矫正方案的实施效果,适时予以调整。"第十七条规定:"根据社区矫正人员的心理状态、行为特点等具体情况,应当采取有针对性的措施进行个别教育和心理辅导,矫正其违法犯罪心理,提高其适应社会能力。"同时,各地及时制定出台社区矫正实施办法。这些措施有力地促进了社区矫正工作依法规范开展。截至2013年1月底,社区矫正工作已在全国各省(区、市)和新疆生产建设兵团98%的地(市)、97%的县(市、区)和96%的乡镇(街道)开展。此外,各地因地制宜建立"阳光中途之家""社区矫正中心""阳光驿站"等工作机构616个。①

目前,服刑人员心理矫治工作已在全国各监狱得以基本普及,在公安看守所、社区矫正机构中得到一定开展。有关心理矫治的理论研究亦深入而广泛,比如服刑人员心理矫治的概念与意义、性质与定位、体系与内容、理论与技术等,都有丰富且较为全面的论述。本章择

---

① http://www.moj.gov.cn/sqjzbgs/content/2013-02/27/content_4226851.htm? node=30092,2017-3-5.

其要,从监狱、其他矫正机构以及社区矫正的心理矫治工作实际需要出发,主要介绍服刑人员心理矫治的概念、学科基础以及心理矫治的主要流派。

第一节 服刑人员心理矫治概述

一、服刑人员心理矫治的概念

服刑人员心理矫治的概念有广义与狭义之分。正确理解服刑人员心理矫治的内涵,是有效开展心理矫治工作的基础。

（一）狭义的界定

狭义的服刑人员心理矫治,是指运用心理学的理论、技术与方法,通过对服刑人员开展心理评估、心理健康教育、个体和团体心理咨询与治疗、危机干预等活动,帮助他们解决心理问题,消除心理障碍,维护与恢复心理平衡,促进心理健康,增强生活适应性的过程。

狭义的服刑人员心理矫治工作,依据的是心理学的理论,采用的是心理学的技术与方法,如系统脱敏法、认知行为疗法、精神分析法、现实疗法等。工作内容主要是心理评估、心理健康教育、个体和团体心理咨询与治疗、服刑人员危机干预等五项。目的是解决心理问题,消除心理障碍,维护或恢复心理平衡,促进心理健康,增强适应监禁生活的能力,并希望能够提高刑满释放后适应社会生活的能力。

服刑人员心理矫治活动,由于是在监狱或其他矫正机构这一特定环境中实施的,又基于当前我国矫正机构的现实状况,因而存在着区别于一般心理治疗活动的地方。[①] 首先,工作对象的差异性。一般心理治疗的对象是主动求医的,对心理矫治持合作、配合的态度;而服刑人员对心理矫治的态度可能配合,亦可能由于被安排来参加(因不自愿)而不配合。其次,矫治效果的迁移性不同。一般心理治疗的环境与来访者的生活环境没什么区别,因而通过心理治疗的行为模式能够比较好地在社会生活中使用,矫治效果能够得到迁移。而服刑人员的心理矫治,是在监狱及其他监禁型矫正机构内进行,矫治环境与一般社会环境差别较大,在矫治活动中确立的行为模式有的不能在社会生活环境中得以使用,矫治效果就不能得到很好的迁移。不过,社区矫正中实施的心理矫治活动,矫治环境与一般心理矫治环境差别不大,矫治效果具有迁移性。最后,专业化程度不同。区别于社会一般矫治工作者的专业身份,目前我国矫正机构中的许多矫治人员是非专业性的,他们往往集矫治、管理、教育等工作于一身,既是心理矫治工作者,又是矫正机构管理人员。这种身份的复杂性往往影响良好咨访关系的建立,从而影响了矫治的效果。不过,随着主管机关对心理矫治工作的重视,这种状况正在发生改变,专业从事心理矫治工作的人员正在逐步增加。另外一个值得重视的情况是,目前从事心理矫治工作的人员,常常是矫正机构中各种学科专业,如法学、管理学、经济学等专业的工作人员经培训后上岗的,大部分不具有心理学或精神病学等专业基础。这种情形需要矫正机构主管机关和心理矫治人员本身两个方面都作出更大的努力。作为主管

[①] 吴宗宪.国外罪犯心理矫治.北京:中国轻工业出版社,2004.

机关,除增加招收专业学科人员外,还要加强对目前从事心理矫治工作人员的考证与培训;作为心理矫治人员,则要更加重视自身专业理论与技能的学习。

作者在近年开展的服刑人员心理矫治活动中,进一步感受到这种差别性,主要有:第一,咨询对象的差异。接受个体咨询或团体辅导的来访服刑人员往往文化程度相对较低、认知水平也较低、领悟力较差,而一般心理咨询中来访者往往认知力、领悟力都较好,特别是中学、大学的学生来访者更是如此。因此,服刑人员心理矫治中在尊重、共情的基础上对来访服刑人员可能需要更多的指导。第二,咨询内容的差异。服刑人员心理矫治除了帮助来访服刑人员解决心理问题,还要矫治其犯罪心理,两方面内容往往等量齐观,有时甚至犯罪心理的矫治更为主要。在适应问题上,来访服刑人员主要是适应监狱或服刑环境,一般只有临近刑满释放者,社会适应问题才成为一个主要咨询内容。一般心理咨询中心理问题是咨询的主体内容,如有适应问题,则是指适应社会环境。第三,咨询目标的差异。对服刑人员的心理咨询,来访服刑人员利益应当考虑,然而社会保护更需考虑,有时甚至是摆在咨询与治疗之前的目标。[①] 而在我国当前的监狱工作现实中,心理矫治的重要目标还包括维护监管安全。一般心理咨询中,来访者利益是第一位的,来访者不违法犯罪可能只是咨询的一条底线。第四,咨询动机的差异。服刑人员接受咨询,有的是自愿的,有的却是被安排或被要求来作咨询,具有一定的强迫性,因此,对被要求作咨询的服刑人员,咨询动机的激发成为咨询初期的一个主要内容。而一般心理咨询的对象基本上是主动要求咨询,他们对心理咨询持合作、配合的态度。

狭义服刑人员心理矫治的五个主要工作内容各有其功用,它们是一个整体,服务于矫正机构的整体工作。心理评估与诊断,既是心理矫治活动的开始环节,也是进行其他工作的基础。在评估与诊断基础上开展的个体与团体心理咨询与治疗,是监狱或其他矫正机构、社区矫正心理矫治活动的中心环节。因重大生活事件或其他因素引发服刑人员自杀、行凶、脱逃等行为或其他潜在危险时实施危机干预策略,是矫正机构、社区矫正心理矫治工作的重要领域。而对服刑人员进行心理健康教育,不仅是矫正机构、社区矫正顺利开展心理矫治活动的基础工作之一,而且也是提高服刑人员心理健康水平、实现行刑目的所必需的。

我国矫正机构内的心理矫治工作人员,大多数不具有处方权。针对这种情况,监狱或其他矫正机构开展心理矫治工作,应当注意按照标准化的操作程序来组织实施。[②] 这包括两个关键环节。第一个环节,从服刑人员中评估出矫正机构工作人员能够实施心理矫治的对象。这一环节又包含两步:一是心理正常与异常服刑人员的鉴别;二是心理健康与不健康服刑人员的甄别。对于监狱或其他矫正机构中没有处方权的心理矫治工作者来说,心理矫治的对象主要是心理不健康的服刑人员。第二个环节,对心理不健康的服刑人员实施心理健康教育、个体与团体心理咨询与治疗等心理矫治活动。社区矫正工作中开展的心理矫治活动,同样可以按照上述操作程序来组织实施。

(二)广义的界定

广义的服刑人员心理矫治,是指运用心理学的原理、技术与方法以及相关学科理论,调

① [美]Ruth E. Masters. 罪犯心理咨询(第二版). 杨波,等译. 北京:中国轻工业出版社,2005.
② 邵晓顺. 服刑人员心理矫治的操作化程序. 中国监狱学刊,2010(3).

整服刑人员的心理和行为,并促使其发生积极变化的活动。[1]

以广义的心理矫治含义为基础作思考,服刑人员心理矫治可称为服刑人员心理矫正。心理＝思想,矫治＝矫正;心理矫治＝心理矫正＝思想矫正。因此,本教材的"心理矫治""心理矫正""思想矫正"作为同义语使用。

正是从这个意义上说,广义的服刑人员心理矫治,除了包括狭义服刑人员心理矫治的内容之外,还包含了教育矫正、管理、劳动教育等工作中的部分内容。凡是能够给服刑人员的心理与行为带来积极变化,矫正机构或矫正人员有组织、有意识的心理学服务活动都属于广义心理矫治的范畴。基于这样的理解出发,广义的服刑人员心理矫治,不仅以心理学的原理和方法作为理论指导,而且还包括其他相关学科理论,即其他能够用以影响服刑人员的心理(思想)的学科理论都可以作为矫治工作的依据。在这里,"积极变化"是指通过开展对服刑人员的心理矫治活动,使他们能够产生符合社会需要与法律规范要求,有利于服刑人员个人身心健康的变化。

有学者概括了国外服刑人员心理矫治的主要目标:适应矫正机构环境、消除个人缺陷(包括增强自我了解、改变错误认识、疏泄消极情绪、矫正不良习惯、发展自控能力、改善人际关系)、治疗精神疾病、进行危机干预等。[2] 这些矫治目标,国内矫正机构同样是可以借鉴的,而"消除个人缺陷"是社区矫正的主体目标。要实现上述目标,矫正机构或社区矫正工作应当采用综合教育矫正模式,即"个别化矫正、分类矫治与集体教育、社会帮教"相结合的矫治模式(见图1.1)。这一模式必然要求教育(含劳动教育)、管理、心理矫治多手段的综合运用,并以"矫正方案"作为载体,以团体辅导理论为基础的分类矫治作为重要途径,结合集体教育、社会帮教,共同指向服刑人员的"犯因性问题"[3]这一矫正内容。

图 1.1 综合矫治过程模型

经评估与诊断,明确服刑人员个体存在的缺陷(犯因性问题),制订个别化矫正方案进行矫治。对一些服刑人员存在的共同缺陷(同类犯因性问题),采用分类矫治的方法来矫正。分类矫治区别于矫正机构以往开展的"分类教育",它以团体辅导理论作为制订矫治活动方案的理论基础。

广义的服刑人员心理矫治,过程设计如下:入监(教育)→正常异常心理评估→人身危险性评估→犯因性评估→制订与实施矫正方案→矫正效果评估→(出监教育)

心理矫治步骤:心理评估与诊断→矫正方案设计→矫正方案实施→矫正效果评价→矫正方案调整或重新设计→矫正方案的实施→(构成一个循环)

综合矫正模式中,对服刑人员开展的集体教育,有两个内容应当给予重视。一是要对心

① 吴宗宪.中国服刑人员心理矫治技术.北京:北京师范大学出版社,2010.
② 吴宗宪.国外罪犯心理矫治.中国轻工业出版社,2004.[本教材的"服刑人员心理矫治"概念增加了"相关学科理论",表明心理矫治(心理矫正)的理论基础不仅仅是心理学理论,还可以包含其他学科理论]
③ 犯因即犯罪原因,是个体实施某一犯罪起诱发、推动和助长作用的各种因素。犯因性问题,即具有犯罪原因性质的各种因素,之所以把这些因素称为问题,是基于矫治之意义,把各种犯因性因素病态化和问题化。

理正常服刑人员开展价值观、人生观教育,其核心是人生价值与是非观念教育;开展法制教育,其核心是法律知识与守法意识教育;二是对初中以下文化程度的服刑人员,应当以课堂教学的形式开展文化知识教育;对初中以上文化程度的服刑人员,以课堂教学与技能实践相结合的教学形式开展职业技能教育。

服刑人员集体教育,主要属于教育矫正的内容,然而这一工作的开展必然要影响到服刑人员的心理与行为表现,与广义的心理矫治之间存在交叉关系。矫正机构通过管理手段矫正服刑人员的不良行为,促使服刑人员行为产生积极变化,进而影响其心理,同样与广义的心理矫治活动之间存在交叉关系。矫正机构的劳动教育,转变服刑人员的劳动观念,矫正好逸恶劳的不良行为,逐步培养起劳动习惯①,同样带来"积极变化"。因此,广义的服刑人员心理矫治,包括两层含义:一是作为改造(矫正)手段的心理矫治,除了狭义的服刑人员心理矫治的内容之外,还包括矫正机构以及社区矫正中其他的心理学服务工作;二是矫正效果——只要服刑人员产生"心理与行为的积极变化",那么教育(含劳动教育)与管理的部分工作亦属于心理矫治的范畴,而且心理矫治的理论基础不仅仅是心理学的原理与方法。因此,从广义的心理矫治内涵出发,矫正机构中各岗位工作人员不能故步自封、画地为牢,要通过多种矫正手段的综合运用,共同实现服刑人员"心理与行为的积极变化"。

有研究者提出了服刑人员心理矫治的狭义、广义与准广义三种概念,并根据准广义概念编写了"罪犯心理矫治"的教材体系。② 本教材与之相对照,狭义的服刑人员心理矫治内涵与该教材的准广义内涵大致相同,而本教材对广义的服刑人员心理矫治内涵进行了更为深入、准确的把握,并突出广义心理矫治的内涵特征。

在现实心理矫正工作中,狭义心理矫治与广义心理矫治工作往往是融合在一起的,两者不能截然分开。在心理矫治工作的初期阶段,常常从狭义心理矫治工作开始;随着心理矫治工作的发展与深入,扩展到广义心理矫治;最后两者相辅相成,统一服务于矫正服刑人员的根本宗旨。

二、服刑人员心理矫治的对象

不管是狭义的心理矫治还是广义的心理矫治,服刑人员心理矫治的对象都是在矫正机构服刑的犯罪人。然而,根据心理矫治具体工作内容,其工作对象也有一定的差异。

狭义的服刑人员心理矫治,从总体上说,其工作对象是监狱及其他矫正机构或社区矫正的服刑人员。不过,不同的心理矫治活动,其工作对象会有所差异。心理评估活动的工作对象是监狱、其他矫正机构或社区矫正的全体服刑人员,因为进入监狱、矫正机构服刑或社区矫正的犯罪人员,他们的心理状态、心理特征都需要被了解,以利于矫正机构或矫正工作人员开展教育、管理与矫治活动。心理健康教育活动的工作对象亦是监狱或矫正机构以及社区矫正的全体服刑人员或者是心理正常的所有服刑人员。个体与团体心理咨询与治疗活动的工作对象限于存在心理问题或心理障碍的服刑人员。而危机干预活动的工作对象一般来说仅限于出现心理危机的服刑人员。

广义的服刑人员心理矫治,在心理评估与诊断阶段,工作对象包括矫正机构或社区矫正

---

① 邵晓顺.劳动改造的动态发展阶段论.劳改劳教理论研究,1990(3).
② 章恩友.罪犯心理矫治.北京:中国民主法制出版社,2007.

的全体服刑人员;在人身危险性评估、矫正需求评估以及矫治(矫正)阶段,工作对象则是在矫正机构或社区矫正活动中心理正常的服刑人员。

三、服刑人员心理矫治的地位

广义的服刑人员心理矫治,包含了狭义的服刑人员心理矫治的内容。狭义的心理矫治,正如前述内涵所指出的,有自身独特的工作领域与工作内容。同时,它还是矫正机构或社区矫正工作中开展其他各项工作的基础。正常与异常心理的鉴别,是监狱或其他矫正机构及其工作人员,以及社区矫正工作人员开展各项工作的前提。对经鉴定具有异常心理的服刑人员,首先应当遵从医学模式开展专业治疗。这一般由监狱或其他矫正机构附属医院的精神科医师或者是社会精神疾病医院的医生来完成。经治疗恢复正常心理的服刑人员,才能对他们开展教育矫正、劳动教育以及有效的管理活动。教育、劳动、管理,对心理异常的服刑人员来说,都是不妥的。监狱或其他矫正机构的工作人员、社区矫正工作人员都应具有这一基本的概念。因此,狭义的服刑人员心理矫治,既有自身独特的工作领域,又是各类矫正机构开展其他各项工作的基础,处于监狱或其他矫正机构工作的基础地位。

广义的服刑人员心理矫治,除了开展"比较系统、比较专业的心理治疗和行为矫正"等工作之外,还包括综合运用多学科、多手段的多维矫正活动,以实现服刑人员心理与行为的"积极变化"。监狱以及其他矫正机构实现惩罚与矫正的本质功能,有赖于心理矫正活动的有效开展。那种认为心理矫治是教育改造辅助手段的认识,是没有深入了解心理矫治的内涵造成的,是片面的,需要在正确理解的基础上加以纠正。

第二节　服刑人员心理矫治学科基础

服刑人员心理矫治,是建立在诸多学科基础上发展起来的。然而,狭义与广义的服刑人员心理矫治,它们的学科基础存在一定差异性。狭义的服刑人员心理矫治,其学科基础主要是心理学各门具体学科理论,包括普通心理学、社会心理学、发展心理学、变态心理学、健康心理学、心理测量学、咨询心理学等,还包括四个心理学流派理论,即精神分析、行为主义、人本主义和认知学派理论。广义的服刑人员心理矫治,需要以多学科理论作为基础,包括哲学、法学、犯罪学、社会学、教育学、心理学、伦理学、生理学、精神病学等;特别是心理学、教育学、社会学与犯罪学四个学科理论,是开展服刑人员心理矫正所必需的。下面对一些学科理论作简要介绍。

一、服刑人员心理矫治的心理学基础

心理学理论、方法与技术,是广义与狭义的心理矫治所共同需要的。心理学,是研究人的心理现象与行为规律的一门科学。心理矫治之心理学科基础,按照国家心理咨询师所要求的,主要有普通心理学、社会心理学、发展心理学、变态心理学、健康心理学、心理测量学、咨询心理学等。

普通心理学,是整个心理学大厦的基础。学习普通心理学,应当掌握心理学的基本概

念。这不仅是学习其他心理学知识所必需的,也是心理矫治工作者相互顺利交流的学科语言基础。学习普通心理学,还应掌握一个基本理念,就是个体的心理与生理是相互作用的,要建立身心一体观的思想认识。

发展心理学,是关于个体一生心理发展变化的理论知识。心理矫治工作者应当掌握艾里克森等学者的心理发展阶段理论[1]。同时,要特别注重儿童早年成长经历以及少年期、青年期心理发展的理论知识,以及这些发展阶段心理的不良发展与犯罪的关系。这是分析服刑人员犯因性问题和开展矫正需求评估的重要内容。

社会心理学,是研究社会情境中人的心理与行为规律的科学。人从出生时的自然人发展成为一个社会人,需要经过社会化,形成正确的社会角色。社会化失败是造成个体犯罪的重要原因。这是分析服刑人员犯因性问题的又一途径。

变态心理学,是研究心理与行为异常表现的学科。对服刑人员异常心理的准确判断,是开展心理矫治工作的基本内容。对服刑人员的心理不健康状态,矫正机构的工作人员要有能力给予调适。

犯罪心理学,是研究犯罪人的犯罪心理形成、发展和变化规律的一门学科。犯罪心理是广义的服刑人员心理矫治的主要内容,是心理矫治工作的"标的物",心理矫治工作者必须能够给予准确的分析和清晰的把握。个体犯罪心理形成的影响因素与过程分析犯罪心理具体内容的分析是其中最主要的内容,是心理矫治工作者的基本功。

服刑人员心理学,是研究在刑罚执行条件下服刑人员的心理与行为规律的学科。犯罪人经拘捕、受审与判决,最后进入矫正机构中,他们的心理会发生一系列的变化。特别是进入监禁型矫正机构后,由于受这一特定环境因素的影响,其心理与行为会具有一定的特异性。矫治工作人员要注意这种特异性。

二、服刑人员心理矫治的教育学基础

教育学是研究人类教育现象和教育问题,揭示一般教育规律的学科。教育现象与教育问题,包括教育本质,教育、社会、人三者关系问题,教育目的与内容,教育实施的途径、方法、形式以及它们间的相互关系,教育过程,教育主体,教育制度,教育管理等。

教育的本质是实现人的全面发展。然而,犯罪人在人生成长过程中由于某些原因往往得不到全面发展,表现为接受教育少,使之知识贫乏,造成认识能力低下,个体素质的基本面存在缺陷。这是造成个体犯罪的主要原因之一。

广义的服刑人员心理矫治,即服刑人员教育矫正活动,应当符合教育的规律。矫正机构或社区矫正工作的目的之一,应当是朝着人的全面发展去筹划。同时,对服刑人员开展的所有矫正活动,都应当选择合适的教育途径,选择符合服刑人员身心发展的教育方法与形式。只有这样,才能使矫治工作事半功倍。对服刑人员教育过程的管理与实施,亦应当符合教育管理的规则与要求。然而在教育矫正现实工作中,违反教育规律的现象仍存在着。矫正机构与矫正工作人员在组织教育活动时都需要遵循教育规律。

---

① [美]赫根汉.人格心理学导论.何蓬,冯增俊译.海口:海南人民出版社,1986.

三、服刑人员心理矫治的社会学基础

社会学是研究社会行为的科学。个体成长过程是获得合适的社会行为的过程。而犯罪行为,是一种不合适的社会行为,社会学称之为越规行为。犯罪行为是社会学研究领域之一。

社会化是社会学最重要的概念之一。它是指个体通过与社会的交互作用,适应并吸收社会的文化,成为一个合格的社会成员的过程;也是个体通过学习,获得知识、技能与规范意识,培养社会角色,成为一个社会人的过程。

许多服刑人员,知识、技能不足,规范意识较差,是社会化过程的失败者,因而需要再社会化。再社会化是指用补偿教育或强制方式对个人实行与其原有的社会化过程不同的再教化过程。监狱、未成年犯管教所、公安看守所等矫正机构所实施的就是强制再社会化过程。它是再社会化的主要形式之一。从个体社会化的结果(知识技能与规范、社会角色)角度来分析服刑人员的犯因性问题,是矫正工作人员需要掌握的分析思路。

四、服刑人员心理矫治的犯罪学基础

犯罪学,是研究犯罪现象与行为的学科。研究犯罪现象可以从宏观与微观两个层面着手。从社会角度,在社会层面来研究犯罪现象及其规律的,可称为宏观犯罪学。从个体角度,在个体层面来研究犯罪现象及其规律的,可称为微观犯罪学。从矫治工作需要出发,矫正工作人员要更重视学习掌握从个体层面研究犯罪现象规律的微观犯罪学理论。这些理论知识中,有两部分内容是更需要重视的,一是国内外的犯罪学理论,如理性选择理论、差异交往理论、紧张理论、社会控制理论、标签理论、冲突理论等;[①]二是有关犯罪原因的理论,即影响个体犯罪的因素,一般包括社会因素、生理因素、心理因素等。影响个体犯罪的社会环境因素主要有家庭、学校、社区邻里和工作单位等;这是分析服刑人员犯因性问题、开展矫正需求评估时应当把握的基本维度。而对个体犯罪的生理因素与心理因素的分析,即犯因性生理与心理问题的把握,是服刑人员心理矫治的主体内容。

五、服刑人员心理矫治的其他学科基础

哲学是世界观与方法论,是关于世界的本质、发展的根本规律、人的思维与存在的根本关系的理论体系。马克思主义哲学是我国各项工作的指导思想。哲学的根本问题是思维和存在、精神和物质的关系问题。存在决定意识,意识对存在有能动的反作用。这一哲学的基本命题,不仅是我国服刑人员心理矫治工作的哲学基础,而且也可以用于指导具体的矫正工作。比如,正常与异常心理的判断,当服刑人员的意识不是反映存在状态,而是服刑人员臆想的,违反了存在决定意识的规律时,那么其心理就是异常的。意识对存在的能动作用,要求矫治工作人员在开展服刑人员心理矫治时必须注意服刑人员内在的能动性,考虑到服刑人员的内在思想与心理。那种不考虑服刑人员的能动作用,只按照矫治工作人员的意愿去行事的做法,违反了哲学的基本规律,必然影响工作的成效,甚至造成工作的无效。另外如

---

① 江山河.犯罪学理论.上海:上海人民出版社,2008.

内外因作用规律,外因是事物变化的条件,内因是事物变化的根据,外因通过内因起作用。在教育矫正服刑人员现实中,常常会遇到服刑人员对自身犯罪行为过于强调客观因素影响的情形。对此,矫治工作人员可以根据这一哲学规律予以分析与指导。再如普遍联系的观点,要求矫治工作人员在分析服刑人员的犯罪原因时,一定要按照多因素交互作用的观点去分析;从一维的角度去探寻服刑人员的犯因性问题,往往得不到正确的结论,这是工作简单化的表现。

法学是研究法、法的现象以及与法相关问题的一门学科,是关于法律问题的知识和理论体系。法的重要特征之一就是它的社会规范性,它是一种普遍的、明确的、广泛适用而具有约束力的社会规范,因此它不是一般的社会规范,不同于对人的行为有相当约束作用和影响力的社会习惯、道德等一类社会规范。其根本在于法是由国家制定和颁布并由国家强制力保证其实施且具有普遍约束力这一重要特征所决定的。因此,个体行为有其底线,这就是法律法规。人的行为不能超越法律法规这个底线。这是教育服刑人员必须明确的一个基本的法制观念。又如刑法中的罪刑相适应原则。它是指犯多大的罪,便应当承担多大的刑事责任,重罪重罚,轻罪轻罚,罪刑相称,罚当其罪。罪刑相适应原则的内容:①刑罚的轻重应当与犯罪人所犯罪行相适应;②刑罚的轻重应当与犯罪人的人身危险性相适应。在矫正现实中,服刑人员对所犯罪行与刑罚的关系认知常常不准确,许多服刑人员认为自己刑罚过重,需要矫正工作人员按照这一原则给予讲解与指导。

伦理学是指以道德现象为研究对象的一门学科。人类社会的道德现象包括道德活动现象、道德意识现象以及与这两方面有密切关系的道德规范现象。所谓道德活动现象,主要指人们的道德行为、道德评价、道德教育、道德修养等个人和社会、民族、集体的道德活动;道德意识现象指个人的道德情感、道德意志、道德信念,以及各种道德理论和整个社会的道德意识;道德规范现象一般指人们在社会实践中形成的应当怎样或不应当怎样的行为原则和规范,是调整人和人之间关系的伦理要求或道德准则。一般地说,服刑人员的犯罪行为都是违反伦理道德的。而且许多服刑人员的是非观念、道德观念往往是颠倒的、错误的,需要根据人类社会的道德规范、社会主义的道德规范给予指导与规正,以帮助他们建立正确的是非、价值观念。

人体生理学,简称生理学,是以生物机体的生命活动现象和机体各个组成部分的功能为研究对象的一门学科。人体生理学的任务就是研究构成人体各个系统的器官和细胞的正常活动过程,特别是各个器官、细胞功能表现的内部机制,不同细胞、器官、系统之间的互相联系和相互作用,并阐明人体作为一个整体,其各部分的功能活动是如何相互协调、相互制约,从而能在复杂多变的环境中维持正常的生命活动过程。生理是心理的物质基础,心理现象以及个体犯罪心理与行为,都离不开个体的生理基础而存在。整个人体可分为八个系统:运动系统、循环系统、呼吸系统、消化系统、泌尿系统、生殖系统、神经系统和内分泌系统。与心理现象关系最密切的是神经系统与内分泌系统。对个体犯罪现象的分析以及服刑人员心理矫治工作的生理维度思考,是国内犯罪学研究与矫正工作中较为缺乏的。

广义服刑人员心理矫治所依据的各门学科之间是相互关联的。因为人作为一个整体,作为研究对象,可以从多角度、多视角地来分析,不同的角度可以发展起不同的研究领域、研究内容,发展起不同的学科范畴。而其中系统、协同的观点,是在运用学科理论分析与矫正服刑人员时应当注意把握的。

第三节　服刑人员心理矫治主要流派

在当代,心理咨询与治疗的理论多种多样,学派有几千种,但一般认为,精神分析学派、行为主义心理学派、认知心理学派、人本主义心理学派代表着心理发展过程中的几个主要理论流派。下面着重介绍四种学派,并简要介绍心理咨询与治疗的发展趋势。

一、精神分析学派

精神分析由弗洛伊德(Sigmund Freud)于 19 世纪末创立,是现代心理咨询与治疗的奠基石。从事心理咨询与矫正的工作人员,建议能够从认真地研习精神分析的理论开始。

精神分析理论主要是从心理冲突的角度来看待人的本性。这种冲突有时是意识的,但是多数时候是潜意识的。潜意识冲突对人的思维和行为具有主导作用。潜意识中的欲望(攻击和性)与外界现实在内心引起的冲突是导致人产生心理障碍的原因。成年人的内心冲突可以追溯到儿童期的幻想、愿望、创伤等。童年时期的创伤会被压抑到潜意识,通过神经症症状,以象征性的方式表达出来。通过心理咨询与治疗,当潜意识冲突被意识化,症状自然就可以得到缓解甚至消除。

(一)精神分析的基本理论与概念

1. 意识层次说

弗洛伊德认为,人的心理世界分为意识、潜意识和前意识。意识是指人能够认识自己和认识环境的心理部分,在人的注意集中点上的心理过程都是有意识的,如人对时间、地点、人物的定向力,人对当前事物的辨认能力等。但是,意识只是心理能量活动的表面成分,潜意识才是它的多数成分。弗洛伊德以浮在海面上的冰山作为比喻,意识只是冰山的水面部分,水面下的多数部分是潜意识。潜意识包括原始的冲动和本能,以及出生后的许多欲望。这些欲望由于违反社会伦理,而被压抑进入潜意识。它们虽然不被本人所意识,但是并没有消失,而是在潜意识中伺机欲动,寻求满足。它们常常改头换面,以一种象征性的方式进入意识层面,如梦境。

弗洛伊德的潜意识概念与理论,是他对人类认识自身的一个重大贡献,也是他学术理论中最耀眼的部分。

2. 人格理论

弗洛伊德认为人格结构有三个部分:本我(id)、自我(ego)和超我(superego)。本我是一种原始的力量,是人的本能,处于潜意识层面。它遵循快乐原则,要求满足基本的生物需要。这种要求若有延迟就会感觉到烦恼、不愉悦。本我是动力的来源。自我是人格结构的表面,部分属于意识,多数属于潜意识。婴儿在成长的过程中,为了满足本我的要求,逐步学会了用某些方法得到更有效的满足,渐渐形成了自我。自我是本我与外界之间的中介。一方面,自我要调节本我与外界之间的冲突;另一方面,自我还需要调节本我和超我之间的冲突。一个自我功能足够强大的人,就能够调节好这些冲突,按照现实原则让本我满足,又不触犯超我的规则。超我由良心和理想构成,受"道德原则"支配,来自父母的教导,以管制个体行为使其符合社会规范与道德标准。

3．心理发展阶段理论

心理发展阶段理论是弗洛伊德关于心理发展的主要理论。他认为，人类的心理发育可以分为数个可观察阶段，这些阶段的发展顺序是由遗传决定的，但是每个阶段能否顺利渡过却是由社会环境决定的。性心理发展阶段可以分为口欲期、肛欲期、俄狄浦斯期、潜伏期、青春期五个阶段。每个阶段都有需要解决的具体课题和冲突内容。这些冲突若顺利解决，就能进入下一发展期；如果未能解决，则压抑进入了潜意识。到达成年后，在一定外界刺激的作用下，这些潜意识冲突会再度显现。童年期的基本经历、内心冲突和精神创伤是成年后神经症、心身疾病甚至精神疾病发生的原因。

4．焦虑与自我防卫机制

焦虑是由于情感、记忆、欲求压抑、意识层面经历的幻灭而造成的担忧以及对未来的恐惧。焦虑的产生是本我、自我、超我彼此争夺有限的心理能量而相互冲突的结果。在心理矫治过程中，当来访者袒露自己的防卫心理时，他们会体验到焦虑。这种焦虑被看作是在咨询与治疗中承担风险的一种必要的副产品，一种最终能导致建设性改变的过程。

自我防卫机制是由于本我、自我与超我的冲突产生焦虑状态时，自我以合理的方式消除焦虑但未能奏效，此时就必须改换为非理性的方法如自我防卫机制来缓解焦虑状态，从而达到自我保护，免于产生身心疾病。

弗洛伊德指出，自我防卫机制是在潜意识层面进行的，因而具有自欺性质。同时，自我防卫机制往往具有否定或歪曲事实的特点，其作用在于保护自我，不至于由焦虑而导致疾病的发生，在防治心理疾病中有积极作用，但没有道德上的欺骗含义。正因为自我防卫机制有这种积极作用，所以每一个人不论是正常人或神经症来访者都常用自我防卫机制来抵制疾病的发生。但每个人会根据发展的层次和焦虑的程度而选择不同的自我防卫机制。常见的自我防卫机制有：压抑、否定、投射、退化、转移、反向形成、合理化、固着、补偿、认同、升华、幽默等。

5．抗拒与移情

抗拒是指个体不愿把被压抑或否定的潜意识内容带到意识中来，在心理矫治过程中，也可把抗拒看作是阻止来访者处理潜意识内容，使得咨询无法进展的行为。来访者抗拒时，常常会表现为对咨询毫无反应或拒绝参加，如来咨询时经常迟到、漠不关心、不信任、行为不合作等，以此来逃避自我探索。

移情是指将自己过去生活里对重要他人的感情、态度等，不自觉地转移向咨询师。移情的出现，在咨询中是有价值的。它使来访者重新经历以前不敢碰触的情感，通过移情分析协助来访者从此时此刻的经验中去领悟过去对现在的影响，通过移情分析使来访者化解那些曾使他固着、妨碍成长的矛盾，这样就能促进他原有不良适应行为模式发生改变。

（二）主要治疗技术

1．自由联想

自由联想是来访者在未经思索的状态下自发性地说出内心的话，以获取潜意识里冲突线索的方法。在咨询过程中，自由联想是鼓励来访者揭示被压抑或潜意识内容的过程，以便能达到对自己心理动力更深刻的洞察。来访者常常被要求报告自身的经验，保持充分的开放，说出任何问题与内容。咨询师从中收集相关信息，找到来访者的潜意识冲突，并通过分析使来访者意识到这些冲突，并解开症结。

2. 梦的解析

梦的解析也是探索潜意识的方法。梦是通往来访者潜意识大门的捷径,梦的解析是了解来访者压抑的本能愿望的有效手段。弗洛伊德认为,人在睡梦状态中,自我的控制减弱,潜意识中的欲望通过乔装打扮出现,以象征性的形象使欲望满足。因此,梦是有象征性意义的,可分为梦的显意和梦的隐意。梦境称为显意,具有象征性,是性和攻击冲动的象征,隐含了许多难以接受的欲望和冲动。潜意识的隐意通过象征进入显意的意识层面叫作梦的工作,而通过梦境的显意找到梦的隐意,称为释梦。通过对梦的分析和解释,咨询师揭开梦的层层伪装,寻找梦的真相,从而进入来访者的潜意识世界。从显意到隐意,咨询师需要借助自由联想技术,即要求来访者对梦的内容进行自由联想。

3. 解释

解释是一种用于对自由联想、梦、抗拒、移情等进行分析的咨询与治疗技术。解释包括咨询师的提示、认同、澄清、界定、联结、比较等具体方法。解释的目的是揭示症状背后的潜意识动机,指出来访者行为中所防御和逃避的成分,促使来访者对其产生症状的潜意识冲突获得领悟,从而导致症状以及行为的改变。在进行解释时,咨询师必须指出并解释行为的潜在意义。来访者可运用适当时机准确地解释内容、整合新的材料,从而产生新的洞察。

咨询师在进行解释时要注意以下事项:一是解释最好是针对来访者的觉察具有密切关系的内容,即咨询师必须解释那些来访者自己还没有明白,但已经准备好去接受并能接受的内容;二是解释应当在来访者情绪能承受的范围内,由浅入深地进行;三是在解释潜藏于防卫或抗拒之下的情感或冲突之前,最好指出其防卫或抗拒的形式;四是要限制所提供的解释的量,在一次心理咨询过程中,单独一个解释或一组相关联的部分解释是最好的;五是咨询师解释时应保持耐心,不能操之过急;六是最好避免使用专业术语。

(三)精神分析疗法治疗案例

王某,犯抢劫罪,原判 12 年,由于是未成年犯,在某未管所服刑两年后,被调到成年犯监狱服刑,现年 23 岁。因对抗管理,春节前被单独关押,春节期间监狱从人道主义出发,让其回到分监区过年。正月初四,又要将其关进小房间,警官在送其回单独关押的小房间途中,王某称自己吞了牙刷柄。警官将信将疑,送其到监内医院做 B 超,由于牙刷柄透明,医生并未发现其胃中有牙刷柄。警官认为是欺骗,就到提审室进行提审。在提审期间,王某肚痛难忍,在地上打滚。警官见状不像伪装,当即与医院联系并请社会专家来认定,经专家做彩超认定,王某胃中确有一根很长的牙刷柄。后经王某配合,专家将牙刷柄从其肚中取出。随后警官继续提审。提审完后,王某提出在送单独关押前,一定要见咨询师 L 一面。王某一见到 L,就开始痛哭并说:"我真后悔,我真不该配合他们把牙刷柄取出。"还说:"请你救救我,只有你能救我,若把我单独关押,我就死定了。你若不信,请看我肚子上这一条刀疤,那是我在未管所服刑时,我因违规,警官要关我禁闭,我把事先备好的刀片在肚子上拉了一刀。后来就没关成了。"王某死都不怕,却怕小房间的原因何在?后经三次咨询,运用自由联想方法,终于找到其根本缘由。王某三岁左右,其兄不小心把一盆烧热的开水倒于其身上,造成大面积烫伤,其父母经多方求治均无效,医生劝其放弃,父母也无奈只好放弃,但祖父母心有不甘,用尽土办法,死马当活马医,最终使其奇迹般地活了下来,并由祖父母抚养。那时,在他意识中就认为是被父母遗弃的没人要的小孩。但不幸的是祖父母在其五六岁时相继过世。王某又不得不回到父母家。那时,王某父母在镇上工厂打工,其兄已读小学,每天父母只是把他关在小房间里,这样一关就将近两年,这两年也是他最无聊、最无奈、最痛恨的两年。随着年龄的增长,这段经历渐渐淡忘。但到了监狱,由于违规,要到小房间单独关押,这时小时候的小房间场景再现,让其极度恐惧,但又说不出任何缘由,从而在潜意识中形成了"死都不怕却怕小房间"的想法。L让王某在谈过去的过程中,重复经历过的经验,让其有机会再次正视自己的问题,了解问题的真相,将王某潜意识恐惧意识化后,进而消除了对小房间恐惧的想法。三次咨询后,让其回到分监区改造,王某直至刑释前,再没有出现违规行为。

二、行为治疗学派

行为主义与精神分析不同,从一开始它就植根于实验的发现之中。行为主义理论是以严格的大量科学实验结果为依据,提出行为的脑机制,解释异常行为,而后提出矫正方法。

(一)理论基础

1. 经典的条件反射理论

经典的条件反射,又称巴甫洛夫条件作用,是以无条件反射为基础而形成的。巴甫洛夫(Иван Петрович Павлов)是该理论首创人,他的经典条件反射学说奠定了行为主义理论的基础。他用狗做实验:狗吃食时会引起唾液的分泌,这是先天的反射,称为无条件反射。给狗听铃声,不会引起唾液分泌,但如果每次给狗吃食前出现铃声,这样反复多次之后,铃声一响,狗就会出现唾液分泌的情况。铃声本来与唾液分泌无关(称为无关刺激),由于多次与食物结合,铃声就具有引起唾液分泌的作用,铃声已成为进食的"信号"了。这时,铃声已经转化为信号刺激(即条件刺激),这种反应就是条件反射,也称为应答性条件作用。行为主义创始人华生(J. B. Watson)根据巴甫洛夫的经典性条件反射原理,进行了模拟恐怖实验。华生认为,无论人的什么行为,都是后天学习的结果。习得的任何行为,都可以通过学习而加以消除,这就为行为的矫正奠定了基础。

2. 操作性条件反射理论

20世纪20年代末,新行为主义者斯金纳(B. F. Skinner)认为人的行为主要是由操作性条件反射所构成的。斯金纳用白鼠进行了著名的操作性条件反射实验:在"斯金纳箱"中放有一根杠杆和一个食物盘,只要一揿压杠杆,就有食物落入食物盘中。实验时,把一只饥饿的白鼠放在箱中,开始时它乱跑着寻找食物,偶然揿压杠杆而获得食物,经过几次反复,就学会了揿压杠杆来获得食物的行为。由于食物的出现是对揿压动作的强化和奖励,故又称为"奖励性学习"。斯金纳还设计了一个"惩罚性学习"的实验:将"斯金纳箱"从中隔开,但隔板上面可以通过,在箱子右侧的底部有电击装置,左侧则没有。把白鼠放进箱里右侧,它会因电击在箱右侧乱跑,最后学会一有电击就逃到箱里左侧去的行为。操作性条件反射实验证明,行为是在奖励或惩罚的作用下形成的。

3. 社会学习理论

社会学习理论由美国心理学家班杜拉(A. Bandura)所创立。社会学习理论的基本立场是个人的行为不是由动机、本能、特质等个人内在的结构决定的,也不是如早期行为主义所说的由环境力量决定的,而是由个人与环境的交互作用决定的,即人的行为受到内在因素与外在环境因素的交互作用影响,行为与环境、个人内在因素三者互相影响,构成一种三角互动关系。行为同时受到环境和个人的认知与需要的影响,人的行为又创造、改变了环境,个人的不同动机以及对环境的认识使人表现出不同行为,这种行为又以其结果使人的认知与动机发生改变。

社会学习理论还认为,人的大部分社会行为是通过观察他人、模仿他人而学会的。通过观察而学习的能力使人们能够获得较复杂的、有内在统一性的、模式化的整体行为,而无须通过行为主义设想的那种沉闷的尝试错误逐渐形成这些行为。按照信息加工的模式来分析观察学习过程,可以将观察学习分为四个阶段:注意、保持、动作再现以及动机激励过程。现代社会学习理论认为,人并不仅仅受到自己行为的直接后果的影响,还受到观察他人所遇到的结果(替代强化),以及由个人对自己的评价、认识所产生的强化(自我强化)的影响。

在观察学习中起决定性影响的因素是环境,如果环境发生变化,人的行为也会相应地变化。人们只要控制这种条件,就可以促使社会行为向着社会预期的方向发展。对榜样的观察是学习新行为的条件,新的行为就是行为的榜样。榜样,特别是受到人们尊敬的人物的行为具有替代性的强化作用。

(二)主要治疗技术

1. 系统脱敏法

系统脱敏法是一种利用对抗性条件反射原理,循序渐进地消除异常行为的一种方法,由精神病学家沃帕(J. Wolpe)首创。他做过这样一个实验:把一只猫关在笼中,每当食物出现引起猫的取食反应时,即对其施以强烈电击。多次实验后,猫便产生了强烈的恐惧反应,拒绝进食。这样,在食物出现时,猫便产生了饥而欲食和怕电击而退的对立反应。然后,沃帕用系统脱敏法进行治疗。首先,他在原来实验的笼外给猫食物,猫虽然有恐惧电击的反应,但终因食物的诱引而前去取食,此后多次重复,逐步回到原来的实验情境,只要不重复电击,也能将猫引回到笼中就食。

系统脱敏法主要用于治疗焦虑和恐怖症。沃帕提出了以下施治程序:①了解引起焦虑和恐惧的具体刺激情景;②将各种引起焦虑和恐惧反应的刺激由弱到强排成等级;③帮助患者学习一种与焦虑和恐惧反应相对立的松弛反应;④把松弛反应逐步地、有系统地伴随着由弱到强的焦虑刺激,使两种互不相容的反应发生对抗,从而抑制焦虑反应。

2. 厌恶疗法

厌恶疗法,又称惩罚消除法,是一种通过处罚手段引起的厌恶反应,去阻止和消退原有不良行为的治疗方法。其具体做法是将欲戒除的目标行为或症状与某种不愉快或惩罚性的刺激结合起来,通过厌恶性条件作用,达到戒除或至少是减少目标行为的目的。这种方法在临床上多用于戒烟、禁酒、纠正同性恋等,也可用于治疗强迫症和恋物癖等。例如,为了消除酗酒的不良行为,可以在其酒兴正浓时给予不愉快的惩罚刺激,如使用催吐吗啡或电击等,使其造成对酗酒的厌恶。为了减轻患者在接受厌恶治疗时所承受的痛苦,可以运用"厌恶想象疗法"进行治疗,即让患者观看和想象该不良行为遭到惩罚时的痛苦情境。厌恶疗法的使用要依赖患者有心戒除不良行为的强烈动机,因此在运用厌恶疗法时,还应配合教育、宣传手段,使患者自愿接受治疗。

3. 条件操作法

条件操作法,又称奖励强化法,即当患者出现所期望的心理行为时,马上给予奖励,以增强适应性行为。

另外,还有许多种治疗方法,如模仿法、生物反馈法、自我调整法等。各种行为疗法的治疗原则和程序大致相同,主要施治过程是:确定异常行为作为治疗目标→找出其发生原因→

决定具体的治疗方法→根据患者行为改变的情况分别给予阳性强化(如表扬、奖励)或阴性强化(如批评、惩罚)→根据病情转变情况,调整治疗方法,巩固疗效。

(三)行为主义疗法治疗案例

服刑人员张某,所在监区的劳动项目为机械加工,张某是生产劳动的技术骨干力量。该监区加工项目中,锯条的使用非常频繁,锯条的技术维护显得异常重要。张某总恐惧因锯条断裂而影响生产劳动进程,这种恐惧已经影响了他的正常改造生活,同时还出现了相关身体不适的症状,主动要求咨询。咨询师 L 运用了系统脱敏疗法对张某进行矫治。其主要包括三个步骤:一是建立恐怖的等级层次,由最恐怖(锯条断裂)至最不恐怖(运动打球)之间,建立十个等级;二是进行放松训练;三是要求张某在放松的情况下,按某一恐怖或焦虑的等级层次进行脱敏治疗。治疗采用想象脱敏训练和实地适应训练,从最低级到最高级,逐级训练,以达到心理适应的目的。治疗师通过七次咨询,直到张某听到锯条断裂声而不感到恐怖。

三、认知学派

认知治疗理论发展于 20 世纪五六十年代,这一理论的基本观点是:人的认知过程影响情感和行为;通过纠正不良认知,就能改善来访者的情绪和行为。经过多年的发展,认知治疗方法成为具有循证证据支持的有效治疗方法。其中以贝克(A. T. Beck)的认知行为疗法和艾利斯(Ellis, A.)的理性情绪疗法最为著名。

(一)贝克的认知行为治疗

1. 基本理论

贝克的认知行为疗法最初主要是针对抑郁症病人,他认为,抑郁症的核心是对自我、对世界、对未来的消极观念。这种消极的认知图式是关于自我和环境的过分僵化的信念,包括核心信念、中间信念等。抑郁症病人经过歪曲的、自动化的信息加工模式,就会产生抑郁情绪。因此,贝克提出了他的认知模型:歪曲的或失调的思维是所有心理障碍的基础;失调的思维也对人们的情绪和行为有重要影响。贝克将歪曲的或失调的思维模式归类为:全或无思维、灾难化、去正性化、情绪推理、贴标签、夸大或缩小、选择性提取、读心术、过度概括、个人化等。这些自动化负性思维使来访者无法正确地对待周围事物和自己,用有色眼镜去观察周围,势必出现情绪困扰。

2. 治疗技术

贝克的认识行为疗法用认知行为疗法对来访者进行咨询时,首先,监控来访者的自动思维,注意这些负性思维在何时、何地出现。通过这样的练习来访者,来访者逐渐学会控制和改变这些消极认知,进而改善情绪,消除症状。其次,咨询师需要鼓励来访者检验自己的认知是否存在偏差,这是认知行为治疗最核心的部分。来访者如果意识到自己的自动化负性思维,但不加以改变,仍维持这种思维方式,那么原有的适应不良的行为方式仍然会保持。只有通过现实检验,确定自动化思维的错误性,才有可能触动来访者的内心,进而推动他去改变。

认知行为疗法最基本的技术是,通过改变来访者对事件或情景的解释,从而改变来访者的反应。认知行为疗法同时包含认知(如认知重建等)和行为(如暴露疗法、社会技能训练、放松训练等)的治疗方法。

（二）艾利斯的理性情绪疗法

理性情绪疗法，又称合理情绪疗法，其主要观点是：人生来就具有理性以及非理性的思维，有利于和不利于生存的生活态度，因此，人表现出双重性，既能保护自己、与人交往、自我实现等，也会逃避现实、因循守旧、逃避成长。心理咨询与治疗就需要矫正非理性信念、不合理的情感以及不合理的行为。理性情绪疗法的核心理论是 ABC 理论。

1. ABC 理论

在 ABC 理论中，A 代表诱发事件；B 代表个体对这一事件的看法、解释和评价，即信念；C 代表继这一事件后，个体的情绪反应和行为结果。一般情况下，人们都认为是外部事件 A 直接引起情绪和行为反应的结果 C。但理性情绪疗法不这样看。ABC 原理指出，诱发事件 A 只是引起情绪和行为反应的间接原因，人们对诱发事件所持有的信念、看法、解释，即 B 才是引起人的情绪和行为反应的更直接的原因。例如，两位员工一起走在路上，迎面碰到管理他们的主管，但对方没与他们打招呼，径直走过去了。这两个人中的一个对此是这样想的："主管可能正在想事情，没注意我们。就算是看到了我们而没有理睬我们，可能是有特殊的原因。"另一个却可能有不同的想法："主管肯定是故意这样做的，他看不起我。他有什么了不起，这样做太过分了！我一定要问个明白。"这样他们两个人的情绪及行为反应就会不同，前者可能无所谓，该干什么就干什么去；而后者就可能怒气冲冲，以致无法平静下来做自己该做的事情。从这个例子可以看出，对于同样一个诱发事件，不同的观念可以导致不同的结果。如果 B 是合理的、现实的，那么由此产生的 C 也就是适应的；否则，非理性的信念就会产生情绪困扰和不适应的行为。ABC 理论认为，个体的认识系统产生非理性、不现实的信念，是导致其情绪障碍和神经症的根本原因。

非理性信念主要有以下特征：①绝对化要求。这是不合理信念中最常见的特征，人们以自己的主观意愿作为判断，认为某个事情必定会发生或必定不会发生。这种信念常常与"应该""必须"相联系。比如，有父母认为 3 岁前的孩子每天晚上必须在八点半之前哄睡着，某女青年认为自己的男朋友应当每天送花。②过分概括化。用一种以偏概全的思维方式来认识事物，比如看到对方的某个错误，就一棍子打死，认为对方一无是处。③糟糕至极。出现了一件不好的事情，便认为是非常糟糕的，要出现灾难性的结果。

2. 理性情绪疗法的基本技术

理性情绪治疗的过程可以用 ABCDE 模式来表明：A——诱发性事件；B——由 A 引起的信念（对 A 的评价、解释等）；C——情绪和行为的后果；D——与不理性的信念辩论；E——通过治疗达到新的情绪及行为的后果。这里关键是 D，即与不理性信念的辩论。理性情绪疗法是一种整合式治疗法，根据当事人的情形采用认知技术、情绪技术和行为技术多种治疗方法。常用的理性情绪治疗技术主要有：与不合理信念辩论、合理情绪想象技术、认知家庭作业等。

（1）与不合理信念辩论。这是理性情绪疗法最常用、最具特色的方法，它来源于古希腊哲学家苏格拉底的辩论法，即所谓"产婆术"的辩论技术。苏格拉底的方法是让你说出你的观点，然后依照你的观点进一步推理，最后引出谬误，从而使你认识到自己先前思想中不合理的地方并主动加以矫正。这种辩论的方法是指从科学、理性的角度对来访者持有的关于他们自己、他人以及周围世界的不合理信念和假设进行挑战和质疑，以动摇他们的这些信念。

与不合理信念辩论是一种主动性和指导性很强的认知改变技术,它不仅要求咨询师对来访者所持有的不合理信念进行主动发问和质疑,也要求咨询师指导或引导对方对这些观念进行积极主动的思考,促使他们对自己的问题深有感触。这样做比来访者只是被动地接受咨询师的说教更有成效。

（2）合理情绪想象技术。来访者的情绪困扰,有时就是他自己向自己传播的烦恼。例如,他经常给自己灌输不合理信念,在头脑中夸张地想象各种失败的情境,从而产生不适当的情绪体验和行为反应。合理情绪想象技术就是要帮助来访者停止传播不合理信念的方法,其具体步骤可以分为以下三步:

①使来访者想象进入产生过不适当的情绪反应或自我感觉最受不了的情境之中,让他体验到强烈的负性情绪反应。

②帮助来访者改变这种不适当的情绪体验,并使他能体验到适度的情绪反应。这常常是通过改变来访者对自己情绪体验的不正确认识来进行的。

③停止想象。让来访者讲述他是怎样想的,自己的情绪有哪些变化,是如何变化的,改变了哪些观念,学到了哪些观念。对来访者情绪和观念的积极转变,咨询师应及时给予强化,以巩固他在理性情绪治疗中所获得的新的情绪反应。

（3）认知家庭作业

认知性的家庭作业实际上是咨询师与来访者之间的一次咨询性辩论结束后的延伸,即让来访者自己与自己的不合理信念进行辩论,主要有两种方式:合理情绪治疗的自助量表（RET 自助量表）和合理自我分析报告。

合理情绪治疗的自助量表是先要求来访者写出事件 A 和结果 C;然后从表中列出的十几种常见的不合理信念中找出符合自己情况的 B,或写出表中未列出的其他不合理信念;接着要求来访者对 B 逐一进行分析,并找出可以代替那些 B 的合理信念,填在相应的栏目中;最后一项,来访者要填写出他所获得的新的情绪和行为。完成 RET 自助量表实际上就是一个来访者自己进行 ABCDE 工作的过程。

合理自我分析报告和合理情绪治疗的自助量表基本上类似,也是要求来访者以报告的形式写出 ABCDE 各项,只不过它不像 RET 自助量表那样有严格规范的步骤,但报告的重点要以 D 即与不合理信念的辩论为主。

（三）合理情绪疗法治疗案例

张某,男,32 岁,山东人,因盗窃罪被判八年半,在某监狱服刑。张某犯罪前在浙江打工。入狱后改造至今余刑还剩半年,但因改造表现不好,未减一天刑,多次被严管,是典型的"反改造"分子。他对整个社会都有不满情绪,看什么都不顺眼。他认为,导致他今天这种反社会情绪的结果,根本原因就在于监狱改造过程中遇到的种种不公。并公开说:"我快回去了,我对你们警官说,我 99% 要重新犯罪,对同犯说是百分之百会重新犯罪。"他对爆破有一定的研究,并产生过回归社会后要用爆炸的手段报复社会的想法。他说,他能使一幢楼在几秒钟内夷为平地。他还想把这几年来收集到的种种反社会的手段、方法印成传单分发,让更多的人去破坏社会。

咨询师 L 首次咨询主要通过对来访者的尊重、热情、共情等建立良好的咨访关系,让张某充分倾诉,使他满肚子怨气都往外倒,帮助他倾空心中的垃圾。随后的两次咨询,帮助他找到并让其领悟到,导致目前反社会的极端情绪（C）,并非他改造中所遇及的种种事情（A）,

而主要在于他对这些事情的认知(B)。并与他共同找出不合理的认知,概括起来主要是:这世界是不公平的、不公正的;我要报复所有对我不公的人,我要百分之百重新犯罪;我是失败者,我改造至今一天刑都没减过,而更多的责任在于警官;从来没有哪个警官真正关心过我;我的个性很正直,周围人奴性十足很虚伪。

咨询师L通过与其辩论及布置认知家庭作业,基本上达到了咨询师期望的转变,即做到从非理性思维向理性思维的转变,实现合理认知的回归。最后一次咨询,也就是在他回归的前一天。这次咨询,他几乎没有谈到所谓的"怨气",而基本上谈的是对将来的设想。

通过咨询,张某很多观念相比最初有了很大的变化,反社会心理得到明显的改善。用他自己的话说,就是"现在执法上很多方面比以前好多了";"我就要离开这里了,这里的一切都将远去,我没必要对这一切耿耿于怀、太在意";"其实走到今天这一步,我自己还是很有责任的";"非常感谢你对我的关心";"想好了出去后的两年内要干的事业,出去时刚好是夏天,先去卖三个月冷饮"。他告诉咨询师,他知道一种冷饮配方,通过自制冷饮积累一小笔资金后,再去做玉米加工生意,他说他们那儿有一种有色玉米,加工成食品肯定能打开市场。

四、人本主义心理学派

人本主义心理学派是心理学中的"第三势力",是在反对弗洛伊德(精神分析学派)和行为主义心理学中发展起来的,认为心理学应当重视人性中的自由意志和人的价值等。人本主义心理学主张把人的本性的价值置于心理学研究的核心,使心理学真正成为一门关于人的科学。大多数人本主义心理学家相信人的本性是善的,重视人的自我发展和成长,相信人是一种"正在成长中的存在",因此成长是人性共有的特点。人本主义心理学把人的潜能和价值作为心理学的研究对象,它强调研究人自身的潜能和价值。罗杰斯(Rogers,C.)和马斯洛(Maslow,A.)是其中的杰出代表。

人本主义心理治疗理论的基本思想是:心理治疗不是去治疗病人的行为,而是要依靠来访者自己来进行自我探索,去发现和判断自我的价值,调动自己的潜能,认识自己的问题,从而改变自己的症状。咨询师只需为来访者提供适宜的环境和创设良好的氛围,给予无条件积极关注,对来访者的病情表示理解,设身处地为他着想,在这样的氛围中,来访者自己就可以得到改变与成长。罗杰斯认为治疗成功的关键不在治疗技巧而在咨询师对来访者的态度。

(一)理论基础

1. 对人的基本看法

任何人在正常情况下都有积极的、奋发向上的、自我肯定的无限成长潜力。如果人的自身体验受到闭塞和压抑,使人的成长潜力受到削弱或阻碍就会表现为心理病态和适应困难。因此,要创造一个良好的环境使他能够和别人正常交往、沟通并发挥潜力,从而来改变其适应不良的行为。

(1)人的主观性。每个人都有对现实的独特的主观认识,人们的内心是反对那种认为只能以单一的方式看待真实世界的观点。强调人的主观能动性,每个来访者都保存着他们对主观世界的能动作用。

(2)人的实现趋向。人本主义心理学假定人身上有一种最基本的、统御人的生命活动的驱动力量。人类有一种成长与发展的天性,心理咨询与治疗应趋向此种人类天性。

（3）人性基本可以信赖。人基本上是诚实的、善良的、可以信赖的。这些特性与生俱来，而某些"恶"的特性则是由于防御的结果而并非出自本性。

人本主义心理学认为，人最基本的生存动机就是全面地发展自己的潜能，以使自己成长并达到自我实现的境界。这种积极的人性观与人生观对心理咨询与治疗行业具有积极的意义。它不把人看成是被潜意识（攻击与性）控制的人，也不把人当成是被外界现实环境控制的人（经典行为主义理论对人的认识），从而使心理学对人的认识、对人的内在本质的认识深化并全面起来。

2. 马斯洛的需要层次理论

人本主义心理学最著名的理论是马斯洛的需要层次说。这个需要层次说金字塔的顶端是自我实现，尤其是实现人的创造价值，这是最高需要层次的目的之一。

马斯洛把人的需要分为五个层次，可概括为基本需要和发展需要两个大的部分。基本需要（因缺乏而产生的需要）有生理需要（空气、水、食物、住所、睡眠、性生活）、安全需要、爱与归属的需要；发展需要（存在的价值）分为自我和他人的尊重、自我实现。

马斯洛认为人类行为的心理驱动力不是性本能，而是人的需要，他将其分为两大类共五个层次，好像一座金字塔，由下而上依次是生理需要、安全需要、归属与爱的需要、尊重的需要、自我实现需要。人在满足高一层次的需要之前，至少必须先部分满足低一层次的需要。第一类需要属于缺失需要，可引起匮乏性动机，为人与动物所共有，一旦得到满足，紧张消除，兴奋降低，便失去动机。第二类需要属于生长需要，可产生成长性动机，为人类所特有，是一种超越了生存满足之后，发自内心的渴求发展和实现自身潜能的需要。满足了这种需要，个体才能进入心理的自由状态，体现人的本质和价值，产生深刻的幸福感，马斯洛称之为"高峰体验"。马斯洛认为人类共有真、善、美、正义、欢乐等内在本性，具有共同的价值观和道德标准。达到人的自我实现关键在于改善人的"自知"或自我意识，使人认识到自我的内在潜能或价值。人本主义心理学就是促进人的自我实现。

3. 罗杰斯的自我理论

罗杰斯认为，自我概念是人格形成、发展和改变的基础，是人格能否正常发展的重要标志。

罗杰斯将自我和自我概念做了区分。自我是一个真实的"我"，而自我概念则是一个对他自己的觉知和认识。当自我与自我概念的实现倾向一致时，人就达到一种理想的状态，即达到了自我的实现；而当"自我"得到的经验、体验与"自我概念"矛盾、冲突时，自我概念受到威胁，就产生了恐惧，通过防御机制否认和歪曲自身的经验、体验。当经验、体验与自我的不一致被知觉到时，焦虑就产生了。一旦防御机制失控，个体就会产生心理失调。

罗杰斯认为，只要人与人之间无条件真诚地尊重、关怀，个体就能够调节自己的经验，使自我更趋于理性，更完善，更成熟。

人本主义治疗理论在服刑人员的心理矫治中有其借鉴意义。心理矫治强调咨询师对来访服刑人员的共情、积极关注、尊重、理解，这与人本主义治疗理论的基本要求是一致的。

（二）个人中心治疗的主要技术

具体来说，个人中心治疗主要有以下三种技术。

1. 共情式的理解

咨询师对来访者的共情态度与理解可以从两个方面表示出来：一是咨询师的非言语行

为；二是咨询师与来访者的言语交流之中。咨询师对来访者的各种体验能够感同身受，并且能够让自己把这种感受反馈给来访者。可以让来访者感到被理解、被接纳，愿意深入地探讨自己的问题，同时也有利于来访者了解自我的真实情感，更深入地剖析自我，能够触及真正的自我。

2. 真诚的交流

在咨询过程中，咨询师是一个真实的、统一的人。他必须真诚地感受自己的内心世界，没有隐藏在专业角色的背后，言行一致，如果情况允许，也可以真诚地表达自己。

3. 无条件积极关注

无论来访者表现出何种行为、何种情绪，咨询师都要对来访者投入积极关注的情感，不做评价地、无条件地接纳他，相信来访者具有成长的潜力，相信他们具有自我指导的能力，支持他们去发展自己的潜力，支持他们发展其独特的自我。

这三种技术都是围绕着与来访者建立开放、信任的相互关系而进行的，目的是帮助来访者达到自我了解和促进自我成长。

（三）倾听实例

来访者：我很难去感受，有时候我搞不清楚我感到的是什么。

咨询师：你时常未曾意识到你心头流过的是什么情感？

来访者：是这样的。我相当难以搞明白我正感到什么，更不用说把那感受告诉别人了。

咨询师：所以，你也感到很难让别人懂得它们如何触动了你？

来访者：嗯，我总是把情感封闭起来，它们令人不安。

咨询师：不清楚你体验到什么情感，这令你不安，而假如你明白是什么情感，也令你不安？

来访者：有几分如此……在我小时候，如果我发脾气就会受到处罚，如果我哭闹，大人就把我塞到我的房间里，并告诉我不许哭。我记得有时候只是高兴和嬉闹，也有人告诉我别疯，安安静静的。

咨询师：所以很小的时候你就懂得，你的情感会招来麻烦。

来访者：每当我刚刚开始要感受到什么的时候，就什么也没有了，或者弄得像一团乱麻。就这样，我认为自己没有权利感到愤怒、欢乐、悲伤，或者随便什么。我只能做我的事，好好的，不要有抱怨。

咨询师：你仍然相信，把你的感受封闭起来，不表露它们，这样更明智一些。

来访者：对！尤其是对我丈夫和孩子们。

咨询师：你的意思是说，你不让他们知道你内心的情况？

来访者：呃，我对他们会对我的情感有兴趣这一点，太没有把握了。

咨询师：好像他们的确不在乎你内心的感受。（此时来访者哭了）此刻你感到了某种东西。

（来访者继续哭，一段沉默）

来访者：我感到好难过，好绝望。

咨询师：你看，现在你能够感受，也能向我谈论它。

在这段谈话中，来访者从模糊地触及自己的感受，到体验它，并向咨询师表达出来，但接受它的工作还要进一步去做。在咨询中，来访者常常习惯于谈事情，谈别人，谈"要是……就好了",而有意无意地忽略了自己的感受。咨询师则力图注意他(她)的内心感受,使谈话集中在探索情感体验上。

咨询师满怀热情地、投入地、认真地听,能够设身处地地体验来访者的感受,准确地听懂他所传递的信息,以及反射出他所欲沟通的深层次含义。这种主动倾听不仅能使咨询师真正理解一个人,而且对于倾诉者也有奇特的效果。当倾诉者发现他真正被人理解时,会出现一系列变化,进而谈出更多的心里话。这不仅有助于来访者清楚明白自己的真实情感和情绪,也有助于来访者达到对自我的更高层次的理解和明确自己的责任与行动的方向。

五、心理咨询与治疗的发展趋势

在心理学发展短短百余年的历史中,学派林立,百家争鸣,对心理咨询和治疗的理论与方法的发展各有建树。从弗洛伊德创立心理分析学派至今,心理咨询与治疗的各种学派、体系不断涌现,交叠更替。前面已经介绍了其中影响较大的精神分析学派、行为主义学派、认知学派、人本主义学派等,每一种学派又衍生出多种咨询与治疗的理论、方法和技术。在发展初期,各派互相排斥,门户甚深。但是由于心理问题的复杂性,在实践中学者们认识到,没有任何一种单一的理论和方法能在所有情境下解决所有人的所有心理问题,其效果或各有所长,或无显著差异。于是,人们逐渐抛弃门户之见,打破学派林立的局面,彼此借鉴,取长补短,不拘一格。根据不同情况选择不同的方法,或同时采用几种不同学派的方法。这样,心理咨询和治疗就朝向一种兼容和整合化方向迈进了。

心理咨询与治疗的发展概括起来主要有四个趋势:一是各项技术整合趋势。目前心理治疗已经趋向于将不同心理学派的理论、技巧整合成为一套可咨可循的通用理论而在临床中灵活运用。整合可以是战略性的,也可以纯粹是战术性的甚至是权宜性的。其实,不管是精神分析、行为主义还是人本主义的理论,都无法单独应对极其复杂的社会和来访者。所以,顽强地坚持某一种学说而对其他学说不屑一顾是不够的,一个好的心理咨询师一定能根据来访者的具体情况,灵活界定自己在众多心理学力量、技巧上的取向或者取舍。二是咨询或治疗目标扩展到个体以外的趋势。传统的心理咨询或治疗都是针对来访者本身的。虽然每一个接受咨询或治疗的人都是应当独立存在的个体,但是他必然来自某一个特定的家庭、团体、社会阶层。他的行为包括疾病会受到周围环境和人际关系的深刻影响,同时也影响着他周围的环境和人际关系。心理咨询师越来越认识到,如果撇开来访者与其周围的互动关系而孤立地去治疗常常是事倍功半的,一些新的心理治疗方法如婚姻治疗、家庭治疗正是基于这样一种新的观念相继诞生的。三是心理治疗普通化、多样化趋势。求助于心理治疗的对象越来越多,其问题将由以往单一的精神障碍逐渐扩展到各种社会、心理和生理问题;从精神科扩展到临床各科;甚至从医学扩展到医学领域之外。因此,心理治疗的从业人员将迅速增多,除精神科医生以外,还有专门的临床心理工作者、各科医务工作者以及社会工作人员。心理治疗的方法也将继续增多。各种经典的心理学派、各种学派不同形式的拼接融合以及各种带有浓厚民族文化色彩的各国特有的治疗形式都将有用武之地。四是疗程缩短趋势。随着越来越多的国家实现工业化、现代化,生产与生活节奏不断加快。传统上那种旷日持久的心理治疗可行性越来越小。尽可能地缩短疗程已经成为包括精神分析治疗师在内的所有人关心的问题。调查发现,一次心理咨询或治疗后的脱离率很高,而且疗程越长,脱离情况越严重。

思考题

1. 如何正确理解服刑人员心理矫治的概念？其工作对象是什么？

2. 试对自身所具有的优势学科作分析，并结合服刑人员心理矫治所需要的学科基础明确自己努力的方向。

3. 服刑人员心理矫治的主要流派有哪些？试选择其中的一个流派结合案例作简要分析。

第一章阅读材料

第二章 服刑人员心理概述

一位普通的社会公民,由于实施犯罪行为而成为犯罪人,又因为受到刑罚处罚而成为服刑人员,其心理过程、个性心理和心理状态几经变化,跌宕起伏。了解和把握服刑人员的心理,有助于科学地认识和矫正服刑人员。本章主要阐述服刑人员心理的构成、形成及发展变化,并对其心理特异性进行简单介绍。

第一节 服刑人员心理构成

服刑人员因违法犯罪而被审判机关依法裁定进入矫正机构(监狱、未成年犯管教所、公安看守所、社区矫正机构),接受刑罚处罚。处于监禁状态的犯罪人,面对矫正机构严格的管教制度,其原有的常态心理和犯罪心理随之发生变化。在原有的认知水平、情感与意志特征、心理状态、需求欲望、态度价值和人格特征的基础上,受服刑环境的影响,逐渐形成服刑人员心理。

所谓服刑人员心理,是服刑人员在接受刑罚处罚的过程中,原有的常态心理和犯罪心理在特定的服刑环境(刑罚执行环境、矫正环境)刺激下所产生的复合的矛盾心理。它包括常态心理、犯罪心理和服刑心理(由刑罚心理和矫正心理组成)三大部分(见图 2.1)。常态心理和犯罪心理影响服刑心理的形成,服刑心理也反过来影响常态心理和犯罪心理。服刑人员心理是多重心理的有机组合,是服刑人员服刑期间行为表现的内在依据。

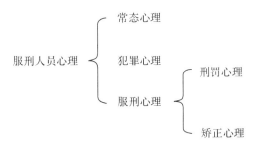

图 2.1 服刑人员心理构成

从服刑人员心理矫治内涵出发,我们又可以把服刑人员心理区分为正常心理、心理问题与心理障碍、犯罪心理(犯因性缺陷)三个部分。正常心理即常态心理,是教育矫治服刑人员的内在心理基础,也可以把它认为是教育矫正工作中常说的"闪光点"。心理问题与心理障碍是狭义心理矫治的工作内容,它对应狭义心理矫治工作。而犯罪心理则是广义心理矫治的主体工作内容,它相对应于广义心理矫治工作。

一、常态心理

服刑人员的常态心理是指作为一个社会人存在的与社会自由人一样的心理现象。服刑人员虽然与正常人的心理存在较为明显的差异,但仍然具有正常人的物质和精神需要,在心理特征、心理内容和心理反应所遵循的规律等诸多方面,与正常人仍有相似之处,这是每个人心理的重要组成部分。

服刑人员的常态心理是其接受教育矫正的基础,也是我们认识服刑人员、正确分析服刑人员心理的前提条件。服刑人员的常态心理既有与社会正常人在心理内容及心理形成发展规律上的一致性(两者都是对客观现实的主观能动反映),也有在承受刑罚处罚情形之下的特殊性。这种特殊性具体表现为:在常态心理的内容上,有些被强化(如吃喝等基本需要),有些被弱化(如自尊、自我实现等高级需要);在需要的满足方式上,常常以压抑、代偿、幻想等方式寻求心理的平衡和解脱;在需求的满足程度上,较社会正常人群要低。

二、犯罪心理

犯罪心理是指影响和支配犯罪人实施犯罪行为的各种心理因素的总称。犯罪心理是个性心理的一种特殊表现形式,或者说是个性心理的一个层面,是具有道德和法律属性的多种消极心理因素的总和。心理学家一般把个性理解为个性倾向性、个性心理特征与自我意识。

(一)个性倾向性

个性倾向性是推动人进行活动的动力系统,包括需要、兴趣、态度、信仰、价值观等。犯罪人的个性倾向性主要表现出如下特点。

1. 强烈、畸变的需要

强烈、畸变的需要是犯罪人进行犯罪行为的内在驱动力,主要表现为强烈的物质占有欲和挥霍享受欲、畸变的性欲、畸变的心理需要(如报复、嫉妒、逞强斗狠、寻求刺激、在违法团伙中讲"义气")、错误的精神需要(如封建迷信以及权位欲、支配欲、领袖欲)等。[1] 需要是形成动机的内在动力,犯罪人强烈、畸变的需要很可能会诱发犯罪人形成犯罪动机、实施犯罪行为。

2. 不良的兴趣

犯罪人的兴趣多偏于感官,少有高尚的兴趣。如为了获得性快感,而观看黄色影视、书刊。不良的兴趣会驱使个体在面对外界丰富的信息时,选择那些消极的、能够满足其不良兴趣的信息,而这些信息的吸收又会进一步巩固其不良兴趣,也会对个体的态度、信仰、价值观等产生不良的影响。

3. 反社会的意识

反社会的意识是指与宪法所规定的国家制度、思想体系相背离,与正常的社会生活相对立,以损害公众利益、满足一己私利的价值取向为核心的各种错误观念的总称。[2] 犯罪人的反社会意识体现在他的态度、信仰和价值观当中,对犯罪人的犯罪倾向起着支撑和巩固的作用。

---

①② 罗大华,何为民.犯罪心理学.北京:中国政法大学出版社,2007.

（二）个性心理特征

个性心理特征包括气质、性格、能力三个组成部分，犯罪人显示出了区别于一般个体的个性心理特征。

1. 气质

气质是个体稳定的动力特征。气质本身没有好坏之分，不能说某种气质的人容易犯罪，某种气质的人不容易犯罪。气质对犯罪的影响主要体现在对犯罪人实施犯罪行为的类型、方式的选择上，并且在犯罪活动中也会体现出犯罪人的气质特征。不同气质的犯罪人在犯罪过程中，会体现出不同的特点，如胆汁质的人往往比较冲动，预谋性较差；黏液质的人情绪较为稳定，预谋性较强。

2. 性格

性格是人对现实的稳定的态度，以及与之相适应的习惯化的行为方式。在态度上，犯罪人对待国家、社会、他人往往缺乏责任感，自我中心意识较强，较为自私自利。在情绪上，犯罪人往往较为冲动，耐受挫折的能力较差，嫉妒心、报复心较强。在意志上，犯罪人往往意志品质薄弱，自控能力较差。在理智上，犯罪人往往不能对自己和他人做出正确的评价，不能预计到行为的后果，往往高估自己的能力。

3. 能力

一定的能力是个体生存和发展必不可少的条件。犯罪人在能力的发展上出现了偏倾，形成了与犯罪活动相适应的能力。例如，诈骗犯具有观察现场，选择作案对象、时机，虚构事实等犯罪技能。

（三）自我意识

自我意识是人对自身及主客体关系的意识，对人的行为能够起到调节作用。犯罪人一般具有不成熟或歪曲的自我意识。犯罪人不能正确地评价自己，对自己做出的评价往往是盲目的、幼稚的。不善于控制和调节自己的情绪，很小的挫折都能够引起犯罪人强烈的情绪体验。对自己的行为缺乏控制能力，所以常会导致激情犯罪或偶然性犯罪。

三、服刑心理

服刑心理是指服刑人员在矫正机构接受刑罚处罚期间，承受刑罚环境的刺激所产生的心理，是服刑人员对刑罚处罚这一客观现实的主观能动反映，是服刑人员特有的心理现象。其主要包括服刑人员承受刑罚的刑罚心理和刑罚执行之下的矫正心理。

（一）刑罚心理

刑罚是指由国家最高立法机关在《刑法》中确立，由审判机关对犯罪人员进行判决并通过特定的机构执行的最为严厉的强制措施。作为国家制定的一种最严厉的强制方法，它与一般的行政处罚和民事处罚有着本质的不同。这些处罚，其基本特征就是给服刑人员造成巨大的威慑力和失去自由带来的精神痛苦。刑罚的这种威慑力量，对服刑人员的心理产生深刻而强烈的刺激与影响。服刑人员的刑罚心理是服刑人员对刑罚现实的反映，包括三个方面的含义：一是服刑人员实施犯罪行为受到刑罚处罚，是刑罚的承受者（承受刑罚惩罚的主体），因此，服刑人员的刑罚心理，也就是刑罚承受者的心理。二是服刑人员的刑罚心理是其"犯罪心理"和"矫正心理"相互联结、相互作用和相互转化的中间环节。这是因为，从某种意义上说，服刑人员的刑罚心理是对自己犯罪心理及其法律后果的反映。在刑罚适用阶段，这种反映主要与刑罚的惩罚性相联系。而在刑罚执行阶段,这种反映则与以矫正为目的、刑罚的惩罚功能与矫正功能结合的行刑活动相关联。三是服刑人员刑罚心理具有积极和消极两方面的"双重属性",并且在刑罚功能得以充分发挥的时候朝着积极方面转化。[①] 在刑罚的威慑下,大部分服刑人员会感到前所未有的心理压力和痛苦,在矫正工作人员的矫治下消除其原有的犯罪心理,这是积极的刑罚心理效应。但也有少部分服刑人员虽然强烈地感受到刑罚带来的痛苦,但是对刑罚持强烈的否定态度,表现出消极的矫正行为,产生不良的刑罚心理,引发一系列负性情绪情感体验。

1. 刑罚感受度

服刑人员对刑罚的态度,称为服刑人员刑罚感受度,[②]它是指刑罚作用于服刑人员后所产生的服刑人员对刑罚的评价态度,包括对刑罚痛苦的评价态度和对刑罚效用的评价态度。将对刑罚痛苦的评价态度作为横向的维度,并分为弱、中、强三个等级;同时将对刑罚效用的评价态度作为纵向的维度,并分为低、中、高三个等级。两条数轴相交,产生了刑罚感受度的四个区域(见图2.2)。服刑人员的刑罚感受度处于其中的某一个点。其典型的区域特征表现如下:

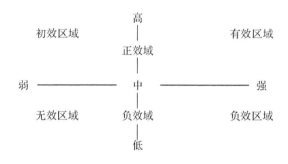

图 2.2　刑罚感受度

(1)有效区域。服刑人员能强烈地感受到刑罚带来的痛苦,同时也承认刑罚的正确性并理解刑罚的意义,能认判服法、认罪悔罪,并积极参与矫正活动。大部分服刑人员,尤其是参与社区矫正的服刑人员,一般具有这种心理。

(2)初效区域。服刑人员对刑罚的痛苦感受度较低,但对刑罚的正确性及其意义持肯定评价。短刑期的服刑人员,大多具有这种心理。

(3)无效区域。服刑人员对刑罚的痛苦感受度和效用都比较低,对教育矫正持不合作的态度。大多数刑期不长的累犯具有这种心理。

(4)负效区域。服刑人员能强烈地感受到刑罚惩罚带来的痛苦,同时对刑罚持强烈的否定态度,不认罪悔罪,不认判服法,对教育矫正持非常对立的态度。少数服刑人员具有这种心理。

2. 服刑人员对刑罚的评价

对服刑人员来说,在其刑罚心理中占主导地位的是对"罪"及"刑"的认识和评价。服刑

① 阮浩. 罪犯矫正心理学. 北京:中国民主法制出版社,1998.
② 黄兴瑞. 罪犯心理学. 北京:金城出版社,2003.

人员依据这种认识和评价,在接受教育矫正的过程中,会对自己的行为进行相应的调节和控制。

从刑罚感受度的角度分析,服刑人员对"罪"及"刑"的评判可分为以下三个方面的维度。

(1)认罪服判(对应初效区域)。服刑人员犯罪判刑后若能认罪服判,说明其能承认自己的犯罪事实,认识到审判机关对其量刑的正确性,这是悔罪服法的前提,也是接受教育矫正的良好心理基础。

(2)悔罪服法(对应有效区域)。服刑人员能对自己所犯下的罪行进行忏悔和反省,在思想上理解刑罚的意义,在心理上接受法律的价值,是刑罚功能充分发挥的结果。

(3)不认罪服法(对应无效区域或负效区域)。服刑人员不认罪服法,说明其人身危险性增加,意味着会给教育矫正工作带来一定的难度。但是,服刑人员的刑罚感受度不是一成不变的,随着刑期的发展,在接受正确教育矫正的情况下,服刑人员对刑罚的痛苦感受度、刑罚的正确性评价、认罪态度都会有所变化,出现认罪服判甚至悔罪服法的情形。

3. 服刑人员在刑罚心理状态下的情感特征

受到刑罚处罚对服刑人员而言是一个重大生活事件,他们存在痛苦、抑郁、畏惧、敌意、逆反等消极情绪和挫折反应在所难免。服刑人员刑罚心理核心的情感特征是痛苦和抑郁。

(1)痛苦。痛苦是由某种因素引起的极度不愉快反应,它是最普遍、最常见的,也是最复杂的负性情绪。在监狱等监禁型矫正机构接受矫治的服刑人员,其痛苦程度尤其强烈,这也是刑罚预防犯罪和矫正服刑人员的目的之所在。服刑人员痛苦情绪的形成,首先,来自人身自由被剥夺或限制。不论是监狱的监禁环境,还是社区矫正的非监禁情形,刑罚都以影响他们的人身自由为基本特征。其次,来自家庭方面的因素。让成年服刑人员感到痛苦的多是婚姻的解体,让未成年服刑人员感到痛苦的多是父母对他们的"抛弃"。最后,来自各种各样的约束制度。法律制度的约束,矫正机构的各项规章制度、行为规范等各种限制性规定,对服刑人员而言就是一个"枷锁",使他们倍感痛苦。服刑人员减轻或消除痛苦,最关键的因素是要认清痛苦的本质,学会着眼长远考虑问题。

(2)抑郁。抑郁是精神长期受压抑而产生的较持久的情绪状态。抑郁除含有悲伤外,还伴有痛苦、愤怒、焦虑、自卑感、罪恶感、羞耻感等情绪。服刑人员的抑郁,是矫正过程中受各种内外因素的相互影响而产生的负性情绪,是压抑而又无法解脱的结果。认知偏颇和性格缺陷是造成服刑人员抑郁的主要原因。持续的忧郁对他们危害极大。服刑人员化解忧郁,首先,要客观地评价自己和他人,既不妄自尊大,也不妄自菲薄。其次,要学会自我称赞、自我欣赏。最后,扩大人际交往,常与精力充沛、充满活力的人相处。

4. 服刑人员在刑罚心理状态下的自我意识特点

服刑人员的自我意识,是他们对自己在服刑矫正过程中的生理状况、心理特征的认识,以及对自己的社会地位和周围关系的认识。[①] 服刑人员自我意识的发展过程是其心理不断成熟的过程,也是不断再社会化的过程。服刑人员在刑罚心理状态下的自我意识的缺陷,主要表现为自卑、自负、自我中心、消极的自我防御机制、理想自我与现实自我脱节等。

(二)矫正心理

矫正心理是指服刑人员在矫正机构中,接受或参与矫正活动过程中所产生的心理。

---

① 连春亮.罪犯心理矫治策论.北京:华文出版社,2004.

（1）服刑人员是刑罚的承受者，因此，同刑罚心理一样，服刑人员的矫正心理也是刑罚承受者的心理。服刑人员从犯罪主体到承受刑罚的主体，决定了他必须在承受刑罚处罚的同时，接受刑罚矫正。接受教育矫正是法定的，具有强制性，但接受矫正的动机和态度是内在的和能动的。

（2）服刑人员的矫正心理，以刑罚为中介，是对自身犯罪行为的重新认识与否定，从而消除犯罪心理，形成守法观念，重建守规守法心理。随着监狱等矫正机构教育矫正活动的开展，服刑人员在接受刑罚处罚、体验痛苦情感的同时，能将这种痛苦的体验与自己所犯下的罪行相联系，对自己的罪行进行深刻反省和自我剖析，逐渐形成遵纪守规的思想和自觉守法的心理，实现人生观和世界观的根本转变。

（3）服刑人员的矫正心理具有"被迫矫正"和"自觉矫正"的双重特征。在刑罚功能得以充分发挥的情况下，是一种积极向上的心理过程，是服刑人员对犯罪心理和犯罪行为的否定，也是服刑人员成为守法公民的心理基础。

刑罚的惩罚具有强制性，服刑人员接受教育矫正是被迫的和痛苦的过程。但由于矫正机构在实施矫正活动的过程中，从内容到形式都具有强大的激励功能，从思想观念的转变、文化知识水平的提高、技术技能的获取，到文娱体育活动的参与和分享，分级处遇和行政奖励（减刑、假释等）的获得，矫正活动都具有强大的吸引力和激励作用。因此，随着教育矫正活动的深入，大部分服刑人员都会在刑罚惩罚和教育矫正双重力量的作用下，实现由"被迫矫正"到"自觉矫正"的转化。

（4）服刑人员的矫正心理，从个性倾向来讲，主要包括矫正的动机和矫正的态度。服刑人员的矫正动机包括功利性动机、亲和性动机与成就动机。其中，功利性动机在服刑人员动机中所占的比例最大，而成就动机是促使服刑人员抑制恶习、消除违规心理、重构守法心理的重要基础。服刑人员的各种生理性和社会性的需要，人生观、价值观、法制道德观，服刑环境（监规纪律、社区矫正纪律等）、社会环境（社会期望、亲人嘱托等），以及各种外部激励机制（各种奖励和处遇等），是促成服刑人员矫正动机形成的重要因素。

服刑人员的矫正态度，也是他们的服刑态度，是服刑人员对服刑活动的一种相对稳定和持久的评价、心理反应倾向和行为倾向，是一种内化了的针对服刑活动而产生的具有一定结构（认知、情感和行为倾向）的特殊心理过程。服刑人员的矫正态度一旦形成，会对其教育矫正产生全方位的影响。积极正确的矫正态度是推动服刑人员弃恶从善、服从管理、接受矫正的重要力量。

（5）服刑人员的矫正心理，按表现形式，可分为积极矫正心理、抗拒矫正心理和消极矫正心理。

①积极矫正心理。具有积极矫正心理的服刑人员能在矫正过程中遵守法律法规，听从指挥，服从管理，积极劳动，努力参加思想、技术和文化等多项教育活动。

②消极矫正心理。既想轻松服刑又想避免惩罚是这类服刑人员的主要心理矛盾。他们或投机取巧，或混刑度日，在学习、劳动等各个矫正环节，抱着做一天和尚撞一天钟的想法，想尽办法寻求舒适，寻求更多的娱乐时间，寻求自由轻松的工种，甚至出工不出力。具有消极矫正心理的服刑人员常常具有消极的心理防御机制，大多采用压抑、否认、回避、投射、被动攻击等方式，以此缓解内心的压力。

③抗拒矫正心理。服刑人员在服刑初期，都有不同程度的抗拒和防御心理。经过教育

矫正,大多数服刑人员的抗拒和防御心理逐步减弱,心理和行为朝着良性的方面转化;但也有少数服刑人员不思悔改、对抗管教,形成抗拒矫正的心理,出现抗拒矫正的现象,出现打架斗殴、自伤自残、拒绝劳动、起哄闹事等行为,获得心理上的一些满足。

需要阐明,服刑人员的刑罚心理和矫正心理,同时存在,不可分割。服刑人员承受刑罚的痛苦心理会在矫正中无时无刻地体现出来,服刑人员对刑罚的态度也会直接作用和影响他们的矫正态度。反之,积极或消极的矫正心理也会影响刑罚心理,影响服刑人员对刑罚的感受度。

第二节　服刑人员心理形成、发展与变化

一、影响服刑人员心理形成的因素

服刑心理的形成受诸多因素的影响,既有生物学方面的影响因素,也有心理、社会的影响因素。这些因素相互影响,共同作用,最终促成服刑人员心理的形成。

（一）生物学因素

生物学因素主要包括遗传、体质、性别、年龄、神经类型、血型、解剖结构等因素所起的作用。目前的研究已经证明,个体的大脑结构与功能、神经生化与内分泌、物质代谢、心理异常的遗传、染色体异常等因素都会对人的心理起到重要作用。如大脑边缘系统的一些区域受到刺激和损害,会出现异常的心理反应。

（二）心理因素

心理因素主要有以下三种:一是个性倾向性因素,包括需要、动机、兴趣、理想、信念和世界观等。个性倾向性因素对服刑人员心理形成的影响主要体现在心理活动的选择性、对从事活动的态度体验和行为方式上。一个兴趣广泛、需求正常、动机良好、态度端正的服刑人员,在服刑过程中形成的心理会相对正常,表现出积极的服刑心理。二是性格结构因素,包括性格的现实态度特征、意志特征、情绪特征和理智特征。这些要素与服刑人员心理形成的关联度甚高,如具有敌对和愤怒情绪特征的服刑人员,常常具有消极的服刑心理。三是人格异常因素。冲动型、反社会性、分裂型、偏执型、自恋型、暴发型等不同类型的人格障碍,对服刑人员心理的形成具有重要影响。如以情感爆发伴明显行为冲动为特征的冲动性人格障碍的服刑人员,一般具有抗拒教育矫正的心理,刑罚的惩罚功能在他们身上得不到应有体现。

（三）社会—文化因素

社会—文化因素主要是指矫正环境、纪律制度、人身自由、权利义务、生活条件、刑期、文化程度、恶习、犯罪前科、人际关系以及通常意义上的民族传统、风俗习惯、宗教信仰等。

监狱的服刑人员一般易产生“社会—文化”的失衡现象。刚入监时,由于难以适应监狱环境,而产生抑郁、焦虑乃至惧怕的负性情绪。在服刑过程中,他们还与原来的社会环境保持着千丝万缕的联系,因此许多客观情况,如亲人丧亡、家庭纠纷等,还不时影响着他们的心理,引起他们的情绪波动。尤其是多种社会生活事件交替发生时,他们的心理压力就格外大。

社区矫正机构的服刑人员,受"罪犯标签"影响,而出现心理失衡的较多。[①] 标签理论认为,一个人受到标定之后主要会产生两种效应:一是烙印的产生;二是自我形象的修正。由于社会大众对服刑人员的不接纳,使服刑人员对自己的"犯罪"烙印心有余悸,将自己归入"有罪者"的行列,以越轨者自居。由于"罪犯标签"的心理压力得不到缓解,致使他们出现自卑、羞愧、忧伤等各种不良心理。

二、服刑人员心理的形成机制

心理应激反应和心理防御机制等因素,在服刑心理的形成中起着至关重要的作用。

（一）应激反应机制

应激反应是指个体因为应激源所致的生物、心理、行为方面的变化,常称为应激的心身反应。[②] 应激反应是机体固有的对环境需求的反应,具有保护性和适应性功能,它包含警戒期、阻抗期、衰竭期三个阶段。人进入衰竭阶段,必然对威胁的存在产生剧烈反应。长期下去,人的适应能力则可能耗尽,最后出现崩溃。这时机体会被它自身的防御力量所消耗、损害,结果导致身心疾病。

服刑人员在心理应激状态下,会产生各种消极情绪,包括愤怒、抑郁、焦虑、悲伤、恐惧等。这既是一种必要的反应,以便作出应变对策;同时,又会对人的身心产生影响,乃至引起生理、心理机制的病变。如恐惧状态下,就会出现认知偏颇、判断力减弱、失去理智,同时还会引起躯体的变化,如动作软弱、脸色苍白、血压上升、呼吸加快,乃至精神错乱、行为失常等。

（二）心理防御机制

心理防御机制是指人在无意识中,为消除由心理冲突或挫折所引起的焦虑,维持和恢复心理平衡的一种自我保护的方法。服刑人员的心理防御机制是在他们遇到困难时,所采取的一种能够回避面临的困难、解除烦恼、保护心理安宁的方法。影响服刑人员心理的常见心理防御机制有以下几种:

1. 压抑

压抑是精神防御机制最基本的方式。当一个人的某种观念、情感或冲动不能被超我接受时,下意识地将极度痛苦的经验或欲望抑制到潜意识中去,以使个体不再因之而产生焦虑、痛苦的情形。虽然被抑制的东西没有被意识感觉到,但是在潜意识中它仍然起着作用。只不过有时会以改头换面的象征化的形式表现出来。服刑人员过分地使用压抑的心理防御,压制正常的欲望或本能,往往会产生一些心理问题。

2. 否认

把引起精神痛苦的事实予以否定,以减少心灵上的痛苦。采用否认的心理防御,防卫性地否认事实或实际存在的痛苦,会使服刑人员形成抑郁性神经症等心理问题,严重的会引发精神障碍。

3. 退行

当人们感到严重挫折时,放弃成人的处理方式,而退到困难较少、阻力较弱、较安全的儿童时期,无意中恢复儿童期对别人的依赖,害怕担负成人的责任。未成年服刑人员常常采用

---

① 谢钢,林婷婷.从标签理论视角看社区矫正的基层推广.吉林师范大学学报（人文社科版）,2010(4).
② 姜乾金.医学心理学.北京:人民卫生出版社,2004.

此种心理防御，而表现出某些异常的行为。

4. 幻想

幻想是指个体遇到现实困难时，因为无力处理实际问题，就任意想象应如何处理困难，使自己存在于虚幻的想象世界之中，以获得心理平衡。成年个体如果经常以此种方式应付实际问题，必然导致心理的病态。

5. 投射

投射一般是指将自己的一些不良动机、态度、欲望或情感，赋予他人或外部世界上，从而推卸责任或把自己的过错归咎于他人，以得到一种解脱的心理。如服刑人员将自己的争吵违规，看作是对方对自己的"刁难"造成的。

6. 隔离

隔离是把部分事实从意识境界中加以隔离，不让自己意识到，以免引起精神的不愉快。最常被隔离的，是整个事情中与事实相关的感觉部分。如服刑人员面对民警的严厉批评教育无动于衷，所采取的就是隔离性的心理防御机制。

7. 升华

升华是一种积极的心理防御机制。把社会所不能接受的内在冲动、欲望，通过防御转向更高层次的、社会能接受的目标。服刑人员采用升华的心理防御，就会产生积极的矫正心理，对再社会化起到良好的作用。

除了上述心理防御机制之外，服刑人员还会运用其他一些心理防御机制，比如合理化、反向形成等。各种心理防御机制之间并非无关联，而是相互渗透、相互作用，共同影响服刑人员心理的形成。

三、服刑人员心理的形成

服刑人员心理的形成是一个动态的、连续的过程，可以将服刑人员心理的形成分为以下三个阶段。

（一）起始阶段

服刑人员心理包含了常态心理、犯罪心理和服刑心理。它们相互作用，相互影响，常态心理、犯罪心理影响服刑心理的形成，服刑心理也反过来影响常态心理和犯罪心理。因此，从广义上理解，常态心理的形成自然就是服刑人员心理形成的起始环节。但从人们的思维习惯上看，似乎服刑人员心理的形成始于犯罪人犯罪心理的形成更为妥当。因此，有学者就从狭义的角度，把犯罪人犯罪心理的形成看成是服刑人员心理形成的起始环节。[①]理由是：其一，犯罪心理的形成是以社会化过程中形成的不良心理为基础的，与常态心理没有直接关系；其二，犯罪是个体触犯刑法的行为，实施犯罪行为的称犯罪人。显然，犯罪人心理可分为犯罪心理、犯罪嫌疑人心理和被告人心理。历经逮捕、起诉和审判诸环节的犯罪人，不一定都会成为服刑人员，但服刑人员都必然经历犯罪、犯罪事实被揭露和审判的诉讼过程。所以，犯罪人心理不同于服刑人员心理，但服刑人员心理一定是在犯罪人犯罪心理的基础上形成的。因此，从狭义上理解，服刑人员心理形成始于犯罪心理的形成，是犯罪人犯罪心理的

---

①　黄兴瑞.罪犯心理学.北京：金城出版社，2003.

进一步发展。

（二）关键阶段

犯罪人实施犯罪行为之后，在被侦查、起诉和审判的一系列的诉讼过程中，是他们从犯罪心理向刑罚心理逐渐转化的时期，也是他们心理变化最为激烈的时期。这一时期，是刑罚适用阶段，是服刑人员心理形成的关键时期。

刑罚适用和定罪量刑对犯罪人的心理影响是巨大的，此时，他们处于准服刑的心理状态之中。犯罪人因实施犯罪行为而成为被告，受到刑罚处罚的威胁，此时，他们尚抱有幻想，存有"无罪释放或重罪轻判"的侥幸心理。这种侥幸心理也是当初激发和维持他们实施犯罪行为的强大心理支撑点。同时，由于对惩罚处罚的担心，他们的恐惧、忧虑、紧张心理也表现得十分明显。侦查和审判机关查清犯罪事实，揭露犯罪的情节、性质和恶性程度，根据有罪必罚和罚当其罪的原则，对他们进行公正的定罪量刑，是刑罚适用的基本要求，也是日后服刑人员认罪服判、悔罪服法的重要前提条件，对其形成积极的服刑心理、减少刑罚惩罚的负面效应起到积极的作用。

（三）形成阶段

美国精神病学家 Holmes 等人对 5000 多人进行社会调查，把人类社会生活中遭受到的生活危机归纳并划分等级，编制了一张生活事件心理应激评定表（具体见表2.1）。列出了

表 2.1 社会适应评定量表

等级	生活事件	LCU	等级	生活事件	LCU
1	配偶死亡	100	23	儿女离家	29
2	离婚	73	24	离婚纠纷	29
3	夫妻分居	65	25	杰出的个人成就	28
4	坐牢	63	26	配偶开始或停止工作	26
5	家庭成员死亡	63	27	上学或毕业	26
6	个人受伤或患病	53	28	生活条件变化	25
7	结婚	50	29	个人习惯的改变	24
8	被解雇	47	30	与领导的矛盾	23
9	复婚	45	31	工作时间或条件变化	20
10	退休	45	32	搬迁	20
11	家庭成员健康变化	44	33	转学	20
12	妊娠	40	34	娱乐变化	19
13	性困难	39	35	宗教活动变化	19
14	家庭增加新成员	39	36	社会活动变化	18
15	业务上的新调整	39	37	抵押或贷款少于1万美元	17
16	经济状况的改变	38	38	睡眠习惯上的改变	16
17	好友死亡	37	39	一起生活的家庭成员数目改变	15
18	工作性质变化	36	40	饮食习惯改变	15
19	夫妻不和	35	41	休假	13
20	抵押超过1万美元	31	42	圣诞节	12
21	抵押品赎回权被取消	30	43	轻微违法行为	11
22	工作职责上的变化	29			

注：LCU，即生活变化单位。

43种生活变化事件,以生活变化为单位,对指标加以评分。研究发现,生活事件与第二年的健康变化有关。其中"坐牢"的LCU为63,仅位于配偶死亡(LCU100)、离婚(LCU 73)、夫妇分居(LCU 65)之后,与家庭成员死亡(LCU 63)得分一致。

虽然生活事件心理应激评定表是根据美国的情况制定的,但人类的心灵具有相通性,因此对我们仍具有重要参考价值。对于服刑人员而言,经过诉讼阶段的准服刑心理阶段,被审判机关定罪量刑而被投送到矫正机构,接受刑罚处罚和教育矫正,是一项重大挫折和心理应激事件。在这一心理应激源的支配下(对于进入监狱等接受监禁性刑罚处罚的服刑人员,这种心理应激的强度更大),面对挫折,经由不同的服刑人员个体认知评价后,可以引起心理上的不同反应,出现积极或消极的心理应激反应和心理防御,产生刑罚心理和矫正心理。服刑人员心理也由此最终形成。

四、服刑人员心理的发展与变化

服刑人员的心理具有两重性,既有正常心理(包括健康和不健康的心理),也有异常心理。无论是哪种心理,因为其心理最终是在刑罚处罚的特殊情境下形成并发展的,所以具有特殊性和发展变化性,不同的服刑时期,表现出不同的心理状况和特征。

(一)服刑各阶段的心理表现

服刑人员的服刑生活一般可分为三个阶段:服刑初期、中期和后期。每一阶段都有不同的心理表现。

1. 服刑初期——心理适应期

在服刑初期,服刑人员初进矫正机构,面对严格的监规纪律约束或社区矫正纪律制度约束,因适应不良等原因容易产生各种心理问题,出现痛苦、抑郁、恐惧、否认、怨恨等情绪,呈现自我封闭的心理防御方式。

(1)痛苦、抑郁。(见本章第一节所述)

(2)恐惧。恐惧是指人在面临真实或想象的危险时,企图摆脱危险而产生的一种强烈而压抑的情感状态。恐惧是一种有害的情绪,极度的恐惧情绪,甚至会导致人的死亡。服刑人员的恐惧心理是刑罚的惩罚效应引起的。服刑人员,尤其是对绝大部分初次接受矫正的监禁型服刑人员来说,荷枪实弹、电网高墙、陌生的监禁环境和复杂的同犯关系,对民警的戒备或敌意,使他们产生强烈的惧怕心理。恐惧心理对服刑人员的危害是巨大的,如有的服刑人员因恐惧而产生脱逃心理。克服惧怕心理,关键是正确认知监禁环境,培养坚强的意志,提高心理承受能力。

(3)否认。有些服刑人员在服刑初期往往不认罪服法,一是在潜意识里对自己犯罪行为的否认,不敢面对犯罪事实;二是少数服刑人员,由于缺乏法律知识,在与他犯比较或受他犯的不良诱导,得出片面的结论,认为自己量刑过重,于是拒不认罪。

(4)怨恨。怨恨是对人或事物强烈不满或仇恨而产生的不良情绪。这种不良情绪如果得不到及时宣泄而不断蓄积,甚至会达到仇恨的地步。一些服刑人员的报复心理、冲动、恶意、嫉妒或不认罪服法等因素,是产生怨恨情绪的根源。消除服刑人员的怨恨,关键在于心理疏导和道德规劝教育。

对于在监狱接受教育矫正的服刑人员,还易产生思亲想家心理或脱逃心理。

(1)思亲想家心理。面对失去自由的痛苦,服刑人员对前途和家庭的忧虑进一步加剧,由此产生强烈的思亲想家心理。成年服刑人员常常惦记着各种家庭事务,如父母赡养、子女抚养、婚姻持续、生意经营等问题。未成年服刑人员则惦记着亲人能早日探监,以取得他们的谅解。

(2)脱逃心理。脱逃心理是服刑人员为逃避刑罚惩罚,在报复心理、侥幸心理、逃避惩罚心理、恐惧心理、畏罪心理等多种心理因素的驱使下,引发的逃离监狱的欲念。在趋利避害的心理规律支配下,逃避惩罚成为监狱服刑人员服刑各阶段都始终存在的一种心理状态,在服刑初期尤为突出。

2. 服刑中期——心理相对稳定期

服刑人员经历了服刑初期的教育矫正和心理适应后,逐渐进入心理相对稳定期,形成了相对稳定的矫正心理和行为方式。

(1)认罪悔罪心理。悔恨犯罪行为是促进服刑人员心理、思想转变的"催化剂",也是他们积极接受教育矫正的心理基础。大多数服刑人员经过服刑初期的认罪服法、法制教育、道德教育等一系列的思想教育后,逐渐认识到自己的罪行,认识到自己犯罪的原因,认识到犯罪行为给家庭和社会以及受害人带来的严重危害后果,明白了法律对其惩罚的重要意义,并在此基础上逐渐形成悔过自新的心理。监狱的服刑人员愧对亲人的悔恨心理尤其强烈。职务犯罪、激情犯罪、过失犯罪、被教唆犯罪、盲目跟从犯罪的服刑人员,悔恨心理也会特别强烈。

(2)反复矛盾心理。反复矛盾心理是在监狱接受教育矫正的服刑人员最易出现的一种消极心理。经过服刑初期的教育,大多数服刑人员能够认罪服法。但随着服刑时间的推移,服刑人员之间的接触频繁,一些服刑人员会重新评估自己的罪行,认罪态度、服刑情绪就会出现反复。如果监狱教育矫正的氛围浓厚,措施有力,则往往能有效防止这类人员反复心理的出现;反之,则会让这种心理在服刑人员中扩散蔓延。

3. 服刑后期——心理回归期

服刑后期,对于社区矫正机构的服刑人员来说,一般都能顺利地融入社会,没有特别的心理波动产生。对于大多数监禁状态下的服刑人员来说,在经过有效的教育矫正以后,也逐渐形成了守法的心理,实现了再社会化的矫正目标,具备了顺利融入社会的条件。但有一些服刑人员,由于面临重返社会的重大转变,呈现出较为特殊复杂的心理状态。

(1)兴奋与焦虑并存的矛盾心理。渴望新生自由的服刑人员在刑期将满时,激动之情溢于言表,但同时他们的焦虑情绪也会油然而生——担心难以适应竞争激烈的社会环境,担心家庭人员难以接纳自己而变得顾虑重重,陷入既欣喜又忧虑的心理冲突,出现失眠、抑郁、焦虑等不良情绪。

(2)角色认知淡化心理。据对某监狱调查,出监前期的服刑人员违规率比正常接受教育矫正的服刑人员高10%左右,[①]其中一个重要原因就是服刑人员角色认知淡化,纪律观念松懈。按照目前监狱的奖惩制度,服刑人员刑释前,其表现一般不再与奖惩挂钩,于是他们就开始在遵纪守规、劳动、学习等各方面放松对自己的要求,"角色认知"开始淡漠。

(3)补偿报复心理。个别服刑人员,主要是累犯或恶习很深的服刑人员,长期的犯罪体验以及多次法律制裁,使之心理扭曲,认罪悔罪意识差,服刑期间犯罪心理没有得到有效矫

---

① 吉春华,朱娟.服刑人员心理健康指南.天津:天津社会科学出版社,2009.

正，一心想着出狱后重操旧业，通过重新犯罪补偿多年监狱生活失去的一切；也有极个别的服刑人员计划出狱后对自己怀恨的人，如对当初告发的检举人、受害人、证人进行一系列的报复行为；有的甚至仇恨整个社会，泛化报复对象，走上了报复社会的道路。

（4）无所谓心理。极个别的服刑人员，特别是孤儿或是来自贫困地区的服刑人员，认为在监狱有吃、有穿、有住，出去还得挣饭吃，因而产生不思回归的心理。还有些对前途失去信心的服刑人员，认为自己与世无争，当一天和尚撞一天钟，怎么都是一生，同样有不思回归的心理。

（二）服刑人员心理的良性发展

服刑人员心理的良性发展，又称为服刑人员心理的转化，是指服刑人员接受矫正机构的矫正，心理变化符合教育矫正的目标，符合重新社会化的要求，犯罪心理不断消除，守法心理逐渐形成的过程。

1. 影响服刑人员心理转化的因素

服刑人员心理的转化，既受外部环境因素（社会、家庭、监狱环境、刑罚惩罚、管教民警或社区矫正人员等）的影响，更受到内在心理因素（法制观念、道德观念、人生价值观、悔过心理等）的制约。这些内外因素相互配合、相互作用，最终促使服刑人员的心理向积极方面发展。

外因通过内因起作用，在影响心理转化的诸多因素中，服刑人员内在的心理因素是主导性因素。法制观念、道德观念、人生观等影响着每个人的一生，并且每时每刻都起着重要作用。服刑人员在接受教育矫正的过程中，法制观念慢慢得到重建，道德观念得到恢复，人生观回到正确道路。法制观念、道德观念、人生观的正常化推动着服刑人员心理转化。悔过自新是服刑人员真正认识到自己所犯罪行对社会、家庭、被害人及自己所带来的严重后果，从内心认罪服法，愿意重新做人。这是服刑人员心理转化的最重要的内在动力因素。

在外部因素中，监狱民警或社区矫正工作人员因素则起着重要作用。监狱民警和社区矫正工作人员是刑罚执行的主体。因此，他们对服刑人员的管理、教育和疏导在矫正中起着重要作用。服刑人员正确的人生观、价值观、法制观念、道德观念的形成，良好行为习惯的养成，需要他们付出不懈的努力。另外，服刑人员群体的共同舆论和共同规范，也是服刑人员心理转化的外部因素。

2. 服刑人员心理转化的过程

服刑人员的心理转化是服刑人员从消极矫正走向积极矫正的心理过程，其实质是服刑人员态度的转变过程，是服刑人员的再社会化过程。不管是监禁刑的服刑人员还是社区矫正的服刑人员，一般都要经历服从、同化、内化三个不同的阶段。

（1）服从阶段。服刑人员在服刑的初期，从表面上看，能服从监督或管理，接受矫正，态度似乎发生了变化，但其犯罪心理可能依然根深蒂固，各种不良情绪，如抵触、否认、不服判心理、恐惧心理等依然存在。经过多种形式的教育矫正，服刑人员的思想意识才渐起变化，对自己的罪行也开始有初步的认识。服从阶段是服刑人员参与积极矫正的前提和基础。

（2）同化阶段。经过一段时间的教育矫正，服刑人员逐渐接受教育矫正活动，对自己的罪行也有了一定认识，此时，他们能面对现实，进行深刻的反思，产生了积极的矫正动机。当然，在同化阶段，服刑人员原有的违法犯罪心理具有顽固性，导致他们出现思想和心理上的动摇或倒退。服刑人员思想和心理上的动摇反复是同化阶段的一种正常心理现象。

（3）内化阶段。身处于监禁环境中的服刑人员在这个阶段，已基本适应了监禁环境，也清楚自己的社会角色,犯罪心理基本消除,正确的人生观、价值观、道德观、法制观等已基本恢复,对矫正已有了明确的计划和目标,遇到挫折,也能正确对待,而不是感情用事。此时,服刑人员开始从内心深处接受教育矫正,虽然有时存在思想波动,但总体而言比较平稳,进入了自觉矫正的阶段。服刑人员的心理内化过程就是其再社会化的过程,因此其内化的作用机制,就是个体社会化过程的心理机制,也是服刑人员心理转化的重要机制。

3. 服刑人员心理转化的规律

根据叶扬等人的研究,[①]服刑人员矫正心理在运行过程中具有周期性变化的规律(见图2.3)。从 A 点到 B 点,服刑人员矫正心理快速上升,B 点是相对高点。从 B 点到 C 点,服刑人员矫正心理回落,他们的信心动摇,矫正心理水平比 B 点略有下降,有的服刑人员有灰心情绪,有的在取得一定的成绩后出现反复,受到警告、记过,甚至加刑处罚。从 C 点到 D 点,又进入一个新的快速上升期,上升的高度比前期高点 B 点还高,上升到 D 点时形成了一个变化的周期。由此可见,服刑人员心理转化过程不是一蹴而就的,而是一个动态的、曲折发展的螺旋式上升过程。

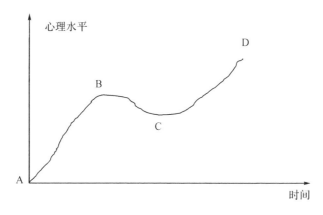

图 2.3　服刑人员心理周期性变化模式

(三)服刑人员心理的恶性变化

服刑人员心理的恶性变化是指在服刑期间,由于原有犯罪心理的延续,或受其他不良因素的影响,服刑人员心理发展的方向不符合再社会化的要求,不符合教育矫正的目标,导致抗拒矫正的心理和行为出现。在监禁环境下服刑人员心理的恶性变化主要是相互间的"感染"造成的,社区矫正服刑人员的心理恶化主要是由于受到不良社会同伴的影响。

1. 监禁中服刑人员心理的恶性变化

监禁中服刑人员的恶性变化是原有不良心理和新的不良心理相互作用而产生的,主要途径是服刑人员相互间不良心理与行为的感染。这种感染分为交叉感染和深度感染。

交叉感染包含两层意思:一是相互性,即服刑人员既是感染者,又是被感染者;二是指服刑人员感染了与原有不良心理与行为不同的新的不良心理与行为。

深度感染是指服刑人员经过与其他同类型服刑人员的消极互动,进一步加深了原来的不良心理与行为。

监禁型矫正机构一直以来通过民警的直接管理和对服刑人员的定置定位管理,重视对服刑人员间不良心理与行为的相互感染的防范,但由于服刑人员在监禁中毕竟进行着集体学习和劳动,过着群体生活,所以相互间的感染在所难免。

监禁中服刑人员的感染方式:一是传授与教唆。这主要是具有反社会人格的累犯,对一些初次接受教育矫正的服刑人员,进行有意识地传授或教唆一些犯罪行为和犯罪思想。二是潜移默化的影响。由于服刑人员私下关系密切,较正式群体之间的关系更为紧密,因此容易耳濡目染。服刑人员间消极亚文化的传播有时比监狱教育矫正的主流文化更容易传播、感染和扩散。三是主动学习。少部分服刑人员,出于逃避惩罚、对抗教育矫正的目的,主动地、有意识地学习其他服刑人员的一些犯罪技能,或反教育矫正的做法、体会和经验。

在感染过程中,感染者对被感染者的影响往往不是发生在个体之间,而是通过群体的多重互动综合产生作用的,[1]因此发生在非正式群体内部的感染具有放大效果。

2.社区矫正服刑人员心理的恶性变化

在社区矫正环境下,由于服刑人员享有相当程度的自由度,矫正机构相对开放的教育矫正模式,社会各界的有效监督,相对正常的家庭生活、社会交往、社会娱乐活动和就业,可以有效防止交叉感染或深度感染。当然,对于某些家庭不健全、就业无法落实的社区矫正服刑人员,在受到不良社会同伴或消极信息的影响下,也存在心理恶性变化的可能。

第三节　服刑人员心理特异性

社区矫正是一种非监禁性质的刑罚执行方式。本节讨论的服刑人员心理的特异性,主要是指在拘禁情境下服刑人员心理的特异性。

一、拘禁情境与服刑人员心理

服刑人员在拘禁情境下,受自身内在因素(内疚感、挫折感、仇视情绪、恐怖感、罪责感等)与外在环境压力(失去自由、监禁氛围等)影响,会发生各种拘禁性的心理问题及心理异常现象。具体而言,服刑人员的拘禁性变态心理有拘禁性情绪障碍、拘禁性癔症、应激相关障碍、性变态、监狱人格等。

(一)拘禁性情绪障碍

拘禁性情绪障碍的主要表现为睡眠障碍、紧张、焦虑、恐惧、抑郁,有的还发生轻度的意识障碍以及心因性幻觉,如表情恍惚、听见别人的说话声等。

这类服刑人员的自知力尚完整,一般没有明显的思维逻辑障碍和病理性妄想症状。这类情绪障碍由监狱的特定环境引起,多见于有轻度或中度智能发育不全、人格缺陷、脑外伤或其他器质性脑病(如脑动脉硬化症)的服刑人员,也多见于案情特别重大的服刑人员。有学者研究表明,拘禁性情绪障碍在新入监的女性服刑人员中所占比例高达39%,为各种心理问题之首。[2] 对于这种情绪障碍的服刑人员,宜及时进行心理疏导。

① 黄兴瑞.罪犯心理学.北京:金城出版社,2003.
② 赵兰.试论女犯拘禁性心理障碍及其矫治.湖南科技学院学报,2005(9).

1．焦虑

焦虑是由焦急、忧虑、担心、恐惧等感受交织而成的一种复杂的情绪反应。焦虑不仅可以引起心理上的变化,也可引起生理上的一系列变化。人在焦虑时,会有心烦意乱、坐立不安,甚至灾难临头之感。焦虑还会引起睡眠障碍和生理异常,出现口渴、多汗、心悸、血压升高等现象。服刑人员的焦虑情绪普遍存在,一是由于切身利益引发的焦虑。个别有余罪的服刑人员,因为害怕有朝一日余罪被揭露而出现焦虑不安的情绪反应。二是刚入监的服刑人员,由于原有生活方式、生活习惯被打破,加上对监禁环境的不适应而引发焦虑。三是即将释放出狱的服刑人员,由于对前途的担心引起焦虑反应。四是交往不适而引发的焦虑,尤其是初次服刑的人员,更易产生"交往焦虑"。服刑人员控制或消除焦虑,一方面要培养积极的生活态度,以乐观心态看待世界,另一方面要培养爱好,建立自信。

2．抑郁

具体见本章第一节内容。

3．愤怒

愤怒是一种逐步由轻度怨愤积累起来的负性情绪。愤怒的爆发力大,持续时间短、破坏性强。服刑人员在改造中,由于身处特殊的环境,常常将愤怒进行了某种程度的压抑和转移,但持续的压抑会导致更强烈的愤怒,其危害性更大。服刑人员愤怒的产生,一是源于易怒的性格;二是源于挫折反应。由于自由的限制和权利的剥夺,所造成的持续痛苦,很容易使服刑人员产生愤怒情绪。学会冷静处理问题是消除愤怒情绪的有力武器。

4．敌意

敌意是与愤怒有关联的情绪状态,并与厌恶、轻蔑相结合而构成。服刑人员的敌意情绪较少产生攻击行为,更多的是心理上的不满和抗拒。造成服刑人员敌意的因素是多方面的,一是他们的既得非法利益受到侵害,因而产生种种不满,这种"不满"是敌意情绪产生的潜在基础。二是由于自身地位和处境产生的敌意情绪。有些服刑人员把自身的服刑归咎于他人的"报复"、政法机关的"冤判"而迁怒管教民警。三是对管教民警的片面评价。有些服刑人员会对管教民警的关心爱护从相反的方面进行理解,甚至故意歪曲和诋毁。消除服刑人员的敌意,一方面要努力提高他们的认知水平和身份意识,另一方面要树立管教民警的良好形象。民警的事业心、人格因素、政策水平等非权力性因素,可以减少服刑人员的敌意倾向。

(二)拘禁性精神障碍

1．抑郁症与恶劣心境

(1)抑郁症。抑郁症以心境低落为主,与其处境不相称,可以从闷闷不乐到悲痛欲绝,甚至发生木僵。严重者可出现幻觉、妄想等精神性症状。其主要表现有:第一,兴趣丧失、无愉快感;第二,精力减退或有疲乏感;第三,精神运动性迟滞或激越;第四,自我评价过低、自责,或有内疚感;第五,联想困难或自觉思考能力下降;第六,反复出现想死的念头或有自杀、自伤行为;第七,睡眠障碍,如失眠、早醒,或睡眠过多;第八,食欲降低或体重明显减轻。服刑人员如果有以上表现中的四项以上,日常的生活和学习受到影响,而且持续时间在两周以上,就应考虑尽快向心理医生或精神科医生求助,以便进行及时的心理治疗。重度抑郁症服刑人员,可能出现妄想信念,导致突然的情绪性自杀。对这类服刑人员需要民警特别引起注意,及时地予以监控与药物治疗,同时辅以心理咨询。

(2)恶劣心境。恶劣心境是以持续的心境低落为主要症状的神经症性障碍。患者常伴有睡眠障碍、躯体不适和焦虑不安。其日常生活一般不受影响,没有明显精神运动性抑制或精神病性症状,社会功能受损较轻,自知力完整或较完整。病程迁延两年以上,期间很少有持续两个月的心境正常间歇期。恶劣心境一般由社会心理因素引起,拘禁性的情境是恶劣心境的重要诱因。"抑郁性神经症[①]是罪犯中最为常见的神经症,占罪犯神经症总数的30%左右"。[②] 服刑人员中有上述症状表现,且持续两年以上的,应考虑恶劣心境的可能性,尽早进行心理咨询,其治疗效果一般较好,如采用意象对话治疗[③]、认知领悟治疗或客体关系治疗常常会起到预期的效果。

2. 焦虑症

焦虑症是一种以焦虑情绪为主的神经症,主要分为惊恐障碍和广泛性焦虑两种。惊恐障碍在服刑人员中出现很少,本节所称焦虑症特指服刑人员的广泛性焦虑,它是一种以缺乏明确对象和具体内容的提心吊胆、紧张不安为主的神经症,并有显著的自主神经症状、肌肉紧张及运动性不安。个体因难以忍受又无法解脱而感到痛苦。服刑人员如果出现广泛性焦虑的症状,则应及早请心理医生诊治,进行药物治疗并辅之心理咨询。

(三)拘禁性癔症

拘禁性癔症是在拘禁环境下诱发的癔症(歇斯底里症)。拘禁性癔症通常表现为转换性癔症和癔症性情感发作,真正的癔症性精神病和其他类型的癔症发作较少。女性服刑人员或有癔症性人格缺陷的服刑人员,容易受拘禁刺激和服刑环境的影响而产生癔症性发作。拘禁性癔症发作一般比较轻微,经过适当的治疗多数都能缓解。

(四)性变态

监禁中的性变态是犯罪人的性意识及性行为在监禁环境中的变态反应,如同性恋、摩擦癖、强迫性手淫等。其中,以同性恋最为典型。大多数研究者认为,同性恋是由监禁中的性别隔离造成的,由于性的张力无法缓解,性的需要无法得到满足,所以就在同性服刑人员身上寻求性的满足,促成了监禁同性恋现象的产生。通常,性罪错的服刑人员,产生同性恋倾向的可能性更大。监禁同性恋大多是境遇性的假性同性恋,只有少数人会持续到刑满释放之后。

(五)应激相关障碍

应激相关障碍是由心理、社会或环境因素(如拘禁)引起异常心理反应导致的精神障碍,也称反应性精神障碍,分为急性应激障碍和急性反应性精神病两类。

1. 急性应激障碍(又称急性应激反应)

急性应激障碍以急剧、严重的精神打击作为直接原因,在受刺激后立刻(1小时之内)发病,表现有强烈恐惧体验的精神运动性兴奋,其行为有一定的盲目性,或者为精神运动性抑制,甚至木僵。如果应激源被消除,症状往往历时短暂,预后良好,缓解完全。

2. 急性应激性精神病(又称急性反应性精神病)

急性应激性精神病是由强烈并持续一定时间的心理创伤性事件直接引起的精神病性障

---

① 中国精神障碍分类与诊断标准第二版(CCMD-2)称抑郁性神经症,中国精神障碍分类与诊断标准第三版(CC-MD-3)称恶劣心境。

② 黄兴瑞.罪犯心理学.北京:金城出版社,2003.

③ 见本章"知识窗"和"案例"。

碍,以妄想、严重情感障碍为主,症状内容与应激源密切相关,较易被人理解。急性或亚急性起病,经适当治疗,预后良好,恢复后精神正常,一般无人格缺陷。

（六）监禁人格

监禁人格,是服刑人员在监禁的刑罚惩罚环境下,为适应教育矫正过程所形成的一种特殊的人格类型,是一种弥散性的消极心理和特殊的人格障碍(社区矫正的服刑人员一般不会形成此种人格特征类型)。监禁人格一旦形成,一般不会很快消失,刑满释放后,这种人格印记,仍会持续较长时间,甚至延续终生。其典型表现为:

（1）抗争。由一时一事的不满和对抗,逐渐发展为全面的拒绝与不服从,以致发生心理上的晕轮效应,即对任何人和任何事都表现为怀疑、仇视的阴暗心理。

（2）顺从。慑于刑罚惩罚的威力和"适应"监管环境,处处表现得卑微、服从,几乎丧失独立人格和判断是非的能力,对周围发生的一切均以权威者的号令为准,采取随波逐流的生活态度。

（3）多重人格。对权威和强者卑微、屈从,对弱者和可以欺凌的人则盛气凌人;在公众面前一副忠厚相,在趣味相投者面前又显露出反社会性的欲求,经常变换自己的面目。

（4）说谎。为掩盖其错误,或为了在监禁生活中谋取自己的私利,动辄说谎,以说谎作为达到目的的手段。

二、服刑人员心理问题的特异性

监禁中的服刑人员心理障碍的检出率较高,其突出的特点如下。

1. 主体的特异性

其主体是在监禁环境中接受刑罚惩罚和教育矫正的服刑人员,在一般社会正常群体中,没有此类心理问题。监禁中的服刑人员,既有初次服刑接受教育矫正的服刑人员,也不乏"几进宫"的累犯。

2. 环境的特异性

在监禁这一特殊的环境下产生心理问题,与症状的产生与独特的监禁环境有着密切的关系。全封闭的高墙电网环境,陌生的人际交往关系,心理不适也就随之产生。离开这一环境,其症状往往随即缓解或消失。如拘禁性木僵一般可随拘禁性刺激的消除而消失或缓解。

3. 性质的严重性

有关学者的抽样研究表明,处于监禁情境下的服刑人员,各类精神障碍的患病率为10.93%。其中人格障碍为7.96%,神经症为1.00%,精神发育迟滞为0.59%,精神分裂症为0.44%,情感性精神障碍为0.26%。其基本结论是:服刑人员中精神障碍患病率相对较高,其中人格障碍比例较高,神经症、精神发育迟滞、精神分裂症患病率居前位。[①]

4. 症状及成因的特殊性

服刑人员心理问题的症状常常表现出消极抑郁的浓厚色彩;其成因,既有实施犯罪行为、经受逃避惩罚和紧张刺激的情绪体验,也有监禁环境和制度的重大影响,具有逃避现实痛苦的有意识或无意识动机,在很大程度上是服刑人员对监禁生活的一种适应不良反应。

---

① 吕成荣,赵山等.服刑罪犯精神障碍患病率调查.临床精神医学杂志,2003(4).

5. 治疗的特殊性

治疗的特殊性表现在两个方面。一方面,服刑人员的心理障碍或疾病一般由矫正机构心理矫治中心的心理咨询师或精神病专家进行诊治。经过有关批准,特殊病例亦可由地方专科医院的医生诊治。另一方面,服刑人员中的疑似精神病人,一般要进行专门的医学司法签订,确诊病人要送专门关押精神疾病服刑人员的监狱或监区接受教育矫正。

思考题

1. 什么是服刑人员心理? 简述服刑人员心理形成的阶段。
2. 试述影响服刑人员心理转化的因素和过程。
3. 服刑人员心理问题的特异性表现在哪些方面?

第二章知识点与案例

第三章 评估与分类

矫正机构开展心理矫治的前提是准确有效的评估工作,对服刑人员的矫治总是以有效的评估为前提,而为了提高矫正工作效率,又需要对被教育者进行分类。这是本章要阐述的两个主要内容。

在进入正式议题之前,首先对评估与分类的含义作简要介绍。评估是指应用科学的方法和工具了解服刑人员的特征及其相关情况的过程。矫正机构对服刑人员的评估包括前后有序的三个环节,即心理正常异常评估、危险性评估与矫正需求评估。分类是指根据各种不同的标准区分出不同类型的服刑人员,并施加有差异的影响,以提供最有效的、适应他们需要的教育矫正活动的过程。

从目前一些监狱的实践情况看,对服刑人员的评估会在入监教育阶段完成。因而在服刑人员分配到具体监区之后,根据入监阶段的评估及制订相应的心理矫治方案之后,接下来的工作就是实施心理矫治方案。在心理矫治方案实施一段时间后,需要对矫治对象进行再评估。这个再评估一般仍然是上述三个环节。而对于某些在入监教育阶段未能进行有效评估的矫正机构来说,进入教育矫正中期开展三个环节的评估是需要优先进行的。

第一节 服刑人员心理正常与异常评估

对服刑人员心理正常与异常的鉴别,是监狱等矫正机构及其工作人员,包括社区矫正工作人员首先需要做的。因为对心理异常的服刑人员来说,教育、劳动、管理等诸项活动常常难以取得成效。对服刑人员心理异常的评估,应当遵从矫正机构心理矫治工作的标准化程序来开展。

一、心理正常异常含义与区分标准

(一)心理正常与异常的含义

"心理正常"是指具备正常功能的心理活动或者说是不包含有精神病症状的心理活动。正常的心理,即正常心理活动,具有适应环境、正常人际交往、认识客观世界三大功能。

"心理异常"是指有典型精神障碍(俗称"精神病")症状的心理活动。异常心理活动,是丧失了正常功能的心理活动,也即丧失了正常心理活动的上述三大功能。

(二)心理正常与异常的区分标准

评定心理现象正常或异常,有赖于制定明确的客观标准。然而,心理正常与异常之间的界限往往是相对的,不十分清晰。矫正机构及其工作人员在鉴别心理正常与异常时要明确这一点。一般来说,区分心理正常与心理异常的方法有多种,譬如常识性区分方法、标准化区分标准、心理学区分原则等,但是公认、统一的区分标准尚没有。然而,既然目的是区分心理的正常与异常,那就应当从心理学的角度切入,以心理学对人类心理活动的一般性定义作为区分依据。据此有学者提出了"心理学三原则"作为确定心理正常与异常的依据。[①]

1. 主观世界与客观世界的统一性原则

心理是客观现实的反映,任何正常心理活动或行为其形式和内容上与客观环境是保持一致的。不论是谁,也不论其处在怎样的社会历史条件和文化背景中,如果他看到或听到了在客观世界中并不存在的刺激物,那么这个人的精神活动就不正常了,因为他产生了幻觉。此外,如果一个人的思维内容脱离现实,或思维逻辑背离客观事物的规律性,那么此时这个人就是产生了妄想。这些都是观察和评价人的精神与行为的关键,被称为统一性(或同一性)标准。在临床上,常常把有无"自知力"作为判断精神病的指标,其实这一指标已涵盖在上述标准之中。所谓"无自知力"或"自知力不完整",是一个人对自身状态的错误反映,或者说是他的"自我认知"与"自我现实"的统一性已丧失,如精神分裂症的幻觉、妄想等症状。

2. 心理活动的内在协调性原则

人的心理活动被分为认知、情绪情感、意志行为等部分,是一个完整的统一体,各种心理过程之间是协调一致的。这种协调一致性,使人在反映客观世界过程中具有高度的准确性和有效性。然而,如果认知、情绪等与行为表现不协调,比如一个人用低沉的语调述说令人愉快的事,对痛苦的事做出快乐的表情,说明他的心理过程失去了协调一致性,则被称为异常状态,如典型的强迫性神经症。

3. 人格的相对稳定性原则

一个人在长期的人生道路上,会逐步形成自己独特的人格心理特征,这种人格特征一旦形成,便具有相对的稳定性,在没有重大外界变革的情况下,一般是不易改变的。如果在没有明显的重大的外部因素影响的情况下,一个人的个性发生改变,就要怀疑这个人的心理活动出现了异常。所以,可以把人格的相对稳定性作为区分心理活动正常与异常的标准之一。

上述三条标准是并列关系,只要一个人违反了其中的一条原则,就可以判定其心理出现了异常状态。

二、评估方法与步骤

(一)评估内容

为了区分服刑人员心理是否正常,需要收集以下信息与内容[②]:①外表。观察服刑人员的仪表是否杂乱邋遢、衣着是否与气候相适合等。②行为。观察服刑人员的步态是否反常、行为是否符合环境。③言语。注意服刑人员的言辞表达是否反常、是否符合文化传统。关注言语的内容和言语表达的情况。④对待面谈员的态度。⑤心境和感情。观察服刑人员的心境和感情是否与言语的内容相一致。⑥思维。⑦认知功能。用一些特别的问题检查服刑人员的定向力、记忆力(包括瞬时记忆、短时记忆和长时记忆)、注意力集中情况和计算能力。⑧抽象能力。⑨智力。⑩自知力。⑩判断力等。

然而,有时为了更准确地诊断服刑人员的心理状况,需要收集更多的信息内容,包括服

---

① 郭念锋.心理咨询师.北京:民族出版社,2005.
② 吴宗宪.中国罪犯心理矫治技术.北京:北京师范大学出版社,2010.

刑人员的人口统计学信息、生活状况、婚姻家庭、工作状况、自我描述、内在世界等一般资料，以及各年龄阶段的成长史资料和服刑人员目前精神、身体与社会交往状态的资料，具体内容可参见相关书籍。[①]

围绕上述内容所开展的评估，亦可称为"咨询评估"，心理正常异常评估是"咨询评估"的一部分。咨询评估的目的是对服刑人员的心理问题、心理障碍作全面、系统和深入的客观描述。这是基于狭义的心理矫治概念。而基于广义的心理矫治概念，服刑人员心理评估还包括"矫正评估"，又称"矫正需求评估"。这是为了明确服刑人员的犯因性问题而作的评估。矫正评估的具体内容在本章第三节详述。

（二）评估方法

心理评估一般采用定性和定量两种方法。常用的定性评估方法有个案法、会谈法、观察法、调查法、作品分析法等；定量评估方法包括各种心理测验和评定量表。[②]

可以采用以下方法来确定服刑人员的心理正常与否。

1. 诊断式会谈

诊断式会谈是指通过访谈者和受访人即服刑人员面对面的交谈来了解他们的心理和行为特征的评估方法。研究表明，会谈是很常用、也是较难掌握的一种评估手段。有人把这种技术称为"伟大的艺术"，意思是说，人人都有会谈的能力但并非能谈得成功。

会谈评估的具体方式分为非结构性会谈与结构性会谈。

非结构性会谈，就是允许会谈评估者自由地重复问题、引入新问题、修改问题顺序等，并且随受访者问题或思维变化而变化。这种会谈的灵活性便于评估者采用适合受访者的特定情形的会谈技术。有时评估者可以忽略看起来价值不大的主题，有时可以引入起初没有列入计划的主题。有经验的会谈评估者还可以通过被访谈者的内心冲突、焦虑情绪和防御状况，诱发出他们所隐瞒的事实和症状起因。当然，非结构性会谈需要会谈评估者有足够的经验、较高水平的技能和训练，尤其要熟练掌握相关的理论和概念，以及有关会谈的背景知识。评估者通过非结构性会谈所掌握的有用信息，如受访者过去的历史、当前问题的描述、临床心理状况检查的结果、家庭成员和主要人物的看法等，就可以对受访者的心理状况作出分析总结。其主要包括：一般的表现和行为，情绪和情感，感觉、知觉、言语和思维，判断力、自知力等。

为了减少非结构性会谈由于不同会谈风格和范围所导致的不可靠性，因而后来出现了结构性会谈，这种会谈已成为许多现代临床研究的基础。在结构性会谈中，对于同一位来访者，给予预先固定的标准化问题，不同的会谈评估者可以得到同样的信息。它往往要求有问题指向的记录系统。可以应用计算机的专家系统输入原始资料后做出具体可靠的评估结果。

2. 心理测验

心理测验是评估的重要手段之一，也是目前世界各国应用最广泛的评估方法之一。一般先通过会谈法对服刑人员的心理问题进行初步理解和判断之后，为提高理解和判断的可靠性，再选择相应的问卷或量表做进一步的量化分析。在诊断服刑人员心理状况方面，常用

---

① 郭念锋. 心理咨询师（三级）. 北京：民族出版社，2005.
② 宋胜尊. 罪犯心理评估：理论、方法、工具. 北京：群众出版社，2005.

的量表主要有：①症状自评量表（SCL-90）；②焦虑自评量表（SAS）；③抑郁自评量表（SDS）和抑郁状态问卷（DSI）；④明尼苏达多项（相）人格量表（MMPI）等。

如果心理测验与会谈法、行为观察的结论不一致，那么不可以轻信任何一方。必须重新进行会谈，而后再进行测量评估。

3. 行为观察

除了面谈与测量之外，矫正机构工作人员还可以通过观察各种行为表现来获取有关服刑人员的心理健康资料。亦可安排服刑人员同伴通过观察来收集该服刑人员的资料。所谓观察，就是有意识地关注服刑人员的言行举止的活动。观察可分为直接观察和他人观察；自然观察、模拟观察和参与观察。

观察可在会谈和测量之前，也可以安排在会谈和测量之后。观察到行为表现异常的服刑人员，既可进行诊断式会谈，亦可安排作相应的心理测验，以明确其心理与行为问题。

（三）评估步骤

1. 评估资料的收集

一是收集服刑人员的一般资料，如姓名、性别、年龄、文化程度、出生地、犯罪类型、原判刑期、有无重大疾病和精神病史、颅脑是否受过损伤等，必要时可将服刑人员的"副档"调出以了解其犯罪经历，判断是否受过强烈或相对强烈的精神刺激。二是组织心理测试，开展心理访谈调查。应用科学的测量手段，掌握服刑人员的个性特征、心理健康状况、防御方式等内容，为准确诊断提供科学依据。通过对服刑人员的访谈，掌握服刑人员的心理状况，发现心理问题，鉴别心理异常情况。三是资料分类汇总。对通过多种方法收集到的服刑人员的资料进行分类汇总。

2. 归纳、分析与诊断

归纳是从个别到一般，即从各种评估资料中得出一般性的结论。在评估资料分类汇总的基础上，应当对资料进行归纳整理，并得出相应的结论。同时，对获得的资料要进行分析。这个分析有两个部分：一是对资料可靠性的分析，这要求对多渠道获得的资料进行比较，判明是一致的还是相互间有矛盾。二是对经可靠性比较后的资料作进一步分析，以找出造成心理问题的主因与诱因，并经综合评估后形成诊断结论。只有经过认真、仔细、全面的归纳与分析，才能得出可靠的诊断结果。

3. 评估报告的撰写

心理正常异常评估的最后一个环节，是对结果的解释与报告。在对评估结果进行解释时，一般应遵循以下原则：一是有益性，即应从有利于服刑人员的利益、有利于实现矫正机构工作目标的角度出发做出解释和结论。二是系统性，即应将服刑人员之前的经历或背景因素综合考虑进行系统解释，不能孤立地就本次评估的结果做出解释或得出结论。这一点在对服刑人员心理测验的分数进行解释时尤为重要。三是适应性，即对服刑人员评估结果进行解释和推论时，应注意与服刑人员的身份和现状相适应，做出符合服刑人员实际情况的解释与结论。

一般地，对服刑人员心理异常的诊断，在观察与会谈之后对有精神异常怀疑的服刑人员，可以选择做 MMPI 以提高判断的准确性。同时，按照《中华人民共和国精神卫生法》的规定，精神障碍的诊断应当由精神科执业医师作出。

三、评估结果分类处置

被诊断为心理异常的服刑人员,特别是存在精神障碍的服刑人员,应当主要依据医学模式进行治疗,并依据治疗进展情况运用心理矫治模式作配合治疗。经鉴定具有异常心理的服刑人员,首先应当遵从医学模式开展专业治疗。这一般由矫正机构附属医院的精神科医师或者是社会精神疾病医院的执业医生来完成。其中重性精神障碍的,应当依照医学模式治疗与管理;或送专门监区、监狱集中管理与治疗。神经症性服刑人员,针对不同类型实行医学治疗与心理矫治并重的治疗与矫治工作模式。

心理异常服刑人员的管理、教育与劳动安排,区别于心理正常者,需要专门研究矫正手段的配置方式,常规的矫正方式一般都不能适用或者只是部分能适用。刑罚效应与服刑人员权利保障需要综合考虑,对他们有效的管理与治疗都不可或缺。管理的目的是不因他们影响矫正机构正常的管理教育工作和其他心理正常服刑人员的教育改造活动,同时又要体现监禁的惩罚功能。而对他们的对症治疗则是服刑人员权益保障之需,是他们作为公民的权益之所在。

经治疗恢复正常心理的服刑人员,才可以对他们开展教育矫正、劳动改造以及有效的管理活动。这是矫正机构及其工作人员需要掌握的基本概念。

第二节　服刑人员人身危险性评估

被评估为正常的以及经治疗后心理正常的服刑人员,接着需要进行人身危险性评估。这一评估在心理评估之后开展,又可称为二次评估。目前有的监狱在入监阶段即开展服刑人员人身危险性评估,这是可以的。不过为了更好地了解服刑人员的身心状况与特征,保证更为准确地评估服刑人员的危险性,可以安排在入监六个月后再来开展此项工作。而对于那些刑期很短或者非监禁刑服刑人员,人身危险性评估与矫正需求评估可以合二为一,并建议以矫正需求评估作为主要的工作内容。

一、服刑人员人身危险性评估含义与内容

（一）服刑人员人身危险性评估含义

服刑人员人身危险性评估是指在服刑期间可能给矫正机构的教育管理或社会安全造成潜在威胁,或者给服刑人员自身带来影响其矫正的不确定状态的评价和鉴定。

服刑人员在服刑期间的脱逃、行凶、暴乱、劫持人质、自杀、自伤、自残等,都是对矫正机构及其工作人员、社会人员以及服刑人员自身与其他服刑人员安全的威胁,需要矫正机构对此作出评估与预测,以保证矫正机构、服刑人员与社会各类人员及物品的安全,防范狱内案件和突发事件的发生。

一般而言,人身危险性评估可分为再犯危险评估、伤害危险评估和致命危险评估三种。服刑人员人身危险性评估通常围绕服刑人员暴力危险性、自杀危险性、脱逃危险性以及出狱

后重新犯罪危险性四个方面进行。[1] 本书的人身危险性评估不包括再犯风险评估。

然而在我国,服刑人员人身危险性评估更多地被称为"犯情分析"或"狱情分析"。从早期的"敌情分析",到"狱内动态",再发展为"犯情分析",我国监狱持之以恒地开展此项工作以维护监狱的安全稳定和服刑人员的人身安全,取得了不错的成效。总结其中的成功做法与经验并上升到理论层面,是需要的,也是有价值的。不过,从现实总体情况看,我国监狱的"犯情分析",似乎更多地表现为经验型,缺乏理论性,或者理论性不足,以科学标准来衡量,常常显示出不可重复性。从国际行刑范围来看,我国现实中的"犯情分析"似乎也缺乏可交流性。因而,参考国际上人身危险性评估做法与经验,发展出具有国际视野的本土化的人身危险性评估体系,亦是当务之急。

(二)人身危险性评估内容

国内外许多学者对服刑人员人身危险性评估作了诸多探索,提出了多种版本的评估体系,具体请参阅相关书籍。[2] 这些评估体系在我国监狱开展人身危险性评估时可资参考。下面简要介绍其中三种人身危险性评估变量体系,供我国矫正机构在作人身危险性评估或编制人身危险性评估量表时参考使用。

一些用于服刑人员分类的变量可以作为人身危险性评估的内容。例如,美国监狱的分类标准主要有:[3] ①年龄。研究表明年龄与狱内的越轨及不适当行为有线性关系,年轻的服刑人员比年老的更常发生违反监规纪律的问题。②种族。在美国,这一因素与其他因素交织在一起可能会引发服刑人员的危险性行为。在中国某些地区的监狱中可能是评估服刑人员人身危险性的内容之一。③婚姻状况。未婚的服刑人员比已婚的危险系数高。④就业稳定状况。被捕前失业或无业的,狱内问题多,人身危险性大。⑤使用毒品或酒精情况。有使用毒品或酒精的服刑人员人身危险性高,特别是年轻的服刑人员,人身危险性更高。⑥居住稳定状况。与监禁刑服刑人员的人身危险性及狱内行为问题相关性很少,但可能与非监禁刑服刑人员人身危险性的相关性大。⑦犯罪记录。一般犯罪记录多者人身危险性高,并且首次犯罪年龄越小人身危险性越大,但有时年龄因素又会共同起作用,需要综合起来作分析。⑧过去的暴力行为。这常常作为评估服刑人员人身危险性的重要指标,但应具体问题具体分析。⑨过去的监禁记录。这也是人身危险性评估常常考虑的因素。⑩刑期与服刑期。服刑人员在监狱中的越规行为呈一种U形发展,服刑初期人身危险性大,对一些长刑期犯来说,服刑后期人身危险性会增高,但要与犯罪性质、年龄等因素结合起来评估。⑪心理因素。这个因素很复杂,要区分不同的人格特征并结合服刑人员的其他因素综合评判其人身危险性。

目前国外监狱使用较为广泛的人身危险性评估量表是 HCR-20。它从 20 个因素来评估服刑人员的人身危险性,其中的 10 个项目是评价服刑人员的"过去",分别是:以前有过的暴力行为,首次出现暴力事件时年龄,家庭关系不稳定,就业问题,药物使用问题,有较严重的心理疾病,精神病,早年行为失调,人格障碍,以前有过假释监护失败的经历;5 个关于目前的临床表现,分别是:缺乏洞察力,态度消极,心理疾病症状明显,冲动,对治疗反应迟钝;

① 屈建伟.影响危险性评估准确性的因素及危险性评估对法律机构的影响.江苏警官学院学报,2011(4).
② 陈伟.人身危险性研究.北京:法律出版社,2010.
③ 孙晓雳.美国矫正体系中的罪犯分类.北京:中国人民公安大学出版社,1992.

5个关于未来导向的危险性项目,分别是:计划缺乏可行性,暴露在不稳定人物前如曾犯罪的同伙,不能自食其力,不服从矫治尝试,压力或紧张。[①]

一般认为,人身危险评估的预测因子包括犯罪性需要、犯罪史/反社会史、社会业绩、年龄/性别/种族、家庭因素、知识情况、个人情绪因素、就业情况等。预测因子有静态和动态之分。静态因子包括年龄、犯罪史、反社会的行为、家庭因素、犯罪情况等;动态因子包括反社会人格、同情心、犯罪性需要、人际关系、社会成就、滥用毒品等。[②]

二、评估途径与方法

(一)我国监狱目前人身危险性评估途径与方法

目前我国监狱所做的"犯情分析",其工作过程与工作途径各省监狱各有其特色。比如有的监狱管理局制定了犯情分析的制度:在省监狱管理局层面,省局每季度召开一次监狱犯情分析会议,监狱管理局局长主持,监狱管理局党委成员、机关处室负责人全部参加,各监狱、未成年犯管教所党委书记、监狱长(所长)、分管领导、狱侦科长参加;在监狱层面,监狱每月召开一次犯情分析会议,监狱长主持,监狱党委成员、机关科室、特警大队、医院、驻监狱武警部队和检察院负责人参加,各监区长(教导员)、分管副监区长(副教导员)、各分监区长(指导员)参加;在监区层面,每半月召开一次犯情分析会议,监区长主持,监区领导和各分监区长(指导员)全部参加;在分监区层面,每周召开一次犯情分析会议,分监区长主持,分监区全体人员参加等。

另外,有人认为获取"犯情"的方法有:首先,全方位了解服刑人员投入改造前的情况。其次,认真开展心理测量工作。最后,准确判断服刑人员的危险等级。通过前面的心理测量,科学判断服刑人员的心理状况,结合他们在日常改造中的表现以及改造的期望值,综合其刑期、年龄、罪名、家庭等情况,对服刑人员在今后改造中的危险等级予以确定。[③]

上述评估途径与方法,是目前我国绝大多数监狱在服刑人员人身危险性评估上通行的做法。然而,理性地分析这些评估方法可以发现,需要增加其科学性,需要在吸收国外评估方法与技术的基础上再创新与发展。

(二)我国监狱服刑人员人身危险性评估途径与方法的科学发展

服刑人员人身危险性评估途径有两种类型:一类是临床的评估途径,另一类是统计的评估方式。临床评估主要是在收集各种临床资料的基础上所进行的评估,更为准确的评估途径是通过比如标准化的临床资料收集工具"明尼苏达多相人格量表(MMPI)"来收集服刑人员的相关资料后,对其人身危险性所作出的评估与预测。统计评估是在收集服刑人员危险因子的相关资料基础上,运用统计方法对服刑人员人身危险性作出评估与预测的过程。在我国,两种类型的危险性评估都是较为缺乏的。

两类评估途径各有其优势,应当结合起来,比如可以采用临床与统计、定性与定量相结合的方式作出综合性评估。定性评估:监狱成立人身危险性评估小组,每周或每两周评估一次,由监狱教育改造科或狱侦支队负责人主持,入监分监区或需要评估的分监区责任民警汇

① [英]Clive R. Hollin.罪犯评估和治疗必备手册.郑红丽,译.北京:中国轻工业出版社,2006.
② 翟中东.国际视域下的重新犯罪防治政策.北京:北京大学出版社,2010.
③ 金忠扣.浅论危险分子的排查控制与转化.监狱理论研究,2008(4).

报初步的人身危险性评估结果,并由评估小组最后确定人身危险性等级。定量评估:参照国外评估量表,制订本土化的服刑人员人身危险性评估体系(量表式),对服刑人员开展分层次的定量评估工作。根据定性与定量评估结果,对服刑人员的人身危险性作出综合性结论。需要明确的是,两类评估统一于一个过程,而不是相互分割的,应当把它们有机结合起来。

在服刑人员人身危险性评估科学化方法上,国内有了一些本土化的探索。有学者从服刑人员的违法犯罪行为、心理状态、生理状态、家庭状况、犯罪前的表现、犯罪后的表现等方面进行量化评估,建立四级评估指标,以百分制计分来确定危险等级。[①]

另有学者提出了服刑人员人身危险性评估模式,主要有:①服刑人员危险性的人格评估模型:需要强烈→获得性动机增强→兴趣集中在某一兴奋点上→价值观念中又格外在意这一兴奋点→态度一时无法转化为中性→气质属于胆汁质或黏液质→性格内向或外向→生理唤醒水平上升→外形强壮或拥有特殊工具和技能→暴力行为发生。②服刑人员危险性的认知评估模型:外界刺激→个体对刺激的认知→个体通过认知赋予刺激某种含义→引起情绪变化→出现某种态度→引发某种行为→行为后果强化或否定对刺激的认知。③服刑人员危险性的应激评估模型:服刑人员应激＝来自机体内外的实际压力/服刑人员自身的承受能力,当负荷过重时,引起服刑人员的紧张状态,导致的结果:一是宣泄或攻击;二是压抑或崩溃。④服刑人员危险性的情绪评估模型:同一刺激情景→评估结果(三种:有利、有害、无关)→情绪反应(三种:肯定的情绪体验并企图接近刺激物,否定的情绪体验并企图躲避刺激物,或个体予以忽视)。⑤服刑人员危险性的概率评估模型:犯罪效益＝财产性利益＋精神性利益。该研究者指出,上述5种模型不是截然对立的,而是彼此之间有相容性,既要注意灵活运用,又要注意综合性运用。[②] 应当指出,5种模型的提出有其价值性,是一种可用于人身危险性评估因子设计或思考的途径,但是缺乏量化与具体可操作性,定性成分仍然更为明显。

江苏省监狱管理局设计了服刑人员人身危险性检测表,包括6大类25个项目。具体是:①犯罪状况,包括判刑或劳教次数、本次判刑年龄、刑种刑期、犯罪形态、犯罪类别、共同犯罪成员或黑恶势力成员等6项;②自然状况,包括犯罪前居住状况、受教育状况、婚姻状况、与家庭成员关系、家庭经济状况、犯罪前3年内就业经历、犯罪前掌握劳动技能情况等7项;③恶习状况,包括犯罪前交往状况、犯罪前在娱乐场所消费情况或工作经历、犯罪前赌博状况、犯罪前酗酒状况、性行为状况等5项;④涉毒情况,包括曾经有过吸食或贩卖毒品经历1项;⑤心理和生理状态,包括情绪稳定状况、精神或心理状况、适应环境状况、身体健康状况、自杀心理产生情况等5项;⑥犯罪归因,包括犯罪归因状况1项。[③] 对上述25个项目,根据服刑人员过去的自然状况和犯罪事实与人身危险性的关联程度,分派一定的分值,并按罪犯的不同类型,即男性10年以上有期徒刑、无期徒刑和死刑缓刑两年执行的服刑人员,男性不满10年有期徒刑的服刑人员,女犯和未成年犯等划分不同的区间分值,分为确实危险、比较危险和相对稳定三个等次。[④] 这一人身危险性评估量表,具有原创性特征,在评估的科学性上迈进了一大步,但是仍然有两方面的工作可以进一步开展,一是对该检测表进行信度与效度检验,譬如与国外同类量表作本土化修订后进行效标效度检验以及重测信度检验等;二

---

①　唐新礼,陈蕊.论罪犯危险性评估操作技术.河南司法警官职业学院学报,2007(4).
②　宋胜尊.罪犯心理评估——理论、方法、工具.北京:群众出版社,2005.
③④　于爱荣.罪犯个案矫正实务.北京:化学工业出版社,2011.

是积累更多的评估资料,比如对长刑期服刑人员的人身危险性作连续性检测,并与他们的服刑行为表现作效度检验;更有价值的工作是对服刑人员刑满释放后的违法犯罪情况作追踪记录,从根本上来检验该量表的信度与效度。

(三)国外罪犯人身危险评估工具(OASys)介绍

"罪犯评估系统"(OASys)是英格兰与威尔士矫正机构所使用的服刑人员人身危险性评估工具,被认为是世界上同类系统中最先进的系统。[①] 本书引入该系统,并对其中少数项目作了修改,同时有的项目还需要进一步细化,因而只是供我国矫正机构工作人员作参考,并希望能够促使我国更多的矫正机构及其工作人员投入到科学评估量表的研制工作中。

罪犯评估系统(OASys)

说明:①用于在监狱中服刑超过 6 个月的成年人。②评估要素主要有:犯罪史;犯罪的情节;犯罪前居住情况;罪犯所受的教育情况;罪犯接受培训情况、就业情况;经济背景;社会关系;生活方式;与人的关系;是否吸毒、是否酗酒;情感状况;突出的思维方式;突出的行为特征;生活态度;罪犯在狱内的表现。③评估的内容主要包括:实施暴力犯罪的危险;自杀或者自残的危险;脱逃的危险;实施危险行为的可能。④危险度被分为低度、中度、较高与高度四个级别。⑤评估的实施主要是评估人员在阅读有关材料基础上与罪犯交谈完成。

部分 A:现行犯罪

A1　这次犯罪被独立定罪的个数

犯罪的个数	1	2~3	4 及以上
分数	0	1	2

A2　犯罪涉及下列因素

打钩(一钩一分)

使用武器	
暴力威胁	
耍手段	
行为表现出一定的迷恋性	
行为表现出一定的装腔作势	
背信	
对财产造成一定损害	
长时策划	
有性的因素	

A3　现在的犯罪是否是行为模式的一部分

否　0

是　2

---

① 翟中东.国际视域下的重新犯罪防治政策.北京:北京大学出版社,2010.

A4 现在的犯罪是否在以前犯罪的基础上有所发展

否 0

是 2

A5 被害人情况

被害人总数/人	分数
0~1	0
2	1
2 个以上	2

对同一个被害人侵害

否 0

是 2

被害人是否为老弱病残

否 0

是 2

被害人是否为陌生人

否 0

是 2

部分 B:犯罪史(以前定罪情况)

B1 18 岁以前被定罪的情况

被定罪情况/次	0	1~2	3 及以上
分数	0	1	2

B2 成人后被定罪次数

被定罪情况/次	0	1~2	3 及以上
分数	0	1	2

B3 第一次被定罪时的年龄

年龄/岁	18 及以上	14~17	13 及以下
分数	0	1	2

B4 第一次与警察打交道的年龄,包括警告

年龄/岁	18 及以上	14~17	13 及以下
分数	0	1	2

B5 21岁以下被监禁次数

监禁刑	0	1～2	3及以上
分数	0	1	2

B6 21岁以上被监禁次数

监禁刑	0	1～2	3及以上
分数	0	1	2

B7 违反保外、假释规定

否 0

是 2

B8 是否具有脱逃史

否 0

是 2

B9 在监管设施内具有实施暴力、攻击与破坏的历史

否 0

是 2

B10 犯罪种类

犯3种以下罪 0

犯3～4种罪 1

犯4种以上罪 2

部分C:态度

没有问题＝0   有些问题＝1   严重问题＝2

C1 接受或拒绝自己的犯罪责任

C2 犯罪的动机

C3 对被害人的态度

C4 对量刑与法律程序的态度

C5 对管理人员的态度

C6 对假释等促进罪犯重返社会措施的态度

C7 对自己犯罪的态度(将来)

C8 对犯罪的一般态度(提供机会是否任何人都会犯罪)

C9 对社会的态度

C10 对自己的态度(是否有信心)

部分D:住宿

没有问题＝0   有些问题＝1   严重问题＝2

D1 罪犯住哪类房屋

D2 释放后是否有确定的住所

D3 住宿的适宜性

D4 是否经常迁移

D5 释放后所使用的住宿是否与犯罪活动或被害人比较接近

部分 E:家庭或者婚姻关系

没有问题＝0　　有些问题＝1　　严重问题＝2

E1 与家庭、孩子的关系,如是否能够经常关心孩子

E2 在未成年时期是否受到过虐待

E3 现在与最亲近亲属的关系

E4 过去与最亲近亲属关系情况,如数量、满意程度等

E5 现在与配偶的感情情况

E6 家庭暴力情况

E7 为人父母角色下看与孩子的关系

E8 亲近的家庭成员是否有犯罪记录

没有＝ 0

有＝ 2

部分 F:所接受教育与训练情况

没有问题＝0　　有些问题＝1　　严重问题＝2

F1 上学情况,是否逃过学、被学校逐出

F2 未获得文凭

F3 在阅读、写作与数学上存在问题

F4 在学习上有困难

F5 对学习与培训的态度

部分 G:就业情况

没有问题＝0　　有些问题＝1　　严重问题＝2

G1 现在的就业情况

就业情况	分数
在狱内全时劳动	0
经常劳动	0
偶尔参加劳动	1
参加政府的训练项目	0
参加全日教育	0
曾经失业(6 个月以下)	1
曾经失业(6 个月及以上)	2
退休	0
因为能力原因未能找到工作	1
其他没有找到工作的原因	1
照顾家庭成员	0

说明:如果罪犯符合 1 种以上情况,以最高分计。

G2 就业史,如工作种类、数量、离职的原因

53

G3 与工作相关的技能,如木工

有技能=0　　无技能=2

G4 最近有多少个月没有工作

月数/个	0～17	18～21	22 及以上
分数	0	1	2

G5 工作中与人的关系

G6 对就业的态度

部分 H:理财能力与收入

没有问题=0　　有些问题=1　　严重问题=2

H1 已经申请福利(入狱前)

没有=0　　有=2

H2 非法收入是钱物主要来源

H3 生活主要依靠别人的经济帮助

H4 理财情况,如收支关系处理

H5 存在滥用钱财问题,如赌博、滥用信用等

H6 对经济上需要帮助的人予以帮助,如自己的孩子、其他家庭成员

部分 I:生活方式与外在联系

没有问题=0　　有些问题=1　　严重问题=2

I1 有些孤僻,很少有亲密朋友

I2 融入社会情况,是否加入诸如体育俱乐部类的社团组织

I3 与其他罪犯的关系

I4 是否与其他罪犯共度时光

I5 是否容易受到犯罪性交往的影响

I6 休闲活动是否与犯罪机会创造相关

I7 是否滥用友情,是否欺负他人,是否利用他人

I8 生活方式中的其他问题

I9 行为大意,存在对刺激的需要

部分 J:酗酒

没有问题=0　　有些问题=1　　严重问题=2

J1 喝酒频率

J2 犯罪前 6 个月喝醉酒的情况

J3 通常酗酒频率

J4 与处方药品一起使用酒精

否　　0

是　　2

J5 因酗酒身体状况很差

否　　0

是　　2

J6 家庭成员也存在酗酒问题

否　　0

是　　2

J7 由于酗酒从事任何工作都有问题

否　　0

是　　2

J8 其他与酗酒相关的问题,如驾驶、理财

否　　0

是　　2

J9 酗酒后有使用暴力的记录

否　　0

是　　2

J10 有证据证明监禁后还使用过酒品

否　　0

是　　2

J11 在矫治中酒瘾复发

复发次数/次	0~1	2	3 及以上
分数	0	1	2

J12 使用酒类的态度

部分 K:使用毒品

K1 使用毒品情况

毒品种类	没有使用	以前使用	现在偶尔使用	现在经常使用
可卡因				
兴奋性的药品				
幻觉性的药品				
鸦片				
苯丙胺类毒品				
巴比妥类				
大麻类毒品				
苯二氮类				
类固醇				
溶剂类				
其他				

说明:偶尔使用 1 分;经常使用 2 分。

K2 使用的主要毒品

K3 曾经注射过毒品

没有=0　　有=2

K4 滥用处方药品

    没有＝0 有＝2

K5 经常性地与酒精一起使用药品

    没有＝0 有＝2

K6 因使用毒品存在健康问题

    没有＝0 有＝2

K7 家庭成员与使用毒品有关

    没有＝0 有＝2

K8 因为使用毒品从事任何职业都有问题

    没有＝0 有＝2

K9 其他因使用毒品的问题,如个人经济问题、驾驶问题等

    没有＝0 有＝2

K10 与使用毒品相关的暴力行为史

    没有＝0 有＝2

K11 在监禁中使用过毒品

    没有＝0 有＝2

K12 在矫治中复发

复发次数/次	0～1	2	3及以上
分数	0	1	2

K13 是否以毒品买卖为职业

    没有＝0 有＝2

K14 对使用毒品的态度

部分 L:情感或者心理问题

    没有问题＝0 有些问题＝1 严重问题＝2

L1 有情感或者心理问题,如情绪不稳定、处于紧张中,容易焦虑

L2 存在抑郁问题

L3 儿童时存在如破坏公物、残害动物、注意力不集中、不良性倾向等问题

L4 具有头脑被伤害的历史

    否 0

    是 2

L5 现在在接受精神治疗

    否 0

    是 2

L6 曾经接受过精神治疗

    否 0

    是 2

L7 因为精神健康问题有过"静默"治疗

    否 0

                         是　　2
L8 在特别的医院或者地方安全机构待过
                         否　　0
                         是　　2
L9 具有自伤、自杀的想法
                         否　　0
                         是　　2
L10 现在的心理或者精神问题

部分 M：相互之间的行为

　　　　没有问题＝0　　　有些问题＝1　　　严重问题＝2

M1 交往技能水平

M2 交往中的敌对态度，是否对他人总有疑心，是否有敌对态度

M3 攻击性行为，有通过威胁或者暴力解决问题的倾向

M4 愤怒管理情况，如是否容易生气、不能管理自己的情绪、解决问题的能力差

M5 存在歧视他人问题，如种族歧视、性别歧视等

部分 N：思维形式

　　　　没有问题＝0　　　有些问题＝1　　　严重问题＝2

N1 意识到问题的能力

N2 解决问题的能力

N3 对结果的判断与了解能力

N4 确定目标的能力，是否确定不具有可行性的目标

N5 解读环境，包括社会环境、人际环境，能否理解他人、体会他人的情感

N6 是否容易冲动，是否倾向于无计划行动，倾向于刺激

N7 抽象思维能力，如以刻板的思维思考、看待问题

计算总分

总分数：

分值与重新犯罪率（危险性）的关系是：

OASys 分值	重新犯罪可能
0～40	重新犯罪危险低
41～99	重新犯罪中度危险
100～168	重新犯罪高度危险

　　作者对上述评估系统中的某些项目根据我国的情况作了些修改，同时有的项目亦没有进一步的细化。另外，由于国内外文化、制度等存在多样的差异性，因此"分值与重新犯罪率（危险性）的关系"常模仅供参考，同时有部分选项没有给出具体分值，需要国内矫正机构与学者根据我国服刑人员的特征重新来建构分值与危险性的关系常模。

三、评估结果分类处置

　　根据两类评估方法的综合评定结果，确定服刑人员的危险等级。从教育矫治的角度来

说,对高度危险性的服刑人员,要优先开展减低其危险性的针对性工作,而对中度危险性的服刑人员,也要开展减低危险性工作。

从更为广泛的角度来看,目前我国监狱等矫正机构对处于危险等级的服刑人员,会采取一系列的管控措施。这些措施有的上升到制度层面,如司法部的《监狱教育改造工作规定》《顽危犯管理办法》等,以及各省监狱管理局的《严管工作规定》等。如有的省监狱局规定,对有脱逃、行凶危险,对监管安全构成威胁的;以自伤、自残、自杀、装病等手段公开抗拒改造的,要进行严管。

从监禁刑矫正机构管理角度分析,对服刑人员人身危险性评定后的措施,首先可以考虑根据不同的危险等级给予不同警戒度的关押地点。这在一些国家是一种普遍性的做法,在我国尚未能全面实施。区分不同警戒度监狱(监区),关押不同危险等级犯罪人,无论是从逻辑分析角度,还是从行刑成本、管理与矫正效果、矫正工作人员队伍建设等角度考虑,都有其必要性。国内有研究认为,可设置高、中、低三个警戒度的监狱或监区(分监区),不同危险等级的服刑人员分送到相应的警戒等级监狱或监区(分监区)关押矫正。[①] 国外有设置四个或五个警戒等级的监狱,如美国联邦监狱系统,监狱被分为五类,关押危险程度不同的服刑人员;而英国则形成了四个等级的监狱分类制度。有的国家还在监狱内设置"隔离单元"或"控制单元",以关押最危险、具有严重破坏力的犯罪人。[②] 当然,不管是国内监狱还是国外监狱,关押于不同警戒等级监狱或监区的服刑人员,再根据其危险性程度的变化情况,作出相应的调整。"从高到低"和"从低到高",两种情况都是存在的。

对危险程度不同的服刑人员采取针对性矫治措施,是矫正机构教育管理工作的重点之一。我们认为,经评估人身危险性为高度危险的服刑人员,是矫正机构教育管理工作的重中之重。然而,司法部《监狱教育改造工作规定》中要求建立对顽固型罪犯(简称顽固犯)和危险型罪犯(简称危险犯)的认定和教育转化制度,并要求监狱应当对顽固犯、危险犯制定有针对性的教育改造方案,建立教育转化档案,指定专人负责教育转化工作,必要时,可以采取集体攻坚等方式。对此,有两个方面需要明确:一是《监狱教育改造工作规定》中的顽固犯与危险犯,经科学的量化评估并不一定是危险程度高的服刑人员;二是从目前整体工作要求角度考虑,按《监狱教育改造工作规定》的要求与程序确定的顽固犯与危险犯,可以与经评估确定的危险犯一起纳入减低危险性程度的工作中。这是从现实角度出发,以保证监狱警察工作的规则性(遵守《监狱教育改造工作规定》的要求)与科学性(定性定量评估确定危险等级)。

减低服刑人员人身危险性的矫正工作,需要采取综合矫治模式,即以个别化矫正策略为主、配之以分类矫治与集体教育以及社会帮教等多手段和多途径方式。突出个别化矫正策略,以确保矫正工作的有效性;强调多手段综合运用,是为了提高矫正工作的效率,节约人力资源,同时在一定程度上也有助于增强工作的效果。

个别化矫正策略,要求矫正机构工作人员为矫正对象建立一人一档,并善于做一人一事的、细致的教育转化工作。此阶段的工作指向,是减低其危险性,因而影响服刑人员人身危险性的维度要求优先考虑,矫正需求可先放置,等到下一阶段再考虑。比如,因家庭重要亲人病重有脱逃意向的服刑人员,其矫正需求却可能是自我控制不足与哥们义气等,危险性因

① 于爱荣等.矫正质量评估.北京:法律出版社,2008.
② 翟中东.国际视域下的重新犯罪防治政策.北京:北京大学出版社,2010.

子与矫正需求因子并不同一,应当先着力解决服刑人员的危险性因子。但是如果影响危险性的维度与矫正因素叠加,自然可以一并工作。譬如,有的服刑人员因承受挫折能力差而犯罪,进入监禁刑矫正机构后因遭受若干个挫折而意图自杀,则减低危险性与矫正需求可以合并到一起进行针对性的矫治工作。

第三节 服刑人员矫正需求评估

对评估为人身危险性低的服刑人员,以及减低了人身危险性的服刑人员,接着要开展矫正需求评估。评估应当采用定性与定量相结合的方法。评估结果分为三个方面:生理性犯因性问题、心理性(思想性)犯因性问题与社会性犯因性问题。目前的监禁刑矫正机构较难以对生理性与社会性犯因性问题进行教育矫正,因而主要是对心理性(思想性)犯因性问题进行教育矫正;而社区矫正机构则可以对非监禁刑服刑人员的心理性(思想性)犯因性问题与社会性犯因性问题进行教育矫正。矫正需求评估是开展服刑人员心理矫正的基础性工作。

一、矫正需求评估含义与评估维度

矫正要考虑服刑人员的"犯因性问题"或"犯因性缺陷",并且以犯因性问题为根据来安排矫正项目。因此,矫正需求评估的实质是犯因性问题的评估。

犯因性问题,是指"具有犯罪原因性质的问题""起犯罪原因作用的问题"。犯因性问题或犯因性因素的某些现象或特征对于犯罪心理(思想)的形成和犯罪行为的实施起推动和助长作用,它包括一切与犯罪心理(思想)的形成和犯罪行为的实施有关的因素。[①] 矫正需求评估就是要明确影响犯罪心理(思想)形成和犯罪行为实施的各种因素,以及造成服刑人员刑满释放后重新犯罪的各种因素。

根据上述犯因性问题的含义,矫正需求的评估维度就较为广泛。有学者采用列举方式指明矫正需求评估内容应当包括:犯罪史(包括犯罪人以前服刑情况),出狱后的住宿,教育、培训与就业,理财能力,人际关系,生活方式与社会联系,使用毒品,酒精滥用,精神健康状况,思考与行为方式等。经过相关分析,与重新犯罪关系比较密切的因素包括服刑人员的态度、价值,支持犯罪生活方式的行为,犯罪史,服刑人员所受的教育、培训与就业,年龄、性别、种族、家庭因素;而服刑人员的智力因素,个人焦虑、自尊等因素,个人的社会地位等因素与重新犯罪关系比较弱。[②]

另有学者把犯因性问题的评估维度分为犯因性环境因素、犯因性个人因素与犯因性互动因素三大方面。犯因性环境因素包括不良家庭、不利的学校环境、不良交往与犯罪亚文化、犯罪高发邻里、不力的执法状况、犯因性物质的情况、不良的工作环境、不良的大众传媒报道、经济不平等、有害的社会风气十项内容;犯因性个人因素包括犯因性生理因素、犯因性心理因素、犯因性行为因素三项内容;犯因性互动因素包括犯因性认识缺陷、犯因性反应方

① 吴宗宪.罪犯改造论——罪犯改造的犯因性差异理论初探.北京:中国人民公安大学出版社,2007.
② 翟中东.国际视域下的重新犯罪防治政策.北京:北京大学出版社,2010.

式、犯因性情境因素三项内容。[①]

我们认为,从矫正服刑人员的角度出发,犯因性问题或说犯因性缺陷,其评估维度主要包括三个方面:犯因性生理因素、犯因性心理(思想)因素、犯因性行为因素与犯因性社会因素。犯因性生理因素主要包括天生犯罪人特征与犯罪易感性生理特质,如大脑半球不对称和缺陷,额叶功能障碍,脑电图异常,因孕产期造成的神经功能损伤,易患多动症的生理体质等。犯因性心理因素主要有:犯罪人格、缺陷人格(以是非观念不清、自私、自我中心、挫折承受力低为特征)、犯罪心理素质(认知能力低下、个性倾向不良)与自我控制能力低等。犯因性行为因素主要是早年不良行为以及持续至目前的不良行为方式。犯因性社会因素包括宏观社会环境中的问题与事件,微观社会环境中的家庭、学校教育偏差,社区邻里以及工作单位中的不良氛围等。[②] 然而,不管是犯因性生理、心理因素,还是社会环境因素,都是较为复杂的,特别是社会因素,影响广泛、间接且繁多。矫正机构工作人员在作矫正需求评估时,应当注意从犯罪人个体层面来分析把握,力求全面。但在设计矫正方案与项目时,犯因性问题的把握又应当主次分明,有所侧重。

在此需要进一步明确矫正需求评估与危险性评估的关系。有学者认为,矫正需求评估所依赖的"犯因性问题"范围与危险性评估的预测因子范围基本相同,而且两类评估的价值取向根本一致,因而两者是交叉、重叠关系。[③] 我们认为,矫正需求评估与危险性评估在资料收集阶段存在交叉、重叠情形,但是在评估内容与结果方面,根据评估目标与价值取向的不同会产生差异性。如果矫正需求评估与危险性评估的目标都是着眼于减少重新犯罪,两者会是重叠关系。但是,根据目前我国监狱工作现状,如果危险性评估的目的在于防范狱内突发事件、保证监狱安全,那么两类评估的内容与结果常常会不一致。

二、评估途径与方法

矫正需求评估的途径与方法与人身危险性评估的途径与方法存在重叠现象,但依然可以区分为临床的与统计的两种途径。而矫正机构工作人员评估服刑人员犯因性问题的方法主要有五种,即诊断式访谈、心理测验、行为观察、自我陈述与亲属了解;除此,还有如查阅档案等方法可作为辅助方法。

(一)诊断式访谈

诊断式访谈可分为三种类型,即结构式访谈、非结构式访谈与半结构式访谈。结构式访谈与非结构式访谈在本章第一节已有阐述,而介于两者之间的是半结构式访谈。然而,不管哪种谈话方式,整个谈话调查可分为三个部分:谈话前准备、实施谈话、填写表格建立档案资料。

(1)谈话的准备。这主要是指矫正机构工作人员阅读有关违法犯罪人的文字、音像记录等材料。如谈话对象的判决书(决定书)、违法犯罪人所写的自传以及心理测验结果、观察记录、有关鉴定书等。

(2)谈话的实施。谈话应当包括以下内容:①进一步了解违法犯罪人员的背景信息。

---

① 吴宗宪.罪犯改造论——罪犯改造的犯因性差异理论初探.北京:中国人民公安大学出版社,2007.

② 邵晓顺.犯罪个案研究与启示.北京:群众出版社,2013.

③ 翟中东.国际视域下的重新犯罪防治政策.北京:北京大学出版社,2010.

②要求对本次违法犯罪事实作简要陈述。如曾受到过刑事、行政处分,则需要对以往违法犯罪情况作详细了解。③谈话中还需要了解掌握的信息有:家庭教养方式,家庭经济情况,父母兄弟姐妹或亲属犯罪情况,已婚违法犯罪人的家庭与子女具体状况,抚养与个体成长经历,受教育情况,中学同伴交往情况(如有中学阶段),社会交往情况,工作就业情况,曾经历以及目前是否有重大生活事件(如离婚、家庭重要亲人死亡、配偶死亡、夫妻分居、曾患重病或较严重受伤)等。

(3)谈话资料建档。谈话结束,应当进行谈话回顾,并填写相应表格,建立资料档案。①

(二)心理测验

目前,我国矫正机构对服刑人员开展的心理测验,使用的量表可分为通用量表和专用量表两种。通用量表是指矫正机构和社会人士都可适用的心理测验量表。如明尼苏达多项人格量表(MMPI)、艾森克人格问卷(EPQ)等。专用量表是指专门用于对服刑人员进行心理测验而编制的针对性的量表,国外较多,如历史/临床/风险控制量表(HCR-20)等,具体可参考相关书籍。② 国内通用与专用量表开发都不多,矫正机构大多使用国外的通用量表。国内开发的专用量表主要有:中国服刑人员心理评估系统、服刑人员危险程度测评量表、心理认知行为综合量表③等。后两个量表由江苏省监狱系统研制,有其使用价值。不过,这些专用量表应当说都只是处于起步阶段,需要积累更多的经验与资料来完善。我国矫正机构应当重视违法犯罪人员专用量表的研制工作。

(三)行为观察

在本章第一节已有阐述。

(四)自我陈述

自我陈述又称自我观察、自我分析、主观观察等。它是个体对于自身的心理现象进行观察并加以陈述的评估方法。矫正工作人员可以要求服刑人员把自己的心理活动及其经历写成报告,然后通过分析报告资料来进行犯因性问题的评估。可以预先告诉被评估者按照一定要求就某些方面作专门的报告,也可以不作定向指导,让其报告全部或主要的心理活动及其经历。在具体表现形式上,可以是口头报告,也可以是书面报告。

矫正机构及其工作人员在运用自我陈述评估方法时,可重视服刑人员自传的撰写。但对自传撰写要提出一定要求,比如自传内容包括个人基本信息、判决结果、成长过程(含就学经历)、就业情况、犯罪过程、对犯罪原因的认识、矫正经历(假释或者曾有矫正经历的服刑人员)等。

(五)亲属了解

可通过与服刑人员的亲属(更广泛的包括邻居、老师等)交流,来获得被评估对象的各种信息,包括亲属姓名、性别、年龄、职业、健康史、家族遗传病史、亲属成员受教育情况等。家庭功能健全与否,与评估对象的身心健康有密切相关,是"亲属了解"的重点。在进行亲属了解时,除要了解亲属成员的情况、家庭类型、家庭结构、亲属资源和存在的压力等外,还要着重了解亲属功能发挥的程度、存在问题及原因、亲属对评估对象的支持状况等。评估主要是通过与亲属的交谈,也可通过观察来了解掌握。

---

① 邵晓顺.犯罪个案研究与启示.北京:群众出版社,2013.

② 翟中东.国际视域下的重新犯罪防治政策.北京:北京大学出版社,2010.

③ 于爱荣.罪犯个案矫正实务.北京:化学工业出版社,2011.

三、矫正方案设计

矫正方案,又可称为个别化矫正方案,是指针对服刑人员的犯因性问题,设计矫正步骤与措施并实施,实现服刑人员心理与行为积极变化的方案。"积极变化"是矫正效果对照犯因性因素而起的正性变化。这种正性变化应当在犯因性因素经矫正后,消解犯因性作用或犯因性效果,并强化服刑人员亲社会心理和亲社会行为,使服刑人员回归社会后能够持久守法。

矫正机构工作人员在制订服刑人员矫正方案时,首先要明确矫正方案的具体构成内容。这一般包括服刑人员基本信息、犯因性问题、矫正目标、矫正阶段(包括矫正内容、技术方法与人员配置、矫正时间设置)、矫正效果评估过程与方法,以及矫正双方签订的矫正协议。

个别化矫正方案中的矫正目标,是指在矫正活动中由矫正双方(矫正机构工作人员与服刑人员)共同设定,运用各种矫正方法所要达到的预期效果。矫正目标可由根本目标、个案矫正目标、分项目标以及具体目标等构成。根本目标即监狱法等法律规定的将服刑人员改造成为"守法公民"的目标。个案矫正目标应当是针对某个特殊个体所制定的矫正目标,主要是解决造成该个体违法犯罪的犯因性问题,具体可分为生理、心理和社会环境等要素。由于社会环境因素纷繁复杂,一般不是矫正机构可以轻易改变的,因此要制订矫正机构的矫正工作所能实现的目标,即分项目标,主要包括生理、心理、行为和认知四个方面。在具体到某个犯罪人时,又要根据其犯因特征以及不同矫正需要制订更为具体的目标。

由于矫正工作涉及面广,政策性强,矫正机构各相关部门、单位要相互配合,各负其责,协同工作。从我国已开展的个别化矫正试点情况看,矫正方案的主责单位为监区或分监区,监区负责对服刑人员的犯因性问题评估与矫正最后阶段的效果评估,分监区负责制订个别化矫正方案以及方案的实施。在矫正机构管理层面成立服刑人员矫正质量评估办公室,对服刑人员矫正效果评估与质量保障作出最终结论。个别化矫正方案的实施要落实到分监区的民警,确定具体负责矫治的主责人员,由其协调对服刑人员的矫正工作。具体矫正工作人员既可以是矫正机构工作人员,也可以是矫正机构外的人员,如社会上的教师、心理咨询师、医师、律师、志愿者等。不管是服刑人员犯因性问题的评估,还是方案的制订与实施,都可以请社会上的专业人士参与,而且要注意学科配置,使评估、方案制订与实施中都有法学、监狱学、教育学、心理学、犯罪学、管理学、社会学、精神病学、生理学以及脑科学等各类学科人员的参与,以保证评估准确、方案科学、实施有效。

矫正方案从另一个角度说包括两个部分:一是针对某个体所有犯因性问题的整体个别化矫正方案;二是针对某个犯因性问题的矫正单元(矫正项目)计划,其中矫正项目的设计是更为关键与困难的。在我国,矫正项目的设计还处于起步阶段。有关这个内容在本书第九章详细阐述。

思考题

1. 区分心理正常与异常的标准有哪些?
2. 请谈谈如何有效开展服刑人员人身危险性评估。
3. 矫正需求评估具体包括哪些内容?

第三章阅读材料

第四章　心理健康教育

服刑人员心理健康教育是矫正机构心理矫治工作的重要组成部分。它是指根据服刑人员心理特点与活动规律,通过媒介宣传、课堂讲授、个别沟通、团体辅导等方式,向服刑人员普及心理健康知识、预防心理问题、提高心理素质、维护心理健康的活动。

本章在阐明心理健康教育工作定位的基础上,就目标与对象、原则与功能、标准与内容以及实现方式作论述。

第一节　心理健康教育概述

一、服刑人员心理健康教育的定位

（一）与教育改造工作的关系

服刑人员心理健康教育是矫正机构教育改造工作的重要组成部分。心理健康教育工作的指导理念、预期目标、开展形式、教育内容,需要与矫正机构整体教育矫正理念相协调,并紧密结合教育矫正工作的目标,来制订计划并实施。心理健康教育工作与教育矫正工作并行不悖,有机统一,共同促进矫正机构最终目标的实现。例如,某监狱根据单位"暴力犯、长刑犯、外省籍犯比例高,文化程度普遍低"的特点,提出了"认罪悔罪、明理诚信、感恩自律、担责守法"的核心改造理念。为此,该监狱的服刑人员心理健康教育连续推出了"向被害人忏悔""感恩文化建设""责任的感召"等系列教育内容,在服刑人员中引起了很大的反响,收到了良好效果。

（二）与心理矫治工作的关系

心理健康教育是心理矫治工作的主要内容之一,对于提升服刑人员对心理矫治工作的信任与认可,营造积极、良好的心理矫治氛围,激发服刑人员对自我心理健康的认识和关注,提高心理问题的求助动机,强化自我改变的动力,将咨询或辅导中习得的理念与技能应用于当前与今后的生活中都具有重要作用,因此服刑人员心理健康教育是开展心理矫治工作的基础工作。理论研究与事实经验都证明,心理健康教育工作做得好,整体心理矫治工作才能繁荣昌盛,并走向良性循环。

二、服刑人员心理健康教育的目标与对象

（一）心理健康教育目标

服刑人员心理健康教育的目标:普及心理健康知识,预防心理问题,提高心理素质,维护

心理健康。

具体来说,就是增进服刑人员对心理学、心理卫生、心理健康知识的了解;帮助他们积极面对现实,树立改造信心,尽快适应监禁环境;克服狭隘、猜疑、以自我为中心等个性缺陷;学习调节愤怒、忧虑、自卑等消极情绪的能力;控制自我冲动、攻击等不良行为,提高人际相处的技巧与水平,促进人际和谐;调整心态,提高抗挫折能力,形成积极的人生观、价值观;促进自我认知、自我反省、自我接纳、自我完善和自我发展。

（二）心理健康教育对象

心理健康教育对象一般是正常人,但从开展服刑人员心理健康教育的实践来看,只要受教育者具备自我改变的动机与基本的学习能力,都可以从心理健康教育中获益,并且从某种程度上说,痛苦越深,获益越大。

三、服刑人员心理健康教育的原则

心理健康教育的原则是心理健康教育工作者首先要明确的问题,主要包括以下方面:

（一）全体性原则

服刑人员心理健康教育的对象是全体服刑人员,心理健康教育计划的设计、实施、内容选择、组织形式都要着眼于服刑人员普遍的心理特征和共同需要,以提高全体服刑人员的心理素质和健康水平为心理健康教育的立足点与最终目标。

（二）教育性原则

服刑人员心理健康教育以建设性和教育性的发展与预防为主,要能积极引导服刑人员树立正确的人生观、价值观,培养积极乐观的生活态度,提高正确认识自我、客观理解他人、辩证看待问题的能力,要增强服刑人员对心理健康的正确认知,培养自我保健的能力。

（三）主体性原则

主体性原则集中而直接地体现了服刑人员心理健康教育的关键特征。助人是手段,自助才是目标,服刑人员心理健康教育的目的就在于普及心理健康知识,预防心理问题,提高心理素质,维护心理健康。说到底,这是一个主动和自觉的过程,如果没有服刑人员积极的认可和主动的参与,心理健康教育将成为灌输式的强制行为,就收不到预期的效果。因此,服刑人员心理健康教育要做到以服刑人员为主体,积极鼓励、吸引服刑人员主动参与,自觉学习。

（四）整体性原则

服刑人员心理健康教育要运用系统的、整体的、全局的观点来指导工作,从个体心理的完整性和统一性,个体身心因素与外部环境因素的互动分析,全面把握服刑人员心理问题或倾向性问题的形成与发展,制定相应的教育与辅导对策,从而防止和克服服刑人员心理健康教育工作中的片面性与局限性。

（五）针对性原则

不同地域、犯罪类型、矫正阶段、工种岗位、家庭支持、身体状况的服刑人员,存在着心理特征、问题类型上的差异,心理健康教育的内容与形式也应具有相应的针对性和多样性,可结合矫正实际,通过广播、电视、报刊、黑板报、墙报、监内服刑人员视频网站等多样载体,以及课堂讲授、个别沟通、团体辅导、"心理运动会"等多种形式,结合不同的教育内容,实现心理健康教育效果的最大化。

（六）发展性原则

即使服刑人员大多数存在心理或人格上各种各样的问题,甚至有的患有严重的精神障碍,但仍有理由相信:每一位服刑人员都可以受教育,并且可以被改变。这是服刑人员心理健康教育的核心理念与基石。因此,心理健康教育的方向与内容,仍应以建设性和发展性的指导为主,也即坚持以"成长为中心",而非"问题为中心",以更好实现心理健康教育的总体目标。

四、服刑人员心理健康教育的功能

（一）发展性功能

服刑人员心理健康教育要以促进人格健全发展,完善个人心理品质与提升社会化水平为宗旨,通过心理健康教育达到树立积极的人生观、价值观,提高自我接纳水平、环境适应能力,促进人际交往等发展性目标。

（二）预防性功能

服刑人员心理健康教育通过对政策、法规、制度实施前后专业的解释和心理引导,引导服刑人员对自己作出客观评价与认识自我,普及理性控制情绪与合理宣泄、坦诚交往与和谐相处等知识,提高服刑人员心理健康水平与自我调节能力,降低心理问题发生的可能性和强度,达到"防患于未然"的目的。

（三）补救性功能

对于已经产生的现实心理问题,通过民警咨询师和社会心理工作者个别咨询、团体辅导以及服刑人员心理互助等形式,帮助他们进行心理调整和改变,以排除心理困扰,重新恢复心理平衡,达到心理健康之目的。

第二节 心理健康标准

心理健康是指各类心理活动正常、关系协调、内容与现实一致和人格处在相对稳定的状态。如何评判一个人的心理健康状态,国内外不同学者提出了多种标准,而根据服刑人员的特征,又应当有适合其特征的心理健康标准。

一、社会人群心理健康标准

（一）马斯洛心理健康十标准

美国著名心理学家马斯洛（Maslow, A. H.)认为,健康的心理应符合以下 10 条标准:

(1)有充分的自我安全感。

(2)能充分了解自己,并对自己的能力作适当的评估。

(3)生活的目标切合实际。

(4)与现实的环境保持接触。

(5)能保持人格的完整与和谐。

(6)具备从经验中学习的能力。

(7)能保持适当和良好的人际关系。

(8)能适度地表达和控制自己的情绪。

(9)在不违背社会规范的前提下,能适当地满足个人的基本需求。

(10)在不违背社会规范的前提下,有限度地发挥自己的个性。

(二)许又新心理健康三标准

许又新提出心理健康可以用3个标准(维度)联系起来综合加以衡量:[①]

(1)体验的标准,是指个人的主观体验和内心世界的状况,主要包括是否有良好的心情和恰当的自我评价等。

(2)操作标准,是指通过观察、实验和测验等方法考察心理活动的过程和效应,其核心是效率,主要包括个人心理活动的效率和个人的社会效率或社会功能,如人际关系是否和谐,工作学习是否有效率等。

(3)发展标准,是指着重对人的个体心理发展状况进行纵向考察与分析。

二、服刑人员心理健康标准

有学者依据心理健康的一般标准,结合我国服刑人员实际,提出了衡量服刑人员心理健康的6条标准:[②]

(1)能面对现实,把握现实。心理健康服刑人员对自己的犯罪原因、后果以及要接受的刑罚有较为客观的认识,对自己被矫正的事实能采取成熟的、健全的适应方式,接受现实。对于自己在学习、劳动和交往中所遇到的种种困难和问题,能运用切实有效的方法妥善解决,有一定的挫折承受力。

(2)具备正确的自我意识。心理健康服刑人员既能客观地评价别人,更能正确地认识和对待自己,接纳自我。能够了解自己,对自我有客观的评价,既不妄自尊大,也不妄自菲薄,保持恰当的自信,不苛求自己,也不过分放纵自己,能为自己制定切合实际的矫正目标和计划,脚踏实地,扬长避短,做自己力所能及的事情,朝着预定的目标努力。

(3)能和他人建立积极、良好的人际关系。良好的人际关系是维持个体心理平衡和个性正常发展的重要条件。心理健康的服刑人员应该乐于与民警及大多数服刑人员保持交往,能和他人建立协调、良好的关系。与人相处时,能保持恰当的距离,并持尊重、欣赏、信任、关心、体谅等正面的态度,对人诚恳、谦虚、宽厚,能接受别人的不同意见,也能容忍别人的短处和缺点。虽然不免也有不喜欢甚至厌恶的对象,但不致主动发生冲突,矫正过程中能与人和谐相处。

(4)有健全的情绪生活。健全的情绪生活是指高兴、喜悦、欢欣等积极愉悦的情绪多于愤怒、恐惧、焦虑等消极不良的情绪。心理健康服刑人员在服刑过程中,能基本保持情绪稳定、开朗、自信等生活状态,能适度表达自己的喜怒哀乐,控制自己的不良情绪,对前途抱有希望和信心。在挫折面前,能较快地调整自己,从消极的情绪中解脱出来,遇到不能解决的问题,懂得正确求助,也有改变自我的动力,不轻言放弃。

(5)有正常的行为和协调的个性。心理健康的服刑人员其行为是一贯的、同一的,而不

① 郭念锋.心理咨询师(基础知识).北京:民族出版社,2005.

② 章恩友.中国监狱心理矫治规范化运作研究.北京:中国市场出版社,2004.

是矛盾的、反复无常的；在遇到刺激或挫折时，其行为反应适当，反应的强度、方式与受到刺激的强度相一致，该激动时激动，该冷静时冷静，恰如其分，心理活动和行为方式处于和谐统一之中。

（6）乐于学习和劳动。学习和劳动是我国服刑人员最主要的活动。心理健康服刑人员乐于学习和劳动，并能够在学习和劳动中充分地、有建设性地发挥其智慧与能力，在学习、劳动中获得满足感。

第三节　心理健康教育内容

一、服刑人员心理健康教育的一般内容

（一）与心理健康知识普及有关的内容

帮助服刑人员了解心理健康是什么，包含哪些内容；向服刑人员宣传关注自我心理健康的重要性；介绍心理矫治工作的开展状况、运行架构、咨询师专长和求助途径；帮助服刑人员澄清"个体存在心理问题是普遍的现象，任何人都有需要帮助的时候"，以提高服刑人员发生心理问题后的求助动机，指导其正确求助；普及心理学基础知识，揭示心理现象本质；解构个体心理与群体心理互动过程，积极营造"人人关注心理健康，健康心理关护人人"的良好氛围。

（二）与自我调节有关的内容

帮助服刑人员正确地认识自我，客观地评价自我，做到了解和接纳自我；帮助服刑人员更快地转变角色，树立正确的改造目标，调整自我状态，打好矫正的基础；帮助服刑人员正确认识情绪功能，教习一些适合在矫正机构内或日常生活中放松、宣泄、注意力转移的技术与方法，提高调节情绪和控制自己行为的能力；帮助服刑人员正视自我人格方面的不足或缺陷，以及人格缺陷与自身的犯罪、矫正适应等方面存在的联系，促进自觉改变与自我完善；帮助服刑人员对自身存在的心理问题的觉察与识别，了解自我调节的方式，提高服刑人员心理健康的自我维护水平。

（三）与人际和谐有关的内容

帮助服刑人员了解矫正中常见的人际障碍，提高人际感知能力和理解他人的能力，及时发现和觉察自身与家庭、服刑人员之间、民警与服刑人员之间存在的问题，帮助服刑人员掌握人际交往的基本知识与技巧，促进服刑人员之间尊重、理解、信任、包容的和谐人际关系的形成。

（四）与积极改造有关的内容

服刑人员心理健康教育应当与思想教育、法制宣传、技术教育、个别教育等教育形式相结合，紧紧围绕矫正机构整体工作来运行。具体操作上，应针对矫正初期、中期、后期等不同阶段特点，针对不同性别、年龄、罪行、刑期、身体状况等特征，以及矫正工作中出现的新形势、新状况，例如，考核、减刑、假释办法调整后，或者矫正机构内突发性事件如流感、腹泻等情况出现后，有计划、有目标地分类开展一系列适应矫正生活、感恩教育、忏悔教育、减刑假释政策解析、刑满前辅导、群体性心理干预等教育内容。

（五）与人生哲理有关的内容

世界观、人生观、价值观是决定个人心理的最高层次，对人的各种心理活动起着调节作用。一个心理健康的人，不一定要具有较高社会意义的人生观、价值观，但是一个具有错误世界观、人生观、价值观的人，其心理一定不会健康。服刑人员中，导致许多人犯罪与矫正环境不适应的根本原因在于个人世界观、人生观、价值观的错误或偏差。因此，开展积极的人生哲理、价值观教育是服刑人员心理健康的重要内容。

二、不同服刑阶段心理健康教育内容

在不同的服刑阶段，服刑人员矫正心态与普遍性心理问题各有不同，因此开展服刑人员心理健康教育，也应特别强调及时性和针对性。

对于在公安看守所服刑的人员，以及刑期较短的服刑人员，阶段性特征不明显，心理健康教育的内容可不予以划分或者分为前后两个阶段即可。

（一）改造初期的心理健康教育

改造初期是指入监后到 6 个月或一年之间的时期。这一阶段服刑人员刚经历了拘捕、审查、判决的过程不久，社会地位被剥夺，失去经济来源，家庭遭受重大冲击，内心中经历了担惊受怕、孤独自怜、后悔愧疚、怨恨愤怒等复杂而痛苦的心理体验，自我价值感丧失，心理或多或少处于应激状态，严重的甚至出现拘禁性反应。

进入矫正机构后，虽然对案件的判决和服刑的身份已有预期，但真正要几年，甚至十几年面对长期监禁的矫正生活，恐惧心理、思家心理、怨恨否认等心理，时时决定着这一时期服刑人员的矫正状态，甚至深远地影响今后的矫正轨迹。

这一时期心理健康教育的主要任务是：针对服刑人员上述认知、情绪和行为的特点，积极开展以认罪悔罪、适应环境、面对现实、调整自我、树立目标、制订计划为主题的心理健康教育，帮助服刑人员调整好心态，明确矫正目标和方向，以更好、更快地适应矫正生活。

（二）改造中期的心理健康教育

改造中期是指入监满 6 个月或一年到刑满释放前 6 个月或一年这样一段时期。这一时期经过了改造初期的一系列管理、教育矫正和环境适应后，服刑人员逐渐进入心理和行为的相对稳定期。但是，这种"稳定"并不牢固，很容易因来自家庭变故、各种挫折、人际冲突的影响而出现反复波动，引发心理和矫正上的问题。这一时期心理健康教育的主要任务如下。

1. 发展性心理健康教育内容

在服刑人员群体中积极营造与引导健康的主流文化，以丰富服刑人员业余生活，有效转移注意力，缓解思家心理、疲劳心理。在参与活动中培养服刑人员的自尊、自信和自我开放意识，培养相互间的理解、信任的协调关系，改善他们因长期关押、压抑而形成的敏感、多疑、冲动等监禁性人格，提高服刑人员社会化水平。可以开展的活动有：动漫文化、体育竞赛、才艺表演以及感恩操、太极操、剪纸、安塞腰鼓等丰富多彩的"一区一品"建设。

2. 预防性心理健康教育内容

针对改造中期服刑人员心理特点和潜在性的心理问题，通过各种心理课堂、个别咨询、团体辅导、专家讲座等形式，以及心理专刊、心理报、监内电视台、黑板报、监内视频网站等载体，全面普及心理健康基本知识，开展感恩教育、担责教育、抗挫折教育、和谐人际教育等活动，增强服刑人员自我主体意识，促进人际关系融洽与和谐，提升在矫正、家庭生活中遇到挫折的心理承受能力。

此外,针对不同类型对象应采取针对性的心理健康教育内容。比如女性服刑人员情感丰富、细腻多变,敏感多疑,情绪起伏大,意志力薄弱,心理健康教育"应通过人生观、价值观、道德修养教育、理想教育、前途教育,培养她们自尊、自爱、自强的精神"。[①] 同时,也应当针对女性特殊生理现象进行月经期、更年期心理健康教育,减少或克服由生理变化带来的心理不适,帮助她们顺利度过人生中的特殊阶段。

未成年服刑人员社会化程度普遍不足,自我中心,情绪不稳,行为冲动,内心空虚,思想混乱冲突,心理健康教育"应注重提升他们的情感智商,通过情感教育和情感技能培训,帮助他们控制好自己的冲动情绪,学会用理智来做出更恰当的行为决策"。[②] 同时,也应针对青春期的生理、心理特点,开展性健康、性知识、性道德教育,帮助他们形成健康的性心理。

老年服刑人员、患有慢性疾病或残疾的服刑人员,一方面,受制于服刑人员特殊的身份和矫正机构有限的条件,治疗上一些诉求难以满足,心理存有落差,甚至对矫正机构以及内部医院、对民警存有抱怨;另一方面,虽有一定的"阳光政策"倾斜,但在日常劳动岗位、考核分的竞争上明显处于劣势,改造上缺少目标和激励,矫正信心明显不足,甚至一部分缺乏家庭关爱的高龄重症服刑人员,保外就医无望,面临着"命期"短于"刑期"的现实境地,情绪上悲观绝望,矫正中得过且过,消极应付。心理健康教育应有针对性地进行相关医疗规定、制度(如病残鉴定、外出就诊、保外就医)的解释,消除由于误解引起的非理性情绪和想法;进行社会责任、感恩自律、自强自立教育,鼓励老病残服刑人员担责守纪、生活自理;适度放宽老病残服刑人员看电视、打牌等休闲娱乐的时间,引导培养看书、练字、习画等健康爱好,使老病残服刑人员有所好、有所乐、有所追求。

对于不同犯罪类型的服刑人员,也应有针对性地进行心理健康教育,如暴力型服刑人员情绪稳定性差,行为冲动不计后果,应着重进行控制愤怒、行为后果推理教育;性罪错型服刑人员应着重进行性健康、性道德教育;职务犯罪型服刑人员可进行法制教育、党旗下的忏悔等教育;《刑法修正案》(八)九类限制减刑服刑人员心理健康教育目前可供借鉴的经验不多,主要可以尝试从法制教育、感恩教育、生命的价值、与被害人换位思考等角度切入教育。

3. 现实性心理健康教育内容

对于在入监(所)心理测试、日常管理中发现的现实性心理问题的服刑人员,则应通过个别咨询、团体辅导等形式,有针对性地进行心理疏导,并在解决问题的过程中,促进其心理成长,帮助其人格完善。

对于群体性心理问题,如矫正机构内流行性感冒传染高峰期、群体性腹泻事件、新发现肺结核病人、服刑人员猝死等事件,可能会在矫正机构的部分或全部范围内出现大量服刑人员过于担忧、人心惶惶的局面,此时,心理健康教育应及时掌握信息,及时邀请权威人员澄清、解释事件真相,告知防护注意事项,以尽快恢复群体心理稳定,避免谣言和危机扩散。

(三)改造后期的心理健康教育

改造后期为刑满前 6 个月或一年。此时,一方面,长期矫正的压力陡然放松,内心充满即将回归自由的兴奋与喜悦;另一方面,在这由"监狱人"向"社会人"过渡的特殊时期,未来生计的压力,重新面对亲朋好友甚至是受害人的压力,社会适应、家庭重建、个人发展等巨大

---

①② 章恩友.中国监狱心理矫治规范化运作研究.北京:中国市场出版社,2004.

的压力,一下呈现在面前,成为无法回避的现实,回归前的兴奋、忧虑、身份意识淡化、无所谓,甚至补偿报复心理成为改造后期服刑人员的常见心态。

因此,在改造后期服刑人员中,开展肯定与强化悔过自新、自力更生、立功赎罪等积极心理教育,以巩固前期心理健康教育成果;开展法律教育,消除翻案报复心理,合理定位补偿心理,提高挫折容忍能力与抵御犯罪诱惑能力,以降低再违法犯罪率;指导心理调适方法,帮助服刑人员自我发现和改善因长期监禁形成的敏感多疑、退缩回避、伪装虚荣、冲动攻击等监禁性人格;开展就业形势指导以及相关法律法规咨询,纠正过度自信或者过度自卑心理,为服刑人员更好地适应社会打下基础。

第四节　心理健康教育途径与关键环节

一、服刑人员心理健康教育主体构成

(一)以民警心理咨询师为主体

民警心理咨询师既熟悉与服刑矫正息息相关的法律法规、矫正政策、管理制度,熟悉服刑人员的改造、生活、生产实际,同时对心理健康知识和解决心理问题的途径、方法都有一定的理解,因此承担着服刑人员心理健康教育的主要任务。

(二)以社会专业人士为补充

将服刑人员改造成为守法公民,是教育矫正工作的最终目标。加强与社会联系,邀请社会专业人士参与多种形式的教育活动,是促进服刑人员了解社会资讯与发展、接受新的理念与指导、修正人生目标与方向、激发积极改造动机的重要途径,也是提高服刑人员心理健康教育质量的有益补充。

(三)以服刑人员为辅助

服刑人员之间相互熟悉,身份相同,生活、改造境遇相似,许多甚至面临或经历过相同或类似的困难,心理上互相接受程度较高,容易引起同感,易于互相学习和促进改变。近年来,以服刑人员为主体的心理健康教育模式越来越得到重视,也收到了良好的效果。具体的模式有:心理刊物的论坛交流、服刑人员自我报告、心理互助以及教育、讨论、成长、支持等团体辅导活动。

二、服刑人员心理健康教育形式

(一)通过媒介渠道宣传的教育形式

现有的可资应用的媒体中介有很多,例如浙江省监狱管理局主办、浙江省第一监狱承办、面向服刑人员的专业刊物《心理导刊》,由"心理知识""警官手记""专家信箱""心灵悟窗""亲情彩虹"等16个栏目组成,由社会专家、系统内民警以及服刑人员共同参与、交流、互动,每月发行一期,发行量6000余册,目前已发行110余期,影响力遍及浙江省各所监狱,已日益成为向服刑人员普及心理知识、倡导健康心理、营造积极心态的重要平台。其他矫正机构可资参考。

此外,矫正机构应充分利用内部的电视台、报纸专栏、广播、黑板报、宣传栏、监内视频网站等渠道或载体,宣传普及心理健康知识,提高服刑人员对心理健康重要意义的认识,提高对矫正环境的适应能力,提高对心理咨询工作的认同,积极营造有利于心理矫治工作开展的氛围。

（二）通过课堂讲授的指导形式

课堂化教育是开展服刑人员心理健康教育的重要形式,具有形式简单、受众面广、感染力强、有针对性、内容丰富等特点。讲课的形式可以多种多样,如以社会资源为主体的"心理健康讲座""就业指导";以电视视频为载体的"民警论坛""核心改造价值观解析";现场授课形式的"关爱生命讲座""我的心情谁做主";播放心理健康教育专题片,结合专题讨论、相互交流感想等形式。

（三）通过个别沟通的教育形式

个别沟通不仅仅是指个别的视频网络或面对面咨询,更应融于平常的教育矫正谈话,甚至是日常管理的一言一行之中。个别沟通是一种形式,更是一种理念,传达的不仅是心理健康、自我调节等知识或技巧,更应是民警对服刑人员的积极关注与无私帮助,让服刑人员感受到平等、坦诚、尊重和不设前提的沟通态度。

个别沟通的对象主要是那些心理有问题、需要帮助的服刑人员,同样也更不能忽视那些改造平稳,但一样需要被关注和肯定的普通服刑人员。因此,如果以"点面结合"来形容心理健康教育的覆盖之网,每一次个别沟通代表的是每一个小"点",那么无数"点"的完备与有效,才能保证服刑人员心理健康教育的完整和富有成效。

（四）通过团体活动的辅导形式

随着服刑人员构成的变化,传统的灌输式教育模式已越来越难以保证教育的效果。近年来,有着帮助面广、参与度高、互动性强、感染力大、效果容易迁移,特别适用人际关系不良等优势的团体活动的模式,已逐渐发展成服刑人员心理健康教育的重要形式,越来越受到重视和推广。

心理辅导团体是开展团体活动最常见的类型,它侧重于帮助来访者发展特定的技能,增进对人际或个人成长等主题的了解,帮助服刑人员顺利度过艰难生活转折期,活动的目标在于排除教育和心理方面的困扰。另外是人际问题解决团体,它侧重于关注人格健康的人,通过团体成员的互动和互相反馈,帮助他们处理在人际关系、学习工作方面存在的一些苦恼或困惑,通过深入认识自己,学习新态度、新技能,以改善人际关系和适应能力,促进人格成长,提高改善生活的能力和开发心理的潜能。

此外,考虑到服刑人员的接受度与认知文化水平,有的矫正机构开始积极尝试和引入将运动竞赛与心理拓展训练活动融为一体的"心理运动会",如通过"我要快乐""信任无价""竞争协作""得失之间"等既含趣味性、竞争性,又富含积极心理健康内容的活动形式,参加的成员之间打开了心门,放下了矜持,互相间培养了信任和沟通,观看者也在为自己的队伍呐喊、助威、互动中培养了集体意识,拉近了人际距离。

三、心理健康教育的关键环节

为了加强服刑人员心理健康教育的针对性和便利性,提高心理健康教育的质量与效率,矫正机构可以制作心理健康教育专题片,并以视频的形式在监内电视台播放或由服刑人员点击监内网站自助播放。社区矫正机构也可以安排服刑人员集中观看心理健康教育片。

在组织服刑人员集体观看心理健康教育专题片之后,矫正工作人员应当组织服刑人员进行交流讨论,分享各自学习后的心得体会。必要时,工作人员还要根据服刑人员的交流讨论情况作出针对性指导。同样地,在组织服刑人员参加心理健康集体授课教育后,也要组织他们进行讨论分享。也就是说,不管何种教育形式,心理健康教育后的分享讨论必不可少。只有按照"教育+分享"的模式来开展教育矫正工作,才能真正发挥矫正机构教育活动的功效。

思考题

1. 服刑人员心理健康教育的含义是什么?

2. 服刑人员心理健康教育的总体目标、原则与功能各是什么?

3. 进入春季流感高发期,某矫正机构10%的服刑人员出现了发热、鼻塞、咳嗽、乏力等感冒症状,为提高服刑人员自我防护意识,但又要避免出现恐慌,应立即开展哪些方面的心理健康教育活动?教育时应注意哪些事项?

第四章阅读材料

第五章 个体咨询

心理咨询是心理咨询师协助求助者解决心理问题的过程。个体咨询是心理咨询师运用心理学的理论、技术与方法,通过语言、文字等媒介给来访者以帮助、启发、指导,并解决其心理问题的过程。服刑人员个体咨询,是指心理咨询师运用心理学的原理、技术与方法,结合矫正机构的特点,来帮助解决服刑人员心理问题的过程。个体咨询是狭义心理矫治的主要构成部分。它具有保密性强,触及问题深刻,便于咨询师提供深入、耐心的帮助,有利于个案积累和因人制宜等优点,但这种咨询比较耗费时间。

本章主要介绍个体咨询的相关内容,包括咨询前准备、咨询方式选择、个体咨询对象与工作流程、咨询阶段与过程、咨询个案的档案管理,以及结合个案展示个体咨询的过程与记录方式。

第一节 咨询前准备

在进行心理咨询之前,首先需要一个能够容纳咨询师与来访者的地方,为咨询提供一个良好的环境;矫正机构以及心理咨询师必须在环境及心理上做好充分的准备。

一、环境布置

优美、合适的环境是良好咨询的开端。这里的环境布置是建立在矫正机构设有专业的心理咨询场所——服刑人员心理健康指导中心基础上的。按司法部监狱管理局的相关规定,服刑人员心理健康指导中心设立有:预约等候室、个体咨询室、团体辅导室、心理测评与档案室、心理宣泄室、心理治疗室、中央控制室等(见表5.1)。这些功能区域必须按要求建设,整体风格为简洁明快,色调清淡,环境清新淡雅,静谧无噪声,既具有专业形象,同时又具有保密功能。

咨询师在每次咨询之前,需要根据来访者的不同特点作一些适当的调整。第一,根据不同的来访者选择冷暖色调不同的咨询室;第二,调整室内温度,选择能够让身体感到舒适、能够专心工作的温度,一般为19~24℃;第三,调整咨询用椅子、茶几,一般咨询师的椅子与来访者的椅子呈90°摆放,避免目光直视所带来的压力;第四,为本次咨询准备适量的纸巾、饮用水、纸、笔等物品。

表 5.1 "服刑人员心理健康指导中心"规范化建设标准

预约等候室	面积	每间 20 平方米左右
	环境要求	相对独立的场所,色调温和平静,指人的温馨、舒适
	硬件设施	墙上挂有心理咨询范围、心理咨询师守则、来访者须知、咨询师的情况介绍等宣传资料,配备饮水设备、沙发、办公桌椅、电话、相关读物等
个体咨询室	面积	每间 12 平方米左右
	数量	每 2000 名服刑人员设置 1 间,且每个监狱至少有 1 间,大型监狱可适当提高比例
	环境要求	独立的场所和出入口,室内色调温和、平静、和谐、充满生机;让服刑人员感觉亲切、放松、恬静、祥和、优雅
	硬件设施	光线柔和;咨询椅质地柔软舒适,开放式或有隔离栓式,根据情况,合理摆放;配备录音笔或录音机和观察摄影设备或安装单向可视玻璃墙壁;其他基本用品齐全
团体辅导室	面积	每间 40 平方米左右
	环境要求	独立的场所和出入口,明亮整洁,通风好,采光好,能体现宽松和谐氛围的特点
	硬件设施	配置可移动桌椅、坐垫、隐藏式黑板等,应当安装多媒体设备,墙壁安装单面镜子、反映心理互动的挂图和操作要求等。有条件也可配备团体活动心理评估和干预系统
心理测评与档案室	面积	每间 40 平方米左右
	环境要求	安静通风,采光好
	硬件设施	配有电脑、读卡机、扫描仪、打印机、专用测试桌椅、档案资料橱柜、相关测评量表和软件系统
心理宣泄室	面积	每间 15~20 平方米
	环境要求	隔音效果好、安全性能好、保密性强
	硬件设施	配备心理宣泄设备、放松器材、监控设施等
心理治疗室	面积	每间 10 平方米左右
	环境要求	色调温和平静、温馨、舒适,张贴有心理挂图
	硬件设施	音乐治疗仪、小型情绪调节器;特殊配置有多参数生物反馈仪、沙盘治疗设备;其他配置有座椅、躺椅
中央控制室	面积	每间 10 平方米左右
	环境要求	安静通风,采光好,保密性强
	硬件设施	监控设施

二、咨询前咨询师应做的准备

心理咨询过程中,建立良好的咨访关系很重要,它是咨询获得最大效果的关键。因为解决心理问题需要心灵的沟通,如果来访服刑人员不信任咨询师,不愿意敞开心扉,就会影响心理问题的解决或缓解。咨访双方在信任、真诚、共情、积极关注、保密、安全、相互接纳等基础上,才能建立良好的咨访关系,架起心灵沟通的桥梁,才能保证咨询的顺利进行,实现咨询效果。总的来讲就是心理咨询师要用心去建立良好的咨访关系。

(1)确保良好的第一印象。来访者会有意无意地观察咨询师的非言语行为,要使来访者感觉到咨询师是和蔼可亲、善解人意的人,同时又是一位的确有能力帮助其解决心理问题的人。有了良好的第一印象,就能增加来访服刑人员对咨询师的信赖感。具体做到:每次预约咨询应当比来访者早到些时间,整理好自己的着装,做到整洁大方,同时应将手机调至震动或关机等。

(2)合理安排咨询时间。一方面,咨询师自身要确保在咨询时不受其他事情的干扰;另一方面,要考虑来访服刑人员的时间安排。除了矫正机构统一安排的咨询时间外,由于监禁环境的特殊性,目前按规定服刑人员应当参加劳动生产,尤其是在生产流水线上劳动的服刑人员,往往每个人都有固定岗位,因此安排咨询时间要注意合理性,要提前与来访服刑人员所属单位联系,以避免来访服刑人员因劳动方面的问题而引发负面情绪,影响咨询的效果。

(3)部分资料的收集。在咨询前,咨询师并不一定要通过矫正机构工作人员去了解来访者的现实改造情况。提前了解对咨询有利有弊,有时甚至弊大于利。咨询实践发现,不管是民警提供的资料还是从服刑人员档案中获取的信息,均会让咨询师受影响,产生先入为主之见,导致判断出现偏差而影响咨询效果。但是,由于监禁环境存在特殊性,所以有些资料还是有必要提前收集的。如通过狱政档案系统,要先期了解来访者的年龄、案由、刑期、入监所时间、家庭成员和犯罪基本情况等最基本的原始材料。如果有来访者以往的心理测试结果也应一并了解,可以对来访者的心理健康状况有所掌握。

(4)对于不同的来访者,咨询师要充分展现职业专业性所应当具备的对人真诚、值得信任、平等和无条件接纳、宽容关爱等精神,以有利于良好咨访关系的建立。

(5)为了帮助自己更好地进行调节,咨询前咨询师可以做一个清场练习。清场练习是格式塔治疗中的技术,是指治疗师暂时将自己与治疗无关的反应搁置一边。

专栏 5-1 清场练习

请闭起眼睛(稍停),体验自己坐在椅子上的重量和自己脚踏地面的感觉,留意自己的呼吸是急促还是舒缓。关注躯体的张弛,你的能量能否自如地流淌,是缠连于过去的担忧还是对未来的预想?对于上述的练习,你大多数都能感觉、体会和思考吗?识别自己哪些关注和担忧与即将到来的治疗毫无关系,设法将其悬搁。尽可能明晰此时自己内在的一些体验,并顺其自然。聚集于你周围环境中的所感所闻以及你自己的感受,使自己全身心地投入当前这个特定的时刻中来。

---

(6)如果是多次咨询的,要查看以前的咨询记录,以掌握来访者的咨询内容,以及几次咨询下来的脉络。

第二节 个体咨询的主要方式

个体咨询的方式主要有面对面咨询、视频网络咨询、专栏咨询、电话咨询和书信咨询等。随着近年来矫正机构局域网的不断完善以及电脑、视频语音设备的普及,电话咨询和书信咨询已逐步让位于即时的视频网络咨询。因此,目前服刑人员个体咨询的主要形式是面对面咨询、视频网络咨询、专栏咨询,而音乐放松和宣泄等是个体咨询常用的辅助手段。不管选择何种咨询方式,其目的都是围绕着疏导、缓解、改善服刑人员的不良情绪,帮助解决他们的心理问题、普及心理学方面的知识、改善其心理和行为等。

一、面对面咨询

面对面咨询是一种比较传统的心理咨询方式,咨询师与来访者采取面对面交谈的方式,一般要求在心理咨询室内进行,通常使用口头语言进行交谈。口头语言是十分丰富、生动、形象、富于感情色彩和感染力的。面对面咨询时要共情式倾听,要指导与面质,有时还要运用语音、语调、语气技巧来了解来访者的心态,掌握咨询的主动权,达到最佳的咨询效果。也就是说,面对面咨询不但要求咨询师要有丰富的专业知识、专业的咨询技巧和丰富的经验阅历,还要具有一定的观察和应变能力。

(一)面对面咨询的优势

(1)能够及时发现问题,便于处理咨询中的一些特殊情况。心理咨询中,来访者的肢体语言会传递许多心理信息,面对面咨询时便于咨询师观察这些信息,有助于咨询师发现来访者言语中没有表露的一些心理信息,从而提醒咨询师及时调整咨询对策,更好地建立起良好的咨访关系。有心理学家认为,一名优秀的咨询师通过对来访者非言语行为的观察,可以推断出来访者70%左右的心理特点。

(2)随时进行语言交流和心理指导。心理咨询是一个不断变化的过程,咨询过程中咨访双方都会因交流内容、客观条件的变化而发生心路变化,面对面咨询有利于咨询师及时掌握这些信息,抓住咨询中的主要问题,应用必要的咨询技巧,如无痕迹过渡、提问、中断等来控制谈话方向,使心理咨询工作能顺利进行。

(3)咨询师能通过自身的肢体语言和个人气质形象传达信息并对来访者产生一定的影响。在心理咨询过程中除咨询师需观察对方的言行举止外,来访服刑人员也会有意无意地观察咨询师的非言语行为。通过整洁的服装、端正的坐姿、平和的表情,使来访服刑人员感觉到咨询师优良品格,同时又对咨询师的能力产生信赖,有利于良好咨访关系的建立,有时还有利于资料的收集。

(二)面对面咨询的局限性

咨询师的"警察"身份,容易使来访服刑人员出现防御心理而掩藏一些心理信息。民警心理咨询师一般拥有双重身份,既是管教者又是咨询师,而来访者同样具有双重身份:被管教者和来访者。管教者与被管教者、咨询师与来访者之间的关系差别很大。即使民警咨询师能解决好角色冲突问题,但还是可能会影响到来访服刑人员的心理接受问题。也有人提出民警着便服做心理咨询,其实这也不是根本的解决之策,"警官"的身份在服刑人员心目中不是用着装就可以改变的。为此解决的办法是：各监区的咨询师对服刑人员实行交叉咨询，如 A 监区的民警咨询师承担 B 监区服刑人员的心理咨询工作。目前有的矫正机构在咨询时，首先要告诉来访服刑人员的是"之后的 60 分钟里，我就是一名咨询师"这个理念。同时，有资深的咨询师认为，克服民警咨询师的身份特征，也有赖于咨询师高超的咨询技巧。

（三）面对面咨询的注意事项

由于矫正机构特别是监禁型矫正机构中来访者的特殊性，即某些来访服刑人员特别是暴力型犯罪者具有一定的人身危险性，有的会有较高的攻击性，因此咨询师要注意自身安全的维护。也正因如此，有的监禁型矫正机构的心理咨询室装置了隔离护栏，把来访服刑人员与咨询师分隔在护栏的两边。然而，这样的设置也有副作用，就是明确告诉来访者你具有危险性，是不被信任的。由于隔着冰冷的铁栅栏，导致咨询师对来访者的尊重、共情、热情打了折扣，甚至可以说在某种程度上已荡然无存。因此，笔者认为对非暴力型犯罪者，且咨询师为男性的，可以在不需要栅栏的情形下来开展面对面咨询；而女性咨询师对女服刑人员的咨询亦然。当认为来访服刑人员具有攻击性，咨询师可能存在一定的危险性时，建议突破社会咨询的设置，由两名咨询师或者是两名男性咨询师对一名男性服刑人员来开展心理咨询活动。[1] 而女性咨询师对男服刑人员的咨询，通过采用视频网络咨询形式以根本解决这一问题。

二、视频网络咨询

视频网络咨询是近年来矫正机构重点推进的咨询形式，它除了具有电话咨询的便捷、及时、安全的优势外，还可通过即时的视频交流弥补电话咨询缺乏视觉画面的缺点，一般由女性咨询师承担这一任务。事实证明，视频网络咨询不但可以发挥女性咨询师细致、亲和、耐心的性格优势，提高咨询的效果，还可以充分利用矫正机构女民警资源，提高女民警的价值感和自我认同感。视频网络咨询已成为矫正机构心理咨询中的重要方式之一。

视频网络咨询一般是借助下列工具完成的：网络视频、语音或网络电话、网络聊天的打字工具。

（一）视频网络咨询的优势

（1）能够超越时空局限，拓宽咨询范围。随着在押服刑人员结构的变化，犯情越来越复杂，监管形势越来越严峻，女性咨询师单独进入矫正机构内为服刑人员特别是男性服刑人员进行心理咨询在目前成为不可能的事情。而视频网络咨询则可以不受地域的限制，可以在矫正机构工作场所的任何一个安静、安全的地方为服刑人员实施心理咨询，确保咨询师的人身安全。

（2）来访者更容易放松。心理咨询师首先给来访服刑人员的身份感觉是"警察"，是管理者，而来访者首先是"服刑人员"，这两者之间的身份是不平等的。如果是面对面的咨询，很多服刑人员看到穿警服的咨询师可能会表现出紧张的情绪。这样不利于来访者问题的表露与解决。而视频网络咨询因为不需要直接的面对面咨询，从而可以避免这种紧张情绪，可以在较大程度上避免初次咨询的胆怯与尴尬，也可以免去来访者在咨询阶段较长时间的试探过程，使咨询较快地切入正题。

① 邵晓顺.限制减刑服刑人员犯罪案例分析与启示.北京:群众出版社,2013.

（3）可以加深咨询深度。面对面咨询特别是异性之间的面对面咨询，有时会阻碍一些敏感话题深入，面对面的咨询也可能让来访服刑人员难以暴露出因民警管理不当等原因引起的情绪反应。网络视频咨询因为有感觉中的距离的"保护"，加上视频咨询时除用对话的咨询形式外还可以借助文字语言的力量，所以可以避免这类问题，从而加深咨询的深度。

（4）便于咨询师作一些必要的记录。心理咨询师的咨询要求规定，一般不能当着来访者的面作详细的记录，未经来访者同意不能录音，所有摄入的信息都要求在咨询后追忆，这样难免会遗漏掉一些关键或是重要的信息。而视频网络咨询因为需要借助摄像头完成，通过摄像头传达给来访者的咨询师的角度与高度是可以由咨询师自己决定的，只要角度调整好，咨询师可以作一些必要的记录而不会引起来访者的不安。而且在视频网络咨询时，如果是用聊天工具进行的，双方所说的话都会原封不动地保留在"聊天记录"中。这样就非常便于咨询结束后对咨询过程的记录与整理，而不会因为记录问题给咨访双方带来心理压力。

（二）视频网络咨询的局限性

由于视频网络咨询是一项新生事物，它存在一定的局限性。

（1）视频网络咨询虽然有视频可以见到对方，但毕竟不是面对面咨询，很难捕捉到来访者的一些细微的非言语行为，如眼神、面部表情、肢体语言等，而非言语行为有时是咨询是否成功的关键因素。

（2）由于网络信息不畅，有时音频信息传输不同步，会影响来访者的心态及整体的咨询效果。

（3）借助文字咨询的限制性。由于受打字速度和网速的影响，视频咨询有时很难像面对面咨询那样说话顺畅，语言也会特别简单，咨询师无法通过语音、语调等来了解来访者的心态。视频中人的表现有时候跟现实中的人相差甚远，甚至完全相反，让人很难去把握，也会给咨询带来困难。

（三）视频网络咨询的注意事项

由于目前在矫正机构中该类咨询方式主要是由女性咨询师担任，所以咨询师在咨询过程中，需特别注意以下事项：①言谈举止须得体，态度不卑不亢；②合理有效地预防"非治疗性移情"现象的产生；③对"性"心理问题的咨询，应坦然、客观地对待，无须刻意回避，但可及时转介；④要克服视频咨询带来的局限性，如无法全方位观察来访者的非言语行为等。可尽量多地观察来访者的面部表情，在谈话中尽量多地使用具体化技术，通过来访者的自述来弥补上述不足。

三、专栏咨询

专栏咨询，是一种特殊的信函咨询，是指在报刊、电视、广播等媒介中开辟专栏，从服刑人员要求咨询的来信中选择一些具有典型意义同时适合刊登的内容，根据不同主题，指定不同的专家对来信进行回复，然后在特定的载体上予以刊登的一种咨询方式。比如浙江省监狱管理局主办的面向服刑人员的《心理导刊》，就开辟有两个类似"专栏咨询"的栏目，一个是《专家信箱》，一个是《警官信箱》；司法部预防犯罪研究所主办的《黄丝带》中《卫理博士信箱》也是专栏咨询的一种。这样的咨询形式比较适合那些不善于表达或较为内向拘谨的来访者，同时因为它的受众面广，更有利于心理健康知识的传播与普及，可以说同时具有治疗与预防的功效。这是其他咨询方式无法比拟的。

专栏 5-2　专栏咨询案例

我该如何摆脱同案被执行死刑的阴影

尊敬的专家：

我和我的同案是同村人，自小一起长大，关系很好。后来，因犯抢劫罪，我被判处无期徒刑，可他却被判处死刑。自此，我的心里就留下了阴影。

××××年，我投入某某监狱改造。经过警官的谈心教育，我渐渐摆脱了同案被执行死刑的阴影，可在一次观看"反逃跑"教育片时，一名死缓犯因脱逃被抓回，后来被判处死刑，立即执行。这又让我想起了我的同案，使我的心里又蒙上了阴影。我曾多次试图将这些伤心的往事忘记掉，但结果却适得其反，而且变得比以前更严重了。我还多次梦到我同案被执行死刑的场景，这让我感到非常痛苦，改造也因此受到了很大的影响。恳请专家能够在百忙之中为我指点迷津，让我早日摆脱同案被执行死刑的阴影。

某某监狱某监区　苏某某

苏学员：

你好！你曾经历较大的人生挫折，你的同案犯也因此被判处死刑。从心理学角度来说，一个人在经历重大生活事件后，不可避免会受到巨大的影响。创伤反应的程度因人而异：一部分受害者可以在没有专业人员的帮助下自己消化其创伤，从挫折中成长；而另外一部分人则或多或少会由此而产生心理障碍。这类障碍有时就像难以愈合的躯体损伤一样，年复一年，衍生出各种痛苦，明显影响当事人的社会功能，降低其生活质量。你可能就属于后一种情况。

导致创伤后应激障碍的事件，是一个人经历或目睹威胁其生命的事件。这类事件包括战争、地震、严重灾害、严重事故、被强暴、受酷刑、被抢劫等。几乎所有经历这类事件的人都会感到巨大的痛苦，常引起个体极度恐惧、害怕、无助。创伤严重的，可以持续较长的时间，甚至终生。你在信中说，入监改造后经过警官的谈心教育，渐渐摆脱了同案被执行死刑的阴影，可在一次观看"反逃跑"教育片时，又让你想起了你的同案。用专业术语来说，这是"扳机效应"。说明你还是深受该事件的影响，还未真正地走出阴影。你曾试图将这些伤心的往事忘记掉，这样做并不正确，因为你仍是在回避整个事件的经过。结果也正如你自己所说的"适得其反"。要解决你的问题，我们要对创伤性回忆的产生机理做一深入了解，你只有理解了问题产生的原因，我们才能找到解决问题的方法。

创伤性回忆是一种零碎的回忆，美国学者研究发现创伤性回忆有以下几个特点：①创伤性回忆多以单一的、片段的知觉回忆出现。②回忆内容以画面回忆最为常见。③回忆中出现的内容不一定总是与创伤经历紧密相连，甚至可以出现与创伤经历毫不相关的回忆，如闻到焦糊味但事发当时并没有东西被烧糊。④凌乱、片段的回忆很少会随着时间的流逝自行减少。⑤创伤发生后的短时间里，没有一个受害人会有叙事式回忆。即使在最痛苦，也是最有可能寻求治疗性接触的时候，也依然有超过50%的当事人不会去讲述与创伤性事件有关的故事。在反复出现创伤性回忆的同时，多数会伴随相应的生理和心理反应，如感到紧张、害怕、异常痛苦、心悸及出汗等表现。

现在，我们可以来分析解决问题的方法了。首先，你需要对当时发生的事件作一个全面、系统的回顾，他为何被判处死刑，有哪些原因，你可以先描述整个事件的经过，然后再来写你自己对这个事件的看法。你要知道你对该事件的看法与事实经过不一定完全一致。通过分析你可以让自己看清楚事实与认知的不同之处，从而调整自己的看法。其次，你不要试图去忘记，这样做只会是徒劳的。如果你对同伴有愧，你可以在心中为他祈祷，也可尝试着做点什么，来弥补你心中的缺憾。第三，你要知道自己目前的处境是安全的，只要自己认真服刑，遵守监规，是不会受到安全威胁的。也可以和警官、亲人及其他你可以信任的学员讲述你的感受。最后，让自己全身心地投入到改造当中去，转移注意力。

黄教授

专栏咨询也有其固有的不足,如问题解决的滞后性。可能来访者当初写信时的内心是非常焦虑、无助的,而等拿到回信时因为时间的推移很多问题已经发生了变化,原先求助的愿望没有那么强烈了;专栏咨询借助的是文字的力量,无法进行非语言的交流,这样会漏掉很多重要的非语言信息,再加上篇幅的有限性、缺乏互动等原因,很难将一个问题完全表达清楚,也就是说不管是提问题还是解决问题,它的深度都是不够的,解决的大多也是一些共性的、表面化的问题。

四、心理咨询的辅助方式

除了面对面咨询、视频网络咨询、专栏咨询等主要的个体咨询方式外,在进行咨询时,为使咨询更有效、更有利于掌握来访者的问题,还可以采用一些辅助手段如放松宣泄、游戏等。

(1)放松。心理咨询时,如发现来访者有焦虑、急躁等不良情绪反应,可以安排求助者进行放松辅助治疗,如采用音乐放松椅、小型情绪调节器、陶瓷制作等。

(2)宣泄。心理咨询时,如发现来访者有暴躁、攻击性等不良情绪反应,可以安排求助者进行宣泄辅助治疗,如到橡皮房进行体力上的消耗,或随意画画进行情绪上的消耗等。

(3)游戏。心理咨询时,如遇到比较内向,或存在沟通障碍,以及注意力不集中的来访者,可以辅以沙盘游戏等疗法。

上述辅助手段在实施时,必须有咨询师在现场指导,来访者必须接受人身检查,咨询师须注意人身安全。

第三节　个体咨询对象与工作流程

一、个体咨询对象

矫正机构中个体咨询的对象是服刑人员。这一点毋庸置疑。从矫正机构心理矫治工作实际出发,个体咨询的对象来源主要有以下四类服刑人员。

1. 主动要求咨询的服刑人员

服刑人员自觉有心理问题或需要咨询的问题,主动向矫正机构有关人员或部门提出心理咨询的要求。主动要求咨询的,因为内心存在改变的力量,心理咨询就容易收到效果。矫正机构要努力使这类服刑人员成为心理咨询的主流。但是,从目前矫正机构心理咨询现实情况看,主动要求咨询的服刑人员常常不多。这一方面有其客观原因,如服刑人员文化程度低、自我认知能力也低,对自身心理问题常常不能清楚意识或不以为意;另一方面与矫正机构对心理矫治工作的重视程度不够也有很大关系,特别是服刑人员心理健康教育工作如果开展得不好,那么服刑人员产生了心理问题也不知是怎样回事,或者是有了心理问题也不知怎么去寻求帮助,自然主动来咨询的服刑人员就不会多。

2. 经心理评估筛选出来的服刑人员

按司法部的要求,监禁型矫正机构中的服刑人员,要求100%建立心理档案。这必然要求对服刑人员开展心理测评工作。这样就会有经评估存在心理问题或者心理障碍的服刑人员。这些服刑人员要根据他们心理问题或心理障碍的类型，以及这些心理问题、心理障碍对服刑人员自身和对矫正机构教育管理的影响程度，按轻重缓急安排他们接受心理咨询或进行心理治疗。

3. 按矫正机构相关规定需要接受咨询的服刑人员

矫正机构应当规定何种情况发生后，需要安排服刑人员前来接受心理咨询或心理干预。比如，服刑人员在服刑生活中遭遇到重大生活事件，或者发生了重大违规违纪事件，或者暴露于自杀或重大暴力事件场景的服刑人员等。经历这些场景或事件的服刑人员，或者是进行危机干预，或者安排他们接受心理咨询。

4. 监区、分监区民警推荐或要求去接受心理咨询的服刑人员

监区、分监区民警在日常教育管理服刑人员中，发现有的服刑人员存在情绪问题或行为问题，但通过思想教育的方式改变太小或没有改变，可以建议或安排他们进行心理矫治，以获得更有效率的转变，也可以接受更有针对性的教育矫正。

二、个体咨询工作流程

矫正机构中个体咨询的对象是服刑人员，与社会上主动要求咨询的个体相比，矫正机构中的来访者更多是被动或者说是被要求来咨询的，所以一方面要提高服刑人员对心理咨询工作和自身心理问题的认识水平，提高有心理问题者的求助动机；另一方面也要将有心理求助行为的服刑人员完全纳入一条既符合心理矫治工作原则，又符合监禁实际的心理援助流程中来，以此来保证每一位求助者都能得到负责和有实效的帮助。

个体咨询工作流程，是指矫正机构开展服刑人员心理咨询的工作流程，而非心理咨询师开展个体咨询的流程。每个从事矫正机构心理咨询的咨询师都应当了解这一咨询流程。

心理咨询工作流程分为"四阶段四过程"（见图5.1）：①服刑人员所在小组（分监区）初步评估阶段与上报的过程。这主要是指有求助动机的服刑人员填写《心理咨询预约单》，服刑人员所在小组（分监区）心理咨询信息员进行初步评估，认为属于心理咨询范畴并需要服刑人员心理健康指导中心安排咨询的进行签字确认，并在两个工作日内上报服刑人员心理健康指导中心；也可由心理咨询信息员主动填报预约单，报心理健康指导中心。②服刑人员心理健康指导中心审核阶段及进一步评估筛选求助者和匹配指派心理咨询师的过程。这主要是指心理健康指导中心通过内部监管矫正系统对求助者基本情况的了解，结合咨询预约单上反映的问题类型及严重程度，对求助者是否需要咨询、咨询的缓急程度以及安排哪位咨询师、进行哪类形式的咨询做出评估判断。如不宜咨询的，向服刑人员所在小组（分监区）心理咨询信息员进行反馈并说明原因和提出建议；适合咨询的，与服刑人员所在小组（分监区）心理咨询信息员商定咨询时间、方式、地点，并指派相应心理咨询师。③咨询阶段及心理咨询过程（包括结束时的处理）。这是指矫正机构心理咨询师在约定的时间，通过面对面、视频网络咨询等方式，运用心理学的理论、技术和方法对这些求助者提供帮助的过程，以及在整体咨询结束时向矫治中心反馈咨询效果、是否需要转移咨询或请上级咨询等信息。④服刑人员所在单位巩固阶段和后续关注过程，或上级咨询阶段和过程。如咨询效果良好，服刑人员心理健康指导中心将信息反馈至服刑人员所在小组（分监区），并请所在小组（分监区）继续关注和评估长期效果，如心理问题较为严重，矫正机构心理咨询师认为需要转移咨询或请

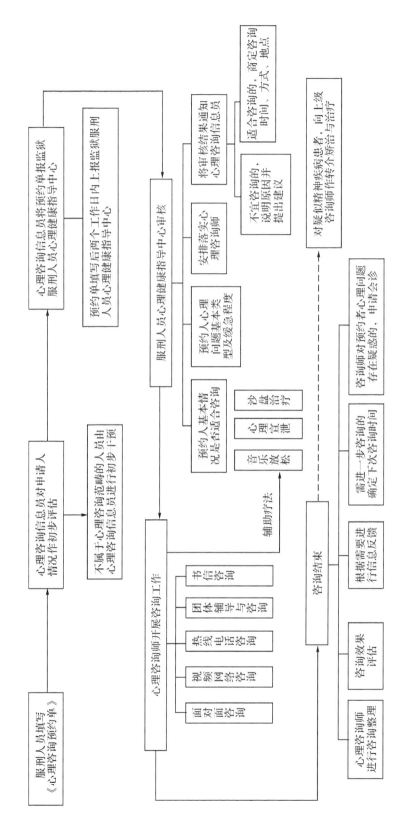

图5.1 矫正机构个体心理咨询流程

上级咨询的,由中心协调其他心理咨询师介入,必要时联系上级心理咨询师来直接咨询或提供督导。

第四节　个体咨询阶段与过程

心理问题的解决,常常不是一次咨询就能实现的,一般来说需要几次或数十次咨询才能得以解决,少数情况下甚至会咨询上百次。如此一来,咨询师开展个体咨询就会经历一个过程,从开始到结束就可以区分出若干个阶段。当然,需要说明的是,这样的阶段区分是理论性的,在实际咨询中可能没有如此明确的阶段性特征。

一、个体咨询阶段

从笔者的咨询实践来看,个体咨询从开始到结束可以区分为六个阶段。民警咨询师按以下六个阶段逐步去开展心理咨询活动,大致就能把握好整体的咨询过程。

(一)明确咨访关系

心理咨询一开始,咨询师就需要跟来访服刑人员明确彼此的咨访关系。在矫正机构心理矫治工作中,这一步之所以需要,是因为许多服刑人员接受心理咨询是被安排或要求而来的。他们常常不能把心理矫治与思想教育区别开来。而如果服刑人员把心理矫治与思想教育等同起来,那么对开展心理咨询工作是不利的。

(1)服刑人员主动要求咨询的,那么服刑人员进入心理咨询室时对咨访关系一般来说是明确的,这一步几乎可以省略。但是,也有服刑人员虽然是主动要求咨询的,但是对咨询师与来访者是怎样的一种关系并不清晰,需要咨询师给予说明。而对于非主动要求咨询的来访服刑人员,咨访关系就不那么明确了,需要咨询师在咨询一开始就给予指明。

(2)经评估筛选出来接受心理咨询的服刑人员,咨询师需要跟服刑人员解释请他来咨询的原因。可以简单地说明:因为来访者前面参加了矫正机构的心理评估,现在这个评估结果出来了,那么一些情况需要进一步来沟通一下。接着,可以把评估结论跟来访服刑人员作一些说明、介绍与讨论,但是在这个阶段讨论不必或不能深入。咨询师在开始咨询之前对服刑人员心理评估的结果应当已经做了一些预分析,从理论上对产生这个结果的原因也有了一些推断。那么,在这个阶段可以围绕产生原因作些资料的收集。也可以以此来印证测评结果的准确性,并可初步判断来访服刑人员在心理评估时的态度是否认真。这对接下来的心理咨询是有帮助的。根据这些初步的资料,加上前期的测评结果,咨询师要评估来访服刑人员是否需要接受进一步的咨询。如果经评估来访服刑人员不需要接受进一步的咨询,那么可以开展一些针对性的心理健康教育后就此结束。如果经评估来访服刑人员需要接受进一步咨询的,那么咨询师可以进入咨询的下一个阶段。

(3)按监狱或矫正机构的有关规定需要接受心理咨询的服刑人员,咨询师在咨询一开始也需要跟服刑人员解释请他来咨询的原因。正是因为服刑人员自身或在他的周围发生了某某事件,那么按监狱或矫正机构的规定,需要他来接受心理咨询,并由此明确双方的咨访关系。当然,这时还需要征求服刑人员的意见,询问服刑人员是否愿意接受进一步的咨询。

(4)经监区或分监区推荐来接受心理咨询的服刑人员,咨询师在一开始咨询时如何解释，需要技巧。以笔者的经验，有的来访服刑人员在咨询时会多次问咨询师"为什么他要来接受心理咨询"。这个问题有时不容易回答，但又不能回避。对此，咨询师要从本着有利于来访者成长或心理问题的解决这一角度来回答。

在明确咨访关系之后，咨询师接下来要做的一件事，常常是解释心理咨询中的"保密原则"。而且在接下来的咨询过程中，如果来访服刑人员沉默不语或欲言又止，咨询师判断来访服刑人员是出于担心不保密、担心所说的话传到民警耳中对他不利时，咨询师可以再次解释"保密原则"。咨询师在第一次解释保密原则时，有三层意思需要阐明。首先，保密原则是咨询师的职业道德和职业规范所要求的。其次，解答什么是"保密原则"。最后，说明保密例外。[①] 与社会上的心理咨询相比，矫正机构的保密例外还应增加一条，就是：在咨询中来访服刑人员明确表示准备越狱脱逃的，咨询师不保密。然而，这条保密例外如何跟来访者说明，也需要技巧。

(二)进一步明确心理问题与身心障碍情况

明确咨访关系之后，接下来是根据来访服刑人员的不同情况，选择不同的方式去明确他的心理问题以及身心障碍情况。

(1)主动要求咨询的，应当是带着疑惑或认为自己存在心理问题才来的，所以咨询师在感谢来访者的信任之后，接着就请他谈谈有些怎样的困惑或问题。咨询师可以这样开始，"你有些什么情况想跟我说"？或者"能把你的问题告诉我吗？"或者就简单地说，"你想跟我说点什么呢？"从笔者的实践经验来看，接着服刑人员就开始叙述起来，甚至有可能是滔滔不绝地说起他的困扰和问题。

(2)经评估筛选出来接受心理咨询的，咨询师要对评估中所反映出的心理问题作进一步了解。围绕这些个心理问题，咨询师需要明确在来访服刑人员身上的具体表现是怎样的，有些怎样的困扰，这些困扰或问题持续时间怎样等。咨询师需要注意的是，关注来访者心理问题本身，而不是马上去追问和探究产生心理问题的原因。特别是当咨询师认为问题与原因都很简明，所以容易产生马上给予解决的冲动。这样做不一定妥当。

(3)按监狱或矫正机构的有关规定需要接受咨询的，咨询师在明确咨访关系后，需要去明确发生的事件对来访者心理上带来的影响是怎样的，来访者又是如何理解或解释发生的事件的，由此给来访者日常生活和人际交往方面的影响又是怎样的等。

(4)监区或分监区推荐来心理咨询的，在明确咨访关系并且来访服刑人员同意接受心理咨询之后，咨询师可以直接问他的日常行为表现情况，或者咨询师开门见山问来访者：管教民警认为他存在的心理行为问题是怎么一个情况。咨询师与来访服刑人员可以一起来作分析，以逐步明确来访者存在怎样的心理与行为问题。

明确来访服刑人员的心理问题，需要收集相关资料，然后作出评估诊断。这一过程在心理咨询师培训教材中有详细阐述，本书不再赘述，读者可参考相关教材。[②]

在明确了来访服刑人员的心理问题之后，咨询师需要判断来访者的问题是否属于心理咨询的范围。心理问题和部分神经症可以进行心理咨询，而精神障碍、人格障碍、脑器质性病变以及部分神经症不属于心理咨询的范围，需要转介给矫正机构或社会医院的精神科去治疗。

---

①② 郭念锋. 心理咨询师(三级). 北京：民族出版社，2005.

下面举一例以简要阐明这个阶段的具体做法。

来访服刑人员是一名限制减刑犯,他自诉中:半夜醒来常常睡不着,或者睡得很浅,同监舍有点小动静自己就会被吵醒。常常一晚上要起来上厕所四五次。晚上醒着就老想限减25年,自己也控制不住地想。有时被人吵醒后他人倒睡着了,自己却睡不着,越想睡越睡不着。来监狱2个多月都是这样,每天大概能睡两三个小时。这样早晨起来就没有精神,整天无精打采,心中觉得很痛苦。

咨询师关注于来访服刑人员的消极情绪:痛苦。正是因为来访者存在消极情绪,感到痛苦,所以主动要求咨询。在来访者的这段自诉中,咨询师已经可以根据心理问题的评估标准,确认来访者存在严重心理问题。但是在这一阶段,咨询师还是需要关注来访者的心理问题本身,所以虽然有了来访服刑人员的这样一些自诉,但咨询师还是不能急于给结论,还是要进一步与来访者沟通其症状的具体表现,以及他的困扰情况,并给予积极共情。这样做才能对良好咨访关系的建立带来助益,为接下来咨询的持续推进打下良好基础。

（三）商定咨询目标

明确心理问题后,接下来要商定咨询目标。这有助于咨询双方明确努力的方向,有助于双方积极合作和对咨询效果进行评估。有的来访者不知道什么是真正的咨询目标,如"我来咨询就是想让你告诉我是不是有精神病""我就是想让你告诉我该怎么办"这样说的来访者,走进咨询室其实并不只是想得到一个答案。当咨询师耐心地与他沟通后,会发现其实他仍想得到帮助。遇到这种情况,咨询师要有耐心,不能简单地以来访者的要求作为咨询目标。

咨询目标需要咨询师与来访服刑人员双方共同商定,而不是由咨询师确定。这一点需要民警咨询师在咨询中把握好。商定咨询目标是咨询中非常重要的一环,在有关咨询师培训教材中已作了全面的阐述。[①]在此,根据矫正机构心理咨询的特征,就咨询目标作进一步阐述。

（1）在当前矫正机构监管安全模式下,心理咨询的目标可能首先是监所安全或保证服刑人员不出事。矫正机构的领导也会向咨询师提出这样的要求。这个可以作为咨询时的目标。这也是重要的,但咨询师要清楚,这一定不是唯一的目标。

（2）社会咨询的终极目标一般有两个:①实现人的潜能,达到人格完善,最终拥有健康、快乐的生活;②求助者能运用经心理咨询获得的新思维与新的行为方式独立地应对周围的环境。矫正机构的心理咨询师也仍然应当追求这样的终极目标。

（3）矫正机构心理咨询师在头脑里还要有一个目标,那就是社会的安定与和谐,即服刑人员刑满释放后也能平安、健康地生活,不再重新犯罪而危害社会,而不仅仅是在服刑期间的平安与有序。

上述三点包含三个层次的意思。首先,由于当前我国监狱等矫正机构过分追求监管安全,在这样一个形势没有改变以前,矫正机构领导一定会向心理咨询师提出保安全稳定的要求,有的民警咨询师也自觉地把它当作咨询的目标。在此,我们不否认矫正机构安全稳定的重要性,但是咨询师在开展心理咨询工作时,希望能够把监管安全目标与心理咨询目标（帮助解决来访服刑人员的心理行为问题,促进来访服刑人员成长）有机结合起来,而不是为了

---

① 郭念锋.心理咨询师（三级）.北京:民族出版社,2005.

保监管安全去牺牲心理咨询目标,从而脱离了心理咨询的内在本质规定性。当然,在此笔者也衷心希望我国矫正机构能够真正回归监狱本质特征,把惩罚与矫正作为监狱的本职工作来做,而不是像当前这样不计成本、不顾一切地"重视"监管安全。其次,咨询师在做心理咨询工作时,心中要有明确的指向,就是始终要把咨询的终极目标放在心里,引导咨询工作向终极目标推进。最后,咨询中会有这样的情况,有的来访服刑人员产生了心理问题,但这些心理问题是由于即将刑满释放所引起的,刑满后的想法让他充满焦虑或者刑满后的打算很容易重新犯罪,那么咨询师的关注点还要放到来访服刑人员刑满后的生活和想法上,而不仅仅只关注服刑人员当前的心理状况是否安稳、是否构成对矫正机构监管安全稳定的威胁。这最后一点也是针对目前矫正机构过于关注服刑人员和矫正机构的安全稳定而言的,要避免少数咨询师只关注监内安全稳定而忽视服刑人员的心理问题与犯罪心理对刑满释放后社会安全稳定的威胁。

(四)商定(签订)咨询方案

咨询目标是咨询方案的重要组成部分。咨访双方商定了咨询目标,常常接着就要商定整体咨询方案。

社会上咨询方案一般包括七个方面的内容:咨询目标、咨询的具体心理学方法或技术的原理与过程、咨询的效果评估及评价手段、双方各自特定的权利与义务、咨询的次数与时间安排、咨询的相关费用、其他问题及有关说明。[1] 目前,矫正机构中的心理咨询对服刑人员来说是免费的,因此,咨询费用就不包括在咨询方案中。但是,商定咨询方案时,咨访双方的权利与义务要作强调,咨询次数与时间安排也需要基本明确。而咨询方法或技术的原理在商定咨询方案时可作简要介绍,在咨询过程中具体运用时再作详细介绍。

关于矫正机构开展心理咨询工作,是否跟来访服刑人员签订书面的咨询方案,我们的建议是参照社会咨询的做法为妥。具体是:如果咨询目标比较简单、具体,预计一两次就可以完成咨询的,可以用口头约定的形式明确;如果来访服刑人员的问题比较复杂,咨询目标比较多,预计咨询的次数也较多,那么应该以书面形式明确下来为好。

(五)咨询逐步展开

咨询师与来访服刑人员商定咨询方案后,接下来就是按照咨询方案一步步实施。这个阶段是咨询师运用心理学的理论、技术与方法帮助来访服刑人员解决心理问题的过程。这个阶段也是个体咨询最为主要和持续时间最长的阶段。从内容上说,心理咨询的展开过程,就是帮助来访服刑人员解决心理问题的过程;从时间上说,如果明确服刑人员的心理问题用了几次咨询,那么心理咨询的这个阶段常常需要几十次咨询。

咨询师这一阶段的心理咨询工作,需要注意以下几点:

(1)咨询师要注意调动来访服刑人员的积极性,共同参与到咨询中来,特别是在咨询的开始阶段。

(2)咨询师除了在心理咨询的起始阶段建立咨访关系时会遇到阻力外,在咨询的展开阶段会遇到真正的阻力。咨询开始阶段的阻力主要来自来访服刑人员的不信任。咨询师要努力去建立与来访服刑人员之间的信任感,因此咨询师的尊重他人、真诚、共情、积极关注与价值中立非常重要。但到了咨询展开阶段,咨询的阻力主要来自来访服刑人员深层次的问题,

---

① 郭念锋.心理咨询师(三级).北京:民族出版社,2005.

来源于服刑人员不愿其至害怕去面对的积存已久的心理问题或心理伤痛。这正如内部化脓但外表已经结痂的伤疤,挖开伤疤去治疗是非常痛的。因此,许多来访者会讳疾忌医,不愿去触碰曾经的伤痛从而产生阻力。对此,咨询师除了继续给予来访服刑人员共情、理解与持续的心理支持之外,还要熟练而有效地运用心理咨询与治疗的技术,从而逐步帮助来访者解决其心理问题。

（3）一般地,咨询师帮助服刑人员解决心理问题,可以运用各种咨询和治疗技术。只要是对来访者有效的,都可以综合使用,而不是限于运用某一种或某一类技术。心理咨询与治疗发展到现代,折中主义已成主流,心理咨询与治疗的多元化时代已经降临。因此,咨询师在帮助来访者解决心理问题时,可以采用不同理论的心理咨询与治疗方法,比如既可以是精神分析和理论学习相结合的方法与技术,也可以是认知心理学与行为心理学相结合的方法与技术等。[①] 不过,在咨询的某一个时间点或某一个阶段,虽然可以有多种咨询与治疗方法可选,但往往是其中的某种方法可能最合适,咨询师对此应认真进行比较筛选,并适当征求来访服刑人员的意见,然后根据咨访双方的实际情况和成功的可能性做出选择。

（4）咨询师在帮助来访服刑人员解决心理问题时,首先要关注关键性问题,次要问题留到后面逐步解决。由于心理现象的复杂性、多变性,某些心理问题在解决过程中会出现反复或显效迟缓的现象,这是正常的,咨询师要作出解释,使来访服刑人员对这一现象有正确认识,从而互相合作、彼此信任、坚持咨询。同时,根据咨询效果,咨询师可以调整、修改咨询方案,并与来访服刑人员沟通、协商,取得对新方案的一致意见。

（六）结束咨询

当咨访双方商定的咨询目标达到了,那么咨询师就可以考虑结束咨询。咨询结束阶段,咨询师具体需要注意以下几点:

（1）咨询师要对每次咨询都进行效果评估。这个效果评估要紧紧围绕咨询目标进行。这样每次咨询就会向最终的咨询目标前进一步。当然,咨询过程中来访者也可能出现反复现象,咨询师对此要有心理准备。

（2）咨询效果评估主要由来访服刑人员本身、咨询师、管教民警和心理咨询信息员来实施。管教民警对来访服刑人员在咨询前后的日常表现进行观察、记录与评估。来访服刑人员所在小组（分监区）的心理咨询信息员对来访者咨询前后的状态作评估。来访服刑人员对自身的社会功能与某些症状改善程度作评估。咨询师的观察与评定,包括对来访服刑人员咨询前后心理测量结果的比较等。经评估,咨询目标基本实现,那么就可以进入结束阶段。

（3）咨询师在结束咨询前要为来访者作一次全面的总结,帮助来访服刑人员回顾整个会谈情况,强调咨询要点,进行有效总结,明确今后努力的方向。

（4）心理咨询的本质是"助人自助",在咨询的结束阶段,咨询师要逐渐退出主导角色,摆脱来访服刑人员的依赖。要帮助来访者运用所学的经验,逐渐处于主动的角色,引导来访服刑人员把咨询中学到的新经验应用到日常生活中去,学会独立、积极地运用所学到的心理学知识和态度来分析、处理自己遇到的问题,逐渐做到不需要他人指点就能应付周围的环境。

（5）何时结束咨询需要咨询师与来访服刑人员共同协商决定。咨询师与来访服刑人员都要正确认识自己的离别情绪,咨询师还要帮助来访者接受离别。

① 车文博.心理治疗手册.沈阳:吉林人民出版社,1990.

(6)咨询师应在咨询的哪个时间与来访者去讨论结束咨询。有研究认为,对经历3个月以上的咨询来说,在最后的3~4周,咨询双方就应该对结束咨访关系所产生的影响进行讨论。

最后,需要再次强调的是,六个阶段是一种理论上的阐述,实际咨询过程中不一定区分得那么明确。还需强调的是,心理咨询更重要的是咨询师与来访者彼此构建起来的咨访关系的质量,即良好咨访关系的建立更为关键。另外,运用心理矫治理论与技术去帮助来访者改变他们的观念、态度与行为,是又一个关键点。

二、咨询中特殊情况的处理

随着咨询的深入,会遇到各种各样的问题,如沉默、阻抗、移情,或者不适合再咨询等,咨询师要对具体问题进行分析并做出恰当的处理。

（一）沉默

咨询时,有时会出现沉默,咨询师要分清出现沉默的原因,进而采取有针对性的措施。沉默可以来自咨询师的原因也可以来自来访者的原因。

(1)如果沉默的感觉是来自咨询师本身的,咨询师首先要冷静下来,反思自己。在咨询开始前的准备阶段,咨询师要清楚自己做的"清场练习"是否成功,情绪是否已调整好,尽量不要将不安、急躁、焦虑、抑郁的情绪带入咨询室。如果自己不能消除这些情绪的困扰,可以暂停咨询。

(2)如果沉默是由来访者引起的,则要分清是属于哪一类的沉默:怀疑型、茫然型、情绪型、思考型、内向型、反抗型。除思考型的沉默外,不管何种类型的沉默出现,都会使咨询暂时无法进行,会导致气氛紧张、压抑。此时,咨询师首先应保持冷静,针对不同的类型采取主动、有效的措施,应用各种咨询技巧,确保良好咨访关系的发展。

怀疑型的沉默。如果是因为来访者对咨询师的咨询能力有怀疑时,咨询师务必要保持冷静,展现出咨询师应有的职业素养,不慌乱、不急躁,给来访者可信任、充满信心和力量的感觉。

茫然型的沉默。当求助者因为不知说什么好而引起沉默时,咨询师要及时对先前的咨询情况作出分析判断,找出来访者倾诉问题中的重点,作一个概括,实现一个无痕迹的过渡,让来访者自然而然地回到咨询的主题上来。

情绪型的沉默。当咨询过程中谈到问题的原因时,来访者出现气愤、恐惧等而沉默时,咨询师要有足够的耐心去等待,鼓励他对不良情绪作出发泄。

思考型的沉默。如果是因为来访者陷入对自身问题的沉思而出现沉默,最好先暂时不要打扰他的这种思考,用目光和微笑来关注来访者,来表达对来访者的理解及鼓励。

内向型的沉默。内向是一个人的个性。如果是因为个性原因引起沉默的,咨询师要更加表现出耐心、诚恳,更多给予鼓励性的反应。

反抗型的沉默。这可能是由于来访者本身就不是自己要来参加咨询的;也有可能对咨询是什么还有一定的误解。遇到这种情况,咨询师要善于理解来访者的心理,切不可急躁,要用咨询师真诚的态度、自信的感觉、熟练的咨询技巧引导来访者。而对于对抗心理非常严重且不愿作咨询的来访者,可以及时中断咨询。

沉默现象有可能是咨询过程中的一种危机,也有可能是咨询深入的一个契机。咨询师要高度重视,仔细分析,沉着冷静应对,把握机会。

（二）阻抗

阻抗本质上是来访者对心理咨询过程中自我暴露与自我变化的抵抗。整个心理咨询过程就是一个不断突破阻抗的过程。阻抗的表现形式多种多样,可以是语言形式也可以是非语言形式。阻抗可以表现在讲话程度、讲话内容、讲话方式以及咨访关系上。产生阻抗的原因又各不相同,可以是来自成长中的痛苦、功能性的行为失调,以及直接来自对咨询或咨询师的对抗。咨询中出现阻抗现象时,咨询师需要注意的是:

(1)产生阻抗时,咨询师不必紧张,首先要在内心中接受它是咨询过程中的一个正常现象,然后冷静分析产生的具体原因,找准对策。

(2)产生阻抗时,要尽量将问题"外化",要无条件接纳和尊重来访者,咨询师要清空自己,不要带着主观的态度看问题,要仔细地聆听,贴近来访者心灵的最深处,直到消除阻抗。

(3)及时与来访者沟通。咨询时一旦确认产生阻抗这种现象时,要把这种感觉及时反馈给来访者,但态度一定要诚恳。

（三）移情

移情是指来访者把对父母或对过去生活中的某个重要人物的情感、态度和属性转移到了咨询师身上,并相应地对咨询师作出反应的过程。移情有正移情和负移情,它既能对咨询产生积极的作用,也能阻碍咨询的进展。和阻抗现象产生一样,移情现象的产生也是咨询过程中的一种正常现象,咨询师不必感到紧张。

监禁中的服刑人员,由于环境的特殊性、生活的单一性、情感表达的封闭性等原因,当有一位咨询师特别是异性咨询师能那么耐心又通情达理地听45分钟,并且还能给他一些合适的建议时,来访者很容易在内心产生移情,将原先对某个重要人物的情感转移到咨询师的身上来,往往会对咨询师说:"你的咨询对我真的是太有帮助了,我真的很喜欢你。"当出现这种情况时,咨询师首先不能被他"价值化",然后可以冷静又诚恳地告诉他:"很高兴你能这样对我说,但是,像你一样,很多人会有这样的体会,这是我作为一名咨询师应该做的。"要让他知道他的这种感觉带有普遍性,不是只有他对咨询师说过,咨询师也不是对他一个人这么做,简单地说就是要"去特殊性"。

但是,当咨询师确认这种移情已经不能把握时,就要及时做出转介。要以尊重、诚恳的态度和来访者对前期的咨询做个总结,然后对为什么要这样做说明理由,一般要征得来访者的同意。一般情况下可以这样表达:"对你的情况我已经较清楚了,我想给你介绍一个更适合你的咨询师,你看如何?"转介中,向新咨询师提供有关信息时,要注意咨询的保密原则。

（四）不适合再咨询（转介）

咨询过程中经常会出现咨询师不能胜任、咨询师工作岗位的调整等原因不适合再咨询的现象。但在这里要表述的是,在进一步咨询过程中发现来访者有精神方面的疾病不适合再咨询的处理。

咨询中,如果发现来访者的问题可能涉及变态人格或精神障碍,那么,即使来访者自己未提出,咨询师也应主动向服刑人员心理健康指导中心书面提出转介要求。心理健康指导中心要做好合理调配和衔接工作。因为变态人格、精神障碍的确诊与该服刑人员的归口管理、教育方式甚至是减刑保外等执法工作密切相关,因此此类人员的鉴定从主体、程序、形式、鉴定结果等都必须提高到法律的高度来认识和规定。具体有:

主体:由省人民政府指定的具有鉴定资质的精神专科医院。

程序:咨询师在咨询中发现疑似个体应当转介;服刑人员心理健康指导中心应指派具有精神专科资质或经验的心理咨询师进行初步判断;初步确定后向服刑人员心理健康指导中心反馈信息,并联系专科医院鉴定。

形式:专科医院指派三人以上鉴定小组负责鉴定。鉴定时矫正机构需提供的材料有:《鉴定委托书》,有关被鉴定人近三个月情况的旁证材料两份、入监(所)登记表、判决书、自传、心理测验结果复印件各一份;鉴定口头信息由所在单位熟悉情况的民警、书写旁证材料的服刑人员及被鉴定者本人提供;有条件者可作脑电图、智力测试、心理测试等辅助检查。

鉴定结果:必须由鉴定小组联合出具并加盖医院红章,服刑人员心理健康指导中心存档留存。

三、咨询中应确立的理念

现实生活中经常会出现一些对咨询功能的误解,既有来自咨询师方面的,也有来自广大服刑人员的。对于咨询师来说,需确立以下几个理念:

(1)咨询师不是万能的,不要对自己要求太高。很多咨询师特别是刚开始从事咨询工作的,往往对自己要求很高,要求每个咨询个案都要成功,一旦出现不成功的个案,自己内心压力就会特别大,产生焦虑、烦躁甚至自我否定的情绪。事实上,咨询师不是万能的,"术业有专攻",一个咨询师不可能适合任何一位来访者,如果真的是这样,可能恰恰表明这个咨询师在咨询过程中其实什么也没做,所以咨询师之间没有必然的可比性。一位咨询师就曾说:"我最适合那些与我有相同心理问题的来访者。"而对同一位咨询师,有些服刑人员可能认为很好、很专业、很在行,而另外一些人又会认为他没什么本事。对此也不必太在意。

(2)心理咨询不是西医看病,不可能立竿见影。目前普遍存在对心理咨询的效果期待过高的现象。不管是民警还是服刑人员,特别是来访者往往对咨询师期望过高,以为通过自己的三言两语就可以让咨询师洞悉一切,妙手回春,认为咨询师不能一眼"猜"中自己的心事就是水平不高。实际上,心理咨询是一个连续的、艰难的改善过程,它要求来访者详尽地提供有关情况,共同找到问题的症结,利于咨询师作出正确的诊断并进行恰当的治疗。心理问题常与来访者的个性及生活经历有关,就像一座冰山,积封已久,没有强烈的求助、改变的动机,没有恒久的决心,是难以冰消雪融的。把一切心理问题都付诸心理咨询并期望"豁然开朗"则是对心理咨询的一种错误理解,同时也会给咨询师带来很大的压力。

(3)心理咨询解决的是来访者的心理问题而非精神问题。虽然现在各个矫正机构一直在普及心理健康知识,但还是有相当一部分服刑人员认为,去咨询的,不是脑子有毛病,就是精神有问题,甚至在民警中还有一部分人持有此想法。其实不然,适合心理咨询的问题有很多,如人际关系问题、情绪情感问题、环境适应问题等。

(4)心理咨询不是个别教育。有些人认为心理咨询没有多大的用处,无非是讲些道理、做做思想工作,从而只是把它当作个别教育的一种。个别教育是民警根据有关法律和规定,针对服刑人员的不良思想、现实表现等施以相应的教育,它往往是带有说教和指示性的教育,有时还具有强制和惩罚的成分。而心理咨询则是咨询师运用心理学的理论和技术,与来访服刑人员一起共同寻找心理问题的症结,理解困扰的由来,改善来访服刑人员已有或固有的认知,合理宣泄自身情绪,并引导服刑人员学会调整自己的需求结构,达到一种自我操纵和内在控制。咨询师在这个过程中要始终保持一种客观、中立、真诚的态度。

（5）咨询师可以适当地为来访服刑人员做一些具体的事情。按照心理咨询师的职业理念，咨询师是无须为来访者做具体事情的。但是，由于监禁环境的特殊性，服刑人员很多心理问题的产生有一定的情境性，如因家人长期未联系而产生焦虑情绪；因属于"三无"人员，连必要的学习生活用品都没有而产生自卑心理等。此时，咨询师可以根据问题的轻、重、缓、急程度，帮助来访服刑人员联系家人、向矫正机构提出购买必需的学习生活用品的申请等。这样的举动有时对稳定情绪、缓解甚至消除服刑人员的消极情绪确有帮助。

第五节　心理健康档案与咨询案例

根据有关规定，各矫正机构要为服刑人员 100% 地建立心理健康档案。这便于了解、掌握他们的心理发展现状、特点与规律，有利于动态监测他们的心理健康状况，有利于预防心理疾病和危机事件的发生等。本节所举的咨询案例，仅是指每次咨询之后以及整体咨询结束时，咨询师都要拿出一定的时间详细地整理咨询情况，并形成文字资料。它是服刑人员心理健康档案的重要组成部分。

一、服刑人员心理健康档案的含义

服刑人员心理健康档案是指通过多种心理评估方法积累起来的有关服刑人员人格特点、心理障碍与疾病、行为习惯等内容的记载，以及针对服刑人员心理问题制定的矫治方案及实施矫治效果的记载，还有能反映服刑人员心理发展轨迹的文字、图表、音像等专门性材料。

建立和使用服刑人员心理健康档案需注意以下事项：

（1）心理健康档案包含的内容多样但又是特定的。每份档案中均需包含服刑人员基本信息表、心理测验结果、预约单、心理咨询过程记录、其他辅助疗法等形成的有关来访服刑人员性格特点、行为习惯、心理发展轨迹等方面的文字记载材料。心理咨询内容的记录是有一定格式的，即建立服刑人员心理健康档案有格式要求。

（2）服刑人员心理健康档案建立后的使用仍需遵守保密性原则。对于详细的心理咨询档案，只限于咨询师本人使用及保管；而对陈列于服刑人员心理健康指导中心的心理健康档案，则只包含基本信息表、统一采集的心理测验信息等简要内容。咨询师如果要把个案用于开会研究或刊物发表时，应作必要的加工处理，绝对不能暴露来访者的身份。

（3）管教民警经过服刑人员心理健康指导中心批准，可以查阅，但应由有关专业人员进行指导，对心理测验数据作出科学解释，防止错误理解。对档案中的项目或结论，应与其他方面联系起来思考和运用，切不可断章取义，孤立地看问题。

（4）服刑人员心理健康档案的建立和不断充实完善是一个动态的过程，应把这项工作贯穿于服刑人员矫正过程的始终。

二、服刑人员心理健康档案的作用

建立服刑人员心理健康档案，是开展服刑人员心理矫治的基础和经常性工作之一，应予

以高度重视。具体说,建立服刑人员心理健康档案有以下作用:

(1)建立服刑人员心理健康档案便于矫正机构及时了解服刑人员的心理状况和行为倾向,是实行服刑人员分类管理和心理矫正的心理学依据。它对合理安排心理教育、及时干预服刑人员心理危机、防范再犯罪和自杀事件、确保教育矫正秩序的稳定起着重要作用。

(2)建立服刑人员心理健康档案,可以从中摸索出服刑人员服刑期间现实的心理发展轨迹,这对于丰富服刑人员考核内容,实现考核工作的科学化、系统化,提高教育矫正工作针对性,具有重要的意义。

(3)开展心理矫治工作本身也需要有准确的心理诊断结论和丰富翔实的心理活动资料,这些资料需要在心理评估之后做专门记载。在实施心理矫治过程中,也需要将采取的矫治措施及取得的效果等在心理档案中如实地记载。为每个咨询对象建立心理档案,有利于咨询师系统地了解掌握来访者的心理状态和行为倾向,及时调整咨询策略,或做出结束咨询的决定。

(4)通过服刑人员心理健康档案,综合分析他们的心理发展变化的轨迹,为预测服刑人员刑满释放或假释后是否再犯罪的可能性提供依据。

(5)服刑人员心理健康档案还为从事科学研究提供充分的数据和事实资料。为每个咨询对象建立翔实的心理咨询档案,有利于收集资料,为有关心理学方面的研究提供丰富的个案资料。

(6)心理健康档案和咨询案例的整理对咨询师来说也是一个成长过程。

三、心理咨询记录的组成

心理咨询记录一般以事后回忆的方式来实现,在咨询时可以先记录下来访服刑人员的姓名、咨询次数、咨询时间、咨询地点、咨询方式以及需要首先强调的咨询原则(如保密原则)。如果是第二次以后的咨询,最好能标明此次咨询的背景等。咨询记录正文一般由五个部分组成:外在印象、成长经历、主诉与自诉、分析与措施、效果评估。

(1)外在印象。其主要是指咨询师对来访服刑人员的第一印象,包括外在行为表现、神情、精神状态的描述,要求概括、简练。比如,外表衣着是否整齐、清洁,有无离奇的表情和动作,有无神经症性动作,姿势、态度如何;交谈过程中语速如何,是否健谈,说话内容与语调所表达的是否一致,笑、皱眉、姿势、手势、表情与语言表达是否协调等作一简要描述。

(2)成长经历。要收集的资料主要包括:一是简要的个人成长史,最好能从幼时写起,如幼时家庭境况贫穷或富裕、儿童时是否有过伤残和疾病、亲子关系如何、父母的文化程度和教育方式、个人学习工作生活经历、对工作的态度、是否改变过职业、婚姻状况和关系等,应突出与现在症状有关的部分;二是家庭状况及社会基础,包括家庭成员相关情况及社会关系、社交兴趣、对他人的责任感等;三是犯罪史与当前改造生活状况,包括犯罪基本情况、判决情况、剩余刑期、近期的改造表现等。

(3)主诉与自诉。主诉是来访者感受最主要的痛苦,或最明显的症状以及持续时间。主诉应尽量简洁,一般不超过 20 个字。自诉是来访者对自身心理问题的发生、发展、时间、状况、切身感受的主要诉说。自诉记录非常重要,要详细予以记录,主要是记录与心理问题可能相关的资料。从出现心理问题的起因或诱因开始,简要概括问题的发生、发展、变化过程,如从什么时候因何出现,初始时情况怎样,又因何而加重,现时内心冲突及严重程度,对身体、生活、工作、学习的影响程度等,记录可以对话形式表述,也可以自我描述形式表述。

(4)分析与措施。咨询师综合所获得的临床资料如智力水平、个性特征、情绪特征、适应环境、人际关系等情况,对来访服刑人员的知情意进行判断分析,如思维内容、认知上有无持续抱怨和纠缠不放的问题,有无幻想、错觉、恐惧、执着和冲动的表现,感觉、知觉、记忆、思维、想象等是否基本正常;情绪是否稳定,能否观察、意识到自己行为或情感的问题,对问题的原因是否有中肯的认识,如何理解生活中出现的问题,对改变现状是否有目标和要求。对来访者问题持续的时间、强度和典型心理与行为异常表现的性质及严重程度进行分析判断,以及在咨询过程中针对性地采用了哪些技巧与措施。

(5)咨询效果评估。由咨询师评估本次咨询效果,包括是否需要下次咨询的判断、确定短期或长期的咨询目标。

如果是心理咨询已经达到预期目标或因故中断,那么这时心理咨询师要做咨询终结记录。因终结或中断后,服刑人员仍有前来咨询的可能,所以总结或终结记录是不可缺少的。再次咨询时要注意:

(1)前次终结时的状态。终结时服刑人员外表、情绪、注意水平、语言表达等。

(2)再次实施心理测试的结果与时间。使用哪种测试,评定结果,并与上次测试作比较分析。

(3)前次咨询效果评定。从以下几个维度来进行评定:服刑人员的自我评估,服刑人员社会生活适应状况改变的客观现实,民警或同伴对来访者改善状况的评定,咨询师评定,最后确定心理咨询效果和存在问题的状况。如果心理问题依然存在,说明咨询效果不佳。

(4)原因分析及处置。咨询效果不佳可能存在以下原因:咨询师诊断有误或处置不当;服刑人员没有积极配合,努力不够;出现反复或出现新问题。如问题在咨询师身上,就应反思咨询各个环节,制订新的咨询目标和方案;如咨询师能力不够,应及时终结和转介。如问题在服刑人员自身,就应搞清具体原因,并采取有针对性的咨询策略。

四、咨询结束个案资料整理建档

个案咨询结束后,需对关于该个案的所有资料作进一步的整理,把所涉及的资料包括基本信息表、心理测验结果、预约单、心理咨询过程记录(小结、诊断与建议)、其他辅助疗法记录等内容装订成册,统一编号,形成完整的服刑人员心理咨询档案。详细记录咨询过程的本子应由咨询师本人保管,并应当遵守保密原则。

五、咨询记录案例

【案例一】(以自我描述形式进行记录)

(第一次咨询)

来访服刑人员姓名:钟某某

咨询时间:某年某月某日,9:40—10:46

咨询地点:心理咨询室

咨询方式:网络咨询

外在印象:很放松,时而头往后仰,时而做深沉状,时而又露出笑脸,时而又是痛苦的表情。

基本情况：因抢劫、盗窃、脱逃罪被判处有期徒刑 20 年,现余刑 11 年,平时改造表现较稳定,家中有父母,均为个体户,家庭条件好。

自述：是我主动报名咨询的,我观察了很久,今年监区报名咨询的人多起来了,但来两次及以上的却很少,我是真的想得到你们的帮助。最近心理压力很大,本身我的心理调适能力很好,但最近一段时间却没办法调适,导致睡眠不好,白天无心改造,精神恍惚,老是出错,人感到很累,总是想逃避,想一个人在一个很安静的环境中独处。

两年以前,就感觉到压力很大,但那时会采取打篮球等方法调适自己,并报考心理健康教育专业的自考,以调节自己,但近段时间这种无力感越来越强(向后仰,稍做调整,面带忧愁与怀疑的表情,又说)可是,咨询真的能帮助我吗? 而且——

(停顿,不说话,大约五秒钟的时间,咨询师看他没有再说的意思,于是咨询师接着说:从你的叙述来看,你很聪明,知道在自己无助的时候,主动寻求办法,以缓解自己的压力,不仅仅是运动,而且知道用知识、科学的办法来帮助自己,这很好。你学了心理学知识,那肯定知道咨询是助人自助的,而且咨询能否成功,关键也取决于来访者的态度是否真诚。另外,我觉得,可能到现在为止,你更大的目的是在试探我,看我是不是适合给你咨询,有没有能力为你咨询,还有想弄明白咨询究竟是怎么一回事,对吗?)

(听咨询师如此陈述后,钟某的身子慢慢地往前倾,并露出狡黠的笑容,说:"是的,你很聪明,我可以放心地跟你说我的故事了。")

来访者(脸上又恢复凝重的表情):我是 1993 年初中毕业的,在家里玩了两年,交了一些不三不四的朋友。那时因为年轻不懂事,敢作敢为,在这期间学会了偷摩托车。1994 年被抓,被收容审查,关了 5 个月后,在看守所里脱逃,从此过着四处逃窜的日子。当初,以我的盗窃金额最起码也是要判个死缓的,所以,我只是想活命,但人是在外面了,可是心里一点都不踏实,看到任何的警察、警车都怕,吃饭、走路、睡觉都是担惊受怕的,终于 2001 年在某地坐出租车出城登记时被抓,遣送回老家的看守所,被判刑 2 年,送到十里丰(监狱)服刑,但又因漏罪被押回某某地方的看守所,被判刑 20 年。如果说,我的第一次压力来自我的逃亡生活的话,那第二次压力可以说就是来自某某地方的看守所。在那里,我感到了从来没看到过的黑暗,"牢头"在民警的不作为(也许我这么说还是说得客气的)中,摧残着同犯,我感到前所未有的害怕,吃了这餐,不知自己还能否吃下一餐,晚上睡下,不知自己第二天还能否睁开眼睛,(痛苦,低头,双手掩面,又慢慢抬头)这是一段真实的经历,我害怕,在心里,对警察更害怕了,彻底害怕了。后来,就被送到了这里。在这里的日子,让我的感受有了天翻地覆的变化,我感到是来到了天堂,条件好,警官好,还有机会学习,我学会了国画,报考了大专。我以为我可以轻松地过日子了,前几年还可以,但现在越来越觉得,心里还是有块石头。两年前,我觉得自己快不行了,那时不知道用知识来缓解自己,只知道用唱啊、跳啊来缓解,但效果不佳。后面报考了心理学专业的自考,也用了脱敏疗法、厌恶疗法,可能因为不专业,效果总是不明显。

看守所脱逃后,在脱逃期间,我有过一个女朋友,我们是老乡,(她)应该了解我的过去,但那时还是跟我在一起,我们还有了一个儿子,我以为我们可以幸福地生活了,可我被抓了,而她在听说我被判了 20 年后,就再也没有踪影了,连我父母想去看小孩都不行。但我不怪她,只要她能幸福,小孩能健康成长,我就祝福他们。毕竟,我现在是没有能力照顾他们的。

再说说我的经历吧，每次想起，就让我觉得心惊胆战，就让我觉得不相信，这样的日子，竟然我也过过，可是这就是事实。逃出去后，我不敢和家里联系，也不敢做案。可是，首先要面对的是吃饭问题。出来后，我先是扒了火车，来到了上海，在一个工地上做小工，一个月大概三四百元钱。在我们的工地对面有个修钟表的铺子，因为经常聊天，所以熟识起来了，那个老板比我大，他看我还比较老实，又比较机灵，他就教我修钟表。我只学了半个月，他就认为我可以出师了。我就花了一百块钱，买了套修钟表的工具，在工地上用边角料做了个木箱子，带着在工地上赚来的五百块钱到了哈尔滨。一开始，我只是挨家挨户地修，有时只为了一顿饭，或一个睡觉的地方。一年下来，也让我赚了三四万块钱。用这个钱，我开了个钟表铺。钱是好赚，也安耽，但心里害怕啊，根本不敢在一个地方待太长的时间。半年后，把铺子送给了别人，又换了个地方。在那里混得比较熟了，弄了张假身份证，承包了半个商场，请了几个营业员。生意做得挺好的，我也想这样一直过下去，那我的人生将会光明一片，我也会有用不完的钱。但是，不该发生的是，我和其中的一个营业员有了感情，而那里的人办事特别急，我们才刚开始，她们家里就催我们办事，说要么去我家看看，要么请我父母过去一趟。他们也想验证我的身份啊！我也是理解的，可是，我怎么能证明我的身份呢？我怎么能与我的家人联系呢？我怎么能回去呢？于是，我把那半个商场送给了那个女孩，只带了两万块钱，走了。这次，我没有再留在外面，选择了回来。

回来以后，我的运气就一直不好。我先是用这两万元钱开了个洗车店，一开始，生意蛮好的，但没过多久，那个地方出台了一个政策：不能用自来水洗车。我只好在那里打井，可位置不行，水打不出，没水也就洗不成车了，慢慢地就亏下去了。到了袋里只剩下几千块钱的时候，洗车店关门了，只能去摆地铺。可他们又说我抢了他们的位置，要和我打架。我不敢打啊，一打就可能会给自己惹更大的麻烦的，所以就又放弃了，但人总得吃饭吧，我就又去踩黄包车，可是，那几年，特别不景气，有时连续几天都是个位数收场。有一天，连下锅米都没有了，于是决定去偷点。但因屋内有人在，又变成了入室抢劫。这也就是我的漏罪。其实我的家庭条件很好，我的父母都是个体户，前几年政策好，赚了蛮多的钱，可是，我不能回家啊！我也真是不懂法啊，不知道《刑法》已经修改过了，不知道我的事情只要判个两三年就够了。要是知道，我早就回来自首了，那种担惊受怕、东躲西藏的日子根本就不是人过的。可我走过了这么长时间，一直以来，我多么想堂堂正正做个人啊，可我不能啊。我真的需要你们的帮助，我想把那块石头彻底放开，我想过心安理得的日子。

分析：本次咨询以倾听为主，在短短的1个小时里，除了刚开始时，由于钟某某对咨询师的不信任，咨询师做了澄清外，后面的时间，几乎都是钟某某在说。可以说，在这个时间里，收集到了很多有用的信息，也建立了良好的咨访关系。这为以后的咨询奠定了良好的基础。

从钟某某的叙述来看，他的经历非常坎坷，而且犯罪是有无知与无奈的。从1994年到2001年的逃亡生涯，让他心中充满了恐惧，对警察、警车的恐惧，对生活的恐惧；逃亡生活的磨难特别是后面的经历，让他对现实又充满了仇恨，有家不能回的痛苦天天刺激着他的神经；看守所里的经历加重了他的这一感受，并且让他的恐惧感又进一步加强。这些体验都像一块石头一样压着他，压得他喘不过气来。但是，到了监狱，虽然各种条件都改变了，以他的话说，就像"到了天堂"一样，学知识，学法律。本来这些都是好事，可是懂得越多的钟某某，对以前的自己否定的也就越多，甚至他根本就不愿相信，以前的那个人就是自己。于是，这对矛盾越来越大，虽然钟某某已经在尝试用各种办法调节自己，但这块石头给他的阴影却越来越大,到了近段时间已处于"没办法调适,导致睡眠不好,白天无心改造,精神恍惚,老是出错,人感到很累,总是想逃避"的境地。这对矛盾的出现也是必然的,成长起来的钟某某,必须跨过这道坎,才能算是真正地成长了。

下一步措施:在建立了良好咨访关系后,钟某某提出下周四继续咨询。对钟某某,咨询师需要做的是引导他正视自己的过去,接受自己,逐渐地消除他的恐惧与仇恨心理。钟某某是个很聪明的人,他对自己的情况——内心最深处的感受还是有所保留的。在进一步了解问题之前,先做个"房树人"测试。

咨询效果评估:①求助者评价,今天你能这么耐心地听我讲那么多事,我心里已经舒服多了;②咨询师评估,通过本次咨询,可以说已建立了良好的咨访关系,一定程度上取得了来访者的信任。

【案例二】(按一问一答式记录)

(第三次咨询)

来访者姓名:付某某

咨询时间:某年某月某日,9:15—10:10

咨询地点:监区图书阅览室

咨询方式:面对面咨询

咨询师:邵某某、林某某(女)

咨询背景:付某某系死缓限制减刑服刑人员,入监近3年。进监两年多时间里各方面表现良好,监区甚至希望把他树立为改造先进典型。但6个月前发生了变化,付某某表现出对抗情绪,变得消极,目前成了改造落后分子。最近还产生了自杀念头。

外在印象:来访者虽然瘦小,但总体上较为精神。交流时语速中等,语句较连贯,逻辑清晰,面部表情不丰富,说起家人也基本无动于衷,表现出无所谓的样子。衣着整洁,无多余动作。

基本情况:付某某,男,25岁(接受咨询时),出生于云南农村,初中未毕业即外出打工之前,在云南某城赌场与其他人一起帮债主讨债,几年后到浙江某地合伙开赌场,犯杀人、抢劫等罪被判入狱。父母健在,与妻子已离婚,有一儿一女,由付某父母抚养。

咨询记录:(以对话形式记录)

……

来访者(以下简称"访"):人为了什么活着?

咨询师(以下简称"咨"):你自己是怎么想的?

访:感觉自己解释不了,也感觉想不通。(沉默1分钟)邵老师,你赶过来太麻烦了。(说完不自然地笑了笑)

咨:这是应该的,希望能帮助到你。刚才说想不通,是每天都在想,还是……

访:(每天)都在想。

咨:想到些什么呢? 愿意说说吗?

访:就是在想这个问题,人活着到底为了什么。越想越困惑。

咨:比如说,如果我们没有限制地想,会想到些什么,愿意现在就说说吗?(停顿,看来访者反应)比如说人活着到底为了什么,没有限制的话,现在脑子里会蹦出什么?

访:没有,现在没有想到什么。感觉到活下去没有意思,苟且偷生一样的。

咨:活着为什么呢? 比如,第一,活着就是活着;第二,为父母,为小孩。如果没有限制的话,脑子里蹦出来是什么就是什么的话,那么你想到的是什么呢?

访:没有,就是说第一反应嘛,没有,说不出来。

咨:哦,说不出来。好像都不全面,为了家人、孩子,好像又不仅仅是这样。那么,想到这个感觉烦恼,很烦,心就乱了,还是……

访:乱,也没有,感觉挺平静的。(停顿)不管我们最终的效果怎么样,我很感谢你们。一次又一次的过来(给我咨询)。

咨:我们这样两次咨询做下来,我们觉察到你有这样一些心理问题。第一个问题,近一个月来,睡眠有一些问题,是这样吗?

访:我倒觉得睡眠这个问题很小,不重要。

咨:哦,你觉得睡眠不是那么重要。第二个问题,一段时间以来,劳动产量从原来的三四千降到现在两千左右,下降了。第三个问题,6个多月前发生了一些事情,然后你对事物的看法产生了一些改变。还有一个问题,是有些麻木,看不到前途。大一点说就是,人生怎么走,人怎么活着,这可能是更深层次的问题。这样一些问题,有一些浅一点的,有一些深一点的。那么这些问题是怎么产生的呢? 首先,我想问你,是不是同意有这样一些问题,还是还有其他的一些问题?

访:说不出来。可能一切都归结为心态,看每一样东西的感觉,至于其他的都说不上是事,睡眠或者劳动力下降,这些都很小。

咨:这些是结果,外在的表现。那么,刚才你说的看法、心态是内在的。刚才你自己也马上得出结论,就是说外在的东西是由内在的决定的,所以把内在的拿出来探讨,有所进步的话外在的就自然解决了。

访:对,我是这么理解的。

咨:但内在的心态是什么呢?

访:这个说不好,邵老师。(有些不自然地笑一笑)

咨:心态从心理学上说是一种心理上的状态,比较说不清楚,但是时时刻刻影响着你的一种内在的、让你看任何东西都涂上一种色彩的一种状态。但这种状态再往前推一步,是你对事物的看法、态度,心理学上叫认知,就是前面的看法、态度在起作用。

访:我说不出来,你刚说的那种感觉。但我自己知道这个很重要。

咨:是里面那些看法、想法,但现在说不出来?

访:嗯。

咨:比如说,6个多月前发生一个事情,这个事情发生以后怎么去看这个事情,或者说你的看法、想法发生了哪些变化? 这个我们前两次(咨询)也谈到,如管理中的问题等。

访:我倒是觉得很正常,毕竟(自己)是一个劳改犯。

咨:我不知道合不合适说,刚才(咨询前)监区的民警说你原来的表现挺好的,想把你树为典型,后来发生一些事,表现有了变化。原来是要成为典型的?

访:之前可以这样说。但后面就觉得在乱搞。

咨:你做事情的信心改变了,或者另外改变了什么呢?

访:产生了对各方面事情的另一种看法,与之前自己理解的不一样。很多东西都翻腾出来了。但对这一点,原因还是在自己身上。事情处理得很正常,对于我这种身份来讲很正常,只是自己不愿意去接受。

答:我也多次听到你说自己"这样的身份",为什么去强调这一点呢?

访:还是感觉到很多东西,就这样一个地方,不是想让一个服刑人员从内心里去改造,更多的感觉是一种用权力去压迫我们去服从这个、服从那个,事实上不能从内心上去服从、去做。所以说,毕竟是个劳改犯。

答:虽然我经常下来(到监狱里做心理咨询),对服刑人员的各方面生活还是比较熟悉的,但我还是想象不到位,所以能稍微具体一点来谈谈这件事情吗?

访:比如说,(犯人的)很多错事,(警察)处理方面,不是让你从内心去接受这些错事,而是让你感觉到自己是服刑人员,我们(指管教警察)是管理者,必须是听我们的。这是之前的感觉,现在觉得不重要了,无所谓。

答:这也是心态在起作用,似乎我听到了"我就趴下了,不愿意起来了"这样的意思。

访:也不是这样。

答:还是希望做得更好一些?

访:不需要去做。

答:是不需要去做,还是不值得去做呢?

访:感觉不需要去做,没意义了。

答:不知道能不能这样来比,(希望管教民警能像)现在我们这样子与你来谈,就是说一件事情发生的话,可以坐下来好好谈,这是你觉得可以接受的,而不是压着,不管你心里怎么想。

访:可能我个人觉得,毕竟人与人之间接触还是……需要从内心的钦佩更重要,强制压你,就会让人产生我这样的想法……彼此做下来,沟通会更重要。

答:我觉得你这样的一种表达、想法,合理且正当。

访:这都是之前的想法,现在没有这样的想法,随便,你们爱怎么做就怎么做。

答:现在指多长时间呢?

访:具体说不清楚多久,但现在就是这样想的。

答:但是最长不会超过6个月,也就是这几个月来的想法。所以想法变了,看什么东西都变了。是不是同时生产、劳动有变化?

访:劳动在后面一点有了变化。

答:现在无所谓了,在100名学员里,如果说排名在99位,也无所谓了? 原先是排前10名这样子。

访:现在怎么处理,采取什么措施,都无所谓了。

答:好像听上去有点"自暴自弃"了。假如按上这个"标签",你会是怎样一个想法?

访:我还是蛮接受的。

答:但是我听上去,好像有点心痛的感觉,或者说有点难受,如果这个标签按上去的话。

访:(沉默1分钟)我确实感觉到自己苟且偷生的样子。

……

分析:付某某因6个月前发生的一件违规事件受到民警处理而变得情绪低落、灰心丧气,改造表现变得很消极,希望感消失,从而自暴自弃。特别是最近产生了自杀念头,需要进行干预。但首先是弄清他的内心想法,以及对改造前途失去信心的原因,从而来调整他的认知,进而实现情绪转归、行为改进。另外,在前后若干次咨询过程中,咨询师贯穿的一条线是:希望通过强化付某某对家人特别是孩子的责任,来重新燃起他的"生的希望与力量"。

思考题

1. 试分析服刑人员个体心理咨询的主要方式及优缺点。
2. 心理咨询的对象来源有哪些?一般包括哪几个阶段?
3. 建立服刑人员心理健康档案意义有哪些?试结合咨询案例作一个咨询记录。

第五章阅读资料

第六章　团体辅导

狭义与广义的心理矫治，都涉及团体辅导（又称团体咨询）的内容。以团体辅导原理为基础的分类矫治，在国内开展得不多，需要矫治工作者积极开拓。原因之一是团体辅导本身在中国大陆也只有20年左右的发展历史，在经历了20世纪90年代初中期的导入期，90年代中后期的探索期后，21世纪进入专业化发展和本土化探索期。中国大陆地区有北京、江苏、浙江等地的矫正机构对团体辅导进行了探索。目前司法部在《关于服刑人员心理健康指导运行规范》中提出了运用团体咨询手段的要求，这将推动我国监狱等矫正机构团体辅导的发展。

第一节　团体辅导概述

明确团体辅导的概念与特点、功能与作用、类型与要素，是开展团体辅导工作首先要解决的问题。

一、团体辅导的概念与特点

（一）团体辅导概念

团体辅导是在团体情境中提供心理帮助与指导的一种心理咨询形式。它是通过团体内人际交互作用，促使个体在交往中通过观察、学习、体验，认识自我、探讨自我、接纳自我，调整和改善与他人的关系，学习新的态度与行为方式，以发展良好适应的助人过程。服刑人员团体心理咨询是指在团体情境中为服刑人员提供心理帮助与指导的一种心理咨询形式。

团体辅导是在"团体"的背景下进行的一种心理咨询形式，即在团体带领者（又称团体领导者）的帮助与指导下，通过各种活动促成多名具有相同问题或需求的团体成员相互作用，帮助成员在团体中观察、体验、学习与感悟，以达到自我改变、自我完善、自我成长目的的过程。

（二）团体辅导的特点

团体辅导不同于一般的心理健康教育课，也不同于个别咨询，其特点主要有：①活动性。团体辅导是以团体活动构成辅导的基本环节。在结构式团体辅导中，精心设计好团体活动内容和形式是心理辅导成功的关键。②主体性。团体带领者要尊重团体成员的个性，充分了解团体成员的具体情况，有针对性地进行相关的教育、指导与帮助，激发团体成员的进取心与内在力量，运用启发式问话方式，鼓励团体成员学会独立地分析问题和解决问题。③互动性。互动是团体活动的最基本特征，也是团体达成目标的重要条件。在团体辅导中，每个团体成员认知的改变、情感的迁移或投射、新行为的建立和强化，都依赖于团体成员间的交流和互动。④鼓励性。团体辅导是每个团体成员自我探索、自我了解、自我更新的历程,它需要在一种彼此尊重、接纳、理解、信任的氛围中,放下个人的防卫意识,与其他成员进行深入的讨论与分享,彼此给予回馈、鼓励和建议。⑤和谐性。团体辅导带领者要转换"教育者"的角色,努力营造一种平等、和谐、共融的气氛。要建立这种和谐的团体氛围,就需要带领者具备建立咨访关系的良好技能:尊重、真诚、共情、积极关注、抱持等,并且需要带领者在整个团体活动中以及团体活动之前与之后与团体成员的接触中都如此。⑥趣味性。结构式团体辅导,团体成员往往从情境体验开始,引发他们的情感共鸣,活动设计要生动有趣,使团体成员喜闻乐见,专注投入。

(三)团体辅导优势与局限性

与个体咨询相比,团体辅导最大特点在于来访者对自己的问题的认识与解决是在团体中通过成员间的相互交流、相互作用、相互影响来实现的;但团体辅导也并非适合于任何个体,它也存在一些局限性。

1. 团体辅导的优势

(1)咨询效率高,成本相对低。与个体咨询一次只能帮助解决一个人的问题相比,团体辅导在帮助来访者解决心理问题方面有明显的优势。非结构式团体辅导的成员一般在5～12人,而结构式团体辅导的人数可以更多,有时一次团体辅导的人数可以达到50人甚至更多。这样就可以大大提高咨询的效率,尤其是在目前专业心理咨询师和团体带领者较少的情况下。因此,团体辅导一次可以帮助的人数相对较多,节约了咨询师和带领者的时间,降低了成本。

(2)感染力强,影响广泛。个体咨询的影响只是来源于心理咨询师,而团体辅导的影响来源是多元的。团体成员可以从多种角度得到其他成员对自己的反馈信息。这种反馈像一面镜子,帮助团体成员从多个角度了解自己、洞察自己。团体中每个成员不仅接受他人的帮助,而且也可以帮助其他成员,而帮助他人往往对个体具有重要的价值作用。

(3)咨询效果容易巩固。团体创造了一个类似真实的社会生活情境。它既是一个自然实验室,也是一个"微型的社会",团体成员在其中展现真实的自己,是他们日常生活言行的"复制品"。团体中成员的多样性、成员的行为模式以及团体活动造成相互间的冲突、矛盾,很像是他们在社会生活中言行的再现。在充满信任和抱持的良好团体氛围中,通过示范、模仿、训练等方法,团体成员可以发现和识别自己不适应的行为方式,并尝试与他人建立良好的人际关系。

2. 团体辅导的局限性

(1)个体差异难以照顾周全。团体辅导往往针对诸多成员的共性心理问题,结构式团体辅导的团体方案设计也主要基于共性问题。而不同的团体成员个体差异很大,所面临的问题也不完全相同,因此,团体辅导就常常难以兼顾每一位成员的特殊性,难以满足每一位成员的需求。

(2)容易对成员造成伤害。不管是结构式团体辅导还是非结构式团体辅导,团体成员要获得成长,都需要去自我暴露。然而,在其他团体成员面前暴露自己的经历,尤其是痛苦的经历或者隐私可能存在一定的风险。特别是当该团体成员与其他成员发生冲突时,如果他在团体中暴露的隐私被其他成员作为攻击的话题,这将会给该团体成员造成严重的心理创伤。

（3）对带领者要求高。团体辅导对带领者的人格、专业训练、技术方法、伦理道德等方面要求高。不称职的带领者会给团体成员带来负面影响。

二、团体辅导的功能与作用

（一）团体辅导的功能

1. 教育功能

团体辅导过程是一种通过团体成员相互作用，来协助他们增进自我了解、自我抉择、自我发展，进而自我实现的一个学习过程。有学者指出，在团体辅导中有十项学习内容：一是对真正的问题进行学习与探讨，并且能够面对它；二是学习分析问题的技术；三是学习在问题的研究和解决上能够利用许多资源；四是学习了解别人，并改进行为；五是学习了解别人，以及与人共处的方法；六是学习拟订长期的人生计划；七是学习对于当前的目标和长期的目标保持均衡；八是学习选择经验的标准；九是学习将知识、计划付诸实施；十是学习评鉴进步情况及修正目标与计划。因此，团体辅导十分重视成员的主动学习、自我评估、自我改进，有助于学员的自我教育。

2. 发展功能

团体辅导十分重视人心理的成长与发展。心理的发展不仅对正常人是重要的，对于有心理问题或心理障碍的人同样是重要的。那些认为心理发展只是针对心理健康的正常人群的看法是片面的。

咨询心理学强调发展的模式，它试图帮助咨询对象得到充分发展，扫除其正常成长过程中的障碍。团体方式的活动，不但可以提供给团体成员必要的资料，改进其不成熟的偏差态度与行为，而且能够促进其良好的发展和心理成熟，可以培养团体成员健全的人格及协调的人际关系。应该说，团体辅导最大的功能就在于它有益于学员的健康发展。

3. 矫治功能

心理矫治是减轻或消除心理问题或心理障碍。团体辅导通过对成员所存在问题的分析，制订有针对性的咨询计划，实现对不良情绪、认知与行为的矫正。团体辅导的矫治功能是通过多种途径实现的。团体辅导的情境比较接近日常生活与现实状况，以此处理情绪困扰、心理问题与偏差行为，更易收到效果。团体辅导中众多的成员、特殊的氛围以及团体规范，对个体的行为和心理将产生更大的影响，具有更大的感染力。成员在团体中重复的行为训练，经过多次强化易建立稳定的条件反射。团体辅导还通过观察学习和成员间的行为模仿等方法，促进个体不良行为的矫正。

（二）团体辅导的作用

团体辅导有助于培养团体成员与他人相处及合作的能力；加深自我了解，增强自信心，开发潜能；加强对团体的归属感、凝聚力，促进成员间的相互团结。它通过一定的途径与影响形式表现出来。

1. 作用途径

团体辅导起作用的途径不是通过团体带领者这一孤立的途径发挥作用的，而是通过人与人之际间相互作用、团体氛围以及团体带领者的引导、激发与唤醒三者协同作用完成的。

（1）人与人之间相互作用。这是团体辅导的基本作用途径，也是经典作用途径。团体成员通过各种团体活动，如角色扮演、心理剧、现场行为训练、相互观察学习、小组讨论与分享、游戏等形式,产生相互作用、相互反馈、相互影响,促进团体成员之间自我察觉、自我完善和成长。

(2)团体氛围。这是指在团体辅导现场和辅导进程中,全体团体成员以及团体带领者所表现出的占优势的情感和态度体验,主要包括心境、精神体验、情绪波动、成员间人际关系、对团体的态度等,即团体的整体心理状态。团体氛围尽管看不见、摸不着,但它深深地影响着团体的运作与发展,以及每一个身在其中的成员。团体氛围的作用主要有:一是情绪调节作用。良好的团体氛围能舒展、安抚人的情绪和身体,增强成员参与团体辅导活动的积极性、主动性和兴奋度,进而提高对辅导内容和过程的接受度。二是行为约束作用。良好的团体氛围将引导成员产生有利于团体发展的行为模式,使其与带领者、与整个团体产生认同和归属,促进团体凝聚力的产生与深化,并推动团体向前发展。三是认知引导作用。团体氛围虽然是隐形的,但会潜在地影响团体成员的认知结构和行为方式。

影响团体氛围的因素主要包括硬件和软件两个方面。硬件方面主要是指团体现场的物理环境,如房间大小与装饰、灯光、音响、道具、设施等。软件方面主要是指团体规范、团体凝聚力、带领者的状态和团体活动等,其中团体活动是影响团体氛围、产生“场效应”的最重要载体。

(3)团体带领者。带领者的主要作用是引导互动、启发交流、激发心理潜力和唤醒沉睡的意识等内容。带领者的语言、行为、表情以及在团体现场的一举一动常常会对团体成员的心理和行为产生直接作用。在团体辅导的前期,带领者对良好团体氛围的建立、对团体凝聚力的产生常常起着关键作用。

2. 影响形式

团体辅导的影响形式主要有以下五个方面。

(1)模拟现实生活场景。团体是“微型的社会”“家庭的缩影”。团体中成员之间互动、冲突、矛盾,与真实的生活十分相似,有的团体活动甚至就是生活场景的再现。此外,团体辅导可以通过设计或者带领者的临场安排,营造出某些特殊的“场景”。这些特殊的“场景”,有的是团体成员在现实生活中难以经历的,有的可能还没发生或将要发生。在团体中预演这些特殊的场景,既可以增加团体成员的心理感受,丰富团体成员的生活经历,又可以提高他们对某一问题的认知水平和应对困境的能力。

(2)接触多样化观点。在团体辅导中,团体成员除了从带领者获得反馈以外,还可以从其他成员的建议、反应和观点中得到多样的信息。团体成员各自有着不同的成长经历、不同的背景和经验,所以对同一个问题的观点和理解也就会不同。这种不同视角、不同立场的多元信息,无疑为团体成员提供了丰富的背景资料和多元的价值观,有助于拓展成员的视野、开启成员的思路,从而改善其认知。

(3)体验“和别人一样”的感受。现实生活中,许多人遇到困难和问题时,往往会把自己的情况看得很独特,认为自己有别于他人,于是会感到恐惧、无助和失望。在团体中能倾听成员经验和感受的分享,可以使成员发现别人也有类似的问题或一样的困扰,“同是天涯沦落人”,于是就能够不再认为自己是天下最可怜的人,孤独感减少,焦虑减轻,同伴感增加。

(4)感受互助互利,获得归属感。在团体中,成员彼此帮助、互相支持、分担忧愁。团体成员在帮助他人的过程中,会发现自己对别人很重要。对任何人来说,被需要的感觉都是很重要的,这种体验使团体成员感到自己存在的价值,获得欣喜感和满足感,进而增强自信心。

团体中,成员既是帮助他人也是帮助自己。团体中的互助互利是一种积极的人生体验,团体成员的这种体验不仅可以在团体中充分感受,而且还会扩展到他们今后的生活中,使团体成员主动承担责任和进行持续的助人行为。

团体中成员的良性互助,让他们能感受到自己被其他成员需要和接受而产生归属感。经过带领者和团体成员的持续工作,发展起一个功能良好的团体之后,团体成员都能够明确意识到自己是团体的一员,被团体接受和关心,有问题共同面对,有困难共同解决,同舟共济,共同成长。良好的团体凝聚力是团体辅导发挥治疗作用的最重要内在力量。

(5)观察学习和行为模仿。这是人们学习的两种基本形式,且不管年龄大小,都存在这样两种学习形式。在团体辅导中,团体成员通过观察学习和行为模仿,习得新的行为方式,其行为模式从而得以改良,并逐步实现认知改善,获得良好的成长。

三、团体辅导的类型与要素

(一)团体辅导的类型

1. 根据团体辅导理论取向分类

根据团体辅导所依据的理论取向不同,可分为精神分析团体辅导、行为主义团体辅导、认知—行为团体辅导、会心团体辅导等。

精神分析团体辅导,又称团体动力小组辅导,是运用精神分析理论、原则和方法于团体成员的一种形式。其目的在于揭示团体成员的核心冲突,使之上升到意识层面,以此促进成员自我了解,认识并领悟自己被压抑的冲动和愿望,最终消除症状,适应和处理各种生活情境和挑战。采用的主要技术包括启发并鼓励团体成员作自由联想:对成员的梦与幻想进行解析、分析阻抗、揭示移情与反移情、解释等。

行为主义团体辅导是以行为主义理论为基础,关注团体成员外在的行为与症状,强调指导团体成员学习控制自己的行为,有效地解决现在和未来的各种生活问题。常用技术与方法有:集体系统脱敏、集体放松训练、示范疗法、角色扮演、社交技能训练等。

认知—行为团体辅导是指在团体情境下将认知疗法与行为疗法相结合,帮助团体成员产生认知、情感、态度、行为方面的改变。其基本观点是:个体的心理障碍和行为问题产生于不合理的思维方式以及对现实的错误感知,只有帮助个体学会辨识并且改变不合理的信念、价值观、感知、归因等认知,才能有效地改变不适应的行为。具体技术包括与不合理信念辩论、重新构想技术、认知家庭作业、合理情绪想象、角色扮演、脱敏技术、技能训练等。

会心团体辅导以罗杰斯的个人中心疗法理论为基础,强调团体中的人际交往经验,注重此时此地的情感问题,目的不是为了治疗,而是促进个人的成长,包括了解自我、增强自信、寻求有意义的人际关系等。常用技术有自我描述、生命之线、盲人体验、自画像、热座、脑力激荡等。

2. 根据团体辅导计划的程度分类

根据团体辅导计划的程度不同,可分为结构式团体辅导与非结构式团体辅导。

结构式团体辅导是指团体辅导中活动和内容是事先计划和设计好的,团体辅导的实施完全是按照事先制订的方案进行的。结构式团体辅导有预订的目标,团体带领者的身份易辨认、角色明确,带领者需要采用较多的引导技巧,而团体成员的自主性与自发性行为相对减少。其优点是早期能加强团体成员的合作,缓解参加者的焦虑情绪,容易聚集团体成员。

非结构式团体辅导是指团体辅导中的内容和活动不是事先计划好的,而是在团体带领者的指导下,现场随机出现并自然发展。它需要带领者根据团体动力的发展状况以及团体成员彼此的互动关系来决定当时团体的目标、过程及运作程序。团体带领者的角色有时不明显,常常潜入团体中,主要任务是催化、支持,多以非指导方式来进行。

在团体辅导实践中,可以将两种方法结合起来使用。

3. 根据团体辅导成员情况分类

根据参加团体辅导成员情况的不同,可以分为多种类型。

(1)根据参与团体辅导成员人数的多少,可分为大型团体、中型团体和小型团体。大型团体的人数一般在 40 人以上,中型团体的人数在 15~40 人,小型团体的人数一般为 8~11人。一般地,非结构式团体辅导的人数在 5~12 人;而结构式团体辅导的人数可多可少,少则 5 人,多则可以到大型团体的人数。

(2)根据团体成员背景相似程度不同,可分为同质团体与异质团体。同质团体是指团体成员的条件或问题具有某些共同特征,包括年龄、性别、学历、职业、婚姻等。它的好处是团体成员因背景、条件相似而有更多的共同语言、共同体验,相互之间容易沟通,而且团体成员容易从他人的经验中得到解决问题的启发。异质团体是指团体成员自身的条件或问题差异大、情况比较复杂,如年龄、经验、地位极不相同的人,同时团体成员存在的问题也不同。异质性团体辅导时,在团体开始阶段相互沟通不容易,对团体带领者提出了较高的要求;但是它的好处是异质的团体成员可以提供多样的视角,从而对一个问题能够从多个角度去洞察,获得多方面的帮助和启发,常常能够促进人格的快速成长。非结构式团体辅导以异质性团体成员构成为佳。

(3)根据团体成员固定程度不同,可分为开放团体和封闭团体。开放团体是指成员不固定,不断更迭,成员的加入或退出皆尊重个人情况、需求和意愿,团体成员是流动的。封闭团体是指参加团体辅导的成员是固定的,从团体辅导开始到结束,成员保持不变。在团体辅导过程中,团体成员不能中途退出,也不允许新的成员加入团体。

4. 根据团体辅导目标分类

根据团体辅导的目标来分,可分为发展性团体、预防性团体、教育性团体和治疗性团体。

发展性团体是以促进团体成员的心理成长与发展、开发团体成员的潜能为主要目标。其形式有多种:自我探索团体、生涯发展及规划团体、人际关系团体、两性沟通成长团体等。预防性团体不是致力于解决当前存在的某种心理问题,而是以预防未来可能会出现的心理问题为主要目标。教育性团体以帮助团体成员学习社会规范、掌握人际处理技巧、习得新行为为主要目标。治疗性团体以减轻或消除某种异常的心理或行为为主要目标。

(二)团体辅导要素

1. 团体规模

团体规模是指参加团体辅导的人员数量。团体规模的大小常常受团体目标、活动内容、成员年龄、带领者经验、问题复杂性、会期长短和场地条件等因素的影响。

国外研究表明,团体辅导实践中,团体规模以 5~10 人为常见,8 人左右为最佳。我国开展的各类团体辅导,根据团体辅导情况的不同,人员数量多少差异较大,比如小学生团体 3~4 人,青少年团体 6~8 人;讨论团体 5~8 人,教育团体 5~15 人;住院病人的治疗团体 5~8 人;还有一些更大规模的团体,人数在 20~80 人不等甚至更多。根据笔者主持的团体辅导实践情况看,非结构式团体辅导(亚隆团体辅导),团体成员数量一般控制在12人以内,但不少于5人;结构式团体辅导,团体成员数量可以增加一些,30人甚至40人也可以,但为了增加团体辅导的效果,需要增加带领者人数,建议每10人配备一名带领者,比如30人的团体,建议配置带领者3人。

另外,团体规模还要与团体目标与性质相适应。帮助成员解决心理问题或心理障碍的团体,团体规模要小些,一般控制在12人以内。而成长性团体或教育性团体,团体成员数量可以多些。

2. 团体会期

团体会期包括两个方面的内容:一是一次团体辅导持续的时间;二是每周开展团体辅导活动的次数,即团体辅导的频率。团体辅导的会期受到团体目标、成员数量、问题复杂程度、带领者技术水平、成员年龄等诸多因素的影响。而在结构式团体辅导中,团体流程如热身活动、提出问题、讨论分享与结束环节的整体设置也会影响会期长短。

一次团体活动持续的时间,一般在90~480分钟,即一次团体活动持续1.5~8小时。团体活动时间太短,少于60分钟,就难以产生理想的效果(儿童团体除外);但是如果持续时间太长,则容易使团体成员产生疲劳、厌烦,也会减低效果。团体辅导的频率,每周1~5次都是可以的,但以每周1~2次为最多。从理论上说,会期频率密集,即每天一次,能够保证团体辅导的连续性,有利于团体的发展;会期频率松散,即低于每周一次,则难以保证团体成员的互动效果和情感交流的质量,会影响团体辅导的总体效果。

3. 团体活动建构

团体活动是团体存在和团体发展最基本也是最重要的因素。团体活动是成员互动的载体,是团体辅导的核心内容。

团体活动有广义和狭义之分。广义的团体活动是指团体辅导中发生的任何事项。只要是在团体辅导中存在的、对团体有影响的,所有的活动都可称为团体活动。狭义的团体活动是指结构式团体辅导中由带领者精心设计的具体活动内容,比如团体辅导开始阶段调动成员积极参与的热身活动,帮助团体成员解决其心理与行为问题的针对性团体活动,以及一次团体辅导结束专门设计的团体活动等。

从目前我国团体辅导开展的现实情况来看,团体活动建构工作是个短板。根据某类团体成员存在的心理和/或行为问题,设计有针对性的团体辅导活动,还不够成熟,公开的成果也不多;特别是标准化的团体活动设计与实践运用,似乎更为少见,需要我们更加深入、有效地开展团体辅导活动建构工作。

4. 团体带领者

团体带领者又称团体领导者,常常是团体辅导中的灵魂人物,他推动着团体的发展。一个团体通常配备1~2名带领者。但是,随着团体规模的扩大以及团体会期的增加,团体带领者的人数也应随之增加,否则难以保证效果。当团体成员人数超过25人时,在团体活动讨论阶段常常需要组建2~3个小组,相应地就要配备2~3名带领者。当团体活动持续时间超过240分钟(4小时),多名不同风格的团体带领者协同组合可扮演不同的角色,有利于弥补各自的不足,引起成员的兴趣。

第二节 团体辅导的组织与实施

服刑人员团体辅导的组织与实施包括团体辅导方案设计、团体成员筛选、团体组成过程（含入组访谈）、团体辅导发展阶段、团体辅导效果评估等内容。

一、团体辅导方案设计

团体辅导方案设计是指运用团体动力学及团体辅导的理论与知识，将一系列团体活动系统地加以编排、组织、规划，以便领导者组织成员在团体内开展系列活动，实现团体辅导的功能与目标。方案设计的这一概念解读，主要是针对结构式团体辅导。非结构式团体辅导虽然一般不安排系列团体活动，但也需要有相应的方案设计。

结构式团体辅导方案设计的核心有两个内容：一是针对某个或某类需要解决的心理和/或行为问题而设计的团体辅导总体计划；二是针对团体辅导总体设计中安排的某次团体辅导活动的具体方案。两个层面的内容是"总"与"分"的关系。

（一）团体辅导方案的内容

1. 团体名称

团体名称包括学术性名称和活泼化宣传用的标题。一般宣传性标题在前，学术性名称在后，比如："牵手你我他——人际交往团体""我的情绪我做主——情绪控制团体"。团体名称设计要符合团体目标以及对象特征，力求新颖、生动，具有吸引力。

2. 团体目标

团体目标包括整体目标、阶段目标和每次团体辅导活动的具体目标。具体来说，团体目标是指经过团体辅导后，成员在认知、情绪和行为方面应达成的良性改变。团体辅导开始之前，最重要的一环是确定团体辅导的目标。团体辅导的目标一般来说可分为两类：成长性目标与治疗性目标。成长性目标主要关注团体成员的人格成长、心理潜能开发、心理健康增进，以及提升人际关系能力、促进社会适应等。治疗性目标主要关注团体成员心理与行为问题及障碍的缓解与解决，恢复心理平衡，实现心理健康。

3. 团体带领者

团体计划书应明确团体带领者以及与团体辅导有关的基本资料。团体带领者要与团体类型与性质等相匹配。另外，为保证团体的效能得以实现以及成员利益不受损害，最好能为团体配备专业督导师；还可以设置团体观察员，以促进团体更好发展和促进团体带领者专业技能的提升。

4. 团体对象与规模

团体计划书要明确团体招募或团体组成成员的类型、来源、人数、招募与甄选方式。成员类型包括性别、年龄、身份、问题性质等。而对象的确定与团体目标密不可分。团体成员的来源，除了自由报名参加者外，也可由老师或他人推荐而加入。团体成员的特点直接影响团体方案和活动的设计。

实际操作过程中，也有确定了团体成员或者明确了团体成员的基本来源后再制定团体计划书的，那么有关团体对象来源的内容可以简化，主要是确定团体的规模。

5. 团体活动时间与频率

团体活动时间与频率包括团体时间的总体安排、何时进行、总次数、每周几次、每次多长时间等。团体辅导的组织方式主要有两种：一是持续式团体；二是集中式团体。持续式团体是定期活动，持续一段时间。团体持续时间多长为宜，活动间隔多少适当，每次活动多长时间合适，这些是团体辅导计划者设计方案时必须要考虑的。

一个团体持续多久为好，多长时间聚会一次，每次多少时间，取决于团体的类型及成员情况。一般认为，8～15 次为宜，每周 1～2 次，每次 1.5～2 小时，持续 4～10 周。[①] 但对象不同，团体活动时间会有所差别，比如小学生团体，每次持续时间可较短。需要说明的是，在团体辅导实施过程中，活动时间虽有规定，但不必墨守成规。团体带领者可以根据具体情况灵活掌握。如果预定的时间到了，但发现有些问题还需要深入，在征得团体成员同意后可以适当延长。

集中式团体辅导常常是集中一段时间或者是将团体成员集中住宿来组织团体活动。集中时间多长为宜也要视团体目标、成员情况而定。一般 3～5 天，最多不超过一周。

6. 理论依据及参考资料

团体设计必须有理论支持，这是团体方案形成的关键。本书第一章第三节阐述了心理矫治的主要理论。这些理论也是团体辅导的理论依据。除此之外，团体辅导还可以依据其他的理论，比如用于亲子教育的"父母效能理论"等。团体辅导方案依据的理论不同，团体形式、干预原则与具体步骤也就不同。另外，团体计划书应详细列出引用文献、参考资料、参考方案等，可以与相关表格一起作为整体团体辅导方案的附件。

7. 团体活动场所

团体活动场所的基本要求是：有安全感，能够保护团体成员的隐私，不会有被别人偷窥或监视的感觉；避免团体成员分心，使成员在没有干扰的条件下集中精神投入团体活动；有足够的空间，保证成员根据活动需要可以随意在其中走动、活动身体、围圈坐等；环境舒适、温馨、优雅，使人情绪稳定、放松；团体活动场所要方便成员来往，不要太偏僻。因此，一间宽敞、清洁、空气通畅、气温适宜的房间，最好有隔音条件，没有固定桌椅最理想。团体活动中成员可以在地毯上席地而坐，随意围坐成大圈，或分组围坐成小圈；或用折叠椅。

静态活动时，如小组讨论分享、讲授，团体成员围圈而坐为宜，彼此视线都能接触，沟通顺畅。动态活动时，如轻体操、盲行等，可以根据活动要求，自由行动。

8. 团体活动设计与安排

团体活动设计与安排主要是指结构式团体辅导，包括总体方案设计与安排、单次团体辅导活动设计与安排。团体辅导总体方案包括本部分内容所述的这 10 个方面，即团体名称、带领者、成员情况、团体目标、团体理论、活动时间、活动场所、团体活动总体设计、效果评估与其他等。单次团体辅导方案是指对某次团体辅导活动所设计的具体活动安排与具体操作过程的计划书。团体活动设计必须有利于帮助解决团体成员所存在的共性与个性心理与行为问题，以实现团体目标。

9. 效果评估

团体辅导是否达到预期目标，团体成员的反应是否满意，团体带领者的工作方法与技术

---

① 樊富珉.团体心理咨询.北京:高等教育出版社,2005.

使用是否恰当,团体内成员的合作是否充分,今后组织同类团体辅导可以做哪些改进等,都离不开团体评估。团体评估的方法因团体目标不同、层面不同、类型不同、对象不同而有区别。一般地,团体评估包括过程与结果评估、团体互动状态与个别成员评估、评估方法或工具以及评估的时间安排等。

10. 其他

其他包括团体经费预算表、广告等宣传品、成员申请表、成员筛选工具、团体契约书、团体评估工具以及其他相关资料。如团体活动中要用到的图、表、文章等资料,音乐播放系统、视频播放系统等设备,均应准备妥当,以备使用。

(二)团体方案设计时常见的问题

1. 无计划、计划的团体活动太多或不切题

团体辅导方案设计方面最大的问题是不做计划或没有计划。有的咨询师在主持了一些团体辅导工作后错误地认为,不做方案设计或者没有方案自己也能做好团体辅导工作,这显然是不对的。制定一个好的团体辅导方案是保证团体有效性的前提。与没有方案相对应的是,团体方案中活动太多或不切题。这会导致"活动很热闹,但浮在表面,没有效果"。初学者常常会出现这样的问题,因为害怕冷场而在一段时间内安排过多的活动。

团体带领者要确保方案是切题的。制定方案时要考虑团体成员的年龄特征、教育程度、社会化程度、需求预期、价值观等,使得计划能够反映大多数成员的需求、适合大多数成员的特点。如果条件允许,可以将设计好的方案在同行之间或者先行组织一次试验性小团体辅导活动,与同行、督导者讨论试用的结果,并加以修改完善。

2. 交流和讨论分享的时间不足

交流和讨论分享是团体辅导中最基本也是最重要的环节。任何团体辅导活动实施过程中,如果没有开展交流与讨论分享,就难以发挥"团体的作用"。充足而充分的交流与讨论分享是团体深入与发展的必要条件,也是帮助团体成员解决心理与行为问题,以及取得心理成长的必要条件。有的团体带领者在制定方案时常常没有留出足够的时间,以促使团体通过交流和讨论分享来达到相应的深度,从而导致团体辅导方案的效果差强人意其至没有什么效果。

3. 热身(破冰)时间过长或过短

有的团体辅导方案设计中存在的问题是热身(破冰)时间过长或时间过短。带领者在为特殊群体开展团体辅导时,如监狱服刑人员、强制隔离戒毒人员或精神病院的病人,热身时间如果过短,比如开场白(热身时间)只有短短的几分钟,而这些成员大多是消极的,他们可能并不愿意参加团体,那么就可能调动不起他们参加团体活动的热情和积极性。当成员对团体存在偏见或有抱怨时,带领者更需要设计一个能够吸引他们积极参与的热身(破冰)活动。带领者其至可以确立一个规则,即每次聚会的最后几分钟用来让团体成员发泄他们心中的不满。

另外,有的团体方案热身(破冰)持续过久,也是一个常见的问题。其至有的团体方案安排的所有团体活动都是热身(破冰)活动。这样的团体常常只会让成员感觉热闹、有趣,但是缺乏深刻的体验与深入人心的分享交流。因此,带领者制定团体辅导方案时,应将大部分时间放在解决问题的主题上,而不是热身(破冰)活动。

4．方案中地点、时间、顺序不合适

团体辅导方案设计时需要考虑实施的场地问题,包括场地的大小、灯光、音响、温度和环境布置等。场地选择应当根据团体人数、活动形式等实际情况,在空间大小、灯光强弱、温度、湿度、环境布置等方面都予以应有的考虑,以免因场地大小不合适或环境不够安静而影响团体辅导的效果。另外,一个出色的团体辅导方案需要一个科学合理的活动安排顺序,即安排的团体活动要前后连贯,存在一定的逻辑关系。有的带领者没有这方面的意识,虽然方案中安排了一系列的团体活动,但活动安排的顺序存在问题,比如没有由浅入深地安排或者前后活动不匹配,破坏了团体活动的逻辑性,必然影响团体辅导的效果。

5．方案缺乏针对性和灵活性

团体辅导方案缺乏针对性是当前有的带领者设计团体辅导方案时最常见的问题,如果一个方案缺乏针对性,那么几乎可以与无计划的问题相并列。团体辅导方案设计是一个分析问题、解决问题、选择针对性团体活动的过程。选择的团体活动要与团体成员存在的心理与行为问题相对应。有的带领者在制定团体辅导方案过程中,对成员所要解决的问题缺乏基本的分析研究,对成员的特点缺乏基本的了解,因而所制定的方案往往就是"牛头不对马嘴",无的放矢。

另外,团体辅导方案在实施过程中,需要有一定的灵活性,即要求带领者根据团体成员状况和团体发展进程等因素,及时作出一些调整。这种调整包括三个方面:一是根据团体实施情况增加或删除某个甚至是某些活动(比如原先安排的热身活动完成后带领者感到组员参与团体活动的热情还不够高,那么就可以再增加若干个热身活动;或者是一个热身活动完成后组员们都已经被充分调动起来,那么原先安排的其他热身活动就可以不再展开);二是增加或减少某个活动原先设定的持续时间(比如方案设计时某主题活动讨论交流的时间为30分钟,但在实际操作时组员参与的积极性很高,分享非常充分,若干组员讨论分享的时间已经超过了半小时,尚有组员没有分享,那么就可以增加该活动的时间,让所有的组员都能参与讨论分享等);三是根据组员在团体中的表现特点调整活动组织形式,以保证团体达到最佳效果(比如某性格内向的组员在某次团体活动时主动参与进来,此时带领者可以根据现场情况,原方案由带领者或其他组员主持的活动可以转由该组员来主持等)。

二、团体成员筛选

挑选合适的服刑人员来组成一个团体,是在开展具体的团体辅导活动之前必须要做的工作之一。并非每个服刑人员都适合参加团体辅导,即使是主动报名、自愿参加团体辅导的服刑人员也并不一定都适合成为团体成员。

(一)筛选方法

1．面谈法

面谈法是成员筛选的主要方法,通过团体带领者与申请者一对一的面谈来实现。尽管面谈法相当耗费时间,但却非常必要。

(1)团体带领者通过面谈可以作出有效的评估,明确申请人是否适合参加团体辅导。通过面谈明确申请人的背景资料、个性特征、参加动机、问题类型等,从而确定是否适合参加当前的团体辅导活动。

(2)通过个别面谈使团体带领者增加对成员的了解,彼此建立信任感,缓和成员的害怕、担忧心理,消除某些成员对团体的偏见。带领者与团体成员相互间构建起来的信任关系,对团体工作顺利进行和取得良好成效至关重要。这不仅依赖于团体辅导过程中的彼此互动情况,也依赖于团体辅导前带领者在面谈工作时就建立起来的信任关系。另外,筛选也是组员了解带领者、选择带领者的过程。如果组员对带领者难以信任,或对团体的具体活动不感兴趣,可以作出不参加的选择。

(3)通过面谈筛选组员,对适合参加团体的申请人来说也是一个"入组访谈"的过程。在这样一个面谈的过程中,带领者要向申请者较详细地说明团体的目标、规则、内容、运作以及对参加者的要求、期望等,使申请人对团体的潜在价值、运作过程有所了解,有助于申请者作出正确的选择,也有利于成员明确自己如何参与团体活动,使团体运行更有规则、取得更大成效。

(4)筛选面谈不仅限于申请者。带领者还可以通过与申请者直接相关的人接触,如家长、同学、老师、同事以及其他直接相关人员(如直接管理服刑人员的警察)等,来进一步全面了解申请者。

(5)结构式团体辅导的筛选面谈,一般为15~25分钟。面谈时提出的问题主要有:①你为什么想要参加这个团体?②你对团体的期望是什么?③你以前参加过此类团体吗?④你需要得到什么帮助?⑤你是否有不愿与之在一起的某个人或某类人?⑥你认为你会对团体做出哪些贡献?⑦对于团体和带领者你有什么问题要问吗?

非结构式团体辅导的筛选面谈,访谈时间一次可长达60分钟,而且如果一次面谈还未实现"入组访谈"的目的,则可以再安排几次面谈。

2. 心理测验法

可以采用心理测验法来评价申请者是否适合参加团体辅导。该测验主要关注申请人在人际关系方面的三个层面:①申请人与其他人能否建立深入而良好的关系,包括是否有被人喜欢的倾向,自己是否喜欢他人或朋友;②个人对权力的态度,包括如何接受权力或使用权力,对领袖的看法和服从的程度等;③个人坚持自己原则的程度,包括在公开场合如团体活动时能否坚持己见等。

利用测试结果,不仅可以评价申请者是否适合参加团体,而且可以决定是将有相同倾向的人组成团体,还是将不同类型的人组成团体。

3. 书面报告法

成员筛选还可以采用书面报告法,即要求申请者书面回答一些问题作为筛选的依据。常见的问题有:你为什么想参加这个团体?你对团体有什么期望?你有什么问题希望在团体中得到帮助和解决?你认为自己可以为团体做出哪些贡献?并要求申请者写一份简单的自传,说明自己生活中的重要事件与人物。

在筛选成员时,无论采取哪些筛选方法,带领者都要认真考虑以下问题:

(1)为何他要参加团体辅导?他的主要问题是什么?

(2)他的自我形象如何?他是否考虑改变?

(3)他想从团体中获得什么?团体是否能帮助他个人达成他的目标?

(4)他希望知道带领者或团体的哪些事件?

(5)他是否了解团体的目的与性质?

(6)他的受教育程度及智能水平怎样?

（7）他以前是否有过团体经验？

（8）他的性格特征及精神、身体健康状况如何？

（二）入组与排除标准

不能参加团体辅导活动的服刑人员，其排除标准是：具有明显的自杀倾向、极端分裂或严重精神错乱、反社会、面临极端危机、高度偏执或极端自我中心的服刑人员。这个排除标准是指不能参加通常的团体，如果团体本身是为某类服刑人员服务的，比如预防自杀团体，那么有自杀倾向的服刑人员正是需要入组的成员。

可以参加团体辅导活动的服刑人员标准是：①服刑人员最好具有相同或类似的问题。②服刑人员参与团体的动机或愿望强烈。有的服刑人员参加团体辅导可能是被要求而来的，那么这一标准就不容易达到。③服刑人员在人际关系领域存在明显的缺陷或障碍，或者存在其他需要帮助解决的身心问题。④服刑人员要有一定的自我觉察能力和基本的语言交流能力。

三、团体辅导发展阶段

经筛选的服刑人员组成一个团体后，首先需要对每个服刑人员进行入组访谈或需求评估，以了解他们对团体的期望、入组的动机与目标以及他们的基本情况，然后才能开展具体的团体辅导活动。

（一）团体发展阶段

服刑人员团体辅导起动之后，从开始到结束有个发展过程，一般经历创始阶段、过渡阶段、工作阶段和结束阶段四个发展阶段。

1. 创始阶段

创始阶段主要目标是促进团体发展成为一个让人感到是安全的地方，即戒毒人员在团体里要有安全感，可以放心地来互动交流。

团体开始时，互不相识的人因参加团体辅导而走到一起，会有疑惑、紧张、焦虑、不安甚至恐惧等情绪与感受；如果服刑人员是被要求来参加团体辅导的，那么还会产生抵触、厌烦的感觉。有的服刑人员在参加了一两次团体活动后内心还会产生被威胁感。解决这些不良情绪与感受，是领导者首先面临的问题，解决得不好，组员往往就会选择退出团体。因此，一方面，领导者需要组织好有效的团体活动，比如成员相互间通过自我介绍能够尽快认识，并通过一定的团体活动尽快熟悉起来，澄清各自的团体目标，通过讨论共同订立团体规范或者通过领导者讲解来订立团体规则等；另一方面，领导者真诚包容的态度至关重要，在整个团体辅导期间，领导者对组员都要抱着真诚、热情、抱持的态度，并把这种态度传达到每一个团体成员。

2. 过渡阶段

过渡阶段主要的目标是促使成员形成接纳与归属感。

团体发展到过渡阶段，团体中会出现各种不同的抗拒心理，服刑人员的焦虑程度和自我防卫都很强。此时，团体成员的矛盾心理比较普遍，一方面担心自己不被他人接纳，为追求安全而把自己包裹起来；另一方面又想冒险说出自己心中的困扰而跃跃欲试。对于团体领导者，服刑人员也会仔细审视是否值得信赖，甚至公开挑战，以试探领导者能否适当处理。为此，领导者必须冷静沉着面对，要以抱持的态度主动、真诚而积极地关心每一位组员，协助服刑人员了解自我防御的行为方式及处理冲突的情境,鼓励他们谈论与此时此地有关的事情,说出内心的话和感受,学习接纳自己和他人,建立支持和接纳的气氛,协助服刑人员努力成为团体中独立自主的一分子。

3. 工作阶段

工作阶段是团体辅导的关键阶段。团体持续拥有良好的凝聚力和彼此充分的信任感是团体发展的重中之重。

发展良好的团体,服刑人员互相接纳,互诉衷肠,开放自我,表露更多的个人资料及其生活中的问题,并愿意探索问题和解决问题;同时也表现出真诚地关心其他服刑人员的行为。他们从自我探索和他人的反馈中尝试改变自己,并得到其他组员的支持和鼓励。领导者的主要任务是协助服刑人员解决问题。为此,领导者要充分并善于运用团体资源,在充满信任、理解、真诚的团体气氛中鼓励服刑人员探索个人的态度、感受、价值观与行为方式,深化对自我的认识,获得有益的成长;领导者也可以利用自身作为工作工具,开放自己,分享对服刑人员此时此地的感受,推动服刑人员加速认识自己;领导者还要对成员提出要求,促使成员将领悟转化为行动,在团体以及团体之外积极实践,尝试新的行为。在工作阶段,领导者通过设计有针对性的团体活动,来促进服刑人员的问题解决和心理成长。为了实现此目标,领导者要推动服刑人员积极参与到团体活动中来,促使服刑人员对团体活动进行分享讨论,表达自己的真切观点,探索自己的内心感受,与团体及团体成员共鸣,在领导者以及团体成员的鼓励、支持、指导帮助下获得启发与成长。讨论分享是团体工作中最主要也是重要的部分。

4. 结束阶段

结束阶段的重点是总结回顾,处理好服刑人员的离别情绪,向团体告别。领导者要关注到服刑人员的离别情绪,给予应有的心理支持,同时更需要去帮助服刑人员总结自身的成长,评估他们通过团体辅导所获得的新行为模式的成效,鼓励他们持续实践,内化于心。领导者在这一阶段要设计回顾团体历程、总结团体收获、告别团体自我成长方面的团体活动,以有效地实现这一阶段的团体发展任务,比如,通过"真情告白""大团圆""总结会"等系列团体活动来结束团体辅导。

(二)团体活动发展阶段

一次具体的团体辅导活动,其发展过程一般要经历起始阶段(热身或破冰)、过渡阶段(相互熟悉或加深认识)、工作阶段(主题活动)与结束阶段(回顾总结)四个。

处于一个团体不同发展阶段的某次团体活动,其发展过程也有一定的区别,具体来说有以下几种情况:

(1)处于团体初始阶段的某次或若干次团体活动,由于其主要任务是建立团体规范,让服刑人员彼此认识,熟悉团体运行规则,并获得安全感,所以在一次团体活动中常常以热身活动以及相互认识的活动为主。对服刑人员需要解决的问题,也以较容易解决或较为表层的问题为主。同时,在第一次团体活动中还必须安排一个"制订团体契约"的活动。

(2)处于团体过渡阶段的某次或若干次团体活动,团体主要目标是促进团体成员获得内心接纳感与归属感,以及对团体的安全感,愿意参与团体并做出自己的贡献,所以在这个发展阶段的团体活动,仍然要安排热身活动,让服刑人员充分参与到团体活动中来,同时主要是安排让团体成员进行更多的互动和敞开心扉的团体活动。此阶段的团体活动,领导者可以安排能够帮助解决服刑人员共性问题的活动,但以在心理与行为问题的解决上能够较快收到效果的团体活动为主。

(3)处于团体发展"工作阶段"的某次或若干次团体活动,主要任务是进一步促进团体凝聚力,并帮助服刑人员缓解或解决其心理与行为问题。团体活动的重点在于解决成员的问题。所以,在某次团体活动的开始阶段,可以有热身类活动,也可以不安排热身类活动,而是直接安排主题类团体活动。团体活动的主题就是服刑人员需要解决的某个或某些心理或行为问题。领导者在组织此类团体活动时,需要注意发挥服刑人员的主观能动作用,通过组员的讨论分享、相互帮助与启发,来获得问题的解决方法。

(4)不管处于团体哪个发展阶段的(某次)团体活动,都需要有一个团体活动总结时间,也就是在每次团体辅导活动的最后一个时间段,领导者都要安排一个对本次团体活动的回顾与总结。其主要内容是:简要总结本次团体活动的情况,肯定好的地方,以鼓励的方式恰当地指出不足的地方。但是,根据团体发展的不同阶段,回顾与总结的时间可长可短。起始阶段的团体活动,总结时间可短些;工作阶段的团体活动,回顾与总结时间可长些。另外,回顾与总结可以由领导者来完成,也可以由服刑人员来做。

四、团体辅导技术与方法

团体辅导过程中的技术很多,既有与个体咨询相同或基本相同的技术,也有团体辅导特有的技术。比如倾听、共情(同理)、具体化、澄清、解释、支持、自我暴露、提问、面质、复述等,是个体咨询与团体辅导共用的技术。所以,咨询师在开展团体辅导时,最好要有个体咨询的经验。下面阐述的主要是在团体辅导中运用的技术。需要说明的是,所有技术的阐述主要基于结构式团体辅导活动。

(一)讨论

讨论是团体辅导中最重要、最普遍和最常用的技术,也是团体辅导的主要活动形式,不管是在结构式团体辅导,还是在非结构式团体辅导中。

讨论是指团体成员对一个共同问题或主题,根据资料与经验,做合作的、深入的探讨。在讨论过程中,成员可以充分发表自己的意见,吸取他人的意见,修订自己的看法。所以,讨论的主要功能在于沟通意见、集思广益、解决问题,同时能够促进自我认知、形成舆论导向、产生启发顿悟、排解内心压力、宣泄不良情绪。

1. 讨论的形式

(1)圆桌式讨论。成员围圆桌而坐,自由发言。这是一种较为民主的形式,成员彼此间容易熟悉,也容易营造和谐的气氛。

(2)小组式讨论。这种形式在团体中运用很普遍。当团体人数较多(一般超过12人)时,要将成员分成若干个小组,每组确定一名组长主持讨论,还可以选一名组员当秘书,各组分别讨论同一个主题,并形成讨论结果。然后在大团体中综合小组讨论结果,即各组派代表作交流,其他成员可以补充。由于小组人少,可以保证每位成员有充分发言、交流的机会。

(3)陪席式讨论。一般先由一名专家发表意见,作引导发言,然后团体成员针对专家的意见发表自己的见解。

(4)论坛式讨论。先由几名专家或带领者分别阐述各自不同的观点,然后团体成员互相讨论,确定一个最佳方案。

(5)辩论式讨论。团体成员分成两组,就一个讨论主题分成正反两方,意见对立,然后根据自己所在方的立场,与对方辩论。

2.团体讨论的具体技术

(1)脑力激荡法。其又称头脑风暴法,即在带领者提出一个讨论主题后,成员非常自由地发表意见,不受拘束、集思广益、群策群力。该方法可以使参加者了解别人的意见,扩展自己的思考空间,培养团体合作精神,找到多种解决问题的方法。

使用原则:①不批评不指责,对团体成员的意见,全部接纳;②鼓励自由和创新;③人人参与,每人都要发表至少一次意见;④强调数量,意见想法越多越好,因为量越多的情况下产生好的解决方法的可能性越大;⑤优化整合,将各组意见公开交流,加以整合改进,就可以找到最好最集中的意见。

操作实施:必须要有明确的主题,并且最好是单一问题,所以讨论开始前必须界定清楚要讨论的题目,并限定讨论的时间。为了更好地实现脑力激荡,成员之间需要相互熟悉,所以要有10~15分钟的热身活动让成员熟悉起来,并了解进行的程序即必须遵守的规则。活动进行过程中,带领者可以旁敲侧击来促进成员参与的热情以及提升想象力,尽量营造轻松、合作、接纳的团体气氛,鼓励积极参与。当时间将近,带领者要提醒成员。为公平起见,到时间所有成员必须停止,每组统计数量,先后发表。可以设立一些奖项,如最具创意、最实用、最经济、最可行、最大众、最幽默点子,良性的竞争可以激发成员参与的主动性和热情。

操作步骤:第一,确定主题;第二,说明规则;第三,鼓励发言;第四,记录所提出的意见;第五,归并所提出的意见;第六,共同决定评估标准;第七,根据评估标准共同选取最好的意见。

注意事项:每组以6~8人为最佳,即超过12人要分组;讨论主题必须是开放性的问题,事先提出,其意义为所有组员所了解;带领者要设法维持热烈的气氛;准备黑板或海报纸,扼要记录所有提出的意见;避免专家涉入。

(2)问题揭示法。其是指在团体讨论过程中,带领者将成员要讨论的问题尽可能一一列出,写在黑板上,一目了然,方便讨论。

揭示法的功能:通过揭示问题,能够引起参与者的热情;能够澄清问题,消除误解;能使成员主动选择重要的问题先讨论;能够将问题分门别类,易于掌握;有助于促进团体沟通,增强团体凝聚力。

操作过程:同脑力激荡法,带领者需要营造良好的团体气氛,接纳每一位成员,鼓励积极参与,注重接受每一个成员的意见,而且要能明确掌握成员发言的内涵。必要时可以请成员共同澄清问题,以增进团体成员之间的互动。

(3)菲利普六六讨论法。这是由美国密歇根州立大学菲利普(Phillips)首倡的讨论方法,基本原则是将大团体分成小团体进行讨论分享;目的在于互相能听得更清楚,且能更有效地互动和执行工作。每6人一队,每人1分钟。人人参与,体现平等和尊重,而且交流充分。时间可以视具体情况有所调整,并不是绝对只能1分钟。

与菲利普六六讨论法相似的是耳语讨论法,唯一不同的是小团体原则上两人一组进行讨论,两人一组窃窃私语更容易实施。

3.讨论中带领者的任务

(1)带领者在团体中的责任。基本责任是催化,即建立一个友善、接纳和容忍的气氛,使团体成员能自由、充分地发表各自的意见。因此,带领者要鼓励成员参与和倾听,并做出反应。为此,带领者本身应该具有广博的知识,能把握问题的重心,有适当的幽默感,善于引导。

营造气氛:团体带领者要以真诚的、尊重他人的态度和中立的立场主持讨论,给每个成员发言的机会。只提出问题不给予答案,不批评不指责,努力营造良好的团体气氛。

把握主题:团体带领者可以利用重述主题、总结讨论等机会强调团体讨论的主题,让组员聚集在主题上,避免讨论中断或偏离主题迷失方向。团体讨论的主题有时是计划中确定的,有时是团体共同决定的,有时是由活动内容决定的。比如,某一团体活动结束后,组员沉浸于活动中,相互间开始讨论起来或有所讨论,此时带领者就可以根据组员讨论的内容,在确定对团体发展或解决团体成员的问题有帮助的情况下,确定一个主题来开展讨论。应注意的问题是,讨论的题目必须是团体成员能力范围内能够处理的,但又有一定的复杂程度。

控制时间:团体讨论中掌握时间较为重要。在团体活动方案中要计划好讨论的时间长短、每人发言的次数和时间以及带领者归纳总结的时间。尤其是当团体讨论时间过长,或者少数成员发言时间过长时,都要积极干预。

启发讨论:团体带领者要用鼓励、支持、感谢、欣赏等语言,激发团体成员主动积极发言,表达自己的意见和感受。尽量避免用轮流发言或指定发言的方法使没有准备好的成员陷入尴尬。

(2)充分准备。为使团体讨论能达到目的,带领者要为讨论做充分的准备。例如,事先印制有关资料;讨论中能把握方向,使讨论不偏离主题;讨论结束能作简洁的总结;能解答讨论中的难题等。

(3)熟悉各种团体讨论的形式与策略。团体讨论的目的常常不在于讨论的结论,而在于讨论过程能使成员充分参与、沟通,体验到自由发表意见的机会,学习尊重别人意见的态度与合作的方法。团体带领者要熟悉各种讨论的方法与策略,根据团体需要做出恰当的选择。

(4)讨论场面的构成。团体讨论的人数一般以6~12人为宜,人数太多时可以分成小团体进行讨论;讨论的座位尽量采用围圈或马蹄形,保证面对面交流;讨论时间一般为1小时左右,最多不超过2小时,可以安排一定的休息时间;讨论的场地尽量隔音良好,使讨论不受外界干扰,组员能集中注意力;场地较大时最好有音响,以保证每个人的发言都能被清楚地听见。

(二)游戏

游戏是结构式团体辅导中比较常用的一种技术,尤其在儿童和青少年团体辅导中。它是指两个人或更多人相处时一系列的交流与沟通,包含着表面的和隐蔽的两种信息,导向一些可预期的结果,但参与者可能并不能充分意识到这之中包含的两种沟通层次。所以,有的游戏需要带领者给予一定的指导或解释。

1.游戏的基本要素

一个完整的游戏包含名称、目标、时间、人数、道具与材料、流程和注意事项七个部分。名称是指游戏的名字,从目前团体辅导中采用的游戏来看,有些游戏的名称与目标相关联,有些游戏的名称与目标没有关联,仅仅是一个名字。所以,选择游戏时不能只看游戏的名称,还要看游戏的具体内容。目标是指游戏所要达到的目的,一般都包含主要目标和辅助目标两个部分。在团体辅导中,可以根据咨询需要分别选择实现主要目标和辅助目标的游戏,也可两者兼有。此外,游戏还要对时间、人数、道具与材料进行相应的描述和规定。游戏的注意事项是指游戏操作过程中的有关注意点。有些游戏有一定的危险性,需要有一些保护措施,以确保人身安全;有些游戏需要配有音乐,并有一些特殊的播放要求;有些游戏需要有特殊的道具和专业的操作人员,以确保游戏的正常开展。

2. 游戏的作用

(1)消除隔阂,接近距离。常识和心理学研究都告诉我们,陌生人之间是有距离的,而缩短这个距离的有效办法,就是要让人与人之间有一些互动和交流。团体辅导中采用的一些"破冰"游戏,就是通过成员语言的交流和身体的运动,减轻和消除人与人之间的隔阂,缩短彼此间的距离,营造自由、轻松、融洽的团体气氛。

(2)启发思考,产生顿悟。很多游戏含有隐蔽信息,参加者在游戏活动中直接感受到的就是轻松、快乐、有趣,并不能体悟到其中的玄机和奥妙。游戏结束后,经过小组成员的讨论、分享和带领者的点评,游戏的隐蔽信息被揭露,参加者有茅塞顿开、豁然开朗之感。

(3)参与体验,加深理解。人类学习有两种途径:一种是间接学习,即通过学习他人的经验掌握知识;另一种是直接学习,即体验式学习,主要通过亲自参与、亲身体验来获得知识。前者信息量大,但缺乏体验,理解不一定深刻;后者体验与理解深刻,但信息量相对要少。游戏则主要是一种体验式学习方式。

(4)共同参与,营造气氛。团体游戏可以营造出某种特殊的环境氛围,再现生活中的真实场景,使团体成员产生与现实生活完全相同或相近的体验,如"人际冲突""相互支持与安慰""感动"等,都可以通过团体游戏来营造。

(5)寓教于乐,身心放松。游戏不仅是儿童交流、娱乐的主要方式,也可以使成年人身心放松。现代社会竞争激烈,给成年人带来了巨大的压力,游戏更像是经过置换、浓缩、符号化、个性化、合理化的梦境和幻想,可以减轻参与者在生活中正常模式下未能得到疏导而导致的消极影响与后果。

(6)增强能力,适应社会。团体成员在游戏中发生的各种冲突、矛盾,各种相互帮助与协作,有的是现实社会的全景式模拟,有的就是生活的再现或者预演。通过各种不同的游戏,团体成员可以直接和间接学习处理人际关系的技巧,提高今后的社会适应能力。游戏是培养社会性的最佳方式之一。

3. 游戏应用要点

(1)游戏使用要适度。团体辅导中游戏的采用不能多,团体辅导不是游戏的堆砌和拼凑。游戏只是诸多团体辅导技术中的一种,团体辅导中还有许多其他有效的咨询技术,如心理剧、音乐疗法、认知疗法、行为疗法、观察学习、催眠等。一次团体辅导从头至尾都是游戏活动是有问题的。

(2)游戏的选择要考虑年龄和文化差异。儿童和青少年团体因其年龄特征可以多采用游戏活动,而成人团体可以运用得少些,因为成人对游戏的兴趣与年龄成负相关。此外,要根据成人体力、兴趣等因素,慎重选择运用的游戏。另外,游戏的选择还要考虑文化因素。

(3)游戏的选择要与咨询目标相匹配。团体辅导中游戏技术与其他咨询技术一样,其本身并不是团体辅导的目的,只是实现咨询目标、提高咨询效果的一个方法。在团体辅导过程中,游戏有时虽然很有趣、富于智慧,能让参加者投入,但是它不能有效地改变人的行为或心理,这样的游戏只是"当时激动,事后不动",应当给予摒弃。

(4)游戏结束后需要讨论,带领者需要点评。由于大多数游戏包含显性的和隐性的两种信息,成员在游戏过程中和游戏结束后常常不知道游戏所要表达的真正含义。因此,在游戏结束后要组织小组讨论,团体带领者要给予及时的点评。通过讨论和点评,让所有参与游戏的成员从中体悟游戏的真谛。如果没有举行讨论,成员体验不到游戏与主题之间的关联,游戏活动就失去了意义。

（三）行为训练

行为训练是指以行为学习理论为指导,通过特定程序,学习并强化适应的行为,纠正并消除不适应行为的一种心理辅导方法。团体辅导中的行为训练是通过带领者的示范或团体成员的现场表现以及团体成员之间的人际互动实现的。这一技术在结构式团体辅导和非结构式团体辅导中都会有应用。

1. 行为训练的原则

(1)由易到难。在团体进行行为训练时,最重要的原则是将复杂的行为分解成多个简单的行为,先从容易做到的行为训练开始,然后再以渐进的方式,逐步训练较困难或复杂的行为。

(2)提供示范。行为训练是训练成员在特定情境中作出适应行为的最基本方法。训练时,不仅要训练成员运用适当的语句、情感和口头表述,也可练习适当的动作。为了避免成员在训练时获得负面的经验,在训练过程中,带领者应提供示范。

(3)及时强化。每次行为训练后,团体带领者都应该对团体成员的表现进行总结,对行为训练做得好的成员给予表扬或奖励,以增加该行为在实际生活中再出现的可能性。

2. 行为训练的步骤

(1)情境的选择与描述。由团体带领者或成员简单描述一个情境,让其他成员都能清楚地了解问题。情境应当符合三个条件才可以训练:必须是互动的;必须有一个明确的关键时刻;对情境的反应结果必须是不愉快、不喜欢、焦虑不安的。

(2)确定训练目标。确定在该情境下想要实现的目标,以及愿意冒的风险。

(3)团体讨论。团体成员提供在这种情境下各种可能的反应,并可以自由地、有创见地提供各种建议。不需评价各种建议的可行性,只是充分收集资料。

(4)示范。团体带领者或指定一位成员扮演情境中的一个人,而另一位成员扮演遇到问题的人,使真正提出情境的人可以通过他人表演看到别人的反应。

(5)正式训练。团体成员两人一组或多人一组,公开练习自己在特定情境中的反应,然后互相评估,提出反馈意见。

(6)综合评估。团体带领者对情境做分析,对成员的训练作总结,并鼓励、支持那些适应环境的行为。

（四）心理剧

心理剧虽然本身是一种心理咨询的形式,但也可以作为团体辅导的技术之一,与其他团体辅导技术一起共同为实现团体辅导目标服务。

心理剧是一种通过舞台剧的形式,让来访者扮演剧中某一角色,并体会角色的情感与思想,从而改变自己以前的行为习惯,完成内心情感的宣泄,获得解决内心问题的咨询方法。它运用于结构式团体辅导中。

1. 心理剧的构成要素

一个完整的心理剧包括脚本、导演、主角、配角、观众以及舞台和道具六要素。此外，心理剧的实施要有一定的条件，舞台及其布置，以及音响、灯光、道具的准备对营造特定的环境氛围有重要的作用，尤其是舞台和道具往往会强化表演的效果。

2. 心理剧技术的五个阶段

（1）暖身。其主要是指身体和心理的放松，小组成员之间的认识、了解和接纳。心理剧的表演不同于一般的课堂教学，需要充裕的活动空间和轻松和谐的氛围。因此，在心理剧排练前，应开展一些"破冰"活动，即为暖身阶段。这些破冰活动主要有语言和非语言两种形式。语言的暖身活动是指心理剧脚本的研究与讨论、角色分工等。非语言的暖身活动是指角色模拟、动作练习等。

（2）排练。或称预演，是指在读懂剧本、理解剧情的基础上，根据对剧本的理解进行反复排练，逐渐进入角色，体会剧中角色感受的过程。此时，团体带领者可根据脚本要求对表演者进行一些启发和引导，帮助表演者理解剧中人物，进入剧情角色。

（3）表演。其是心理剧的核心，在表演中成员要全身心投入，观众也要仔细观察他们的肢体语言以及情绪的表达。

（4）讨论与分享。其是心理剧必不可少的一个环节，它可以使表演者加深对剧中角色的理解。

（5）点评。其是指团体带领者对表演者表演的真实性、感染性以及投入程度进行评价，引发表演者的回忆与思考。

3. 心理剧中常用技术

（1）角色扮演。从某种意义上说，它是心理剧的"浓缩版"，可以作为一种咨询技术单独使用。角色扮演的剧情较短或者较为简单，是成员在特定气氛下的即兴表演。团体带领者根据咨询目标设计一个接近真实情况的剧情，让成员扮演特定的角色，借助角色的表演来体验该角色此时的情感，从而提高成员对该类问题的感悟能力。通过扮演不同的角色，可以让成员感受不同的情境，使成员在遇到相关问题时能够顺利解决。

（2）角色互换。在心理剧演练结束后，主角和配角可以进行互换排练，让成员体会不同角色的内心感受。通过角色互换，人们常常可以发现，当主角站到配角的立场看问题后，主角对配角"无动于衷"的态度会发生变化，因为扮演者在不同角色之间切换，能真实体验到不同角色的感受，学会设身处地为他人考虑问题，可以调整及修正自己在人际交往中的不良行为表现。

（3）替身技术。这是一种由团体带领者挑选的成员来扮演主角内在自我的一种技术。替身站在主角后面，模仿主角言语行为，或者替主角说话。替身的作用除了要把主角的思想活动和情绪体验表演出来，还要帮助主角觉察自我内在心理过程，引导和启发主角的思想表达和行为表现。此外，替身还能强化主角与配角之间的相互影响力，增强心理剧的效果。

（4）空椅子技术。这是指运用两张椅子，要求成员坐在其中一张椅子上扮演"自我"，然后再换坐到另一张椅子上，扮演"另一个自我"或"离去的亲人"，以此让成员扮演的两方持续进行对话。通过两部分的对话，可使成员充分地释放压抑和内心冲突，并使内在的对立与冲突获得较高层次的整合。

（5）镜像技术。通过配角对主角语言、表情、动作的模仿来反映主角的角色，好像主角面对镜子看自己。镜像技术可以帮助主角发现他人对自我的评价,更加看清自我。

(6)未来投射。这是把未来某些将要发生的事情在团体中进行模拟,让成员扮演他们在未来期望成为的角色。此项技术通过对未来事件的预演,促使表演者内心发生符合未来发展的变化。此项技术可以单独使用,而在团体辅导中,它主要被用于"人生目标"的探索,以帮助成员坚定对未来的信心,增强战胜挫折和困难的勇气。

(五)引导

引导是指团体带领者在恰当的时机引导成员发言,从而有效促进团体成员分享与交流,以促进团体辅导向深度发展的过程。如何引导团体成员参与到团体中来并积极地发言,并不是一个简单、容易的事,需要带领者的经验与技巧。有经验的团体带领者能够让成员在没有压力、不感到被迫发言的情况下分享与表述。

在结构式与非结构式团体辅导中,引导技术都会使用。

1. 引导成员发言的时机

(1)成员持久沉默。团体辅导中,如果成员持久沉默,团体带领者就要运用引导的策略来推动他。团体成员在团体辅导中沉默的原因有多种:一是害怕说错话后被其他成员嘲笑;二是成员性格内向,平时表达就少;三是考虑与团体无关的事情,思维游离在团体之外;四是对团体活动还没有做好心理准备或者是对活动存在疑问;五是并非自愿加入团体,对团体带领者及成员缺乏信任感;六是团体带领者或团体中某个成员过于强势;七是正在思考问题。如果成员的沉默是前述六种情况中的一种,团体带领者应给予积极的引导。

(2)成员的分享偏离主题。在团体辅导中,成员的分享与交流是开放的、多元的,也是自由的。但是,如果成员的分享偏离主题,或违背社会道德、主流价值观,团体带领者应及时打断,也可以巧妙地引导,比如"你是否可以换个话题""你刚才的发言表达了你自己的一些观点,那么在×××方面你是怎么想的"等。

2. 引导发言的方式

(1)直接引导。团体带领者可以直接问成员是否想发表意见,或者是否对正在发生的事情有什么想法或感受。

(2)邀请善于表达的成员。团体带领者可以先邀请两到三位善于表达的成员分享自己的想法,树立榜样,营造积极交流的氛围,然后再邀请不善于表达的成员分享自己的想法,从而避免单个成员被点名发言引起的压力和焦虑。对于成员的表达,团体带领者要给予积极的肯定和鼓励。

(3)使用肢体语言。人的面部表情,尤其是眼神对于传递信息有着重要的意义。在团体辅导的过程中,带领者运用眼神与某个成员进行交流,从而引导其发言,是许多团体带领者会运用的一个方法。肢体语言如身体朝向该成员点头或微笑,并以鼓励的眼神看他,这样的引导常常是有效的。

(4)通过书写的方式。书写方式的好处在于成员可以降低临时组织语言时的紧张焦虑感,因为书写的过程就是整理思绪的过程,在这之后根据书写的内容进行分享交流与讨论比直接分享更容易。在结构式团体辅导中,这是常用的一个方法。不过,采用书写方式对于团体带领者来说,要事先准备好纸和笔,并准备好一些开放性或封闭性问题。而针对性问题的设置有时并不那么容易,常常需要团体带领者收集资料精心准备。同时,这一方法的运用还需要团体成员具有一定的书写能力。

（六）打断

打断又称阻止，是指团体带领者以委婉的方式终止成员的发言或分享，以确保团体辅导按照预订的进程、朝预定的目标发展。

带领者在打断某成员发言或分享时，常常会感受到一定的压力，显得并不那么容易。这是由于团体辅导本身的特质造成的。团体辅导要求带领者以抱持、共情、理解的态度来对待每一位来访者，而打断或阻止似乎是与此违背的。但是，打断有时又显得必须，因此带领者在必要时还是要运用此技术，来保证团体朝着预订的目标发展。在团体辅导过程中，当一个团体发展到一定阶段之后，常常会出现团体成员出面来打断某成员的发言，阻止该成员持续的、长时间发言或离题发言的情况，而不需要带领者来做打断工作。

在结构式与非结构式团体辅导中，打断技术都会有运用。

1. 打断的时机

打断是团体带领者需要掌握的策略与技术之一，有时显得非常重要。打断时机的把握和语言的运用，体现了团体带领者咨询技术水平的高低和经验的多少。打断得太早，会影响成员的积极性和咨询的深入；打断得太迟，则会影响团体辅导的进程和方向。具体的时机如下：

（1）成员分享漫无边际。当某一成员海阔天空、漫无边际地分享时，带领者应及时提醒和打断。打断的方式要根据当时的情况和团体发展的状况，比如可先对该成员的发言总结一下然后再问其他成员，如果团体凝聚力强也可以用尝试性面质的方式予以打断。

（2）成员分享时间太长。当某成员的分享时间太长，其他成员已没有兴趣，甚至有的产生了厌烦的感觉，带领者需要给予打断。带领者可以说："由于时间关系，你的分享就暂时到这里，后面还会有机会请你表达观点的。"

（3）成员分享脱离主题。这是指在结构式团体辅导中，当某一成员分享的内容偏离讨论主题，带领者不需要马上打断，但需要给发言的成员一个提醒，让他意识到自己的分享已经跑题。因为大多数成员分享时脱离主题可能是潜意识的，他们并不知道自己的观点已经偏离主题。对于这样的成员，带领者可以说："你讲得很好，但要围绕现在讨论的主题。现在我们讨论的主题是……"

（4）成员的分享伤害到他人。如果在分享中，带领者发现某一成员的语言对其他成员造成伤害，带领者应立即打断其分享，以免影响团体讨论和分享。这种情况在团体辅导中虽然少见，但出现时带领者还是要果断地采取措施。

（5）成员的分享明显有错。当某一成员分享的观点有明显的错误，偏离团体辅导目标时，带领者要及时予以打断，并可以这样说："你的观点只是少数人的观点，或者只是你个人的观点，并不能代表多数人的意见。你可以保留自己的观点。"这种情况在服刑人员团体辅导时还是会出现的，带领者要保持敏感性。

（6）成员分享中出现哭泣。当某一成员在分享时情绪激动并哭泣时，带领者不要立即给予处理，应让其继续哭泣。因为哭泣既是成员个人情绪的一个流露和压抑的宣泄，也是对其他成员产生积极影响的方式。但是，当该成员哭泣不停时，带领者可以把焦点从那位成员身上移开。带领者此时可送上面巾纸，并对其他成员说："听了某某某的经历，我们也很难受。让他休息一会儿。"

（7）成员在分享时情绪失控。对于在分享中情绪失控的成员，要及时给予安慰和支持。

在结构式团体辅导中,团体带领者可以通过拥抱、拍肩等方式给予关怀,也可以由团体成员来做这些支持性行为,而且后者对团体发展更有价值。在非结构式团体辅导中,出现这样的情况,一般由组员来完成心理支持,而带领者也可以做。

(8)成员试图支配他人、支配团体。团体中常常有那些在发言过程中试图支配和控制他人的成员存在,其全有的成员试图控制整个团体。这类成员起初常常声称自己认同别的成员,但实际上只是顺着别人的观点详细地分享自己的生活和经历,结果是这类成员虽然说了很多,但真正的自我暴露很少。这时,团体带领者需要及时、巧妙地打断他的分享。可以用发言时间有限制和给每个成员均等发言机会为理由,打断有支配欲望的成员发言。

2. 打断的形式和技巧

(1)打断的形式

①语言打断的方式。这是团体带领者主要的打断方法。比如可以说:"好,这个话题先谈到这里,让我们听听下一位成员的看法。"语言打断的方式一定要注意说话的语调、音高等,带领者不能用冷漠的语言和语调来打断成员的发言,要以柔和的、抱持的语调和心态来做。

②非语言打断。团体带领者可以通过表情和肢体语言来打断成员的分享。在结构式团体辅导中,带领者可以走到分享的成员面前,示意分享结束,然后接过他的话筒。在非结构式团体辅导中(在结构式团体辅导中也一样),带领者可以采用转移视线的方式来打断该成员的发言。

(2)打断的技巧与"话术"。

①拉回话题。在结构式团体辅导中,成员分享时如果发现其分享的内容跑题,带领者可以用提出新问题并让其回答,来转移成员讲话的思路,把成员长篇大论的叙述拉回到既定的话题范围中。比如"对不起,我打断一下,我们的讨论与分享似乎与我们团体辅导的主题相差有些远,我们需要围绕主题来开展讨论。那么,我们本次活动讨论的主题是……现在我想提出这样一个问题,来请大家回答。我的问题是……"

②垫话截说。当成员分享不得要领时,带领者可以用垫话的方式,以理解成员和帮助的角度,进行截说。比如:"你的看法可能只代表你自己,并不能代表其他人,不过,你可以保留自己的观点。"

③幽默"截流"。当成员分享的观点在同一层次展开较多而推进较慢时,带领者用幽默的方式"截流"。带领者可以跟成员说:"你谈论的这个话题涉及的面很广,层次又很高,普通人难以理解,今天我们对此不做深入讨论,今后有机会再请你详细描述。"

④"改道引流"。对意思已经表达清楚但还在滔滔不绝地分享的成员,带领者要实时"改道",把"渠水"引到"另一块田"里。此时带领者可以邀请其他成员给一些反馈以阻止谈话,可以说:"看起来其他成员对你的分享感同身受,我们来听听他们的想法。"

⑤直接打断。当成员在团体中陈述一些伤害性的话语或者对其他成员进行人身攻击、情绪波动比较大时,团体带领者需要果断阻止这种行为。尤其是在团体初始阶段,团体正在逐渐形成信任感时,一些成员真诚的自我表露却获得另外一些成员的厌恶或者语言攻击,这对团体辅导的效果有较大消极影响。此时,团体带领者可以说:"你等一下,这是你个人的观点。让我们继续把注意力放在其他成员身上。""你还是多谈谈自己的体验和想法,不要去建议他人如何去做。""对不起,我打断你一下,我们只分享自己的感受,少评价他人,要注重他

人的感受。""此时你可能有点激动,稍微平静一下再说。"

⑥宣布时间规则。在结构式团体辅导中,带领者也可以通过重新宣布讨论交流的时间规则,让分享者停止发言或叙述,比如"你的讲话时间已到,轮到下一位成员发言",或者说"你发言的次数较多,我们把一些时间留给其他成员"。

（七）点评

在团体辅导中,常常需要带领者对成员分享情况及观点的现场点评。对同一个问题的讨论,会出现众多不同的观点。在这些观点中,有的符合社会主流价值观和道德规范,或是体现出较高的层次,此时带领者应当给予鼓励和赞赏;有的观点并不违反社会主流价值观,但层次较低,可以保留,此时需要带领者点评提升;有的观点则是完全错误的或者部分不正确,此时带领者要及时给予引导、点拨或矫正。另外,在团体讨论时,有时会出现某个成员的看法只是个人的观点,并不完全正确,也不符合社会道德规范,然而其他成员也没有人提出反对意见,甚至有的成员还在表面赞许,可能对其他成员产生一些误导。还有的时候,团体讨论中成员的观点出现了同样的错误,需要带领者给予纠正。凡此种种,如果团体带领者不给予及时的引导、启发、点评,团体成员就无法评判某种看法的正确与否,团体咨询的目标就会落空,甚至团体发展都会受到很大的影响。

团体带领者对成员分享情况与观点的点评,在结构式或非结构式团体辅导中都会应用。通过点评,可以把握团体讨论的方向,实现咨询目标;也可以使团体讨论引向深入,挖掘成员内心思想;还可以强化团体成员的某些正确观念和闪光点,传输正能量。

为了发挥好带领者现场点评的作用,需要注意以下几点:

(1)慎用批评。在团体讨论中,如果成员的分享观点层次不高,与团体辅导目标不相吻合,但并不违背主流价值观,应允许其保留个人观点;如果成员分享的观点有些偏激或者有些不正确,但并不违背社会道德和伦理,应用"表扬—批评—再表现"法,给予评价;如果成员的分享有明显的错误或者违反法律,而其他成员的态度又不鲜明或者没有态度时,带领者要表明态度,予以纠正。

(2)及时赞许。对于精辟的分享,带领者要予以及时重复和称赞,尤其是那些经过思考总结出来的观点,比如成员在讨论时总结:"人生的道路需要选择。与其在错误的道路上飞奔,不如在正确的道路上慢跑。""我之所以犯罪,是因为有侥幸心理。侥幸心理害死人啊!"

(3)不轻易评价。对于没有把握或不懂的问题,不要给予现场点评。可以明确告诉团体成员:"对于这样的问题我也不是十分清楚,我们可以在团体辅导后进行讨论。"要实事求是,不要不懂装懂,弄巧成拙。

(4)不要逐个点评。带领者应当避免形成对每个成员的谈论都做出反应的模式。对于成员的讨论是否给予点评虽然很大程度上取决于带领者个人的经验,但也有一些规律。成员的讨论中出现以下几种情况,带领者应及时给予点评:①分享的观点明显偏离社会伦理与道德;②分享的观点是社会所倡导的,或者是未来社会发展的趋势;③分享的观点有助于问题讨论的深入。

五、团体辅导效果评估

评估是指通过不同的方法,对团体成员的特征和需求、团体的进程、团体的目标、成员的满意度等资料进行全面、系统和深入的描述的过程。团体辅导评估的内容很多,主要包括:

成员需求评估、心理特征评估以及咨询效果评估等,其中最重要的是团体辅导效果评估。

(一)评估的类型

团体辅导效果评估的类型可以根据不同的标准分类。根据评估的时间可分为团体开始前、团体过程中、团体结束时、团体结束后追踪评估,其中效果评估主要是在后三种时间段里来开展。根据评估的方法可分为客观评估、主观评估。根据评估的工具可分为影像评估、问卷评估和自我报告。根据评估的形式可分为口头评估和书面评估。根据评估的侧重点可分为过程评估和结果评估等。

(二)评估的执行者

1. 团体带领者

团体带领者评估是指带领者对团体辅导的效果进行的评估,主要内容包括三个部分:一是对团体成员的评估,如服刑人员是否积极参与团体,是否自我开放,是否能够在团体中发表自己的看法等;二是对团体过程的评估,如团体氛围如何,团体进程是否顺利,服刑人员的团体目标是否达成等;三是带领者自我评估,如自己的工作状况,是否运用了恰当的方法和技巧,自我暴露的程度,自我投入的程度等。团体带领者对团体辅导效果的评估重要且不可或缺,但有时会不客观,因为团体带领者是团体辅导的策划者、指导者和执行者,对自己所开展的团体辅导效果作评估,难免会有片面性和主观性,有时不能真正反映咨询的效果。

2. 团体成员

团体成员评价是指参与团体的服刑人员对带领者的能力、团体过程和效果的评估。从理论上说,参与团体的服刑人员对团体辅导的效果最有发言权,因为他们是参与者和受益者。然而在有的团体中,由于服刑人员的认知水平和识别能力所限,又或者受带领者特殊角色和地位的影响,在评估团体辅导效果的过程中,可能会出现夸大效果或贬低效果的情况,难以做到客观公正。

3. 第三方

第三方评价是指由团体带领者和团体成员之外的组织或个人对团体效果所做的评估。一般来说,由第三方来评估团体辅导的效果会比较客观公正,如专业评估机构、心理学专业人员或者团体主办方(指带领者非主办方工作人员)。但是,如果第三方评估者与团体成员或带领者存在利益关系,也会影响评估的客观性和真实性。

如果团体带领者有督导师,或者团体又设置了观察员,那么请他们对团体辅导效果进行评估,也是一个重要途径。团体督导师可以通过现场观察、观看录像或阅读团体带领者的记录等方法和途径来作评估和指导。而团体观察员则通过现场观察与记录,可以对团体成员、团体带领者和团体效能等进行评估与反馈。

(三)评估方法

1. 行为计量法

要求服刑人员自己观察某些行为出现的次数并作记录,或者服刑人员之间相互观察并作记录,或者请与服刑人员相关的人如管教民警来观察及记录服刑人员的行为,以评估他们的行为是否有所改善。行为计量法除了可以用来记录外显行为之外,也可以记录服刑人员情绪和思维的变化情况。记录形式可以是表格或图示。

2. 标准化的心理测验

心理测验是一种对人的心理和行为进行标准化测定的技术。在团体评估中,运用信度和效度较高的心理测试量表,可以反映出服刑人员行为、情绪的变化,从而评估团体辅导的效果。

3．调查问卷

调查问卷是指团体带领者设计一系列有针对性的问题,让参加团体的服刑人员填写,以搜集服刑人员对团体辅导过程、内容、成员关系、团体气氛、团体目标的达成、带领者的态度及工作方式等方面的意见。问卷中的问题可以是开放式的,也可以是封闭式的。自行设计的问卷虽然没有标准化,不一定科学,但它的好处是能让服刑人员自由发表他们的想法和感受,因此能搜集到一些其他方法难以获得的宝贵的第一手资料。

除了上述三种主要方法外,还可以通过参加团体的服刑人员日记、自我报告、带领者工作日志、观察记录、录像录音等方法来评估团体的发展和效果。

第三节　团体辅导案例

本节提供两个团体辅导方案,分别是"新服刑人员自我调适团体方案书"与"责任在肩——学会担当,勇挑重担",供读者参考。

【方案一】

新服刑人员自我调适团体方案书

一、团体名称

新服刑人员自我调适团体

二、团体目标

总体目标:提高新服刑人员的自我认知,为今后矫正打下良好的基础。

具体目标:通过团体活动过程,交流此时此刻的感受,增进对监禁环境和成员之间的了解,促进成员之间的互相接纳,改善人际关系,降低防备心理与恐惧感。

提高成员对自己罪错的认识,促进成员的自我认知和自我接纳,增强自信与自尊,提高责任感,学会情绪自控和行为自律,有效规划自己的矫正生涯。

成长性、教育性和预防性团体。

三、团体带领者

带领者:王××,心理咨询师(二级);李×,心理咨询师(三级)。

四、参加对象和人数

进入矫正机构满1个月的服刑人员,人数不超过30人。

新服刑人员的心理特点分析:

大多数服刑人员本身在人生观、价值观上就有一定的扭曲,人格上存在缺陷,如以自我为中心、爱慕虚荣、贪图享受、好逸恶劳、心胸狭隘、情绪不稳、报复心强、法律观念淡薄、道德意识低下等。

进入矫正机构后,对法院判决不服、对矫正场所存在一定的恐惧、对严格管理不适应、对家庭伤害自责、对未来绝望等,反复影响着新服刑人员,导致他们容易产生以下普遍性心理:

（一）罪错认识不足，心有不甘

相当一部分服刑人员对自己的罪和错缺乏足够认识，总认为自己是因一时激情而犯罪，对方有过错，情有可原；或代人受过，心有不甘；或被人陷害，难以自拔。表面上认罪悔罪，但心里总认为法院判决过重。

（二）身份意识淡薄，存有抵触

许多服刑人员入监（所）后，长时间不能接受身份的落差，特别是经济类、职务类或高学历服刑人员，潜意识里放不下面子，看不起他人，较多关注自己的权利，却较少愿意履行教育矫正的义务，对民警的教育和矫正机构纪律规定有较大的抵触，身份意识淡薄。

（三）人际关系隔阂，想法隐蔽

新服刑人员出于对监禁环境的恐惧，对民警和其他服刑人员的陌生和不信任，普遍自我防备意识强，不轻易表露真实的想法。但事实上，新服刑人员往往最大的感觉是无助与孤独，缺乏有效的情感支持，心理压力大，宣泄途径少。

（四）存在对抗心理，行为冲动

许多人犯罪本身就因为存在以自我为中心、心胸狭隘、敏感多疑、嫉妒心重、思维偏激、报复心强等人格缺陷，特别是一些涉黑、故意伤害、故意杀人等暴力型服刑人员，容易对监禁管理与约束产生对抗情绪，或者为他人打抱不平，以各种借口与民警产生冲突，并以直接对抗、不服管理或自伤伤人等形式表现出来。

（五）厌世悲观，易走极端

特别是一些原本条件优越、自尊心强的服刑人员，患有精神疾病或体弱多病的服刑人员，以及家庭条件差、缺乏支持的服刑人员容易产生悲观情绪，甚至有轻生厌世的想法和行为。

五、时间和次数

每周活动 1 次，每次用时 2 小时，共 4 次。夏季选择上午，冬季选择下午。

六、活动地点

团体辅导室，给每人准备 1 张椅子。

七、理论基础（略）

八、团体活动计划书（见表 6.1）

表 6.1　团体活动计划书

主题	目标	活动内容	材料
寻找自我	1. 引发成员参与的兴趣	1. 带领者引言	1. 书面团体规范 2. 音响及投影设备 3. "鹰之重生"视频 4. A4 纸及笔若干
	2. 相互认识及建立联结	2. 认识活动：名字接力	
	3. 了解团体目标、规范及活动方式	3. 建立团体规范	
	4. 重树信心，松动固执的自我，澄清价值，激发改变	4. 观看视频"鹰之重生"并分组分享	

续表

主题	目标	活动内容	材料
放下自我	1.放下狭隘的自我,学会担责,学会认错	1.我错了	1."人生旅程"视频 2.音响及投影设备 3."生命的启示"幻灯片
	2.增进成员对人生的思考	2.观看"人生旅程"视频并分组分享	
	3.体验归属与被隔离的不同感受,提高对人际和谐的感悟	3.观看"松鼠的家"视频	
		4."生命的启示"分组学习并讨论分享	
打开自我	1.体验冲出(突破)围墙(自我)的愉悦	1."突围闯关"活动	1.自我探索清单(空白)纸若干 2.空白A4纸及彩笔若干
	2.探索自我的心灵	2.自我探索清单	
	3.放松自我,并用心体验,了解自我特质,学会自我反省	3.放松训练	
		4.个人自画像	
重新的我	1.认识自己的多面性,接纳有缺陷的自我	1.认识并认领"我的核桃"	1.核桃若干 2.空白A4纸及写字笔若干
	2.树立信心,勇于不断完善自我的不足	2.我是谁	
	3.制订自我改造计划,学会自我督促	3.我的改造计划	
	4.处理分离情绪	4.分离道别	

九、团体效果评估

成员主观报告与团体记录过程。

十、活动说明

每次活动都要有过程与内容的详细计划,具体可参考相关书籍。①②

【方案二】

责任在肩——学会担当,勇挑重担

一、活动目标

使服刑人员认识到敢于承认错误是敢于承担责任的表现;让服刑人员学会正确看待别人的错误,学会做一个负责任的人。

二、活动内容

嘴巴、手指不一样,马兰花开,个性名片——猜猜我是谁,面对现实,承担责任。

① 樊富珉.团体心理咨询.北京:高等教育出版社,2005.
② 龚惠香.团体心理咨询的实践与研究.杭州:浙江大学出版社,2010.

三、活动时间

90分钟。

四、活动方式

体验式,游戏式。

五、活动准备(活动材料)

胸卡、彩色笔、背景音乐(自选)。

六、活动过程

带领者开场语:凡是经历过的,就必然会在你的生命中留有痕迹,因为你为此付出过时间、精力乃至生命。这在本质上是一种对人、对事有所承担和有所负责的体现。人生中,不履行一定的责任不会轻而易举地得到和实现,差别只在于担负多少的问题。我们要学会担当,敢于对自己担当,勇于承担他人、社会的责任。好,下面我们开始今天的团体活动。

1. 嘴巴、手指不一样

本活动目的:活跃团体气氛,营造良好团体环境。

操作要点:服刑人员在带领者的带领下鼓掌打节奏的同时,轮流说出一个数字,同时还要伸出手指示意。要求速度快,手指示意的和嘴巴说出的数字不能一样,否则要接受处罚。

2. 马兰花开

本活动目的:活跃气氛,对服刑人员进行分组。

操作要点:服刑人员围成一个圆圈,人与人之间距离30厘米以上,不可有肢体接触。游戏开始,大家围着带领者走圆圈队列,一边走一边念"马兰花,马兰花,风吹雨打都不怕,请问要开几朵花?"带领者说"5朵"。那大家就赶快任意五人抱在一起。可以设定一共完成 N 次,第 $N-1$ 次出现没法抱在一起的,就一起表演一个节目。最后一次用来分组,剩余的"无家可归"的人可以分散到各组里。

3. 个性名片——猜猜我是谁

本活动目的:把自己最想与他人交流的信息简洁明了地公布出来,学会推荐自己;通过"个性名片",了解他人,尽快地熟悉彼此。

操作要点:(1)带领者发给每个成员一个空白的胸卡,彩色笔放在场地中央公用。(2)在5分钟之内,每个成员为自己设计一张"个性名片",插入胸卡内。(3)个性名片要求:①不少于5条个人信息;②除文字外,还可用图形等多种形式表示;③可以使用多种颜色的笔。(4)带领者说出一个服刑人员的特色,大家猜猜他是谁。(5)即兴发言,谈谈对本次活动的感受、我来到新团体的感触。

4. 面对现实

本活动目的:勇于正视自我,提升自我的责任感和勇于承担责任的意识。

操作要点:(1)服刑学员前后相隔一臂距离站成几排(视人数而定),带领者喊"1"时,向右转;喊"2"时,向左转;喊"3"时,向后转;喊"4"时,向前跨一步;喊"5"时,不动。当有成员做错时,做错的人要走出队列、站到大家面前先鞠一躬,举起右手高声说:"对不起,我错了!"(2)几个队比赛,哪个队错了就将该队的总分扣除相应的分值,每错一人次扣除1分。完全正确的队加上2分,游戏进行3次。扣分最多的队,队长要接受惩罚(俯卧撑5个等),每进行一轮比赛,实行一次惩罚。

讨论:当你犯错时,有没有勇敢地站出来?是什么原因让你没有站出来?当你看到队长受罚时,心里有什么感想? 被罚的队长有什么感受?

小结:每个人都会犯错误,但在面对错误时,多数情况是没人敢于、勇于承认自己犯了错误;少数情况是有人认为自己错了,但没有勇气承认,因为很难克服心理障碍;还有少数情况是有人站出来承认自己错了。这个活动从一种简单的认错行为中,让服刑学员感受到勇于承认错误的重要性。在这个活动中,能够坚持到最后不犯错误,那需要很强的注意力和灵活的反应能力,还需要耐心和毅力。更重要的是,敢于在众人面前承认自己错了,不仅需要勇气,同时也体现了一个人敢于对自己行为负责的精神。

5. 承担责任

本活动目的:引导服刑学员正确看待别人的错误,学会做一个负责的人。

操作要点:(1)将全体服刑学员分为若干小队,每队4人,两人相向站着,另外两人相向蹲着,站着的和蹲着的人是一队;(2)站着的两个人进行"剪刀、石头、布"猜拳,猜拳胜者,则由和猜拳胜者同为一队的蹲着的人去刮对方输的一组中蹲着的人的鼻子;(3)输方轮换角色,即站着的人蹲下,蹲着的人站起来,继续开始下一局;(4)开始的新局中,上次胜方站着的人若在猜拳中输掉,则上次胜方蹲着的人要被上次输方站着的人刮鼻子,必须强调的是,刮鼻子是象征性的,提醒服刑人员不要恶意对人。(5)在接下来的一局中,胜方也轮换位置,即原来站着的人蹲下,蹲着的人站起来,开始新的一局;(6)活动可反复进行几个回合,直到总游戏时间结束。

讨论:①如何看待自己的责任和别人的过错? ②当自己的同伴失败的时候,有没有抱怨? ③同组中的两个人有没有同心协力对付外面的压力?

小结:①一人做事一人当,每个人都要为自己的行为负责,自己出了差错理所当然地要受到惩罚。但这个游戏并不是单个人参与,而是小组集体参与。作为一个集体或团队,每个人都应为集体的荣誉负责,为团队的胜利努力。虽然每个人都应尽自己的责任去努力,但也有失败的时候,也有犯错误的时候。如果团队内的其他服刑学员对此抱怨、发牢骚或者横加指责,虽然犯错误的组员说不出什么,但无疑会影响团队的情绪。相反,若其他服刑学员进行安慰、鼓励、同心协力,一同面对困难,一起解决问题,失败的组员会倍感温暖,会以更加积极的心态面对任务,更好地去解决困难,取得成功。②敢于为自己的行为承担责任,这是有高度责任感的表现。当事情失败的时候,敢于承担责任,是一种博大的胸怀,一种让人心存感激的宽容。当问题出现的时候,作为团队的一员,我们希望每个人都要意识到自己所肩负的责任,少一份抱怨,多一份理解;少一份牢骚,多一份帮助。

注意事项:①作为对输方一组服刑人员的惩罚,除了刮鼻子外,也可以采用做俯卧撑的办法,具体数量可参考服刑人员的实际能力大小。②带领者要注意观察失败一方两个服刑人员在面临惩罚时所表现出的情绪反应。这一方面有利于发现分享的素材,另一方面要对过于激烈、彼此伤害的做法及时干预。

思考题

1. 什么是团体辅导? 有哪些特点和局限性?

2. 团体辅导有哪些类型? 具体是怎样分类的?

3. 团体辅导分为哪几个阶段?

第六章团体辅导资料

4. 护监是确保监狱、监区稳定、安全的一道重要防线,也是监狱、监区要求最高,巡查、抽查最多,被批评、教育甚至被处理概率较大的岗位。在监狱的岗位整顿中,某监区在半个月的时间里,连续处理3起因护监责任心不强被扣分和调离岗位的事件,在监区中引起巨大震动。其他护监人心浮动,纷纷提出换工种的要求。据监区心理咨询师私下了解,主要是因为部分护监与被处理护监是老乡,认为这次监区处理得太重,平时许多护监都是这样做的,为什么没查到的就不追究? 进而串联、煽动其他护监以"逼宫"的方式向监区提出"抗议"。

如果你是那名咨询师,监区领导希望通过一次针对全监区护监的团体辅导来改变他们的不合理认知,稳定他们的思想情绪。请你设计一份团体辅导计划书。

第七章　危机干预

服刑人员心理危机是矫正机构中较为常见的现象。服刑人员作为心理危机的高发人群，其容易引发安全事故，是威胁矫正机构安全的重大隐患，必须予以高度重视，及时处置。心理危机干预作为心理矫治工作的组成部分，也是其重点和难点，更是心理矫治工作人员的职责所在。科学认识并有效地解除服刑人员的心理危机，对于稳定情绪、提高教育矫正质量、维护监管安全，均有重要意义。

本章概述服刑人员心理危机干预相关的含义、特点、类型，危机干预的适用范围，干预技术，危机干预的操作步骤等方面的内容，并结合案例作分析。

第一节　危机干预概述

一、服刑人员心理危机的含义

服刑人员心理危机是指服刑人员在矫正期间遇到挫折或应激事件，自己不能解决或处理时，自我功能严重失衡，有可能引发自杀、行凶、脱逃等危险行为的应激状态。通常，形成心理危机的情形主要有两方面：一是具有突发性、强烈性、灾难性的应激事件。可以是个体外部的，包括天灾人祸，如自然灾害、战争、意外事故、失去亲人、离婚等，也可以是自身内部的，如患了重病或绝症，人际矛盾的恶化等。二是个体身心处于崩溃边缘的有威胁性的危急状态。这主要是由琐事压力或不良情绪的积累诱发的。

特别需要明确的是，一般认为"应激和创伤的紧急情况两者本身都不构成危机，只有在主观上认为创伤性事件威胁到需要的满足、安全和有意义的存在时，个体才会进入应激状态"。[①] 也就是说，创伤事件并不必然导致心理危机，而是与个体的认知水平、心理平衡能力、社会支持、应对机制有关。因此，判断危机状况应当以服刑人员的认识与体验为客观标准，而不是由民警或心理矫治人员的认知，或以危机事件的大小轻重来确定。面对危机如果应对有方，就能制止和战胜危机，使危机转化为有利于个体心理成熟和成长发展的机会。假如危机应对无措或失当，会导致个体的情绪紊乱，认知能力与应对机制的损害，社会功能的下降。

服刑人员心理危机是一个静态到动态的发展过程。危机易感个体处于静态时，危机并未显示出来，当遭遇应激事件时，其自我功能严重失调，就会以爆发性的形式释放出来，动态

---

① 吉利兰·詹姆斯.危机干预策略.肖水源,等译.北京:中国轻工业出版社,2000.

心理危机便爆发了。它严重威胁监管安全和个体自身及他人的生命安全。而通过危机干预，就能帮助其度过最危险的时期。但是，危机干预不存在万能的或快速的解决方法。在危机干预实践中，不同的危机个体、不同的危机类型，干预的方法是不尽相同的，干预者一定要创造性地灵活运用。危机干预工作的要求远比心理咨询要高，干预者必须经过专业培训，具有丰富的临床实践经验。危机干预的成效与干预者的素质和专业能力及生活阅历密切相关，更有赖于不断地学习、积累和提高。

二、心理危机的主要表现与判断标准

（一）表现

处于心理危机状态的服刑人员具有明显的身心反应。

（1）认知（语言）方面，思维狭隘、极端消极，常流露自己处于痛苦、抑郁、无望状态，以及无价值感的言语，如"我出去后也没用了"等。

（2）情绪方面，容易激动，愤怒好斗，或持续的焦虑悲伤，或常常无缘无故生气，对人有敌意等。

（3）行为方面，行为紊乱或古怪，如自言自语、坐立不安、胡乱怀疑、喜怒无常，个别的甚至对抗管教民警、自我攻击或攻击他人。

（4）生理方面，常有心悸、失眠，伴有噩梦、食欲不振、呕吐、腹泻、头紧头痛，甚至有晕厥、肌肉震颤等躯体化的症状。

（5）社会功能方面，注意力不集中、效率下降、行为退缩、孤僻不合群、人际交往明显不适等。

（二）标准

（1）存在具有重大心理影响的生活事件；

（2）引起了急性情绪紊乱或认知、躯体和行为等方面的改变，但又不符合任何精神疾病的诊断；

（3）个体用平常解决问题的手段暂时不能应对或应对无效。

三、服刑人员心理危机干预的含义

服刑人员心理危机干预也称心理介入或危机调停，就是干预者通过应激处理和情绪急救，调动服刑人员自身潜能，消除心理冲突，恢复心理平衡，安然渡过危机，防止事故发生的一种活动。它是短期心理帮助的过程，是对处在困境或遭受挫折的人予以关怀和帮助的一种方式。

（一）心理危机干预的目标

危机干预过程中，目标不是单一的，而是多层次的，通常有以下三个层次的目标。

（1）最低目标（短期目标）：帮助服刑人员缓解心理压力，有效制止危机行为的发生、发展或恶化。

（2）中级目标：帮助服刑人员找到危机的根源，恢复以往的社会适应能力，重新面对自己的困境，采取积极而有建设性的对策。

（3）最高目标（长远目标）：帮助服刑人员把危机当作一次成功的体验，并提高其解决问题的能力。

总之,最低目标的核心是"缓解",中级目标的核心是"恢复",最高目标的核心是"提高"。一次干预很难实现上述全部目标,只有在服刑人员积极配合的前提下,有计划地连续干预处置,才能实现最高目标。

(二)危机干预的模式

目前国内外实践中常用的危机干预理论模式有平衡模式、认知模式、心理社会转变模式。[①] 三种基本的危机干预模式同样对服刑人员心理危机干预有指导作用。

1. 平衡模式

危机中的人通常处于一种心理或情绪的失衡状态,在此状态下,原有的应付机制和解决问题的方法不能满足其需要。平衡模式的目的在于帮助危机者重新获得危机前的平衡状态。其主要精力应集中在稳定病人心理和情绪方面,而且在稳定之前,不要采取其他方法。该模式可用于危机的起始期。

2. 认知模式

危机植根于对事件和围绕事件的境遇的错误思维,而不是事件本身或与事件和境遇有关的事实,即危机是否发生是由于当事者对事件的错误信念或观念,而不是由于事件本身的性质所决定的。通过改变思维方式,尤其是通过认识其认知中的非理性和自我否定的部分,通过获得理性或强化思维中的理性和自强的成分,使其获得应对自己生活中危机的技巧。认知模式最适合于已稳定下来并回到了接近危机前平衡状态的求助者。

3. 心理社会转变模式

人是遗传和环境学习交互作用的产物,危机是由心理、社会或环境因素引起的。危机干预的目的在于与求助者合作,以测定有关的内部和外部的困难,帮助他们选择替代现有的诸多行为、态度和使用资源的方法。结合适当的内部应付方式、社会支持和环境资源以帮助他们获得对自己生活的自主控制权。

第二节　常见危机与干预对策

一、危机干预的适用范围

服刑人员危机干预的最佳对象和涉及的领域没有普遍的标准,根据危机所处的不同情况及不同阶段,实践中适用危机干预的主要情形包括以下几种:

(1)面临重大挫折,具有自杀、行凶或逃跑危险的服刑人员;

(2)正处于人际矛盾激化与冲突中的服刑人员;

(3)因家庭变故,亲友突然去世,婚恋纠纷或家庭破裂,子女无依无靠,经济困难的服刑人员;

(4)因适应不良,违纪违规被处罚,或身患重病绝症,心理压力大,承受力低,情绪极不稳

---

① 吉利兰·詹姆斯.危机干预策略.肖水源,等译.北京:中国轻工业出版社,2000.

定,悲观绝望的服刑人员;

(5)其他面临心理矛盾和冲突,不能自拔,自制力弱,易走极端,急需救助的服刑人员。

二、服刑人员自杀危机与干预

(一)服刑人员自杀分析

自杀是决意结束自己生命的行为,也可以是有针对性的要挟、威胁、报复性的行为。根据自杀行为的不同阶段与后果,自杀可分为三种情况:自杀意念,有自杀的想法,但没有自杀的行为;自杀未遂,有结束自己生命的行为,但没有导致死亡的结果;自杀死亡,采取了结束自己生命的行为,并导致了死亡的结果。

服刑人员自杀动机总的来说是刑罚体验中的绝望与解脱,主要因素有:一是刑罚执行方面,因犯罪判刑或刑期较长,前途无望,失去信心;量刑过重;对考核奖罚不满;民警执法不公。二是家庭方面,因家庭变故,如离婚或亲人死亡;被家人抛弃,失去精神寄托,绝望厌世;有的自感有罪于家庭和亲人,羞愧内疚,寻求自我解脱。三是身体方面,年老体衰,患病久治不愈或有重病绝症,康复无望;有的认为有病得不到及时治疗。四是个性方面,胆小懦弱,心理脆弱,常受人欺侮,烦恼苦闷,无处释放;内向孤僻,心胸狭窄,寡言少语,多愁善感,暗示性强,思维偏执,易走极端。五是有心理疾病的,如变态人格、精神分裂、患抑郁症等。

(二)自杀者心理特征

(1)认知方面,思维狭窄,有非黑即白、以偏概全的认知方式,不能通过多种途径解决问题;习惯从阴暗面看问题,过于自卑,对周围的人与事心存偏见和敌意;多用宿命论倾向看待问题。

(2)情感方面,多数情绪不稳定、有神经质倾向。

(3)行为方面,大多具有冲动性和盲目性,不计后果。

(三)自杀危机干预方法与步骤

自杀危机干预分为两类,一类是急性期干预,即将要实施自杀前的干预,比如打进心理热线表达欲自杀者;另一类可称为长程性干预,即对发现有自杀症候或自杀未成功者的干预。社区矫正中可能有第一类的自杀干预活动,而监禁中服刑人员的自杀危机干预大多属于第二类。对第二类的危机干预,一般包括四个阶段:危机评估、制订治疗性干预计划、治疗性干预、危机的解决与结束。

1.危机的评估

使用谈话和测量是自杀危险评估的重要途径。经过诚恳的沟通,消除顾虑,倾听其内心的想法与感受,全面了解和评价危机者有关逆遇的诱因或事件,以及寻求心理帮助的动机。评估应在1~2次会谈中完成,主要评估内容包括:发生了什么事件和问题,目前的症状情况,应对机制的识别,支持系统情况,自杀或伤害他人的危险程度及具体的计划等。同时,对危机者的问题要表示理解,要给予积极的情感支持,尽快建立起融洽的干预关系,取得对方的信任。解释心理危机知识,使其理解目前的境遇,表明愿意尽力帮助他。同时也提出要求,希望其采取积极配合的态度。指明问题的解决需要双方的共同努力。

2.制订治疗性干预计划

治疗性干预计划的制订在前期对危机者的生理、心理、社会功能信息资料全面收集和评估的基础上进行,主要是针对即刻的具体问题、适合危机者的功能水平和心理需要来制定干预计划,同时还要考虑有关文化背景、社会生活习俗以及家庭环境等因素。简言之,要根据不同的危机类型与个性特点采用不同的方法。危机干预的计划是限时、具体、实用和灵活可变的,且有利于跟踪随访。干预的重点一般围绕危机者的自我、环境和前途的消极评价几个方面,干预计划方案的内容主要有以下几个:

(1)选择问题。要选择直接的、关键性的问题,重点关注和优先考虑危机者的需求及最希望解决的问题。

(2)制定目标。目标要体现期望干预后的积极结果,并且是能测量的。随着干预的进展,新的目标可以调整和补充进来。首先,要明确干预的即时目标,即缓和危机个体的情绪,重新获得心理控制,防止自伤、他伤、自杀等恶果发生。要确定每个阶段的若干分目标,就是干预中的一系列步骤要达到的每个任务。如通过多方努力,能使其接受并配合干预者的心理服务。其次,明确中级目标,让受助者恢复心理平衡状态,逐步恢复到危机前的生理、心理功能水平。最后,实现最终目标,即消除危机症状,使危机者的心理功能高于危机前的水平,提高处理问题的能力。干预者要达到最终目标,就要制定尽可能多的即时目标。一次干预很难实现上述全部目标,只有在危机者积极配合的前提下,有计划地连续咨询,才能实现最终目标。

(3)制定干预措施。其是指即帮助危机者完成各项目标任务而设计的具体行动。例如,营造好的干预环境。自杀危机不是短期能解决的,要花时间从各个角度发现危机者的问题,制定处置与应急方案。紧急情况下,可采取相关保护措施,首先要保证人身安全,或辅以住院治疗,关心或改善其睡眠与饮食,营造一个安全、温暖、有多边支持的氛围。

3. 治疗性干预

治疗性干预是处理危机的最主要阶段,也可称为心理治疗实施阶段。"理解与帮助是治疗自杀的有效途径"。[①] 对自杀危机者,不批评指责,不说教,保持中立态度,给予理解,在其情绪略微稳定的情况下,才可以开始进行真正的心理干预。一般可从以下五个方面开展工作:

(1)宣泄疏导。先要采用交谈、宣泄等疏导技术,通过帮助宣泄压抑的情感,减轻痛苦和紧张的压力。干预者要用心倾听与设身处地地共情,使危机者感到,这里有人理解他、关心他,从而缓解情绪,消除紧急状况,促进干预目标的实现。

(2)提供支持。不是支持他错误的认知与行为,而是提供理解与帮助。通过干预者的陪伴、引导,帮助挖掘资源,如肯定他的优点,或以往某方面的成绩和成功的经验,让其客观评价自我,重新认识自我。帮助建立新的应对机制,寻找尽可能多的社会支持,获得其家人、亲友配合,通过其信任的民警和其他服刑人员的共同热忱帮教,使他感到自己并非孤立无援,从而重新认识自己的资源,树立信心,并且可能从中获得改变人生的信念,由此打消自杀念头。

(3)聚焦和解决问题。在先前评估确定的主要问题和次要问题基础上,恰当地选择和帮助解决危机的诱因或实际困难,如疾病治疗、寻找失去联系的亲人等,给予安慰和保证落实,以消除其焦虑紧张情绪,为后续的干预目标打开通道。

(4)认知重建。通过使用客观化描述、自我辩论等技术,用正性的、积极的自我认知,代替负面的、消极的自我认知,使之合理地认识危机,让其领悟生活中发生的逆遇与自己心理

---

① 沃瑟曼.自杀:一种不必要的死亡.李鸣,等译.北京:中国轻工业出版社,2004.

失衡的联系,减少自动化负性思维,认识和理解目前的危机或境遇是暂时的,不可能是持续终身而不能解决的,以减轻抑郁焦虑程度。

(5)学习新的合理应对方式。自杀往往是个体选择逃避的应对方式的结果。学习新的合理的应对方式对解决个人危机具有重要的意义,一方面要帮助他总结过去成功的应对逆遇的技巧和应对方式,另一方面要帮助他学习新的合理的应对方式,从而减轻逆遇对心理平衡的影响。

4.危机的解决和结束

一般经过4~6周的危机干预后,绝大多数服刑人员会渡过危机,情绪症状得以缓和,此时应及时中断干预性治疗,以减少依赖性,增强独立性。在结束阶段,要布置心理作业进行一定的巩固训练,让其重新体验合理认知、合理应对带来的新的感受,巩固效果,同时可以帮助他建立新的人际交往和人际关系。应该注意强化新习得的应对技巧,学会举一反三,鼓励危机当事者将自己学到的知识和技巧应用到新的领域中,在以后面临或遭遇类似应激或挫折时可以自我调适,更好地去适应生活。

三、服刑人员人际冲突危机与干预

人际冲突危机是指服刑人员在监禁环境中,由于人际矛盾的激化与冲突而产生的心理应激反应。

(一)人际冲突危机表现形式

(1)警囚人际冲突危机。其是指民警在教育矫正与管理过程中与服刑人员之间的冲突事件而产生的心理应激反应。这种人际冲突危机的特性是管理与被管理的矛盾冲突,是刑罚执行过程中的适应性矛盾冲突。

(2)服刑人员之间人际冲突危机。其是指服刑人员之间的人际矛盾冲突引起的心理应激反应。

(二)人际冲突危机的原因

针对以上两种形式的人际冲突危机,大致可以分析出人际冲突危机的原因所在。

(1)民警因素。工作有偏差,教育不得当,办事不公平,处理有瑕疵,服刑人员口服心不服。

(2)人格因素。民警与服刑人员,两者无论在文化、阅历、思维、习惯、人生态度、是非善恶的价值观方面都有着很大的差异。服刑人员往往对民警、对社会抱有很大的成见,在个性与情绪控制方面存在一定的缺陷,存在消极负面的心理,所以容易在监禁环境里爆发心理危机。

(3)沟通因素。信息沟通因职业习惯、语言和表达方式的不同,双方理解的差异,双方地位的差异而产生不畅,以及传播中变形失真,极易造成双方的误解,从而引发心理危机。

(4)环境因素。在服刑改造的特殊环境里,人多拥挤,声音嘈杂,举手投足之间,难免磕磕碰碰,有时一句话,一件事,看一眼,碰一下,常常会成为情绪发泄的导火索。不同的个性、生活习惯,互相监督、互相戒备的心理,互相竞争的复杂关系,人员的流动性大等,使得服刑人员之间难以形成密切的人际关系。

(三)人际冲突危机的干预措施

(1)情感宣泄。服刑人员发生人际危机冲突,双方一般都会有积怨在胸,都会互相指责,不吐不快。这也是倾听与共情的最佳时机,干预者就是他们倾倒情感垃圾的容器。运用倾听技术,引导他们宣泄不良情绪,可以起到减压效果。另外,通过情感宣泄,有利于收集与冲突有关的信息资料,给予适当的共情,使他们内心得到安抚,便于建立信任的干预关系,更有利于平复情绪。

(2)消除隔阂。人际冲突危机,部分原因是误解造成的隔阂。干预者可以运用两可图和错觉图,或"疑邻偷斧"的故事,去启发引导服刑人员,领悟凡事不能想当然、凭感觉去看待问题的道理。因为日常生活中看到的、听到的不一定就是真的,分析造成误解的思维特征,帮助他们弄清发生隔阂的成因,消除误解,恢复理智,提高认知水平,从而消除危机。

(3)探讨社交技巧。不少服刑人员的人际冲突危机,是由于日常行为养成差,缺乏社交礼仪与技巧。在实施稳定情绪的技术后,等情绪平静下来,就可以共同分析冲突的原因和他们的不良交往习惯,讲解人际交往的黄金规则、白金规则,指导他们学习有效的社交技巧,帮助建立新的人际交往应对方式。

(4)脱离刺激源。监所内人际冲突主要发生在服刑人员之间,服刑人员与民警之间。特定的人际环境和空间环境是人际冲突危机的重要诱发因素。干预中对于个别情绪持久、难以平静,对特定的人与事及空间环境感到特别敏感,经干预无效的,就要考虑安排隔离或调离应激源。改变处于危机状态的服刑人员的环境,有利于阻断心理危机。

四、家庭变故危机与干预

(一)家庭变故危机的含义

家庭变故危机是指服刑人员家人、亲友去世或婚恋纠纷、家庭破裂等不幸事件,给服刑人员带来心理创伤的应激反应。家庭变故危机的情形很多,遭遇天灾人祸、意外事故、亲人患病或死亡、家庭矛盾、邻里纠纷、夫妻离婚、经济困难、孩子失学等,使服刑人员遭受沉重打击,出现紧张焦虑、烦躁不安、情绪消沉、痛苦悲伤、无助绝望的情绪体验,严重影响身心健康,甚至引发自杀、脱逃的监管安全事故。

常见的服刑人员家庭变故危机,主要是丧亲危机和婚恋危机。

1. 丧亲危机

丧亲危机是指服刑人员的家人或亲友因故去世,带来沉重打击和痛苦悲伤,导致的心理应激反应。与死者情感越密切,悲伤反应也就越严重。亲人若是猝死或意外死亡,如交通事故或自然灾害的死亡,引起的悲伤反应最重。痛失亲人是人生的重大丧失,会引起情感、认知、行为各方面的改变,也包括人际关系和社会功能方面的改变,还可能迁延成病理状态。早期干预能帮助危机者较好渡过悲哀期,早日适应生活。危机干预的方向和策略:接纳和非评判性的态度,积极暗示、鼓励、心理支持,环绕在每一个干预的步骤之中。

(1)急性反应阶段。陷于极度痛苦,严重者情感麻木或昏厥,可出现呼吸困难或窒息感,或痛不欲生呼天抢地地哭叫,或处于极度的激动状态,应有专业医生的参与。干预原则为让昏厥者立即平躺,采取医学措施,量血压,静脉补液。对情感麻木或情绪激动不安者,用药物帮助其睡眠。当其醒后,应表示同情,营造支持性气氛,在旁默默陪护,为危机者提供具体的帮助(食物、水和护理等),以实际行动与丧亲者建立真诚的信任关系。

(2)悲伤反应阶段。干预原则为鼓励丧亲者充分宣泄情感。咨询员的声调要与来访者的声调相匹配。如果丧亲者的声音听起来平缓而悲伤,干预者应该轻声说话,给予心理支持,提供方便,为其排难解忧。如准许通亲情电话,或会见亲人,表达悼念;如符合奔丧条件并有必要的,应准其许回家参加悼念或处理后事。对因亲人去世造成家庭困难的,帮其向当地司法、民政部门联系,使他充分感受到关心与温暖,有助于尽快恢复心理平衡。对于悲痛绝望、有轻生意念的服刑人员,要帮助他回忆家人亲友生前对他的期待,以及他自己对家人亲友的责任或承诺,以引起对生活的重新牵挂,引导投入新的生活。

(3)病理性居丧反应阶段。当出现焦虑、抑郁,感到自责或有罪,常浮现死者的形象或出现幻觉,伴有疲乏、失眠、食欲降低,要助其努力改善睡眠,减轻焦虑和抑郁情绪。对企图自杀者应有专人监护。如悲伤或抑郁情绪持续 6 个月以上,存在幻觉、妄想、情感淡漠、惊恐发作,自杀企图持续存在的,要采用适当的心理治疗,并结合药物治疗。

2. 婚恋危机

婚恋危机是指服刑人员由于婚恋挫折或家庭破裂,引起严重的痛苦和愤懑情绪而导致的心理应激反应。失恋、离婚是服刑人员常见的现象,也是私密性很强的情感危机。服刑人员正处于人生的低谷,在最需要亲人安慰、支持的时候,对方提出离婚或分手,心理很容易失去平衡。

婚恋危机干预原则同样先要评估危机的严重程度,采取措施保证服刑人员本人与他人的安全,然后与服刑人员充分交谈,给予理解、安慰和支持,劝其冷静思考;指出婚恋和感情不能勉强,也不值得殉情,而且肯定还有机会找到自己心爱的人,并进行适当的心理辅导与婚姻辅导,防止服刑人员把爱变成恨,采取冲动、危险的行为,帮助其理性思考,理智解决问题。

(1)寻找资源法。如服刑人员本人无力解决婚姻危机,干预者要帮助分析情况,寻找有助于缓解或消除危机的转机和资源,调动监所内外的关系与力量,促成和好。

(2)多方调解法。解决婚姻危机需要各方面的协调,在尊重婚姻自主、平等自愿的基础上,民警、干预者和双方及他们的家人、亲朋共同协调,帮助解决实际困难,维系婚姻现状。

(3)设身处地法。假如分离的事实难以改变,建议他换位思考,理解对方的心情和处境,对方提出分手也是无奈之举。

(4)尊重意愿。对待感情问题不能强求,引导其坦然对待分手,尽量争取好聚好散,且每个人都有对人生再次选择的权利。这是法律所赋予的。

五、人质危机与干预

人质危机是劫持者使用暴力手段对人质的人身和自由予以直接强制约束,并对人质的生命安全造成严重威胁的事件。人质危机是高强度的危机。

(1)人质危机干预的基本策略。首先,控制现场。现场设内外两道安全圈,指挥部应建立在内圈,做好一切措施保护生命安全。其次,建立干预谈判小组,内部分工明确,指定干预者或谈判手,并且由干预者的搭档进行周边的资料收集(对其个人和家庭情况及人质情况的收集)。由经过专业培训的干预者参与谈判是处置人质危机的一个基本手段,力求以智取胜,缓解或和平解决危机。

(2)干预者或谈判人员现场干预的五点要求。①询问并确认劫持者的要求与条件;②识别并缓和劫持者的情绪;③对劫持者的条件不作"是与否"的简单答复,善做说理说服工作;④争取时间与主动权;⑤判断评估劫持者的现状,劝其作出妥协,并当机立断地配合处理突发事件的警力解决问题。

（3）人质危机干预的三个阶段。

开始阶段：确立相识、对话关系。要慎重接触、赢得信任。干预者的眼神、身体动作、语言应不具有威胁性，态度要保持冷静，语气要缓和。先要介绍自己，说明来意，并嘘寒问暖（有关心他的表示），以便拉近心理距离，给以善意的第一印象，如可说"我想帮助你，究竟出了什么事，说给我听听，或者你有什么要求可以提出来"，以给劫持者发泄不满的机会，试着使其亢奋过激的情绪平缓下来，让他感受到，干预者并无恶意与威胁。留心倾听劫持者的言谈内容，弄清其劫持人质的目的和条件，找出其关切的话题以推动对话的进行。

中间阶段：稳住局势，争取时间。注意必须采取各种可能的办法，稳住劫持者的情绪，缩小劫持问题的严重性。问一些与当前情况无关的问题或提出一些劫持者感兴趣的事来转移注意力。比如说："这么长时间了，你也许饿了渴了吧？我给你去拿点吃或喝的（如食品、饮料）。"从小事开始交流，或者通过满足他的部分条件的办法，使劫持者释放人质直至投降。要真诚沟通，不能用说教与恫吓的方式，也不要试图欺骗对方，以防止激怒劫持者。要向劫持者表示不希望任何人受到伤害，愿意协助他和平解决事件，说服劫持者放弃。该阶段的目的是争取时间，掌握主动权，帮助劫持者冷静下来，这对解救工作有利，而且是十分必要的。

最后阶段：寻找解决问题的方法。通过规劝、协商、化解或摊牌，不被劫持者的条件所左右，立足于规劝而不是谈条件，使劫持者清楚，只有做出某种让步，释放人质、自己投降，才是最好、最安全的结果。对劫持者的要求避免正面回答，而应答"可以商量"或"可以考虑"；对一些无关紧要的要求和条件，假如当时能够兑现的，可以答应尽快加以解决处理，以促其迅速停止劫持活动。通过说服和改变其看法，使劫持者释放人质直至投降。

六、创伤后应激障碍与干预

（一）创伤后应激障碍含义

创伤后应激障碍（Posttraumatic Stress Disorder，PTSD）又叫延迟性心因性反应，是指对创伤等严重应激因素的一种异常的精神反应。几乎所有的人在经历或目睹威胁生命的事件，如战争、地震、严重灾害、严重事故、被强暴、受酷刑、被抢劫等后，都会感到巨大的痛苦，常引起个体极度恐惧、害怕、无助感。这类事件称为创伤性事件。简而言之，PTSD是一种创伤后心理失去平衡的状态。

创伤后应激障碍在服刑人员中多有发生，应引起足够的重视。因为像暴力抢劫、杀人案件的服刑人员，在作案过程中不仅是犯罪事件的加害者，而且血腥恐怖场景也容易使他们成为威胁生命的创伤事件的受害者；判刑对他们又是重大的生活事件。而服刑过程中对自然灾害和生产事故、某些劳动环境的恐慌及人际冲突，都会引起一定的应激反应。所以，创伤后产生应激障碍在服刑人员中是多发现象。

（二）美国诊断标准（DSM-Ⅳ-TR）[①]

美国《诊断与统计手册：精神障碍》（第四版修订本）（DSM-Ⅳ-TR），创伤后应激障碍的诊断标准如下：

---

① 吉利兰·詹姆斯. 危机干预策略. 肖水源, 等译. 北京：中国轻工业出版社, 2000.

（1）患者曾暴露于某一创伤性事件，存在以下两种：①患者亲自体验、目睹或遭遇某一或数件涉及真正的或几乎招致死亡或严重的损伤，或者涉及自己或他人躯体完整性遭到威胁的事件；②患者有强烈的害怕、失助或恐惧反应。

（2）以下列一种（或多种）的方式持续地重新体验到这种创伤事件：①反复闯入性地痛苦回忆起这些事件，包括印象、思想或知觉。（注：如是幼儿，反复地进行表达创伤主题或一些有关的游戏）②反复而痛苦地梦及此事件。③似乎创伤事件正在重现动作或感受（包括这种体验、错觉、幻觉及分离性闪回发作于再现之时的感觉）。④暴露于作为此创伤事件的象征或很相像的内心或外界迹象之时，出现强烈的心理痛苦烦恼。⑤暴露于作为此创伤事件的象征或很相像的内心或外界迹象之时，出现生理反应。

（3）对此创伤伴有的刺激做持久的回避，对一般事物的反应显得麻木（在创伤前不存在这种情况），表现为如下列三项以上：①努力避免有关此创伤的思想、感受或谈话。②努力避免会促使回忆起此创伤的活动、地点或人物。③不能回忆此创伤的重要方面。④明显很少参加有意义的活动或没有兴趣参加。⑤有脱离他人或觉得他人很陌生的感受。⑥情感范围有所限制（如不能表示爱恋）。⑦对未来没有远大设想。

（4）警觉性增高的症状（在创伤前不存在），表现为下列两项或以上：①难以入睡，或睡得不深；②激惹或易发怒；③难以集中注意力；④警觉过高；⑤过分的惊吓反应。

（5）病期超过1月。

（6）此障碍产生了临床上明显的痛苦烦恼，或在社交、职业或其他重要方面的功能缺损。

（7）分类：急性PTSD，病期在3月之内；慢性PTSD，病期在3月以上；延迟性PTSD，如症状在创伤事件后至少6月才发生。

世界卫生组织制定的《疾病和有关健康问题的国际统计分类》（第10版修订本）（ICD-10-E），中国医学会制定的《中国精神障碍分类与诊断标准》（第3版）（CCMD-3），也有相关的分类标准，都能满足临床的诊断需要，也可用来对服刑人员的创伤后应激障碍进行诊断评估。

（三）创伤后应激障碍的危险因素

PTSD个体存在高自杀危险性。研究表明，PTSD患者的自杀危险性远远高于普通人群。这是因为某些PTSD患者的严重程度甚至达到情绪障碍、抑郁症、焦虑症的诊断标准。这些躯体因素与心理因素相互作用，往往会进一步降低PTSD患者对心理创伤和社会生活压力的应对能力，加深他们的主观绝望感，从而提高他们的自杀风险。

（四）一般性干预原则

（1）对于有的PTSD危机者要改变或转换环境，与刺激脱离接触，在生活上满足他们日常生活需要，注意安全和护理，逐渐消除他们的无助感和恐惧感。

（2）要给予支持性心理治疗，帮助患者宣泄痛苦情绪，不阻止、不批评地正确引导，使之将心中的痛苦诉说出来。如果患者失眠、心烦意乱、情绪不能控制须及时到医院辅以药物治疗。

（3）心理治疗结合药物治疗的方法比单用一种方法的效果更佳。根据有关经验，前期应采用支持和解释心理治疗，建立良好的干预关系，主要是获得危机者对于服用药物的理解和接受。在药物取得一定疗效的基础上，进行认知心理治疗，可能会取得更好的效果。

（五）干预目标

减轻和解除创伤后应激障碍的核心症状，缓解闯入性记忆、闪回、噩梦和幻觉，以及引起的恐惧痛苦等不适，恢复自信、安全感和正常的生活。

（六）治疗性干预技术

创伤后应激障碍的干预，主要是认知行为治疗，有效的干预策略是：给予心理支持，鼓励宣泄情绪，放松训练（渐行性肌肉放松、愉快想象放松、深呼吸放松），认知矫正等常规方法；还可运用程式化心理干预方法——快速眼动脱敏法（Eye Movement Desensitization and Reprocessing，EMDR）与严重事件集体减压法（Critical Incident Stress Debriefing，CISD）。

1. 快速眼动脱敏法

快速眼动脱敏法是一种整合的心理疗法，它借鉴了精神分析、行为主义、认知心理学等多种学派的精华，建构了加速信息处理的模式，帮助个体迅速缓解焦虑，并且诱导积极情感，唤起对内在的洞察、观念转变和行为改变以及加强内部资源，使个体能够达到理想的行为和人际关系的改变。在快速眼动脱敏法的治疗过程中，通常要求个体在脑中回想自己所遭遇到的创伤画面、影像、痛苦记忆及不适的身心反应。然后根据治疗师的指示，让个体的眼球及目光随着治疗师的手指，平行来回移动。一次完成之后，请危机者说明当下脑中的影像及身心感觉。同样的程序再重复，直到痛苦的回忆及不适的生理反应被成功地"敏感递减"为止。但是，这项技术的实施应用有很严的要求，干预者必须经过快速眼动脱敏法的治疗技术培训，因为使用不当的话，反而可能会给危机者造成不良影响。

快速眼动脱敏法的治疗程序可分为八个步骤：采集一般病史和制订计划、稳定情绪、采集创伤史、脱敏和修通、巩固植入、身体扫描、结束、反馈与再评估。做好实施治疗的准备工作，建立可靠的治疗干预关系是前提，也是取得干预成功的基础。

快速眼动脱敏法的操作步骤：

（1）采集一般病史和制订计划。分清创伤所处的阶段（Ⅰ型或Ⅱ型）。Ⅰ型（一次性创伤）对单一事物或特定场景的恐惧或焦虑效果明显，不适用于广泛性、漂浮性的焦虑情绪，而Ⅱ型创伤（始于早期，持续时间长，反复发生）的治疗要复杂一些。要与求助者商讨治疗计划。

（2）稳定情绪（准备期）。预备好进入重温创伤记忆的阶段，教导放松技巧，使个体在疗程之间可以获得足够的休息及平和的情绪。运用安全岛等稳定化技术（安全地/岛、保险箱、珠宝盒、遥控器、屏幕技术），即个体认为安全的地方，包括现实中的和想象中的处所。当再次对创伤场景进行暴露时，主动权和掌控权应该交给求助者。而安全岛就是为求助者提供一处心灵的庇护所，为及时处理过于激烈的情绪反应做的准备。稳定情绪的目的是建立内在稳定性，这是能够面对创伤的基本条件。

（3）采集创伤病史，确定治疗计划。引导求助者用一句话说出场景和事件（我……），引导求助者建立一个理想的目标，也用一句话说出来（我……），但不得说出负性词语（如不、不再等）。连续说三遍这个理想的目标，做到声情并茂、和谐统一。确定事件中的情绪感受，找出事件或场景中哪部分产生的情绪最强烈，确定其景象。引导求助者确定主观负担指数（0～10级评分）。一般情况下，初始的主观负担指数可达七八分，这种负面情绪所代表的颜色、形状等征象，一般情况下可见到较深的颜色和明晰的形状。对治疗进行恰当的说明和解释，如"我们现在要对您的这个问题进行治疗。治疗中，要对您的眼睛进行刺激，但不会造成什么问题"。

（4）脱敏修通。坐姿，咨询师与求助者90°斜对（不应面对面），对右利手的求助者而言，咨询师坐在求助者的右侧较好，对于左利手的求助者则反之。一根木棒或笔，顶端有可识别的标志（或者直接以手指为标志）。引导个体想象那个场景或唤起那种情绪，双眼凝视标志，咨询师将小棒置其眼前30～45厘米处，平行移动，初始速度为每秒一次。求助者视线随棒端移动，幅度以90°为宜，头固定不动（为确保求助者真正的眼球运动，可用手扶住求助者的下巴，令其不能转动头部），心中保持那种情绪或场景。20～30次后停下，问一下求助者现在那种恐惧或焦虑的征象是什么颜色、什么形状，若有改变，则深呼吸保持目前的场景（若出现眼痛、头晕、恶心等，则停止治疗）。第二次，移动速度加快50%～100%。后再停下，问颜色和形状，若有改变，深呼吸，保持目前的场景或情绪（若异常，则停止）。第三次，移动方向改为斜线，速度与第一次相同，20～30次后，停止，询问征象和深呼吸。

（5）巩固植入。植入正向自我陈述和光明希望，取代负面、悲观的想法以扩展疗效。干预者将快速移动改为画圈，让个体在眼动的同时，口中说出设定好的理想目标："我有能力照顾自己，我有能力保护好自己，我有能力面对挑战……"初始时标志距眼睛35～40厘米，画圆的直径大于30厘米，渐渐由大而小、由慢而快，求助者声音也由小而大、由慢而快。当声音最大时，咨询师将小棒或笔尖快速指向求助者胸前3～6厘米处，停止8～10秒，此时可能会观察到求助者丰富的表情变化。

（6）躯体扫描。把原有的灾难情况画面和后来植入的正向自我陈述与光明想法，在脑海中联结起来。让求助者闭上眼睛，再回忆那个场景和情绪，问一下颜色和主观负担指数（0～10级评分）以及征象。若负面情绪的征象有明显的改变（一般是颜色变浅、形状变模糊），主观负担指数降至4分或以下，可视为治疗有效；若主观负担指数没有明显下降，应检视上述过程中哪一点不够到位，调整后再行治疗。

（7）结束。准备结束治疗，若有尚未完全处理的情形，以放松技巧、心像、催眠等方法来弥补，并说明预后及如何后续保养。再次引导求助者回到"安全岛"，体验轻松愉快安全的情境。

（8）评估反馈。总评疗效和治疗目标达成与否，再视情况制订下次治疗目标。下次治疗时，反馈得分在3分以上时，则需要再进行治疗，若低于3分，则可治疗其他创伤。

EMDR禁忌：精神病性障碍要严格鉴别；新近戒毒的患者和长期药物（安非他命）依赖者；甲状腺疾病、冠心病、高血压、心功能不全、视网膜剥离、眼部疼痛者。

2. 严重事件集体减压法

严重事件集体减压法，是一种系统的、通过交谈来减轻压力的方法，是简易的支持性团体治疗，又叫集体晤谈。

目标：公开讨论内心感受；支持和安慰；资源动员；帮助当事人在心理上（认知上和感情上）消化创伤体验。

时限：灾难发生后24～48小时是理想的干预时间，6周后效果甚微。

过程：介绍期、事实期、感受期、症状期、辅导期、恢复期。

（1）介绍期：指导者进行自我介绍，介绍CISD的规则，仔细解释保密问题，每个人都要作自我介绍。这是对应激的处理与服务，不是正式治疗。

（2）事实期：请参加者描述严重事件过程中他们自己及事件本身的一些实际情况，询问参加者在严重事件过程中的所在、所闻、所见、所嗅和所为。每一位参加者都需发言,然后整个事件会真相大白。

(3)感受期:询问有关感受的问题,例如,事件发生前(如上前线)你有何感受? 你目前有何感受? 以前你有过类似的感受吗? 对你来说,事件中最不幸的是什么? 这些感受对你的社会功能及人际关系有什么影响? 你是否觉得自己做得不够? 做错了什么? 对不利的后果要负什么责任?

(4)症状期:确定个人的痛苦症状,从心理、生理、认知、行为各方面描述,依时间顺序回顾,避免将个体的反应病理化,避免障碍、症状用语。

(5)辅导期:介绍正常的反应及应激反应模式,强调适应能力,讨论积极的适应与应付方式,提醒可能的并存问题(如饮酒),给出减轻应激的策略,让其自我识别症状。

(6)恢复期:总结述谈过程,提供保证,讨论行动计划,重申共同反应,强调小组成员的相互支持,提供有关进一步服务的信息。

注意事项:文化不相容、抑郁和急性悲伤状态者不适宜 CISD。

第三节　危机干预操作步骤与案例分析

危机干预是一个系统严谨、充满风险的挑战性工作,需要监狱等矫正机构的教育、狱政、狱侦、医务等各个部门的合作,特别需要提高干预快速反应能力,立足于早发现、早干预、早解决。发现服刑人员有心理危机征兆时,分监区首先要安排 24 小时夹控监护,保证安全,同时迅速收集危机者的心理状况,相关的信息资料及时上报矫正机构的领导及其他相关部门,落实专业人员介入,启动危机干预的评估认定、方案制定、干预实施工作。

一、危机评估

危机评估与危机干预是紧密相关的,危机评估是心理危机干预成功的基础。评估需要一定的专业技术,并要贯穿于危机干预始终。要通过测量、调查、面谈、观察等方法收集资料,要求短时间内尽快完成。在初步稳定情绪的基础上与危机者建立安全、信任的合作关系,洞察心理危机的原因,掌握心理危机的严重程度,为制订干预计划与跟进实施提供信息和依据。

危机评估的主要内容包括以下几项:

(一)临床表现的评估

可以使用危机干预的分类量表[①],从认知、情绪、躯体、社会功能失调等方面的症状,确认其心理功能损害程度。干预过程中评估危机是否得到化解,可以通过情绪、行为等反映出来,有利于检验干预的效果。

(二)家庭背景和服刑环境的评估

对包括家庭成员间的关系、社会支持系统、与周围服刑人员和民警的人际关系等,可利

---

① 吉利兰·詹姆斯.危机干预策略.肖水源,等,译.北京:中国轻工业出版社,2000.

用内在和外在资源进行评估。其目的在于把求助者的内部资源与社会支持、环境资源充分调动和结合起来,从而使危机者有更多的解决问题的方式可以选择。

(三)问题的识别

对危机性质的评估,是境遇性的还是复发性的? 确定问题和诱因,目前的主要心理危机和应付机制是什么? (不作人格分析)以便采取相应干预措施。

(四)危机严重程度的评估

根据危机个体的主观认识和干预者的客观判断,分析评估有无危及其自身和他人生命与监管安全的危险等,并适时运用监护、隔离、医治等干预措施。

二、确定干预目标

干预目标就是经过危机干预所要达到的预期结果。要针对危机者即刻的具体问题和危机者的功能水平及心理需要而制定,同时还要考虑有关社会文化背景、生活习俗、监狱等矫正机构的文化背景、家庭环境、服刑环境等因素。通常在首次会谈中要完成以上这两项任务。一次干预很难实现上述全部目标,要制定多项即时目标,有计划地连续咨询,才能实现最终目标。

三、干预实施

干预者要按照干预程序专业、灵活、娴熟地运用各种专业知识和干预技术,善于启发引导,增强危机者求助动机,找到问题原因,帮助其学会应对困扰的技巧和方法。根据危机的性质、难度和危机者的配合程度与领悟能力及问题的改变程度,稳步解决面临的问题。关键是要发现危机者自身的潜能与资源,因势利导,调动其解决问题的自我责任心与自我效能感,从而促进危机者自我功能水平的恢复和提高,以达到干预目标顺利实现的目的。

四、终止干预

当危机者情绪稳定达到危机前的功能水平,认知能力改善,自我保护意识加强时,可以考虑适时结束干预,并处理终止干预的事宜,防止依赖,减少分离焦虑。

成功地结束干预是危机干预中对危机者成长最有意义的一个环节。干预者要做好回顾总结,要肯定和鼓励危机者,使其能运用学会的应对技巧,采用新的应对方式,重新开始新的生活,并指出他今后努力的方向。干预者要传达一个信念,即相信他在以后的生活中不会发生类似的困难,以增加其处理应激事件的信心,同时还要做好跟踪随访工作。

五、案例分析

【案例一】

创伤后应激障碍危机干预

1. 问题发生

某省某监发生一起狱内凶杀案件。王某是劳动现场的值班员,去现场点名,成为案发后现场的第一目击者,面对突发事件的强烈刺激,心理受到重创,惊恐不安、辗转难眠,每天生活在创伤的阴影里,几次向民警报告,要求心理咨询,希望摆脱痛苦。一个多月后,被民警送来做心理干预。

2. 个案情况

王某,男,38岁,小学文化,盗窃罪,被判死缓,改造期间曾减刑5次,余刑5年。

3. 自诉

那天我看到被害人倒在地上,头部下有一摊血……我的大脑一片空白,心悸、恐慌不安,随即瘫软在地,无法继续点名,随后就出现一系列症状:只要眼睛一闭,我的头脑中会不由自主地出现场景影子(闯入性的画面),凶杀现场被害人的影像(闪回)挥之不去,晚上不敢睡觉、不敢喝水,也不敢去上厕所。在寝室看到被害者的床铺,我就会恐慌。每天不是失眠就是做有关他的噩梦。我就用背行为规范、再想想好的事情(如我很快就能刑释回去了)的方法来转移注意力,但是一点用处也没有。上班不敢去出事现场,每天感到非常害怕,不知怎么办。连续一个多月也无法自我摆脱,感到非常痛苦和无助,就主动向分监区警官报告,要求心理咨询。

4. 评估诊断

生理方面:身体无异常。心跳加快,入睡难、噩梦多。

心理方面:头脑里常有创伤事件的思维和记忆,有严重的恐惧、焦虑、痛苦和无助感。

社会文化方面:从小听大人讲鬼的故事,胆小。

安全方面:有自知力和求助动机,无自杀与行凶意念,目前对本人和他人是安全的。

对来访者心理健康状况测评情况如下表所示,其中七项因子分如焦虑、恐怖、偏执、精神病性、强迫状态、敌对等均呈中度严重程度。

来访者症状自评量表(SCL-90)测评结果表

测试结果	原始分	平均分	参考诊断
总分	237		
总均分		2.63	
躯体化	29	2.42	轻
强迫状态	27	2.70	中
人际关系敏感	20	2.22	轻
抑郁	28	2.15	轻
焦虑	32	3.20	中
敌对	15	2.50	中
恐怖	21	3.00	中
偏执	17	2.83	中
精神病性	28	2.80	中
其他	20	2.86	中

目击凶杀事件给来访者身心带来痛苦并对心理造成强烈冲击,以后随着时间消逝仍残留在记忆中,给来访者造成不良影响(后遗症),产生了心理创伤。

对照DSM-Ⅳ对急性应激障碍的诊断标准:

(1)不能控制地反复出现与事件有关的恐惧回忆;

(2)有逃避出事地点的行为;

(3)有过度警觉、发怒易激惹等自我功能严重失调的心理危机症状。

当上述三类症状均持续一个月以上,且引发其具有临床意义的苦恼或社交、职业或其他重要功能的损害,可称为创伤后应激障碍(PTSD)。从王某自诉以及症状分析,再结合诊断标准,可以确定为创伤后应激障碍。

5. 干预技术

主要干预技术有综合运用快速眼动脱敏法、认知调整以及行为训练技术(如呼吸放松法、肌肉放松法)。

6. 干预目标

直接目标:稳定情绪,缓解症状,消除影子。

最终目标:帮助恢复并高于危机前的心理功能水平,提升其解决问题的能力。

7. 干预经过

从某年1月25日至2月9日共干预4次,专门安排其收工后的时间,施以危机干预技术,通过收集资料,如危机症状、成长史、建立信任的干预关系、确立干预目标、讲解心理健康和应激反应知识、快速灵活运用干预技术、稳定情绪、缓解症状、教给应对技巧、布置咨询作业、调动其自我效能感,取得了良好的效果。

第一次,肯定他主动求助的动机和行为,给予鼓励,建立信任安全的干预关系。通过让其倾诉与宣泄,收集信息,给予共情和支持。了解创伤事件的经过和恐怖体验及应激症状,孩提时听大人讲鬼的事,胆小、受惊吓,看电影不敢一人回家。向他讲解应激反应知识,告知其症状反应是正常的心理反应。同时,告诉他心理调整的知识与方法,如认知行为疗法、快速眼动脱敏疗法、肌肉放松法等供他选择,商定最需要解决的问题,确立缓解症状、消除影子的先期干预目标。然后实施快速眼动脱敏疗法、肌肉放松训练。王某感到影子清晰度降低,人有轻松感觉。结束前,布置咨询作业:填心理测量表、深呼吸放松练习。

第二次(次日),咨询反馈:咨询以后,睡眠明显改善,表现为睡熟早,醒来迟,感觉效果明显。出工后,人感到明显精神不少,自己感到胆量突然大了。对其继续进行快速眼动脱敏法(屏幕技术)、指导愉快想象调整,王某感到症状在不断减轻,还出现向别人诉说治疗效果的愿望。咨询作业:继续深呼吸放松练习。

第三次,咨询反馈:到了晚上很想睡觉,睡觉前有时模糊的影子还会隐约出来,出现反弹。他用咨询时学会的"遥控器技术"去应对,已经不再害怕了,包括到现场也不害怕了。情绪放松,心理负担减轻。继续实施快速眼动脱敏法、音乐催眠放松治疗,巩固效果。咨询作业:继续深呼吸放松训练法,鼓励其继续运用有效的"遥控器"技术,写出咨询反馈情况。

第四次,咨询时带来书面康复情况记录,认为咨询半月来,症状一直在朝着好的方向发展,现在已完全恢复正常,感谢咨询师对他的帮助。咨询师认为其已经恢复到危机前的功能水平,危机已经解除,再施催眠治疗以巩固效果,商定并结束危机干预。

8. 结果

原来大脑里的恐怖影子消失,睡眠很好,害怕、心悸症状消除,人感到轻松,完全恢复正常。SCL-90测量,十项指标全部阴性。他对咨询师说,后来看见案犯来指认现场也不感到害怕。

经对比前后心理测量结果,以及跟踪回访,王某本人感到满意,分监区反应良好。

【案例二】

自杀未遂危机干预

一、基本情况

李某,男,26岁,湖南人,汉族,小学文化,因犯盗窃罪被判刑15年,在看守所曾有过绝食经历。入监时EPQ人格测试N维度67.5分。入监7个月以来,面对刑期、家庭、情感问题,以及对服刑改造的不适应,因而产生悲观的想法,后割腕自杀因及时发现未遂。监内医院救治时电话通知并要求做现场心理干预。

心理测验:总分224分,除恐怖、敌对、人际关系敏感因子分正常外,其他各因子分均显示不正常。阳性症状与因子得分情况如下表所示。

来访者症状自评量表(SCL-90)阳性症状与因子得分情况

阳性项目数	67分	阳性症状均分	3.30分	抑郁	3.31分
焦虑	3.40分	躯体化	2.80分	偏执	2.33分
强迫	2.30分	精神病性	2.40分	其他	2.80分

另外,SDS标准分73分(重抑郁状态),SAS标准分59分(焦虑状态)。

二、自诉

判刑入狱后好像是从天上掉到了地狱,如同关在笼子里的动物,失去了自由,车间劳动噪声大,师傅态度也不好,感到很不习惯。特别想老婆,担心老婆会弃他而去,心里非常痛苦,常头痛、胸闷、心悸、失眠,已有5个多月,难受时会用头撞墙,想以自杀来摆脱痛苦。

三、他人反映

警官与他犯反映,其性格内向孤僻,常独处,生产时注意力不集中,动作慢,与同组人员不协调,事发前几天有过争吵。

四、症状分析

(1)因犯罪入狱成为因犯形成强烈的精神刺激压力从而产生拘禁性心理反应,主要表现为神经性抑郁症状。

(2)EPQ人格测量性格内向,N分偏高,情绪稳定性差,是抑郁、焦虑的人格基础,对李某的监狱适应困难起着重要作用。

(3)情绪极度低落,悲观绝望,感到无能为力。

(4)胸闷、心悸、头痛、失眠、手脚发冷等躯体化症状明显。

(5)孤僻不合群,人际关系差,劳动动作慢,效率低,社会功能受损。

(6)病程方面,症状持续已达5个多月。

自杀行为的产生,主要有如下原因:

(一)社会原因

(1)重大的负性生活事件:监狱的特殊环境,打破其入监前的生活作风和生活模式,自由被剥夺,行动受限制,身心遭受重大挫折与打击。

(2)失去社会支持系统:远离亲人的孤独,亲情隔绝和被女友抛弃的担心与痛苦。

(3)人际关系方面:不合群,事前曾与他犯发生争吵。

（二）心理原因

(1)个性因素:性格内向、敏感性强。入监时 EPQ 人格测试 N 维度 67.5 分,高焦虑,情绪紧张,稳定性差,系自杀高危人群。

(2)认知因素:认为"人进监狱就像动物关在笼子里一样难受""如女友跟了他人,那生活就失去了意义",认知负面消极。

(3)心理平衡能力、自控力与承受力低:无健康的兴趣爱好,缺少自我调适能力。

（三）生理因素

伴有躯体化障碍,如胸痛、心悸,常常失眠,胃口差等。

（四）社会功能方面

常独处,不与人交往,正常的劳动学习效率与人际交往能力下降。

五、干预目标

短期目标:稳定情绪,改善睡眠,缓解抑郁、焦虑、胸闷、头痛等症状,增强自控力,恢复心理平衡,防止再次自杀。

长远目标:改变其对监狱环境的不适应心理,增强应对人生挫折的勇气和能力,促进稳定改造。

六、干预过程

干预过程分为三个阶段。

第一阶段,心理评估与建立干预关系。

第一个关键点是用理解、尊重、心理支持技术与放松技术,缓解情绪,取得信任。首次干预在医院的救治包扎创口现场,在指导员与李某谈话后,干预者自报家门,观察到李某表情痛苦,疲惫不堪、丧魂失魄的神情,对李某说你累了,我可以用放松的方法,能帮助你好好休息。放松练习仅 1～2 分钟,他就对干预者说:"原来我胸口像石块压住一样,闷得慌,刚才指导员对我讲的话,我一句都没有听进去,现在感到好多了,感觉像没发生什么事一样,不过,不知监狱会对分监区警官作什么样的处理?"干预者趁机因势利导,肯定他担心自己的行为给警官带来麻烦的想法,是良知与理性恢复的表现,希望能保持这种良好的感觉,同时要求他配合心理治疗,用实际行动改正过错,挽回不良影响。在取得了信任和建立良好关系的基础上,以后几次的干预中,通过心理测量,了解其家庭背景(其父也有自杀未遂史)、成长经历、社会支持系统等相关情况,探究症结的形成原因与人格特征的关系,确定主要问题,探询改变意愿,帮其形成并强化求助动机,以心理干预为主、药物调节睡眠为辅的措施,改善症状,摆脱危机状态。

第二阶段,运用解释和指导技术,鼓励其学会正确应对,提高问题解决能力,从而获得积极的体验和成功的行为。求助者自杀行为是与监狱生活不适应,继而又发生人际关系矛盾和情感问题,以及缺乏解决问题的能力有直接关系。向求助者解释心理问题与躯体症状的关系,分析抑郁、焦虑等恶劣情绪的危害性,并指导其学习和尝试合理的应对方式,布置咨询作业,让其选择切实可行的方法。例如:①自我放松法,当有不良刺激或负性情绪时,运用深呼吸平静情绪;②用意象技术想象愉快的情景;③人际互动法,通过鼓励其运用咨询中学到的心理知识与技巧,自如地处理一些容易做到的小事(如主动向他人打招呼问好等),以锻炼适应能力,改变其无能为力、难以适应的消极心理,感悟到自我掌控的力量,从而产生愉快情绪的体验,增强其战胜自我的信心,以提高自我帮助、自我处理问题的能力。一个月后,求助者认为抑郁、焦虑情绪减轻,并且主动提出停用安眠药,睡眠基本正常。

第三阶段,认知重建,改变非理性思维,促进人格健康。相隔一个月,第四次咨询时,求助者反映近来情绪较为稳定,身体状况好转,警官给其换了轻便工种已出工劳动。在稳定并巩固疗效的基础上,后续的心理干预着重帮助求助者调整认知,代之以合理的、现实的思维方式,使之更好地适应现实生活环境。①正确认识和评价监狱。通过用小孩和成人对同一事物——医院和医生的不同看法以及态度,启发李某认识到"监狱并不是一个可怕的地方",而是对服刑人员实行"治病救人",施以"心灵拯救"的场所,从而使他明白,对监狱的错误认知是一种不成熟心理的反映,更是引起消极有害情绪和行为的根源,进而引导他采取合理的、现实的态度,面对和适应矫正环境,改变消极心态,重新树立起生活的勇气、矫正的信心。②正确认识和评价情感问题。帮助李某分析并纠正对女友情感问题上的"我爱他,他也必须爱我"的绝对化思维,以及"女友要弃我而去"的主观推测等不合理思维。针对其心理调整好了,又担心会忘了女友,而失去女友的内心冲突,干预者引导他思考如何正确而辩证地处理改造与女友关系的问题,使他领悟到走绝路只会伤害女友,懂得要珍惜与把握这份情感;关键是要以积极态度,多看光明的一面。要把这份情感当作不断激励自己、促进改造、争取早日新生的动力,这才是积极的情感、健康的心态。这样不但女友会看得起你,而且对前途有利。李某说自己过多的消极想法是有害无益的,咨询师的话对自己确有帮助,今后遇到问题要从多角度看,还要学会自我情绪控制与调节。

七、干预效果

通过七次干预,李某抑郁情绪、躯体化症状基本解决,危机解除。李某自我感觉心境平稳,睡眠好,胃口也好,情感问题也能自控,劳动、学习、人际关系恢复正常。民警和他犯都认为,李某表现得情绪平稳、心情开朗,脸色好、胃口好,睡眠已不依赖药物,能主动与人交流,经常一起看电视,感觉明显与以前不一样了。

最后心理测试结果为:所有因子得分均在正常范围。具体如下表所示。

来访者症状自评量表干预后测评得分

抑郁	0.67 分	焦虑	0.70 分	强迫	0.70 分
偏执	0.81 分	精神病性	0.72 分	其他	0.57 分

另外,SDS 标准分 48 分;SAS 标准分 48 分。

思考题

1. 什么是服刑人员心理危机和心理危机干预?
2. 试述服刑人员心理危机干预的适用范围。
3. 服刑人员心理危机干预的操作步骤怎样?

第七章案例

第八章 教育矫正工作模式构想

广义心理矫治包括宏观与微观两个层面的内容。宏观层面指向矫正机构教育矫正工作模式，主要包括矫正机构整体教育矫治工作的理念、思路与要素构成，也是指导矫正机构全体工作人员开展教育矫治活动的内在指引，需要每个矫正工作人员对此有清晰的理解、认识与把握。因此，通过分析梳理我国矫正机构已有教育矫正模式、借鉴国外矫正机构矫正模式，并进行矫正模式的创新，是推进我国监狱等矫正机构教育矫正工作包括心理矫治工作走向现代、高效、科学的必由之路。

第一节 新中国监狱教育矫正工作模式

新中国成立以来中国监狱教育矫正工作模式究竟有哪些？翻阅监狱学相关学科资料，尚没有一个总体的、完整的阐述。劳动改造模式是新中国监狱教育矫正工作的典型模式，应当没有异议；但是，这一模式的起始与持续时间，尚未有一致的结论。目前的中国监狱工作模式是监管安全模式，绝大多数监狱工作者不会有异议，但是学界对此褒贬不一。而中国监狱特殊学校模式，受到了监狱理论研究与实务工作者的关注；这一模式在相关监狱学理论研究资料中亦有所体现。因此，本节将阐述新中国监狱教育矫正工作的三个模式，即劳动改造模式、特殊学校模式与监管安全模式。下面首先对工作模式作解读。

一、工作模式含义

(一)模式与工作模式

《现代汉语词典》(商务印书馆 2014 年修订第 6 版)对"模式"的解释是："某种事物的标准形式或使人可以照着做的标准样式。"从模式的这一表述即得知模式对人们的意义。

与"模式"相对应的一个词是"模型"。模型是指对于现实世界的事物、过程或系统的简化描述，或其部分属性的模仿。随着科学技术的进步，人们将研究的对象看成一个系统，从整体的行为上对它进行研究。这种系统研究不在于列举所有的事实和细节，而在于识别出有显著影响的因素和相互关系，以便掌握本质的规律。对于所研究的系统可以通过类比、抽象等手段建立起各种模型。[①] 对现实世界的事物、过程或系统的简化描述，常常构成一种模式。而建立模型的过程，从某种程度上说，也是构建一种模式的过程。因此，本书对"模式"和"模型"认为是意义同构，内涵上不作区分。

---

① 中国大百科全书出版社编辑部.中国大百科全书·自动控制与系统工程卷.北京：中国大百科全书出版社,1991.

工作模式是指他人或某个组织在某项工作中可以照着做的标准样式。它是对某项工作模型化的建构过程。从该项工作的纷繁复杂的现象中识别出具有显著影响的因素及相互关系，以便掌握该事物的本质规律，从而指导今后的工作或给他人工作以参照。

（二）行刑模式与监狱工作模式

有学者指出，行刑模式是指具有典型意义的某种刑罚执行方式。其典型意义表现在，它是在特定的行刑目的的指导下，为了适应特定行刑对象所采取的一种具有特定内容和方法的行刑方式。这种行刑方式因其显著的独特性和差异性而在学理和应用上具有比较或借鉴意义。[①]这一定义指出，总结、归纳出来的行刑模式，是矫正机构在今后的行刑过程中或者说在今后的教育矫正工作中可以参照使用的一种行刑方式。因而，行刑模式也就是监狱工作模式，具体到教育矫正工作领域，也就是教育矫正工作模式。

（三）监狱工作模式的构成要素

监狱工作的运行需要由多种要素构成，包括行刑对象、行刑者、行刑环境、行刑内容和方法等。[②]具体可分为以下两个方面：

（1）监狱工作的有形要素。行刑对象、行刑者和行刑环境是监狱工作的有形要素。行刑对象即服刑人员，是行刑的核心要素，不同行刑模式反映不同行刑对象的行刑需要。行刑者即监狱工作人员，他们代表国家并以特定的岗位分工分担刑罚权能，承担不同的行刑任务。不同国家行刑者的构成有着较大区别，我国监狱工作者都是人民警察，而在美国等西方国家，行刑者除了警务人员，还有大量非警务编制的专业技术人员或管理人员。行刑环境包括物理环境和制度环境。它们是监狱工作模式的重要组成部分。

（2）监狱工作的无形要素。其主要包括行刑目的、行刑内容和行刑方法等。它们的差异可以区别出不同的行刑模式。在这些无形要素中，行刑目的是第一位的，它决定行刑内容和方法。行刑目的包含了行刑的依据和理念。

二、新中国监狱教育矫正工作主要模式

（一）劳动改造模式

劳动改造，包括广义和狭义两层含义。就广义而言，劳动改造是指我国刑罚执行机关对被判处死刑缓期二年执行、无期徒刑、有期徒刑的服刑人员实施惩罚和改造的刑罚执行制度。就狭义而言，劳动改造是指我国刑罚执行机关以劳动改造为基本手段对服刑人员实施的改造活动。本章所说的劳动改造模式取广义。

自新中国成立到党的十一届三中全会之前，我国刑罚执行机关主要是在广义上使用劳动改造。因此，这段时间的中国监狱教育矫正工作模式，可称为劳动改造模式。

有学者认为，新中国大规模改造罪犯的历史，在很大程度上就是劳动改造罪犯的历史。尽管在改造当中，监管手段、教育手段和劳动手段同时并用，但在主导思想和主导措施上，始终以劳动改造为基本理论、基本制度和基本实践。在这个基本点上，无论是决策层还是执行层，历来是思想明确、认识一致、前后一贯和行动统一的。[③]

首先，劳动改造模式在决策层是明确和坚定的。以毛泽东为首的最高决策层，为我国惩

①② 郭明.监狱学基础理论.北京:中国政法大学出版社,2011.
③ 金鉴.监狱学总论.北京:法律出版社,1997.

罚和改造罪犯制定了基本的思想、方针、政策和制度。而这些基本的思想、方针、政策和制度，是明确而又坚定地以劳动改造为基本思路的。其次，劳动改造模式在执行层得到不折不扣的落实。在新中国成立后的30多年间，广大民警始终遵照中央劳动改造罪犯的部署和指示，设计、规划、组织罪犯的劳动改造工作。劳动无论在时间、空间和实际内容上，都占了改造活动的绝大比重。从世界范围看，这一监狱教育矫正工作模式虽非中国所独创、首创，但却在中国得到全面实践而独具特色。

我国实施劳动改造模式30多年，取得了辉煌的成就。成功地改造了日本战犯、国民党战犯和反革命犯，改造了数以千万计的其他各类刑事犯罪人，并为白手起家的新中国监狱创造了较为雄厚的物质基础，积累了较为丰富的劳动改造罪犯的经验。

劳动改造模式在计划经济时代可以得到顺利实施，但到了新的历史时期，各种问题和弊端日益显露出来，并且许多问题非常严重，到了积重难返的境地，不从体制上、根本上动大手术，是无法解决的。

劳动改造模式存在的问题主要有：一是劳动改造手段异化。惩罚与改造构成监狱的基本功能，劳动只能定位于改造手段上，否则就会偏离监狱工作的中心。但是在行刑实践中，罪犯劳动在一定程度上发生了异化，一些监狱将罪犯的劳动生产视为获取经济利益的手段，以经济效益为中心，民警的考核与经济效益挂钩，罪犯的考核以劳动任务完成与否为指标，劳动好就是改造好的现象明显。二是劳动改造效果差。劳动没有与相应的教育相结合，不可能取得好的改造效果。而我国现行的劳动改造中，绝大多数监狱唯劳动是劳动，除了劳动还是劳动，根本没有相应的教育措施和手段，罪犯的全部时间和精力都在劳动上。有的监狱即使有一点教育，也针对性不强，徒有形式，根本起不到改造的作用。而且罪犯的劳动不是根据改造的需要，而是根据生产效益的需要来安排，不考虑罪犯的思想实际，不针对罪犯的犯罪思想，过分地、超限度地进行劳动。三是有法不依的现象仍然存在。监狱不遵守罪犯劳动改造工作法律法规的现象较多存在。法制观念不强，法律意识、法律神圣不可侵犯的观念尚没有建立起来。[①]

改革和完善我国罪犯劳动改造制度，必须建立并实现监狱经费国家全额保障制度，同时要优化监狱执法环境，完善法律制度，还原罪犯劳动改造的本来面目，逐步实行罪犯劳动工资制，使我国的监狱工作回归到惩罚和改造的本质轨道上来。

(二)特殊学校模式

党的十一届三中全会后，为了适应国家改革开放和社会主义物质文明和精神文明建设的需要，对罪犯的文化、技术教育在监狱系统得到广泛开展。1981年4月，《人民日报》以"既改造人、又造就人"为题，报道了辽宁省辽源一支队在罪犯中系统地开展文化、技术教育的消息，揭开了监狱系统办特殊学校的序幕。[②]

1981年8月，全国第八次劳改工作会议(以下简称"八劳"会议)召开。"八劳"会议明确提出"要加强对罪犯的教育改造工作，把劳改场所办成改造罪犯的特殊学校"的任务。1982年1月，中共中央发出的《关于加强政法工作的指示》，进一步强调指出："劳改、劳教场所是教育改造违法犯罪分子的学校，它不是单纯的惩罚机关，也不是专搞生产的一般企业、事业

① 冯建仓，陈志海.中国监狱若干重点问题研究.沈阳:吉林人民出版社,2002.
② 中国监狱学会.中国监狱学会20年:1985—2005.北京:法律出版社,2006.

单位。"从此,各地对办特殊学校进行积极尝试,相继涌现出一批办学工作开展得较好的单位。

1982 年 10 月,公安部劳改局在山东省潍坊劳改支队召开办学工作现场会。会议研究和交流了把劳改单位办成改造罪犯的"政治熔炉"、文化技术教育的"职业学校",并提出了"三五"年内把全国大多数劳改单位分期分批办成改造罪犯的特殊学校的目标,以及办学的五条标准。这五条标准已不仅限于教育改造,还包括队伍建设、罪犯管理、劳改经济等多方面内容,办特殊学校已成为促进监狱工作整体发展的一个综合目标。1988 年 12 月,司法部印发《劳改场所特殊学校开展上等级活动的实施意见(试行)》,提出了特殊学校上等级活动指导思想、目的要求、等级标准和考核指标。到 1998 年年底,全国办成特殊学校的监狱达到655 个,占全国监狱总数的 94.84%。[1]

创办特殊学校工作,为我国监狱的教育改造注入了新的活力,推动了监狱教育改造的正规化发展,对克服形式主义、促进监管改造工作、提高改造质量,起到了积极的推动作用。如果说新中国成立初期开始的全国大规模组织罪犯劳动改造工作,并使劳动改造制度成为中国监狱制度的一大特色,那么从 20 世纪 80 年代初开始,以创办特殊学校为主要活动载体的教育改造工作,则成了中国监狱制度的又一特色,是新中国监狱工作史上的一次飞跃。

但是,有学者认为,司法部提出创办特殊学校的要求,对教育改造的推动作用是巨大的。可是到了后期,由于制定的目标和要求不切合实际,人为提高,各监狱在学校基础设施上投资浪费较多。到 1994 年,司法部就不再强调创办特殊学校,因此各监狱都纷纷转移工作重点,致使许多监狱干警产生了教育改造工作不重要的错误想法。1994 年以后,司法部开始创建现代化文明监狱活动,没有与创办特殊学校的政策承接起来,造成了这一政策的不连续。由于政策的不连续,造成特殊学校较为完备的教育设施改作他用,致使许多监狱的各种教育设施非常简陋、破旧,难以继续使用,也满足不了现代教育矫正的要求。[2]

（三）监管安全模式

监狱安全,主要是指监管安全,是监狱工作物质、制度和精神状况最基本与最直接的反映,是第一层面的。它的第一层面性,还决定了无论中外各国,或任何历史阶段,都始终把监狱安全放在首位予以重视和关注。无论是监狱上级机关的要求,还是监狱自身的要求,都时时处处突出监狱安全工作要求,时刻把监管安全工作放在首位来抓。这就形成了我国监狱工作的监管安全模式。这是当前我国监狱工作的主模式。

有研究者认为,目前由于受到一系列条件的制约,监狱工作还停留在安全模式的层面,从监狱工作的政策导向看,监狱安全是监狱最重要的工作,在具体的工作措施落实上,更是以是否安全为衡量标准,对罪犯教育矫正工作的考核也是以安全为中心。[3] 这是笔者所见资料中首次出现安全模式,并对这一模式进行了反思。

根据"监管安全模式",在监狱安全上,要坚持高标准、严要求,从讲政治高度真正做到认识到位。确保监狱安全,必须坚持务虚与务实相结合,围绕安全目标,力促安全防范观念新突破。要通过各种行之有效的形式,使广大民警清醒地认识到我们站在"火山口"、坐在

① 中国监狱学会.中国监狱学会 20 年:1985—2005.北京:法律出版社,2006.
② 冯建仓,陈志海.中国监狱若干重点问题研究.沈阳:吉林人民出版社,2002.
③ 于爱荣等.矫正技术原论.北京:法律出版社,2007.

"炸药库",增强危机感,做到警钟长鸣,常备不懈。要引导广大民警"三破除三树立",即坚决破除把安全稳定工作仅仅看作是管教业务工作的陈旧观念,牢固确立"稳定压倒一切"的指导思想,坚持把安全稳定工作作为全局性、综合性的工作来抓;坚决破除满足于现有成绩、不求进取的自满思想,牢固树立争创一流,为实现"三个绝对不能""四个绝对不允许"的目标而努力的雄心壮志;坚决破除监狱发生安全事故不可避免、无关大局的错误认识,牢固树立"安全稳定无小事"、防微杜渐的安全防范意识,不断增强做好监狱安全工作的责任感和自觉性。要层层落实安全工作责任制,做到领导到位、工作到位、责任到位。坚持一把手对监狱安全负第一位责任,从目标、责任、检查、考核、奖惩等方面建立激励机制。对发生重大安全事故的单位和领导,实行"一票否决"制度。① 要完善各项监管安全工作制度,通过职责的明确、管理的规范,发现和消除安全工作的"死角",使安全防范工作横到边、竖到底、无断层,从而形成一个全天候、全方位、全员性的安全防范新体系。② 这是学者对监管安全模式所做的明确而清晰的阐述。

中国监狱监管安全模式的实施,保证了监狱的安全稳定工作取得持续成效。由于各级监狱机关和全体监狱人民警察的严防死守,共同努力,我国监狱的主要安全指标下降到了新中国成立以来的最低水平。近几年,我国监狱的罪犯脱逃人数保持在个位数的水平。

有研究者对监管安全模式进行了反思,认为近年来有关监狱工作的要求不全面,工作重点发生了偏差。司法部提出监狱工作必须确保监狱安全和监内秩序稳定,做到"两个一,一个确保",甚至提出确保监管安全是监狱工作的目标,并把监狱安全定位在民警的严防死守上,忽视罪犯的教育改造。这只能说是治标不治本,即使能保住监狱的安全,也是暂时的,不能持久,而且长时间的严防死守会消耗民警的精力,留下爆发更大安全事故的潜在危险和隐患。③ 因此,即使是同一本书的不同作者,对比他们对监管安全模式的认识,相互间是有差异的。

笔者多次参加华东六省一市监狱学研讨会、长三角监狱学(高峰)论坛、某省以及该省各监狱的理论研讨会,在监狱安全上的共同表现就是强调监管安全的"三个绝对不能""四个绝对不允许";还有的作者强调要把服刑人员 24 小时监控起来以确保监狱的安全稳定。对此,笔者愿意从辩证唯物主义角度做一分析。马克思的辩证唯物主义认为,运动是绝对的,静止是相对的,一切事物都处在永恒的运动、变化和发展之中。全部科学都证明了这个辩证唯物主义的原理。从微观世界到宏观世界,从宏观世界到宇观世界,从无机界到生命有机界再到人类社会,都无时无刻不处在运动变化之中,不存在绝对不动不变的东西。肯定事物处在绝对的运动之中,并不是否认事物有某种静止的状态,有某种稳定的形式。不过,这只是在物质运动过程中的静止或稳定,是物质运动的特殊形式或一定状态,因而静止是暂时的、有条件的、相对的。④ 监狱的安全稳定,应当是运动过程中的相对静止或稳定状态。如果认为监狱安全稳定是一种绝对的"静止状态",那么它就不应该发生任何事故。显然,古今中外的监狱到目前为止都还没有实现。如果承认监狱安全稳定的"相对性"、有条件性,那么所谓的"三个绝对不能""四个绝对不允许"的监狱工作目标与辩证唯物主义的基本原理相冲突了。

①② 于爱荣等.矫正技术原论.北京:法律出版社,2007.

③ 冯建仓,陈志海.中国监狱若干重点问题研究.北京:吉林人民出版社,2002.

④ 萧前,李秀林,注永祥.辩证唯物主义原理(第三版).北京:北京师范大学出版社,2012.

笔者在考察美国、澳大利亚等矫正机构时，多次与矫正机构工作人员交流有关监狱安全稳定以及发生安全事故后的处置途径与方法。澳大利亚新南威尔士州 Brush Farm 矫正中心主任 Alan Moran 先生介绍说：澳大利亚对犯人脱逃的处置是，一旦犯人脱逃由第三方开展调查，以明确管理人员的责任；然后根据调查结果来处理。[①] 而美国沃斯特市的 Sheriff 在回答笔者关于犯人脱逃如何处置的问题时说：一旦发生犯人脱逃，监狱的防暴队首先出动；2 小时后还未能抓获，则当地的治安警察会加入；同时当地检察官会介入调查，以确定犯人脱逃与警察具体行为的关系，如果两者之间存在因果关系，检察官就会起诉该警察或若干警察，如果两者之间没有关系，警察做到了他们应尽的职责，那么犯人脱逃与任何人都没有关系。因此，监狱发生安全事故后如何科学地问责，在目前我国的监狱管理中是个问题。有学者反思了我国监狱系统问责制现状，认为存在若干误区：一是问责简单化。只要发生事故就追究责任，忽视事故发生的"偶然性、未确定性和难有效控制性"等因素，结果是造成一些工作责任心强、工作实绩突出的干部也同样受到处理，无法真正实现问责制是"促进各级履行相应责任"的目的。二是问责扩大化。问责主要是对负有直接责任的干部问责，要明确事故与监狱警察工作的因果联系。而现实往往是将发生的事故严重程度与处理相应职级和数量的干部相联系，容易造成被问责人员范围扩大，使问责制背离实施的初衷。三是责任推托现象。各级领导为了减少自身责任，在出台文件、工作部署时，一味高标准严要求，把责任转嫁给下层，最后转移到基层。四是问责容易受舆论影响。由于整个监狱系统缺少积极应对媒体的严密预案及娴熟的应对技巧，监狱及其警察的责任追究往往受媒体影响。[②]

监管安全模式偏离了矫正机构的内在本质，应当给予纠正。监管安全是矫正机构开展各项工作的前提与基础，监管安全不能保证则矫正机构开展各项工作都要受到影响。然而，监管安全不是矫正机构工作的一切与全部，应当正确定位监管安全工作，辩证认识监管安全与监狱功能——惩罚与改造之间的相互关系，让我国的监狱等矫正机构的工作回归到其本质功能上来。只有这样，才能使中国的矫正工作走上科学发展的轨道，才能推动我国矫正工作取得更大成就。也只有这样，才能使得我国的监狱等矫正机构有时间、有精力、有成效地开展心理矫治工作，促进我国服刑人员心理矫治工作再上新台阶。

第二节 西方国家教育矫正工作模式

不同学者对西方国家矫正机构教育矫正工作模式从不同角度进行了阐释。本节选择了其中的三种作介绍，希望给我国监狱等矫正机构的教育矫正工作以启示。

一、专业化行刑模式分类

美国监狱学者克莱门斯·巴特勒斯根据对美国监狱的研究，在其所著的《矫正导论》中，从"目的—内容—方法"角度，提出了康复模式、重新回归模式和惩罚模式三种具有代表性的

---

① 邵晓顺.澳大利亚矫正机构学习考察记录.浙江监狱,2011(12).
② 范思.以科学精神指导并推进监狱维稳工作.浙江警官职业学院学报,2012(2).

行刑模式。①

（一）康复模式

康复模式盛行于 20 世纪 30 至 50 年代的美国。实证犯罪学派为这种模式提供了理论依据。它的论点是：服刑人员只是病人，而非坏人，正是他们的疾病驱使其犯罪。康复模式（或医疗模式）的意图旨在将监狱转化为治疗服刑人员疾病的医院。治疗者意在帮助服刑人员解决驱使其犯罪的内在冲突，使他们因此而得到康复。为了使服刑人员康复，就要对服刑人员进行分类。治疗者通过社会调查、心理和病理检查以及精神病学检查探知服刑人员的心理需求，并据此安排其参加适当的活动。从 20 世纪 30 年代的心理疗法开始，各种治疗方法随后进了监狱大门，心理剧、交往分析、现实疗法、行为矫正和集体疗法是其中最为流行的。因此，康复模式的主体内容是心理矫治。康复模式到了 20 世纪 70 年代初逐渐失去支持，到 70 年代中期在许多矫正机构受到了冷落。

（二）重新回归模式

重新回归模式产生于 20 世纪 60 年代的美国。重新回归思想是社区矫正得以建立的理论基础。重新回归模式的任务和挑战在于将服刑人员置于社区环境中，帮助其重新适应社会生活。重新回归模式把社区当作治疗中心，认为监禁只应作为最后的一种手段来使用。在此模式中，给服刑人员提供了广泛的重新回归活动项目，包括提前释放、工作释放、教育释放以及探亲等。20 世纪 70 年代中期，严厉惩处罪犯政策所导致的监狱拥挤、居住环境管理不良以及社区的排斥，使重新回归模式逐渐衰落。

（三）惩罚模式

惩罚模式是美国在 20 世纪 70 年代之后流行的一种行刑模式。由于受 20 世纪 70 年代中期否定矫正效果的"马丁森炸弹"的影响，美国监狱行刑开始转向惩罚模式，主张将更多的人关押在监狱。坚持刑罚的严厉性和确定性，认为应当判处罪犯长期刑，使他们与社会隔离，同时告诫人们：犯罪得不偿失。但是，这种模式也遭到了批评，历史也已证明，惩罚模式不起作用。研究也表明，单纯使用强制不能保证被强制对象改变自己的行为，不能保证这些人遵从新的法律规范，也不能保证这些人服从自己以前曾经违反过的法律规范。

二、人类具有代表性的改造模式

人类虽然在一个时期或一部分国家曾经或仍在对改造服刑人员提出疑问或持否定态度，但大部分时期或多数国家都一直在追求行刑的改造效果，视行刑与"改造"（矫正）同义，形成或发明了众多的改造模式。其中，具有代表性且长期被付诸实践的有以下五种。②

（一）基于宗教理念的改造模式

基于宗教理念的改造模式试图通过灌输特定的宗教理念、培养一定的宗教信仰来达到改造服刑人员的目标，即靠宗教的力量改变服刑人员的人格和行为，进而使其不再犯罪。18 世纪 90 年代至 19 世纪 70 年代的美国监狱行刑是这种模式的典型。在这种模式下，对服刑人员进行严格的隔离，除了圣书之外不得接触任何东西，迫使服刑人员每天熟读圣书，以此促进他们自我反省，养成以宗教教义约束自己行为的习惯，从而不再犯罪。时至今日，完全

---

① ［美］克莱门斯·巴特勒斯.矫正导论.孙晓雳，等译.北京：中国人民公安大学出版社,1991.
② 王云海.监狱行刑的法理.北京：中国人民大学出版社,2010.

以宗教原理为基础的行刑已不多见,但仍有许多国家把灌输宗教信仰作为矫正的一种方法加以运用。

(二)基于文化理念的改造模式

基于文化理念的改造模式以社会上的文化道德及民间习惯作为改造服刑人员的基础,试图通过教化或培养民间的文化道德观来改变服刑人员的意识和行为方式,使其像一般人一样遵纪守法、不再犯罪。这种改造模式发端于第二次世界大战后的日本。这里的"文化"特指"民间性规矩、习惯和价值"。在日本,文化构成了社会的基础和最基本的社会力量,政治和法律背靠在文化之上,仅仅是文化的延长和外在化。行刑也不例外,也是以日本社会的文化为基础,利用文化手段进行矫正,将文化上的价值作为行刑的目标。除日本之外,还有一些国家也有将民间的价值观念作为培养服刑人员遵纪守法习惯的重要根据。

(三)基于教育理念的改造模式

基于教育理念的改造模式是指视教育原理为改造的基础,以文化教育为改造的内容,试图通过提高服刑人员的文化修养、知识水平、职业技术来改造服刑人员,使其顺利回归社会的改造模式。在这种改造模式下,监狱被视为与普通学校具有同质性,被视为"特殊学校";改造被认为与教育活动相同,文化教育和职业训练构成改造活动的主要内容。

这种教育式改造模式见诸大多数国家的行刑中,它不仅受到服刑人员的欢迎,而且也容易为社会各个方面所接受。然而,监狱虽与学校有着某种同质性,但却不可能完全相同;改造虽与教育活动有着相同的一面,但却不可能完全一样。因此,这种改造模式有其局限性,试图把所有监狱都办成学校,把改造活动完全改为教育活动的想法并不现实。

(四)基于医学理念的改造模式

基于医学理念的改造模式是指以医学理论作为改造的基础,以医疗方法作为改造的方法和内容,试图通过医学治疗使服刑人员回归社会的改造模式。这一改造模式即前述"康复模式"。

(五)基于政治理念的改造模式

基于政治理念的改造模式是以特定的政治原理作为改造的基础,以此为根据确定改造的内容和方法,试图提高服刑人员的特定政治意识,通过培养服刑人员的这种政治意识,使其回归社会、不再重新犯罪。新中国成立以来在行刑领域所实行的"劳动改造"制度,是这一改造模式的典型代表。"劳动改造"虽不是一种有关行刑的专门法律理论,但却是一种有着自己完整的体系的改造模式,与其他西方国家的改造模式一样,共同构成人类改造犯罪的理论财富。

三、西方国家改造罪犯方法分类

在当代西方国家的矫正领域中,不仅仍然奉行改造罪犯的理念,而且还采取多种类型的方法进行改造罪犯的实践。西方国家矫正领域中改造罪犯的方法,大体上可以分为以下四种类型。[①] 这些改造方法,从某种程度说也是一种教育矫正服刑人员的工作模式,或者说是构成监狱教育矫正工作模式的最主要部分,所以在此做一介绍。

---

① 吴宗宪.罪犯改造论——罪犯改造的犯因性差异理论初探.北京:中国人民公安大学出版社,2007.

（一）宗教型改造方法

宗教型改造方法是指利用宗教教义、宗教人员与宗教设施进行服刑人员改造的方法。

在西方国家矫正系统中，宗教发挥着极其重要的改造罪犯的作用。从一定意义上说，大量在中国监狱系统中进行的道德教育性质的活动，在西方国家的矫正机构中主要是由宗教人员通过宗教活动进行的。

根据美国矫正协会的资料，监狱牧师的主要功能有：①提供圣礼服务，包括常规宗教服务，与洗礼、忏悔和圣餐等有关的特别宗教服务。②通过使用合同牧师、非专业牧师和志愿人员，协调与其他信仰群体的牧师的关系。③提供对服刑人员所属的教派来说十分重要的宗教指导；为其他教派的服刑人员提供指导资料。④提供私下的、个别的咨询。这种咨询是牧师工作的一个基本组成部分，既包括在牧师办公室的谈话，也包括在医院、禁闭单元等地方对服刑人员的探望。⑤照顾服刑人员的家庭和其他有关的成员。监狱中服刑人员的许多紧张焦虑情绪，都来源于服刑人员对自己所爱的人的担忧，或者来自害怕被外面的人所遗忘的恐惧。在牧师进行咨询的过程中，他们把很大一部分时间用于处理这方面的事务。⑥作为牧师、指导者和咨询员，为监狱工作人员以及服刑人员提供服务。⑦为社区提供解释性的宗教服务。牧师可以向社区的成员解释现代监狱的目的，争取社区成员对矫正事务的支持。

（二）教育型改造方法

教育型改造方法是指通过提供文化教育和职业技能培训进行服刑人员改造的方法。在当代西方国家的矫正机构中，普遍向服刑人员提供文化教育和职业技能培训，而且在提供这类教育和培训时，往往以"矫正计划"的形式组织和实施。

文化教育主要包括扫盲教育与基础教育、中等教育（中学教育）、大学教育（高等教育）和特殊教育（针对学习困难与生理障碍的服刑人员）。职业技能教育一方面是组织服刑人员学习在劳动力市场上可以使用的职业技能，另一方面从宽泛的意义上理解职业技能教育，包括向服刑人员提供有意义的活动、培训技能和劳动习惯、为出狱后的就业做准备、获得报酬的方法与途径、克服懒惰思想的方法等。

（三）心理型改造方法

心理型改造方法是指利用心理学原理和技术预防和治疗服刑人员的心理和行为问题的改造方法。在当代西方国家的矫正机构中，一般称为"心理学计划""心理学治疗计划""心理学服务""心理健康服务"等。

心理型改造方法主要包括四种类型：一是心理咨询，是通过谈话、讨论对服刑人员提供解释、指导等帮助的活动，是最基本、最常用的心理矫治方法，针对心理正常的服刑人员。二是心理治疗，是利用心理学等学科的理论和技术消除服刑人员的犯罪心理和不良行为习惯的治疗方法与治疗活动，尤其指以改变服刑人员的认知性问题为主要内容的心理治疗方法与活动。三是行为矫正，是利用行为矫正的理论和方法改变服刑人员的不良行为模式的方法与活动。四是社会疗法，是通过创立支持亲社会态度和行为的机构环境来转变服刑人员心理和行为的矫治方法，如相互作用分析、社会技能训练、心理剧、角色扮演、指导性群体互动、治疗社区等。

（四）社会型改造方法

社会型改造方法是指利用社会资源改造服刑人员的方法。

社会型改造方法主要有：一是接触社会信息法。一般地，西方国家矫正机构中的服刑人员在接触社会信息方面限制很少。譬如,服刑人员可以使用收音机,可以看电视,可以从出版商那里直接购买刊物和书籍,可以和社会上的很多人通信等。服刑人员通过这些途径接触社会信息,可以对服刑人员的态度和行为产生潜移默化的作用。二是外系统官员探视法。这是指矫正系统外的其他官员、议员和政府工作人员等来监狱探视服刑人员。他们在帮助改善监狱条件、解决服刑人员存在的问题的同时,也对服刑人员起到改造的作用,相当于我国监狱机关所做的"向外延伸"工作。三是志愿人员探视法。西方国家矫正系统中,社会志愿人员(特别是具有宗教背景的志愿人员)在矫正服刑人员方面发挥着很大的作用。他们与服刑人员交谈,给服刑人员提供信息,疏导服刑人员的情绪,帮助服刑人员解决困难等,对服刑人员改造带来积极作用。四是参加社会活动法。譬如,服刑人员参加远程学习,通过学习释放的形式到社会上参加学习,通过工作释放的形式到社会上寻找和从事工作等。

第三节　矫正模式创新

我国矫正机构教育矫正模式,应当借鉴西方国家矫正机构行刑模式中的有效做法,继承新中国监狱工作的成功经验,在尊重我国现阶段国情的基础上有所创新、有所发展。因此,教育矫正工作模式应当全面遵循矫正模式的内涵,以实现矫正机构教育目的为指向,建构起"个别化矫正、分类矫治与集体教育相结合"的综合矫正机制,并发挥社会帮教的应有作用,最终实现服刑人员的"积极转归",降低重新犯罪率。

一、矫正模式的内涵与意义

(一)矫正与矫正模式

关于矫正,不同的学者见解各异。有学者认为,矫正是一个社会通过系统的、有组织的努力,来实现惩罚犯罪者、保护公众利益、转变犯罪者犯罪行为、补偿受害者的功能的活动。因而,矫正包括四个重要的内容:惩罚、保护、转变、补偿,这些内容反映了矫正领域的全部活动。[①] 这可能是最宽泛意义上的矫正概念。

另有学者指出,改造的标准是道德,改造的目标是将坏人改变为好人。矫治的标准是健康,特别是心理健康,目标是将病人治疗成健康人。矫正在意义上既包括改造,也包括矫治,具有综合性,因而更宽泛。[②]

我们赞同"矫正"的后一种定义,认为对服刑人员的矫正,既包括通过改变犯罪人原有的动机、价值观念、自我概念及态度来预防犯罪,也包括对服刑人员存在的心理问题、心理障碍的治疗与康复。它指向对服刑人员的全面改造,其最终目标是"守法公民"。

矫正模式是指矫正机构以矫正理念为内核构建起来的一整套转变服刑人员思想、心理与行为的工作模式。矫正模式以有效的惩罚为前提条件,惩罚着眼于矫正(改造),以有效的矫正(改造)作为行刑的最终目的。换言之,对服刑人员的各项行刑工作,以转变其犯罪思想使之不再重新犯罪为目标指向,同时希望在矫正机构工作人员及社会专业人员的帮助下,能

---

①　潘国和,[美]罗伯特·麦尔.美国矫正制度概述.上海:华东师范大学出版社,1997.
②　翟中东.国际视域下的重新犯罪防治政策.北京:北京大学出版社,2010.

够使服刑人员身心健康,平安地度过服刑期。

当前,我国矫正机构开展了循证矫正的研究与实践工作。循证矫正在西方国家的矫正机构已经得到较好开展,循证矫正工具亦得到较为广泛的应用。循证矫正与现代矫正模式相继相承,对于目前我国的矫正工作来说,循证矫正既具有理念创新的意义,又具有变革矫正方法与技术的意义。循证矫正的方法与技术强调实证与数据支撑,要求矫正机构所运用的矫正技术与方法确实是有效的。这也是现代矫正模式所追求的。从某种角度来说,循证矫正是现代矫正模式的主体构成部分。

不过,矫正模式的内涵要大于循证矫正,它包括矫正理念(指导思想)、矫正目标、矫正策略与方案、矫正结构等诸多内容。

准确理解矫正模式,还需要把握好以下两点:一是矫正应当是矫正可矫正之人。大多数的矫正学研究者认为,人是可以矫正的,然而具体到某个犯罪人,由于其形成犯因性缺陷是在人生的早年以及/或者犯因性缺陷具有极其顽固性,在有限的刑期内也许无法完成矫正目标,此其一。其二,对于某个或某些犯罪人来说,由于负责矫正他们的工作人员知识与技能的局限性,可能不能够实现对他们的有效矫正。二是从行刑成本角度来说,要实现对某个或某些犯罪人的矫正,成本过于巨大,纯粹的关押模式也许更为适合,矫正可以退而求其次。这一观念为目前美国的一些矫正机构所推崇。

(二)矫正模式创新的重要意义

1. 创新矫正工作模式,是回归矫正机构本质功能的需要

目前,我国矫正机构的工作模式是在劳动改造模式影响下的监管安全模式,这脱离了矫正机构的本源,必须加以变革。惩罚与改造作为矫正机构的本质功能,应当得到全面贯彻。作为刑罚执行机关,监狱等矫正机构要体现其惩罚功能,然而,不能为了惩罚而惩罚,惩罚是为了更好地改造服刑人员。因而,改造应当成为监狱等矫正机构的核心内容与工作重心。脱离了惩罚,将不能有效地改造服刑人员,也就不能准确地执行刑罚;没有了改造,矫正机构也就迷失了方向,丧失了矫正机构的本质规定性,没有存在的价值,必然会给社会的和谐稳定带来重大损害。

2. 创新矫正工作模式,是矫正机构工作新发展的需要

我国矫正机构经过60多年的发展,积累了许多成功的经验,取得了丰硕的成果。但不可否认的是,目前我国矫正机构也面临着诸多问题与挑战。矫正机构如何创新发展,是摆在我们面前的一个重大课题。是继续把劳动改造作为我国矫正机构的制度设计,还是在强调惩罚基础上保障监管安全作为工作指向?显然,这些都不是矫正机构的可持续发展模式。处理好惩罚与改造、监管安全与教育矫正的辩证关系,坚持以矫正犯罪人作为目标指向,是我国矫正机构的发展方向。因而,全面总结与继承我国60多年改造罪犯的有益经验,广泛汲取国际行刑领域的先进理念与技术,构建符合中国特色的矫正工作模式,是当前我国矫正机构创新发展的必然选择。

3. 创新矫正工作模式,是实现矫正机构工作科学化、专业化的内在要求

司法部提出监狱等矫正机构工作要实现科学化、专业化与社会化,这是推进我国矫正机构进一步发展的有效举措。如何实现"三化",是值得深入研究的课题。而要实现矫正机构工作的科学化、专业化,矫正工作模式创新成为必然选择。目前,监狱等矫正机构以劳动作为主要改造载体,以经济效益作为重要考核指标,是非科学的思维路径,到了非改革不可的地步。矫正机构创新矫正工作模式,要以准确有效的评估作为开展矫正工作的前提,然后设计有针对性的矫正方案,以个别化矫正、分类矫治、集体教育相结合的综合矫正方式实现对服刑人员的改造,是科学矫正之构想与路径。而要实施这样的矫正模式,必然要求有专业化的矫正工作人员队伍,而矫正工作人员的专业化也需要以矫正模式作为主要的载体。

二、矫正模式的核心结构

综合矫正模式以个别化矫正、分类矫治与集体教育相结合,它要求教育(含劳动教育)、管理、心理矫治等多手段的综合运用,并以"矫正方案"作为载体,以矫正需求评估后的分类矫治和以团体辅导理论为基础的分类矫治作为重要途径,结合集体教育方式和监区文化建设,以社会帮教作为补充,共同指向服刑人员的"犯因性问题"这一矫正内容。

矫正过程设计如下:入监(教育)──→正常异常心理评估──→危险性评估──→犯因性评估──→制订与实施矫正方案──→矫正效果评估──→出监(教育)

上述综合教育矫正模式与循证矫正存在包含或重合关系。两者都重视对服刑人员的风险评估与犯因性问题的评估。完成评估后,制订综合性矫正方案时往往包含有矫正项目,但也可能是针对某个或某些服刑人员的一个具体的教育矫正方案;而有的时候矫正项目的实施,能够实现对某些服刑人员的矫正,从而完成矫正机构的工作目标,此时两者合二为一,存在一致性关系。

矫正模式的核心结构有四个部分,分别是个别化矫正、分类矫治、集体教育与社会帮教。

个别化矫正是指基于刑事个别化原则,监狱等刑罚执行机关根据服刑人员产生犯罪的不同犯因性问题,采用有针对性的治疗、调适、干预和教育等技术,矫正其行为、心理以达到特定矫正目的的专门活动。[1] 个别化矫正针对的是服刑人员的个别缺陷,即造成服刑人员犯罪的个别化犯因问题,以及服刑人员在服刑过程中产生或存在的特殊性心理问题与心理障碍。个别化矫正的核心内容是设计个别化矫正方案,这将在第九章详述。

分类矫治主要是指针对服刑人员的共同性犯因问题,采用分类管理与矫治的模式,以实现矫正目的的活动。它同样适用于两类问题:犯因性缺陷、心理问题或心理障碍。其矫治形式也有两类,即针对某类或某些犯罪人的共性问题,采取针对性的管理与教育矫正活动是途径之一,以团体辅导理论为基础形式进行的分类矫治是途径之二。

集体教育是指对全体服刑人员进行文化、技术与思想教育,以及心理健康教育等。对服刑人员开展的集体教育,有两个方面的内容需要给予重视。一是对心理正常服刑人员开展的价值观、人生观教育,其核心教育内容应当是人生价值与是非观念教育;[2]开展法制教育的核心内容应当是法律知识与守法意识教育。二是对初中以下文化程度的服刑人员,重点教育内容可以是以课堂教学形式开展的文化知识教育;对初中以上文化程度的服刑人员,重点教育内容可以是以课堂教学与技能实践相结合的教学形式开展的职业技能教育。

社会帮教是指利用社会力量对服刑人员进行教育矫正的活动。社会帮教的对象主要是服刑人员,但也可以是矫正工作人员。后者的社会帮教主要有两个方面:一是利用社会智力提高矫正工作人员的知识与技能;二是帮助解决矫正工作人员在矫正活动中引发的各类身

---

①　于爱荣.罪犯个案矫正实务.北京:化学工业出版社,2011.

②　邵晓顺.犯罪个案研究与启示.北京:群众出版社,2013.

心问题。对服刑人员的社会帮教活动,一方面是引进社会智力为矫正机构服务,这主要是让各类技术人员参与到矫正活动中来;另一方面是服刑人员的关系方比如父母、亲人等参与到矫正活动中,通过亲情等天然纽带关系对服刑人员产生正性影响。医学、心理学、社会个案工作者等专业技术人员参与到矫正工作中,是矫正模式的必然要求。在越来越重视矫正工作的我国监狱,社会力量参与矫正工作已经有所开展。

矫正模式中上述四个组成部分的相互关系是:个别化矫正是核心,分类矫治是重要构件,集体教育是基础,社会帮教是必要补充。而社会力量参与矫正活动,在个别化矫正、分类矫治与集体教育各矫正方式上都是需要的。

综合矫正模式突出个别化矫正,是为了确保矫正工作的有效性;强调分类矫治与集体教育的综合运用,是为了提高矫正工作的效率,节约人力资源,同时也有助于提高矫正工作的效果。

三、矫正模式的重点与难点

我国矫正机构要推行矫正模式,需要重点关注以下问题。

(一)矫正理念梳正

长期以来,由于我国监狱等矫正机构以劳动改造作为教育矫正服刑人员的主要手段,而且在相当长一段时间里,监狱等矫正机构工作人员的考核及收入与服刑人员劳动效益挂钩,监狱等矫正机构的工作经费主要依靠或部分依靠服刑人员的劳动产出,而且到目前为止,这种现状尚未得到根本扭转,"生产是硬指标,改造是软指标"的现象较为普遍存在,因此要求矫正机构及其工作人员转变工作导向,以矫正效果作为工作目标是有难度的。

特别严重的是,近几年来,监狱等矫正机构出现了另外一个倾向,即唯监管安全论,把监管安全当作"首要工作目标",甚至把监管安全提升为"首要政治任务"。在监管安全面前,所有的工作都得让步,一向重视的劳动生产也可以抛在一边,更不用说矫正活动了。这些都使得矫正理念难以在矫正机构及其工作人员身上根植。

应当说,并非矫正工作人员都没有正确的矫正理念,许多矫正工作人员之所以轻视教育矫正,是因为我国矫正工作的制度设计存在一些问题,如对矫正机构出现问题时的"无限"责任追究制度,造成矫正工作人员只能全神贯注于监管安全。因此,矫正机构管理制度的顶层设计尤为重要。这是矫正理念梳正的一个方面。另外,不可否认的是,部分矫正工作人员确实缺乏矫正理念或者矫正理念存在一定的偏差,这些都应当予以纠正。

因此,推行矫正模式,首要的问题是解决理念障碍,必须使矫正机构及其工作人员充分认识到矫正的必要性与重要性,建立行刑的矫正目标指向。矫正机构及其工作人员没有在理念上清本溯源,没有认识到矫正是行罚执行机关的本质功能、矫正对服刑人员改造的重要意义,就难以真正有效地推行矫正模式。只有建立教育矫正是矫正机构本质功能的思想,认识到教育矫正是矫正工作人员的本职工作,追求矫正的有效性是矫正工作人员的分内之事,劳动只是手段,安全只是前提,矫正有效才是目标,那么矫正模式的推行才有可能。

(二)个别化矫正技术与方案

纵观我国监狱等矫正机构的教育改造工作,对服刑人员的个别教育工作在许多时间段是重视的,也因此使得我国的监狱工作取得了巨大成绩。但是,由于我国整个社会管理活动是重定性描述而不太重视定量分析,对服刑人员的个别教育没有制订出严格的工作标准,整个监狱工作亦缺乏工作标准,使矫正工作容易陷入空泛,难以准确考核。在这样的背景之下,以评估为基础的个别化矫正工作就无从谈起。

要创新我国的矫正工作,就需要变革矫正工作模式,即代之以综合矫正模式。而个别化矫正工作是这一模式的重点。然而,由于这是一个较为新颖的工作内容,监狱等矫正机构的大多数工作人员对此并不那么熟悉,使之成为矫正模式实施的难点。不过,近年来,有的监狱已经在逐步探索个别化矫治的方法与技术方面,取得了一些有价值的经验,比如提出了"以调查为基础,建立个体调查体系;分析鉴别调查情况,制定'一人一策'的矫治方案;明确过程管理,促进个别化矫治的落实"等工作体系和机制,值得总结推广。[①]

西方国家以科学思维和实证思想建立起来的矫正活动,在个别化矫正方面可以给我们提供借鉴。在学习、借鉴、吸收西方国家行刑方法与技术基础上,开创符合我国国情的个别化矫正方法与技术,是矫正模式得以实施的关键所在。目前,循证矫正的理论与实践在我国矫正机构得到了重视,而这一活动的深入发展,对我国矫正机构的创新发展具有重要意义。循证矫正技术与个别化矫正技术相辅相成,两者必将互相促进,共同发展。

(三)矫正队伍建设

矫正的理念、技术与矫正模式的推行与实施,都离不开一支专业化的矫正工作人员队伍。然而,正如前面所述,我国矫正机构工作人员队伍不管是思想、理念方面,还是知识与技能方面,与全面推行矫正模式的要求相比,都存在一定的差距。一方面,要解决矫正队伍观念层面的问题。而这个又与矫正机构最高管理层的观念息息相关。监狱等矫正机构作为整体社会的一个组织机构,在社会组织中的作用是明确的,它要承担其自身应当承担的职责,而不能赋予矫正机构本质功能之外的职责。矫正机构的本质需要有更清晰的认识。另一方面,在转变观念、做好顶层设计之后,要开展对矫正工作人员教育矫正知识与技术的培训工作。许多矫正工作人员的知识陈旧、矫正技能不足,这是客观事实。老一辈矫正工作人员具有优良的传统,但是也许知识更新不够;新一代矫正工作人员知识丰富,具有鲜明的时代气息,但是可能缺乏优良的工作传统;还有一个情况是,近几年新招收的一些矫正机构工作人员与矫正相关的专业知识匮乏。凡此种种,都要求加强矫正观念、矫正专业知识与技能的培训教育工作。如果没有理念的更新,没有专业知识的学习,矫正模式的实施将是空中楼阁;即使强制推行了,也将是个"畸形儿"。为此,矫正机构队伍建设应当考虑专业化与职业化分工模式,在专业化发展基础上,逐步建设成为一支职业矫正师队伍。

思考题

1. 新中国监狱教育矫正工作模式主要有哪些?
2. 试述西方国家教育矫正模式。
3. 矫正模式如何创新?

第八章案例

① 郑天明.个别化矫治的探索与思考.犯罪与改造研究,2012(2).

第九章　个别化矫正与方案设计

广义心理矫治的微观层面是对服刑人员的个别化矫正。针对服刑人员的犯因性缺陷，开展"一人一策"的针对性矫治，不仅是教育矫正服刑人员的根本途径，也是提高矫正机构工作人员能力的必经之路。个案矫正的重点是个别化矫正方案的设计以及实施工作。犹如医生给患者处方，在处方中不仅要准确把握"症状"、要"对症下药"，还要有严格的"疗程"，最终达到"药到病除"的目的。个别化矫正方案设计是目前国内矫正机构工作的一个短板，但它无疑是我国矫正机构的发展方向之一。

个别化矫正工作在第八章已述。本章主要阐述个别化矫正方案设计与矫正项目的内容。

第一节　矫正需求与个别化矫正方案

一、个别化矫正方案概述

个别化矫正方案是服刑人员矫正计划的主体，是个案矫正的重要步骤和核心内容。任何一个服刑人员欲在矫正机构中得以有效的矫正，必须辅以针对个体特征的矫正计划，并且应该让服刑人员积极参与其中，唯如此才能促进矫正计划发挥最好的作用。因而，"在因犯入狱并对刑期长短相当的每一囚犯的人格进行研究后，应尽快参照有关他个人需要、能力、性情的资料，为他拟订一个矫正计划。"[①]矫正计划是一个始自囚犯入狱之日的持续的过程，也是了解一个个囚犯的过程。

个别化矫正方案应当与服刑人员个体的具体情况相适应，特别是与服刑人员个体的犯因性问题相对应。犯因性问题可以结合系统的人身危险性评估来确定，也可以单独进行评估。犯因性问题是首要的矫正目标，异常重要。由于服刑人员的犯因性问题不一，其矫正需求也是不一样的，因此，需要对服刑人员进行矫正需求的评估以及进行矫正前的分类。目前国外矫正机构通行的服刑人员分类，一般是基于其人身危险性的分类。这个值得借鉴。对服刑人员的关押要基于对其人身危险性的分类，而要做好对服刑人员的矫正工作，则需要开展对其犯因性问题的评估与分类。这就是矫正需求的评估。

---

① 国际刑罚改革协会.让标准发挥作用——监狱实务国际手册.北京:法律出版社,2009.

二、矫正需求及分类

矫正需求及其评估在本教材第三章已述。矫正需求评估应当考虑以下诸背景:服刑人员的社会背景(包括个人家庭史、生活史、成长史等)、犯罪经过(犯罪史)、身心能力(身心状况)、习性、个人脾气、刑期长短、出狱后前景等,最终形成统一的服刑人员个体犯罪心理报告。矫正需求的评估方法一般有社会调查法、个体访谈法、档案查询法、心理测试法等。

不同的个体有着不同的矫正需求,故宜把不同类型的服刑人员分配至适于该类型矫正的关押单位。在灵活分类的基础上对服刑人员实施个性化的处遇(包括矫正措施),包含了为不同类别的服刑人员提供不同的矫正计划。以下我们将分别对有着不同矫正需求的服刑人员类型进行简要的需求分析,以阐明相异的矫正需求必须有着不一样的个别化矫正方案设计。

(一)不同程度心理问题服刑人员矫正需求分析

监禁机构中的在囚者一般的情绪障碍或者心理问题的数量居多,许多属于情境性问题,表现为焦虑、轻度抑郁等。但也有数量不可小觑的一般精神障碍者和严重精神疾病患者。表现出幻觉、妄想和奇怪行为的严重精神疾病患者,一般应安置到能够提供相应治疗的机构中进行治疗,由专业医生或精神病学家对其进行药物治疗和支持性治疗。监狱中也有少部分的精神发育迟滞者,表现为适应困难、被认为易受伤害。这类人需要在别人的帮助下生活,需要支持性咨询。

严重的精神障碍可能导致自杀行为的发生,因此自杀预防便成为这类服刑人员个体的矫正重点。这类人的矫正需求即为能够提供适当的个别化治疗计划,包括急迫危险的控制和消除、严重失眠的治疗、食欲恢复治疗、良好的环境创造、个别心理辅导等。

(二)物质依赖问题服刑人员矫正需求分析

在很多国家,药物滥用问题突出,如毒品(包括烟草和酒精)依赖导致的行为和健康问题不但在社会上很普遍,在监狱中更是如此。服刑人员的毒品依赖问题在目前我国监狱中的情势也日益凸显。监狱除采取安全措施减少非法毒品流入以外,还面临治疗服刑人员毒品依赖的重大任务。这类服刑人员有其特殊的矫正需求,不仅需要常规教育,更需要专家和经过特殊培训的监狱工作人员为其提供符合其心理行为特征的心理帮助以及戒毒治疗,必要时还需强制性治疗。化学依赖问题服刑人员矫正基本的目标是通过转变他们对酒精与毒品的态度,帮助其克服嗜酒成瘾和吸毒,最终解除酒精依赖和毒瘾。

必须结合医学治疗和心理社会治疗为服刑人员提供人道的戒毒计划和长期的损害降低计划。应该根据服刑人员的性别、年龄和文化背景,把健康教育和风险预防融入这类服刑人员的处遇计划之中。

(三)行为问题类型服刑人员矫正需求分析

治疗性计划所针对的是服刑人员的行为问题,如制怒和学习如何拒绝。治疗性计划可以帮助服刑人员理解并改正自己的行为,有利于他们重返社会。对于性犯罪(监内性暴力)、严重的暴力攻击倾向和行为、偷窃癖等十分严重的问题,需要采取特殊的处遇方法即治疗计划。惯窃服刑人员需要改变他们对传统职业的态度;性犯罪者可能需要改变他们对妇女的态度;暴力犯罪者还需要改变他们对权威人物的态度以及对犯罪同伴的态度。消除这些犯因性问题,可能就会有更大的矫正成功之机会。借鉴不同学科的技术制定综合的处遇方法非常重要。治疗性计划能否发挥成效在很大程度上取决于宣传和鼓励工作是否做到位。经验表明,服刑人员的主动积极参与是此类计划发挥作用的必要前提。

第二节　个别化矫正方案设计

鉴于个别化矫正方案具有方案系统性、对象特定性、目标明确性、个体自愿性、方法科学性和可操作性等基本特点,因此在设计个别化矫正方案时应当充分考虑其可行性和实效性。由于矫正对象是一个能动的人,他处于不断的变化之中,因而也必须随时调整方案以适应这种即时的变化,使方案更具人性化与针对性。同时,由于服刑人员个体的文化程度可能有限,因而语言文字的表达应清晰明白、浅显易懂。

一、个别化矫正方案构成要素分析

一个完整的个别化矫正方案一般应当有如下部分构成。

（一）矫正需求评估与结论

个别化矫正方案的设计以犯因性问题的准确评估为前提,以服刑人员的矫正需求评估为依据。个别化矫正方案之中的第一个构成要素就是矫正需求评估。清晰的矫正需求评估结论,为矫正总体目标和具体任务的确定提供了简明扼要的说明和立论根据,同时为个案矫正小组的选定与个案矫正项目的选择,提供较为科学的"病理"支撑。矫正需求评估结论由四部分组成：

（1）服刑人员个体背景信息简介：服刑人员的社会背景（包括个人家庭史、生活史、成长史等）、犯罪经过（犯罪史,尤其是初次犯罪和逮捕时的年龄）、身心能力（身心状况）、习性、个人脾气、刑期长短、目前的行为和态度、出狱后前景等。

（2）服刑人员个体犯罪心理报告：通过各种心理、行为的量表测试（目前国内通行的有COPA-PI个性分测试、HTP心理测试、人身危险性评估量表 HCR-20 等）以及辅助以社会背景调查、个人访谈、资料搜索等途经获得的信息分析汇合,形成统一的服刑人员个体犯罪心理报告。

（3）个体矫正需求评估结论：依据服刑人员个体犯罪心理报告以及服刑人员个体的特别需求,得出个体矫正的需求评估结论。个体矫正需求的确定虽然由矫正机构负责,但仍需征求服刑人员个体的意见,以避免矫正机构一方的片面性和武断性。

（4）个体矫正目标设定：包括终极目标（即总目标或根本目标、长期目标）和阶段性目标（包括短期目标、中期目标或分项目标、具体目标等）,一般应有数量指标,可供测量,如受教育的时间量、完成文化教育的程度（小学、初中或高中）、取得何种技术等级证书、劳动习艺的时间量、量表测试某项指标的下降程度等。个体矫正目标设定需要矫正机构与服刑人员个体的共同参与,因为矫正计划强调自愿性。"犯人自愿参加矫正计划之后,他们才有从中获得进步的欲望和动机,才能尽自己的努力实现矫正计划提出的要求和目标。"[①]矫正机构尤

---

① 吴宗宪. 当代西方监狱学. 北京：法律出版社,2005.

其要将服刑人员个体自身的合理目标诉求予以吸收，唯这样的目标确定才能让服刑人员个体在目标追求的过程之中积极主动并自愿参与。通过让服刑人员参与有计划、有组织的矫正活动，缓解和消除服刑人员的消极情绪，促使服刑人员改正或戒除不良嗜好或习惯，增加有益的知识，增进基本的社会生活技能和实用技能，从而达到让服刑人员产生积极转变、最终成为持久的守法公民之终极目标。

（二）个案矫正小组

为使个别化矫正方案得以有效施行，矫正机构应当成立个案矫正小组，这是个别化矫正方案中必不可少部分。个案矫正小组由行动总负责人或协调人、矫正项目负责人、矫正项目实施人、个案管理员等个案工作者组成。其中各负责人由矫正机构工作人员担任，矫正项目实施人除矫正机构专业人员外还可邀请或聘请矫正机构之外的专业人士（院校教师、研究机构专家等）与社会人士（服刑人员原单位和社区人员、服刑人员所在地政府官员、社会志愿者、服刑人员亲属、自愿参与矫正项目的被害人等）参与。个案管理员负责资料记录与整理、档案留存与保管以及个案小结与总结。

（三）个案矫正项目

个案矫正项目包括矫正项目的确定、矫正目标（总目标和分目标）、实施计划（含步骤、方法、措施等）等组成部分。个案矫正项目是个别化矫正方案的核心组成部分，它直接关系到方案是否具有可操作性，关系到方案的实施是否会达到预期的矫正效果。个案矫正项目一般因人而异，不强求面面俱到，但仍须有基本的整合，如认知矫正项目、行为矫正项目、技能训练项目、心理辅导项目、再犯预防项目等。一个个别化矫正方案的设计过程中，不可能对各矫正项目进行详尽的叙述，但需根据服刑人员个体犯因性问题评估的最重要方面确定的重点矫正项目进行较为详尽的叙述。一个攻击性强的服刑人员个体，其矫正项目的重点应在行为矫正项目上，就应该详尽列出采取的项目种类、具体治疗方法、原理和手段；一个有自杀危险的服刑人员个体，其重点应在心理危机干预这一矫正项目上，就应该详尽列出采取的紧急预防措施、24小时控制方法、具体介入和治疗方法以及原理与手段等。

（四）矫正效果评估

矫正效果评估属于结果评价程序部分。矫正效果评估包括评价标准、评价维度和评价时间。评价标准以个别化矫正方案中的个体矫正目标设定为依据。评价维度包括矫正工作者评定、服刑人员个体自我评价以及服刑人员周边人评价（同犯、共同矫治的民警以及服刑人员亲属）。评价时间一般在一个矫正项目完成后即可进行，数个项目完成后也需及时评价，时机的选择需恰如其分、灵活机动。[①] 矫正效果评估目前以矫正机构自我评估为主，发展方向应交由相对中立的专业评估机构负责，以确保评估结论的客观、公正与信度。

（五）方案调整更新

方案调整更新不是个别化矫正方案的必要组成部分，只是表明任何既定的方案，皆应随着服刑人员个体情况发生的变化而进行调整与更新，可能是微调，也可能是全方位的调整。

二、个别化矫正方案的编制程序

个别化矫正方案一般包括总体矫正方案和单元矫正方案两部分。我们试图将两部分整

---

① 邵晓顺. 服刑人员心理矫治: 理论与实务. 北京: 群众出版社, 2012.

合进一个方案,目的在于更加有利于矫正个案的管理。一个完整的个别化矫正方案的编制需要个案管理者付出艰辛的努力,它通常需要花费大量的时间和精力,通常需要经过酝酿、起草、修改和最终定型四个阶段。

(一)方案酝酿阶段

方案酝酿阶段是个别化矫正方案编制过程中的一个前期工作或准备阶段。这些工作完成的质量如何将直接影响到整个方案是否科学、准确、可行以及能否达到预期效果。方案酝酿阶段其实也是与方案编制相关的各种有用资料与信息的收集、整理和筛选的过程。这些资料与信息包括以下内容。

(1)服刑人员个体背景资料:包括姓名、性别、年龄、刑期、职业、文化程度、居住地、爱好、特长、健康状况、习性、脾气等在内的个体基本信息;包括个人家庭史、生活史、成长史在内的服刑人员的社会背景资料;违法犯罪史、羁押监禁史等与个体犯罪有关的资料;出狱后前景等。这些信息需要通过档案查询、个人访谈、资料搜索等不同途径获得。

(2)各类测试与评估资料:包括服刑人员情绪、个性等方面的心理测试,人身危险性评估等测试与评估资料,统一的服刑人员个体犯罪心理报告,个体矫正需求评估报告等。

(3)目前的行为和态度信息:通过直接观察、周边人反馈、个体自陈报告(包括日记、书信、笔记、学习体会、学习感想、个人总结、申诉材料等)和面谈等途径获得。

方案酝酿阶段应当确定好矫正小组的组成人员并明确职责与分工,还包括根据各类评估报告对犯因性问题的准确把握、对个体矫正需求的准确定位、确定矫正项目和论证项目的可行性、征求矫正对象意见等具体而繁杂的工作。

(二)方案起草阶段

个案管理员根据前期个案矫正小组充分酝酿、讨论的内容和结论,包括矫正对象的犯因性问题的评估结论、矫正需求评估结论、初定的矫正项目及初步的实施意见(矫正方法、手段、步骤及注意事项)、方案的修正程序、矫正效果评估机构与方法等,形成个别化矫正方案的初稿(草案)。

(三)方案修改阶段

草案新鲜出炉后尚需提交个案矫正小组再次进行讨论。个案矫正小组的每一成员都应仔细研读草案,提出建设性的修正意见并在个案矫正小组专题会上充分发表见解。个案管理员应认真记录在场的所有发言和意见一致的修改结论。最后,个案管理员依据专题会的讨论内容和修改结论进行草案的修正完善并提交个案矫正小组的所有成员签字确认。

(四)方案定型阶段

在完成前期的各项工作的基础上,由个案管理员负责在电子模版上填入方案模块上的各项内容,编制定型的《个别化矫正方案》,并对方案进行编号、逐级审批和专档存储。

个别化矫正方案编制完成后,应在协商的基础上及时与矫正对象签订《个别化矫正协议》,一式二份,甲乙双方各执一份。协议的订立应明确矫正机构(甲方)与矫正对象(乙方)之间的权利与义务、矫正项目、矫正目标、矫正时间、矫正效果评估机构等诸内容。具体参考范例如下。

矫 正 协 议

甲方：××矫正机构

乙方：×××（服刑人员）

现因乙方缺乏安全感，存在明显的暴力倾向；不能很好地控制自己的情绪；容易产生愤怒的情绪体验；对愤怒的情绪体验不能正确处理。希望通过甲方某警官、某警官、某警官的教育矫正，减少攻击行为，克服情绪冲动，增强安全感，从而有效消除暴力倾向。

在×年×月至×年×月，进行情绪和攻击行为的训练并记录，分九个阶段分别完成对犯因性问题的认识，对行为冲动性缺乏控制产生愤怒情绪的认识，完成情绪控制的各项训练项目，以达到能够较好地识别、控制自己的情绪，直至攻击行为逐渐减少并争取消除的目的。

在教育矫正过程中，甲方负责提供心理咨询、教育和训练，并对矫正成效负责。乙方配合甲方完成矫正过程的各个训练作业，因延期、偏差、错误执行甲方的训练作业造成不良影响，由乙方承担责任。

矫正成效由矫正机构有关部门进行测量和评估，甲方视测量和评估结果给予一定的行政奖励。

甲方：　　　　　　　　　　　　　　　乙方：

　　年　月　日　　　　　　　　　　　　年　月　日

三、不同刑期服刑人员个别化矫正方案设计要求

个别化矫正方案的设计应当具有阶段性，原则上与服刑人员的刑期长度相当。个别化矫正方案的设计以及有效运行需要足够的时间支撑与保证，因而它一般不适用于刑期较短的服刑人员，如只有几天、几星期或仅几个月。当然，如果短刑期的服刑人员有这样的矫正需求，监狱方仍然有义务为其制定适合个人需求的矫正计划与矫正的具体方案。

即使被判无期徒刑以上的服刑人员也应让他们看到获释的希望，为被判无期徒刑以上的服刑人员制订长期的矫正计划，对于帮助他们最终重返社会是非常必要的。

四、不同矫正需求服刑人员个别化矫正方案实例分析

以下是针对不同矫正需求服刑人员而设计的两个个别化矫正方案之实例。在实例的选择上相对具有典型性，一个是具有严重自杀倾向的个体，一个是具有严重暴力倾向的个体。限于篇幅，对第一个个案详述，第二个个案择其要简述。

（一）服刑人员刘×个别化矫正方案

服刑人员刘×个别化矫正方案

单位：浙江省第×监狱一监区　　　　　　　　　　方案编号：2002个矫字第001号

I 矫正对象基本信息							
姓名	赵×	别名	刘老三	性别	男	出生日期	×年×月×日
民族	汉	籍贯	安徽省××县	捕前职业	个体裁缝	原政治面貌	群众
文化程度	初中毕业	经济状况	一般	婚姻状况	已婚（丧偶）	爱好特长	服装制作
居民身份证号				家庭住址	安徽省××县××镇××村		
犯罪地	浙江省杭州市			常住地	浙江省杭州市××区		
身体健康状况	从小体弱多病，目前健康状况一般，无严重疾病史						
身高	150cm	体重	51kg	语言表达	安徽口音，会普通话，表达能力一般		
本人简历	1982年9月至1990年7月安徽省××县读书至初中毕业； 1990年7月至2002年4月在杭州市打工、当学徒、开个体裁缝店						
家庭成员及主要社会关系	父母、妻子（已丧）、女儿、姐姐、舅舅、伯父（其他住址、政治面貌、电话等信息略）						
罪名	故意杀人	刑种刑期	无期徒刑	刑期起止	——	附加刑	剥夺政治权利终身
违法犯罪既往史	无违法犯罪记录						
同案犯情况	无同案犯						
主要犯罪事实	2001年5月至2002年4月间，被告人刘×与妻王×多次因感情问题争吵。2002年4月13日晚刘×再一次规劝妻子不要出轨，在妻子绝情的情况下，两人扭打在一起，其间刘×用手将王某掐死。案发后，刘×随即向公安机关投案自首。						
刑期变动情况	2004年9月无期徒刑减刑为有期徒刑19年6个月；2006年12月减刑1年3个月						
刑拘日期	2002-04-14	逮捕日期	2002-04-14	侦查机关	杭州市公安局		
判决日期	2002-08-15	判决机关	杭州市中院	判决书号	（2002）杭中刑初字第×××号		
入监日期	2002-09-10	分流日期	2002-11-10	犯罪类型	暴力犯罪		
其他重要的个体信息	1.犯罪时有过少量的饮酒，但无严重的酗酒史； 2.右手臂有其妻子"王×"和"爱"字样的蓝色文身，左手腕处有一"忍"字样的蓝色文身； 3.从小由奶奶带大，奶奶已去世，与父母的关系一般； 4.对舅舅过于崇拜，但舅舅在其15岁时意外身亡； 5.无吸毒史和赌博史、同性恋史，无吸烟史； 6.无不良朋友交往史						
II 个体矫正需求评估							
服刑人员个体犯罪心理等报告	个体犯罪心理：属激情犯罪，无明显与稳固的犯罪心理，对罪行有强烈的悔恨意识，对法律与道德的界限不清。 　　各类心理测试结果表明：该犯家庭意识较强，对外界有较高的警戒性，多疑。自我保护意识较强。但对家庭成员缺乏情感交流，情感较为冷漠。对生活较为悲观，有自卑、抑郁心理。沉迷于空想，社会适应性较差，易发生冲动行为。综合该犯目前情况，该犯主要对家中父母和女儿放心不下，同他犯接触较少，生理上因个子矮小较为自卑，对社会不适应，容易冲动，对行事的后果无法把握。 　　同时结合MMPI、EPQ、RW、COPR等量表测试，综合该犯的主要心理特征为：性格内向、孤僻，内心封闭，喜独处；自卑心理畸强，曾经历严重的心理创伤，对外界高度防备，警戒心强，高度的自我保护；抑郁情结明显，消极、悲观，对生活失去信心；行事冲动，但又易于悔恨，无法控制激情，极具矛盾情结；总体呈现社会适应不良，其明显的人格缺陷，有自杀倾向						

续表

矫正需求 评估结论	1.认知能力弱,特别是对爱的认知固执于自己的极端见解而不能自拔,需要提升认知能力;对杀妻行为的强烈自责形成心理阴霾,无法走出心理阴影,需要回归理性的思维;人生观尤其是生死观有偏差,需要树立正确的生死观;成长过程中长久形成的自卑、抑郁和戒备情结已经造成其严重的心理创伤,需要舒缓,正确的人际关系认识和常态的人际环境需要确立。法律意识淡薄,对法律的认知缺乏,需要接受法制教育。 2.自我控制能力极弱,需要加强行为控制与矫正,提高自我控制水平。 3.人身危险性评估(RW)属于急迫性的自杀倾向,需要回复理性并消除了结生命的冲动,解除自杀情结,彻底摆脱自杀的人生迷误。需要心理健康辅导
矫正总目标	确立正确的人生观,尤其是生死观;心理创伤的抚慰与修复;良好的人际关系处理能力;家庭责任的回归;彻底走出自杀的困扰;逐步建立起良好的认知能力和积极乐观的服刑心态,早日回归社会
个别化 矫正小组	负责人:周×× 成员:周××　吴××　郑××　王××　冯××　陈××　褚×× 个案管理员:褚×× 个别化矫正小组全体成员签名:周××　吴××　郑××　王××　冯××　陈××　褚××

Ⅲ 个体矫正项目

项目	项目名称	个体矫正项目实施计划
项目一	认知矫正	一、项目矫正目标:提升认知能力,恢复正常思维。 二、项目具体实施计划(含时间、步骤、方法、措施等): 1.2002年9月至10月,除常规的入监教育之外,重点加强法律与道德界限教育,促其认识得以提高,明白道德谴责的范畴与违法犯罪处置越轨行为的不当等基本问题,提升法律意识。 2.一对一的深度谈话,建立起个体与矫正工作小组之间的信任机制。充分的信任可以促其拉近与矫正工作人员的心理距离,并认真思考矫正工作人员提出的启发性话题和引导性问题。 3.正确的赎罪方式教育。死并不能得到彻底的良心解脱,唯有积极面对、敢于直面人生,真心忏悔加上积极的行动,才是最好的灵魂自我拯救和赎罪的方式。 4.适时进行理想与前途教育,正确的人生观教育。刘×是一个完美主义者,自己亲手制造的惨剧,把自己送入万劫不复的罪恶深渊之中,心爱的妻子含冤饮恨离世,对其打击是无比沉重的,因而其深感理想的破灭及自己无颜再苟延残喘于世。为其重塑人生理想是关键之举。 5.必要时可根据个体实际教育矫正效果临时调整认知项目,以适应个体的实际状况,满足个体的现实需求
项目二	行为矫正	一、项目矫正目标:平抑自杀冲动,控制自杀行为。 二、项目具体实施计划(含时间、步骤、方法、措施等): 1.24小时全方位的言行控制,保证无脱管、无管理盲区、无失控。特别关注有无一个人在角落里暗自流泪的情况,关注其书信、遗言、遗书等,注意其睡眠状况尤其是失眠情况,随时掌握其自杀新动向。 2.自杀工具的控制。彻底清理绳索、刀具、玻璃等尖锐物,药品等可被用于自杀的一切工具,最大限度地避免因工具管理不当造成的自我伤害。 3.心理健康辅导。以解决其强烈的自责、内疚与悔恨心理,指出被害的过错和责任,促其心理得以暂时的平衡。 4.心理和行为宣泄。制造倾诉的空间,认真倾听其委屈,允许其哭诉,倾泻心中的积郁;必要时可以安排其至"心理和行为宣泄室"发泄消极情绪,促其消极心态逐步清空。 5.尽量将时间用文体娱乐、劳动、学习等活动来填满,减少空闲时间。鼓励其参加成人中专自学考试。目的是转移其过分集中的对妻子、对案情、对失败人生的强烈念想,逐步实现兴趣转移

续表

项目二	行为矫正	6.建立服刑人员互帮机制,可成立针对刘×的互帮小组,让其真切感受到人际的温暖,逐步懂得助人助己的道理,逐步明白人是社会动物,不能永远禁锢于个体狭窄的自我空间之中。"人间自有真情在"的感觉能够促使其发生行为的转变。 7.刘×若出现完全不能控制自己的自杀欲念并有实际的行为时,应及时采取隔离手段,使其在独处环境里冷静思考、渡过难关。但在隔离阶段仍需不断主动介入,帮助其共同克服心理问题和采取有效的行为控制
项目三	技能训练	一、项目矫正目标:良好人际关系处理技巧的掌握,劳动技能训练为回归打下坚实的生存手段和能力。 二、项目具体实施计划(含时间、步骤、方法、措施等): 1.2002年10月开始对其进行劳动训练,目的在于强化劳动观念、学习劳动技能、习得劳动手艺、提升生存能力,回归后不至于为工作发愁。这项工作应是贯穿于服刑的全过程。 2.劳动项目的选择应符合刘×的缝纫特长,使其兴趣持续并在劳动过程中不断提升技术,使其在劳动中有成就感,缩减对情感问题的过于纠结和苦恼时间。 3.多鼓励刘×参与集体活动,感受集体的温暖,在集体生活中习得人际相处的基本技巧。这是刘×的软肋所在,矫正小组可在这方面多动脑子,良好的人际关系处理技巧的习得必将改变其生存态度。温暖感的增强,可以促进刘×重新思考活着的意义,进而重新定位人生、规划人生。 4.鉴于刘×文化程度处于中等水平,有一定的理解能力和文化基础,可以鼓励其参加电脑班、厨艺班、写作班等学习,在学习过程中不仅发生兴趣的转移,也能够习得今后走上社会后可用的实用技能
项目四	心理危机干预	一、项目矫正目标:心理医生的直接介入,彻底摆脱自杀情结的困扰。 二、项目具体实施计划(含时间、步骤、方法、措施等): 1.鉴于刘×较强的自杀取向,心理危机的渡过是十分重要的。需要心理医生的积极介入。 2.心理医生的介入除心理健康教育、心理咨询之外,尚应制订针对刘×的特别干预计划。计划的制订应递交矫正工作小组集体商议通过并严格执行。矫正小组其他成员应积极配合专业心理医生的工作,为其创造有利的条件、提供良好的环境、争取人财物的支持。(具体干预计划略) 3.心理危机干预的目的:控制自杀机会、帮助其克服自杀冲动、防止自杀行为的实施、最终消除自杀念头。 4.采取药物辅助治疗时应谨慎行事,防止产生药物依赖。这只是手段,不是目的。 5.心理危机干预可能是阶段性的,应视刘×的严重程度和实际需要而定
其他辅助项目	略	一、项目矫正目标 二、项目具体实施计划(略)

Ⅳ个体矫正效果评估

阶段性评估	项目	分阶段	评估方法及评估结论	评估机构及评估人
总体评估	项目一	第一阶段	通过量表测试、观察、面谈、周边人访问以及对矫正工作小组原始资料的阅读与矫正工作人员的反映,本阶段基本达到预期的矫正目标,虽然刘×未完全消除自杀倾向,但有明显的心理触动,有转变自己偏执想法和改变自己行为的趋向,总体矫正效果尚可	(监狱及社会专家组成的评估机构)
		第二阶段	(以下省略,可根据矫正项目进展情况及时填写)	……
		……	……	……
		……	……	……

总体评估	通过量表测试、观察、面谈、周边人访问以及对矫正工作小组原始资料的阅读与矫正工作人员的反映,达到预期的各阶段分目标和总体矫正目标,刘×目前已经完全消除自杀倾向,心态平和,改造成绩显著,回归社会后若能得到社会的进一步关心和帮扶,加上刘×自身的努力进取,相信其能融入正常的社会生活,妥善处理困难与挫折,走好人生的每一步。总体矫正效果明显	(监狱及社会专家组成的评估机构)

V 个案管理总结(成功与失败的经验与教训)

服刑人员要自杀,如同想脱逃一样,是客观存在的,是监狱改造工作中无法回避也是不可回避的事实。既然无法回避,那只有用我们的智慧之钥去开启这扇凝重的"自杀之门",才能关上那扇误引服刑人员走上不归路的"地狱之门"。民警唯一要倾心做的工作,就是不让有自杀念头的服刑人员付诸行动和成功实施。有自杀之念的服刑人员绝不是个别的,在我们现有的对自杀倾向服刑人员经验性判断的基础上,必须学会自杀危险性评估等科学辨别的方法,提高专业化甄别手段。然后,控制得法使其自杀不成。最后,用春风化雨的神奇之手,将服刑人员从自杀的阴影里拉出来,从不断陷入的自杀泥坑里拔出来。

行之有效的方法源于我们对自杀问题的客观认识,以及对防自杀工作的规律性的把握。这种规律性可能是这样的:自杀可能性人员的筛选——自杀倾向者的现实危险性评估——对自杀倾向者无法成功实施的现实控制——找准自杀"源问题"——寻找转化工作的有效切入口并层层展开攻心与交心——消除其自杀情结防止反复——引导其步入改造正轨——彻底摆脱自杀纠缠最终树立正确的生死观。

自杀问题是一个复杂的社会问题,不同的个体有着不同的社会生存背景,自杀的原因与防范并没有我们想得那么简单,唯有充分发挥我们的"社会学的想象力"。"社会学的想象力相当程度上体现为从一个视角转换到另一个视角的能力","通过对另一极的思考,即思考你所关心的事物的反面,你往往能获得最好的洞察"。而所有这一切都需要大量的常规训练和研究工作。"如果没有大量的常规研究,则这种情况一定很少发生。"要发现服刑人员自杀的一般规律及有效的控制方法,尚需要大量的个案研究。

总之,服刑人员自杀问题是客观存在的,只要基层民警能够及时发现自杀苗子、找准自杀症结、对症进行"下药",并辅之以科学的工作方法和严谨的工作态度,是完全可以最大限度地扼杀自杀苗头、杜绝自杀事故发生的。

本个案研究的主要方法小结:①选择一例比较成功的监狱内民警防范与矫正服刑人员自杀的典型案例作为研究的蓝本。②根据监狱防范服刑人员自杀的一般性工作原则和工作规律,对个案进行剖析,发掘其之所以成功的深层次缘由。③依据当下防范自杀的最新研究成果,对个案管理进行简要的点评并提出改进建议。④归纳法与实证法研究相结合兼有探索性研究;描述性案例研究与解释性案例研究相结合。

本个案管理研究的目的:为监狱防范服刑人员自杀提供具有普适性价值的案例,并为监狱防范服刑人员自杀能够更加具有科学性和成功率,提供建设性的意见。同时,为监狱教育矫正服刑人员过程中的个案管理,提供一个基本的模板或范式,最终为监狱自杀个案矫正工作服务。

一、成功的经验

(一)个体矫正需求评估精准,个体症结把脉准确,矫正目标定位合理

"从杀妻的阴影中走出"是矫正对象最大的矫正需求。这一矫正需求的满足和问题的解决,为彻底走出自杀困扰奠定了坚实的基础。矫正工作小组找准了工作的难点也恰恰是工作的契机。

1.严重的心理创伤如何修复的问题。刘×出生在安徽的一个小山村,祖祖辈辈"面朝黄土背朝天",朴实惇厚、恪守本分。他从小体弱多病,加上个子矮,小时候遭受同龄人欺侮,幼小的心灵便遗有忍辱负重而又极其反抗的双重意识。不能正确地认识自我,看不见自身的优点,觉得处处不如别人,严重的自卑,对生活丧失信心。无法恰如其分地评价自己,不能进行心态的自我调节和人格的自我完善,并极度厌倦自我的存在。

2.个体极强的内向性如何改变的问题。内心封闭在自我的想象空间,不愿与人交流,不愿倾诉内心的苦闷,喜欢独自承受,但又无法自我平抑。管教人员不易获取其内心真实想法。

3.个体无法从"杀妻阴影"中走出的问题。恶魔每个晚上都会缠绕着这个性格极其内向的小个子罪犯。杀妻的阴影总是无法挥去,更谈不上彻底忘记。

4.个体无法面对骨肉亲情的问题。一个刚刚断奶的女儿,是作为亲身父亲的自己残忍地剥夺走了这个可怜小孩的母爱,女儿长大后如何向她交代?父母年事已高,自己能否活着出去尽孝,也是遥远的未知数。

续表

矫正工作小组对目标的基本定位是：重拾生命的意义和价值，逐步树立生活的勇气与信心；通过科学方法引导其积极面对挫折，正确评价自己的行为，对人生进行正确定位；在平稳服刑的基础上，努力完善自我，逐步走向踏实进取之路。同时确立了3个分目标，即第一阶段：消除自杀心理，保全个体生命。时间为1~2年。该阶段主要以防范其成功自杀为矫正至要；第二阶段：避免心理反复，巩固已有成绩。时间为2~3年。该阶段主要以促其平稳服刑、防止其不反复为矫正重点；第三阶段：促其积极改造，力争早日回归。时间为5~8年。该阶段主要以促其积极进取、早日回归社会为矫正归宿。这个总分目标的确立为以后的矫正项目开展指明了工作方向。

（二）对个体的行为矫正方法得当，效果明显

1. 对个体自杀行为的防控方法有力

24小时的全方位控制无漏洞，特别是独处的时间几乎为零，即使有自杀的动念和强烈意愿也无机可乘。

控制就是不让想自杀者成功实施自杀行为，起到阻止和延缓作用。常用的控制方法有互监制度（包夹控制法）；24小时管控法；护监巡查法；工具控制法，清理一切可能用于自杀的工具物品；电子监控法等。除这些方法外，如下方法尤为重要：

（1）信息全天候控制法。从书信、日记、笔记、抄本、汇报、档案等材料的蛛丝马迹中寻找自杀者发出的"自杀讯号"。同时，从这些材料里可以发现和确定教育转化的有效"切入口"和"突破口"，为教育转化打下基石。

（2）环境积极控制法。创造一个良好和谐的人际环境；创造和布置一个平和心态的监舍居住生活环境。有时，集体的温暖感，将有助于自杀危险犯心灵的震动和心态的变迁。

本案民警对个体的管控，符合监狱内防控具有自杀倾向服刑人员之一般方法，兼具针对个体特点的特别方法措施。

2. 兴趣转移法促其日常行为趋于理性

具有自杀倾向的刘×对周边的事物不再感兴趣。矫正工作小组充分捕获个体在改造中的优势，如自身有特长，曾经从事服装加工，有较好的服装缝纫技术；有一定文化（初中毕业），具有一定的理解能力，这些都为个体兴趣转移提供了有用信息。矫正工作小组设法让其接受音乐、书法、书籍、棋类（活动）等美的熏陶，慢慢培养各种兴趣爱好，以逐渐将其过分集中关注于自杀问题引导到认真学技术转移，干好每一天活，使其感受到成功的喜悦和生活的乐趣以及活着的意义，从而使之从难解的"自杀情结"中一步步挣脱出来。

3. 责任强化法起到行为矫正的辅助功能

一般自杀者之所以自杀的一个重要原因，就是缺乏责任心、无法承受责任重担。利用其长处安排适当岗位，必要时可让其负责小范围的监督岗位，慢慢培养其责任心，重塑责任意识。对取得的成绩适时鼓励，强化刺激这种每一个人所应具有的责任感，有利于重新审视自己人生的责任所在，包括对社会、家庭、朋友、民警、同犯和所有关心其命运的人的诸多责任，从而树立"人不仅仅为自己而活，更多的时候是为别人而活着"的信念。

（三）对个体的认知矫正达至关键性矫正效果

"自己怎么会亲手把心爱的人送上黄泉路"是刘×认知障碍的中心表征，也是刘×创伤体验的焦点，深刻的创伤无法抚平，刘×自身也无法破解这个具有悖论的"爱的方式——疯狂之爱"。个案矫正小组通过"责任归结"，顺利破解了这一悖论，使其认知恢复到正常水平，极度矛盾的心理得以平复，心理得以平衡。

1. 通过法律政策、道德感召法，使其树立正确的生死观。在常规的法制与道德教育的基础上着重进行人生观教育，用正确的生死荣辱观替代其错误的生死观仍然十分重要。刘×认为自己的人生理想彻底破灭，人生前途一片渺茫甚而绝望，通过理想和前途的反复教育，促其逐步在这一认知上发生转变。

2. 自杀专题教育法使其认知发生改变。以"自杀危害论"为主题，轰轰烈烈开展"反自杀"专题教育，在全体服刑人员中牢固树立"坚强活着为荣，懦弱自杀为耻"思想的同时，个体也受到震动和教育。主流文化的倡导和繁荣，使个体消极亚文化无立足空间。形式丰富多样，黑板报、墙报、报纸、横幅标语、保证书、宣誓、座谈会、帮教会的立体式运用，对刘×产生无形压力，从而怀疑自己的所作所为，思想得以逐步改变，行为得以逐步收敛，而与集体行为融为一体。

3. 通过真情感化法，唤醒绝望之心。刘×想当然认为人间真情荡然无存，所以还得用真情唤醒其绝望之心。其实刘×对家庭是有牵挂的，对日益年老的父母尚存记挂，对女儿尤其无法舍弃而常常放心不下。亲情感化（如团聚饭）、民警交心感化、社区帮教感化、同犯"一帮一、多帮一"的帮教感化等都是很好的方法。"春城无处不飞花，人间处处真情在"，真情可以唤醒泯灭的良知，同样可以唤醒绝望人生之因子。

（四）对个体的心理危机干预项目实施顺利，成效显著

心理危机干预及时有效，心理医生介入法运用自如，计划周密。自杀危险犯，除突发性外，一般都具有严重的心理问题。心理医生的介入，将有利于民警掌握其心理特点。尤其是各阶段的心理测试、心理健康教育、心理咨询与危机干预同步实施，取得预期效果。药物控制使用得法、谨慎，作为辅助性治疗措施，起到镇静作用。

总之，本案民警对刘×的管控和矫正教育的开展，符合监狱内防控和教育转化具有自杀倾向服刑人员之一般方法。民警发现刘×具有自杀倾向后，采取了如下方法：严密监控、查找阴影之源、亲情感化、发挥特长、转移兴趣等一系列真诚挽救和矫正的方法，最终取得自杀倾向服刑人员的信任与尊重，并为民警所努力的一切所感动，终弃自杀之念。正因为民警采取了监狱防范和矫治的一般性方法，诸如"心理医生介入法""道德感召法""真情感化法""个体兴趣转移法""个体责任强化法"等，所以才能达到预期的效果。

二、失败的教训

1.劳动项目的选择略显多余。刘×自始至终都能参加劳动、完成任务、遵守规定，无起伏。但客观而言，劳动仍然发挥了稳定其情绪，增加其技能的功效。

2.鼓励其参加成人中专自学考试的努力未获得成功。原因在于个体始终没有兴趣，认为这对于自己真的毫无意义。但矫正小组还是基于尊重个体的自由选择为原则而放弃。

三、改进意见

鉴于本案发生的时间已久，我们不能强求当时的民警能够做得尽善尽美。但是，在如今监狱的防服刑人员自杀的专项工作中，经验是不可缺少的，而更重要的是科学防范、有效率地防范，应遵循联合国教科文组织对于自杀防范的一般手册。鉴于此，仍希望今后在防范服刑人员自杀问题上，能够更加科学、规范、严谨、慎重，也更加有成效，故提出如下建议：

1.不回避矛盾和实质性问题。每一个人都有过自杀的念头，人的一生总会碰到各种各样的艰难困苦和坑坑注注，总会有灰心丧气、倒霉落魄的时候，也会有绝望的想法，这都是现实的、正常的。民警理解自杀、直面自杀问题，也许是民警成功教育转化自杀危险服刑人员观念的一块"观念敲门砖"。传统的教育中我们总讳谈自杀，其实也就回避了矛盾的实质性内容，并不利于自杀危险犯观念的转化。

2.找准自杀者之所以自杀的真正原因。服刑人员自杀的原因很复杂，有显现的因素，也有潜在的因素；有长期的因素，也有突发的因素；有个体的因素，也有环境的因素。原因剖析得越准、越清晰，教育转化的方式方法和手段就会越多，效果也越明显。常言说，只有"对症"才能"下药"。

3.从自杀者自以为绝望的对象中，寻找并非绝望的事实，从而破解服刑人员的"自杀情结"。以事实说话胜过口干舌燥的空洞说教百倍。生命并未到"尽头"，人生还有许多美好的东西值得留恋，如明天太阳依然从东方升起照亮每一个人的心灵；寒冬过后依然是百花盛开的春天；年迈的父母依然在抗拒痛苦、忍受白眼而默默地祈祷着、期盼着儿子早日平安归来，并为你邮钱寄物、千里探望；子女灿烂无邪的笑容足以淹没你人生所有的烦恼和忧愁；妻子"至死不改嫁"的决心又如何不能唤起你生的勇气？朋友依然伸出友爱之手帮助你并时刻在祝福着你能顺顺利利服完刑期；社会并未抛弃浪子，依然在给予方方面面的关爱；民警依然在关注着你点点滴滴的进步；同犯也在深情地帮助你希望你早日走出生活的阴影和人生的误区。

4.跳出传统的对自杀者"意志薄弱说"的束缚。传统观念里自杀者是意志薄弱者，这种理论和观点有模糊和不准确之处。其实自杀者只是活的意志异常薄弱，而对死的意志却十分坚强，甚至到了极限。无数成功实施自杀者，往往视死如归，"面不改色，心不跳"，对死亡已达无所畏惧的地步。监狱工作中防不胜防的自杀成功案例，无不表明这些自杀服刑人员对死的坚定意志。

5.对个案必须进行跟踪访问与跟踪调查。本案个体在浙江第×监狱虽然取得了初步的矫正效果，但出于对服刑人员有利于其改造的目的而被遣送原籍改造，因此对个体的跟踪访问与跟踪调查断裂，这是本案的一大遗憾。在条件允许的情形之下，对个体的跟踪是必需的点。对业已具有明显成效的个案仍需进行跟踪，因为个体处于不同的情境，可能会有反复，甚至会将原有的业已取得的教育矫正效果付之东流。这正是个体的复杂性使然，同时也是教育矫正服刑人员工作的艰巨性、长期性使然。

尤其如下具体工作仍需加强：

1.计算机数据化处理技术尚需提高；

2.个体社会背景调查途径尚需进一步拓宽；

3.个别化矫正小组的分工有待细化；

4.矫正项目的选择余地不大，尤其是可供选择的较为成熟的矫正项目数量明显不足；

5.效果不明显的个别化矫正项目的调整及时性不够；

6.矫正项目实施后的阶段性评估和总体评估的科学性尚需提升。

四、是否具有推广价值

对具有紧急性自杀危险性的服刑人员的个别化矫正具有较强的借鉴意义。

个案管理员：褚××

2013年×月×日

（二）服刑人员胡××个别化矫正方案

服刑人员胡××个别化矫正方案

单位：浙江省第×监狱二监区　　　　　　　　　　　方案编号：〔2013〕个矫字第 001 号

Ⅰ 矫正对象基本信息							× ×
姓名	胡××	别名	胡公	性别	男	出生日期	×年×月×日
民族	汉族	籍贯	浙江省温州市	捕前职业	无业	原政治面貌	群众
文化程度	初中毕业	经济状况	无固定收入	婚姻状况	未婚	爱好特长	画画
居民身份证号				家庭住址	浙江省温州市××区××街道		
犯罪地	浙江省义乌市			常住地	浙江省义乌市		
身体健康状况	目前健康状况一般，无严重疾病史						
身高	174cm	体重	73kg	语言表达	温州口音、会普通话、闽南话，表达能力强		
本人简历	1983 年 9 月至 1988 年 1 月浙江省温州市某小学读书至小学毕业； 1988 年 2 月至 1991 年 1 月浙江省温州市某少体校读书，初中肄业； 1991 年 1 月至 1998 年 5 月在自己家属的企业做工 5 年，后在家休息； 1998 年 6 月至 2002 年 5 月在北京做生意，其间因故意伤害罪被判刑 2 年，在北京市某监狱服刑； 2002 年 6 月至 2012 年 5 月在义乌市零星打工、无业						
家庭成员及主要社会关系	父母、姐姐、叔叔、外婆（其他住址、政治面貌、电话等信息略）						
罪名	故意伤害	刑种	有期徒刑	刑期起止	2012-5-26—2027-5-25	附加刑	剥夺政治权利 5 年
		刑期	15 年				
本人简历	1993 年 7 月因打架被温州市公安局治安拘留 15 天；1995 年 5 月因寻衅滋事被温州市公安局治安拘留 7 天；1997 年 10 月因聚众赌博被温州市公安局治安拘留 15 天；2000 年 1 月因故意伤害罪判处有期徒刑 2 年，本次系累犯						
同案犯情况	××无同案犯						
主要犯罪事实	2012 年 5 月 26 日晚 7 时，被告人胡某与朋友一起在义乌市×大酒店大厅喝酒时，与相邻酒桌的郁×因琐事发生口角，继而扭打在一起。在扭打过程中，刘××拿出随身携带的水果刀在郁×手臂、大腿、腹部连捅 13 刀，致郁×重伤						
刑期变动情况	无						
刑拘日期	2012-05-26	逮捕日期	2012-05-26		侦查机关	义乌市公安局	
判决日期	2012-09-12	判决机关	义乌市人民法院		判决书号	（2002）义刑初字第×××号	
入监日期	2012-09-27	分流日期	2012-12-28		犯罪类型	暴力犯罪	
其他重要的个体信息	1.犯罪时有过大量的饮酒，其多年的严重酗酒史； 2.有过 5 年的吸毒史，案发时已戒除；有 21 年的吸烟史； 3.有赌博史，经常出入娱乐场所； 4.左右手臂均有龙、鹰图案的黑色文身，右手腕处有一"忠义"字样的黑色文身； 5.从小由外婆带大，与父母的关系紧张； 6.对叔叔十分崇拜，叔叔曾因流氓罪判刑 3 年； 7.无同性恋史； 8.有与数十名不良朋友的交往史，朋友中有 3 人曾服过刑						

Ⅱ 个体矫正需求评估

服刑人员个体犯罪心理等报告	个体犯罪心理：暴力倾向明显，具有明显与稳固的犯罪心理，对罪行无悔恨意识，对法律漠视。 各类心理测试结果表明：以自我为中心；性格外向、合群、喜热闹；仇视社会，崇尚暴力美学。总体呈现社会适应不良，具有明显的人格缺陷，有显著的暴力倾向性
矫正需求评估结论	1.认知能力差，法律意识淡薄，江湖义气畸重。特别是对罪行的认知抱无所谓态度，需要提升对罪恶的认知能力；对社会的丑恶现象持认同态度，对社会的不公持强烈的愤慨情绪，需要理性的思维锻炼，客观评价社会；人生观和价值观有明显偏差，与主流社会价值观相背离，充满非主流文化意识，需要树立正确的人生观和价值观。法律意识淡薄，对法律的认知缺乏，需要接受法制教育。 2.行为的自我控制能力极弱，需加强行为控制与矫正，提高自我行为控制水平。 3.人身危险性评估（RW）具暴力倾向，需要消除
矫正总目标	确立正确的人生观和价值观，摒弃江湖义气，建立正确理性的交友观；确立美与丑、善与恶的基本社会评价标准，摆脱对暴力的极度崇尚；改变遇事不冷静、容易冲动的毛病，能够良好处理人际关系；家庭责任的回归，尤其是为人子的孝道观的确立；彻底消除暴力倾向，逐步建立其良好的认知能力和积极乐观的服刑心态，并掌握一定的符合市场需求的劳动技能，早日回归社会
个别化矫正小组	负责人：朱×× 成员：吴×× 郑×× 王×× 冯×× 陈×× 个案管理员：周×× 个别化矫正小组全体成员签名：朱×× 周×× 吴×× 郑×× 王×× 冯×× 陈××

Ⅲ 个体矫正项目

项目	项目名称	个体矫正项目实施计划
项目一	认知矫正	一、项目矫正目标：提升认知能力，恢复理性思维 二、项目具体实施计划（含时间、步骤、方法、措施等）（择其要点） 1.法律意识培养，提升遵纪守法的自觉性。 2.传统美德教育，扭转其对罪恶的认识欠缺问题以及暴力崇尚倾向。 3.人生观和价值观教育，扭转其错误的人生价值观。 4.清算犯罪成本账，总结其失败的人生，提升对自己无知行为的反思意识。 5.家庭责任教育，培植起其对父母养育之恩的负疚意识，从而认罪悔罪赎罪。 6.一对一的深度谈话，建立起个体与矫正工作小组之间的信任机制。 7.适时的理想与前途教育，防止其自暴自弃，以积极的心态投入教育矫正之中。 8.在必要时可根据个体实际教育矫正效果临时调整认知项目，以适应个体的实际状况、满足个体的现实需求
项目二	行为矫正	一、项目矫正目标：平抑自杀冲动，控制自杀行为 二、项目具体实施计划（含时间、步骤、方法、措施等）（择其要点） 1.布置适合于暴力服刑人员的生活空间，用环境塑造法平息其躁动之心。 2.可以有意识布置其干一些需要细心、耐心、恒心并动脑子才能完成的具体矫正活动，改变其不计后果的行事习惯，做事三思而后行。 3.心理健康辅导，改变其容易冲动的心理，切实防止其冲动行为的发生。 4.行为宣泄。制造宣泄的空间，倾泻其心中的积郁，可以安排其至"行为宣泄室"发泄消极情绪，促其消极心态逐步清空。 5.尽量用文体娱乐、劳动、学习等活动来填满时间，减少无所事事的空闲时间，减少是非。 6.建立服刑人员互帮机制，可成立针对个体胡××的互帮小组。 7.针对愤怒的特别控制训练。 8.个体若出现完全不能控制自己的暴力倾向并有实际的行为时，应及时采取隔离和惩戒手段，使其在独处环境里冷静反思

续表

项目三	技能训练	一、项目矫正目标:良好人际关系处理技巧的掌握,劳动技能训练为回归打下坚实的生存手段和能力 二、项目具体实施计划(含时间、步骤、方法、措施等)(择其要点) 1.分流开始对其进行劳动训练,目的在于强化劳动观念、学习劳动技能、习得劳动手艺、提升生存能力,回归不至于为工作发愁。这项工作应贯穿于服刑的全过程。 2.劳动项目的选择应符合个体的特长,使其兴趣持续并在劳动过程中不断提升技术,使其在劳动中有成就感。 3.多鼓励个体参与集体活动,感受集体的温暖,在集体生活中习得人际相处的基本技巧。良好的人际关系处理技巧的习得必将改变个体的生存态度。 4.鉴于个体文化程度偏低,但有一定的理解能力,可以鼓励其参加电脑班、厨艺班、书法班、国画班等学习。在学习过程中不仅发生兴趣的转移,也能够习得今后走上社会后可用的实用技能
项目四	再犯预防教育	一、项目矫正目标 二、项目具体实施计划(含时间、步骤、方法、措施等)(择其要点) 1.重新犯罪的危害性教育。 2.如何预防重新犯罪知识教育。 3.常态的生存教育。 4.稳固的工作、职业和收入是预防再犯的稳定剂。 5.牢固的家庭纽带是预防再犯的永久避难所。 6.责任感的树立是预防再犯的强心剂。 7.良好的朋友圈是预防再犯的避风港
其他辅助项目	略	一、项目矫正目标 二、项目具体实施计划(略)

IV 个体矫正效果评估

阶段性评估	项目	分阶段	评估方法及评估结论	评估机构及评估人
	项目一	第一阶段	(略)	(略)
		……	……	……
	……	……	……	……
总体评估			(具体内容略)	(略)

V 个案管理总结(成功与失败的经验与教训)

(具体内容略)

个案管理员:周××

2013 年×月×日

五、个别化矫正方案与传统的个别教育经验之对照

这是一个供参考的传统个别教育经验推广材料。

对罪犯刘×的个别教育经验材料

2002 年 9 月,杭城轰动一时的"武大郎杀妻案"的当事人刘×被押送到浙江省第×监狱服刑改造。

刚入分监区时,刘×精神面貌很差,似一只沉默的羔羊,对监狱的规章制度却是十分遵守。但是,谁又知道这个表面上对警官言听计从的、内心孤僻的小个子心里在想什么呢?经

过慢慢地接近与交流,民警发现,这是一个心理受到极度打击、精神濒临崩溃、极具自杀危险性的罪犯。他对生活失去了信心,"恶魔"每个晚上都会缠绕着这个性格极其内向的小个子罪犯。杀妻的阴影总是无法挥去,更谈不上彻底忘记;再想想那个刚刚断奶的女儿,是他的亲身父亲残忍地剥夺走了这个可怜小孩的母爱。再这样下去,刘×真的会承受不了的,既然没路可走了,不如……

就在刘×处于生死抉择的十字路口时,分监区民警经过努力,一把又一把地把刘×拉了回来。两年里,刘×拿到了表扬、记功。无期减为 19 年 6 个月。慢慢地、慢慢地,刘×走出了阴影,彻底摆脱了长时间纠缠他、妄图撕裂他的"恶魔"。

为了挽救罪犯刘×,心理医生不断介入,危机干预不断深入,民警谈话随时跟进,病情会诊不间断施行,各种数据和指标的对比研究实时进行。除此之外,民警还绞尽脑汁频频出新招。

(一)严密监控,重防自杀

对于这样一个对人生自以为毫无牵挂、无所留恋的罪犯来说,短时间内要消除其自杀心理根本就是徒劳的,唯一的办法只有将其先严格控制起来,不让他有外部的可乘之机。为此监区和分监区领导几经酝酿,挑选富有个别教育经验的民警包教,筛选出责任心强、做事扎实细心的包夹罪犯对其进行 24 小时不间断严格控制,并且要求包夹罪犯及时汇报罪犯刘×的反常行为,特别是其思想状况。这样刘×一天的言行举止都牢牢掌握在民警手中,从而为做好思想转变工作打下了坚实的基础。

(二)查找阴影,正本清源

经过一段时间的观察和包夹罪犯的汇报了解到,刘×晚上老是睡不着,有时会偷偷地躲在被子里哭泣,而且几乎每天晚上都是如此。有时半夜三更会被噩梦惊醒。开始民警与其个别交谈时,刘×总是说没有事情,随之便是长时间的沉默。看来正面询问刘×是不太会问到实话的,与其碰壁不如换种方法。于是,民警一改过去严肃的面孔,尽可能创造一种轻松的谈话氛围,海阔天空和他"侃大山",侃他老家的山山水水、侃他老家的经济发展、侃他的人生经历,有意识地不侃他的婚姻和家庭。时间一长,刘×与民警的距离慢慢拉近了,感到民警真的是在关心自己,封闭的心理防线也开始慢慢解除,对民警的询问也不再像过去那样缄默不语了,有时还会主动跟民警说一些自己闯荡社会的经历。细心的民警发现,刘×从来都不谈自己的妻子和女儿的事情。看来刘×做噩梦肯定与此有关,只不过他无法面对而已。民警到了考虑如何找个时机切入主题的时候了。一天,民警和他聊着聊着,突然问了一句:"听说你妻子长得蛮漂亮的?"刘×一颤,沉默些许点了点头。在民警精心设计的"圈套"里,刘×终于说出了那一段使他刻骨铭心的爱和痛。

刘×出生在安徽的一个小山寨,祖祖辈辈"面朝黄土背朝天",朴实憨厚、恪守本分。他从小体弱多病,加上个子矮小便时常受到同龄人欺侮,幼小的心灵就遗有忍辱负重而又极具反抗的双重意识。

为了改变命运,16 岁初中毕业后就来到广东、浙江等地打工谋生,后拜师学艺做了适合自己体型特点的个体裁缝,日子平凡无奇却也充实有加。自从王某这个名字与金庸先生笔下《射雕英雄传》中的那个"黄蓉"谐音的女人闯进了他的生活后,刘×的人生才发生了颇具戏剧色彩的根本性变化。刘×本人身材矮小,一副弱不禁风的骨架,加上裁缝师傅特有的轻声细语,让人一看就是那种憨厚老实型的一类;而其妻却年轻貌美,1.65 米的高挑个子,在外形上与刘×形成了鲜明的对比，真是应验了那句古话："一朵鲜花插在牛粪上！"

有了这样一个妻子，刘×心满意足，认为这是老天赐予自己的福分，因而十分珍惜这份来之不易的感情，对妻子也总是百般依顺，悉心呵护，小日子过得有滋有味。不久，宝贝女儿的诞生更是增添了家庭的快乐。可是，这样的美满日子过得并不长，"西门公子"的闯入，使现代版的"武大郎与潘金莲"的悲剧果真在他们身上上演了。

刘×的妻子在杭州城某大酒店当服务员，特殊的行业，不但接触的面广，而且交往的人也多，那女人的心理便开始有了些许的不平衡。虽说他们夫妻俩是自由恋爱，感情也颇为不错，但随着时间的推移，王×有了某种失落感，看看自己长相不俗，却嫁给了一个现实版的"武大郎"，要才没才，要财又没财，慢慢地便与丈夫在心理上拉开了距离，最后居然开始瞧不起这个个头矮小的"刘大郎"。

慢慢地，王×开始打扮起自己来，一个身材苗条又颇具几分姿色的女人，自然引起了周边不少男人的垂涎。果然，一个男人便闯入了她的生活，最终勾搭成奸。很快，两人的婚外情便发展到了公开和无所顾忌的地步。

在处理妻子的外遇问题上，刘×还是颇有男子汉气度的，他总想竭力挽回这来之不易的婚姻。他没有太多责怪妻子，而是采取宽容、忍受的态度，婉言相劝妻子，希望妻子珍惜难得的感情，更要为女儿考虑。因为他需要一个完整的家，女儿也一样需要。可已经红杏出墙的妻子，根本听不进丈夫的规劝。悲剧终于不可避免地发生了。

2002年4月13日凌晨，刘×与往常一样如期去接下班的妻子回家，恰遇那"西门公子"也在等待其妻，走火入魔的妻子死活不肯回家，定要跟那男的走，揪心的刘×花费了好大的口舌总算把妻子劝回了家。可刚到家，那男的就已经尾随而至，在出租房楼下大喊他妻子的名字，一幅刘×妻子不跟他走誓不罢休的样子。也许这个时候，刘×的妻子能够稍许收敛一些，悲剧就不会发生。但刘×的妻子最终还是抵挡不住激情的诱惑，居然非要跟那男人走。长久的争吵不可避免地发生了，一直延续到深夜。

斗不过妻子的刘×如丧家之犬，跟着妻子出了门，到附近草地上，三人开始了"感情谈判"。王×表示从来都没有喜欢过刘×，真正喜欢的男人是叶×。叶×也表示喜欢王×。三人争吵不休直至次日凌晨，疲惫不堪的刘×夫妇回房准备休息，叶×却仍在屋外徘徊。王×更是步步紧逼坚决要与刘×离婚，要和叶×一起生活，丝毫也听不进刘×的好言相劝和苦苦哀求。由于第三者明目张胆的挑衅、妻子的冷面绝情、身心的极度疲惫、精神的极度刺激，此时的刘×，在人性与兽性的角斗中，终于失去了理智，绝望中将自己心爱的女人活活掐死，自己也走上了不归路……刘×没有出逃，他冷静地安顿好女儿之后，一个人走进了派出所投案自首。

一段不堪回首的往事。倾吐之后的刘×对民警说："我是真的爱她的，到现在我也不恨她。"说得最多的就是"我对不起我老婆"。毕竟是他亲手剥夺了妻子鲜活的生命。晚上一睡着就会梦见妻子，做噩梦，找他报仇。原来在没认识妻子之前，刘×处处都遭到世人的歧视，认为自己个头小，有人甚至叫他"刘大郎"。结识了妻子后，认为妻子这么年轻漂亮，看得起自己，一直都认为妻子是真正对他好的人。所以可以这样说，刘×是为了妻子而存在着的。

（三）亲情感化，春风化雨

希望是生命的源泉。刘×心里的"恶魔"，不是什么，是他对生活没有了寄托。在刘×的眼里，妻子是他的全部，是他的唯一。没有了妻子，活着也就失去了意义。但是想要消除妻子在刘×心里的地位，并非易事。也许通过家人的亲情感化是一个不错的选择。

民警了解到一个细节，1998年年底，刘×与妻子生下了小孩。但是，断奶后，刘×和妻子就将女儿交给了刘×父抚养。显然，在刘×的眼里，女儿的问题还没被考虑过。为了帮助刘×走出其妻子所笼罩的阴影，民警们希望通过其女儿来感化他，从而起到"移情"的效果。于是，民警亲自动笔，写信到刘×的老家，请求其父最好能够把刘×的女儿抱过来，让他们父女见上一面。还要求其父最好能够教会小孩说几句诸如"爸爸""听话"之类的简单话语。

2003年4月21日，刘×的父亲和一个姐姐带着其女儿前来探视。隔着铁窗，刘×见到了他那并不十分挂念的女儿。见着自己那并不"熟悉"的女儿，刘×呆住了，真的是自己和妻子共同的结晶吗？长得真像妻子啊……随着女儿"爸……爸……"咿呀学语，刘×再也无法控制自己压抑已久的情感，隔着铁窗，抓住女儿的小手，不停地摇，眼泪再也控制不住，哗哗地往下流。小女孩看着久违的爸爸，小眼睛睁得老大，"爸爸怎么了？"小手穿过铁栏栅朝着爸爸的眼睛摸去，擦了擦爸爸的眼睛，仿佛在说，爸爸，不要哭。刘×抓住女儿的小手，放在自己的脸上，泪如泉涌。此时此刻，在刘×的脑海里，亲情，还有女儿，这所有的一切又重新归来。女儿成了他的全部，移情初步奏效。

在回监房的路上，刘×低着头走完了全程。他在想什么，下一步又会干什么？当天民警并没有急于找他，欲来一个"欲擒故纵"。晚上又是一夜的未眠……第二天晚上，他主动来找民警谈心了，出乎意料的是，他听说大西北监狱减刑政策好，请求民警能不能在调犯大西北监狱的时候让他去。总之，他情绪很低落，不管警官如何教育都听不进。此时，我们的工作又陷入了僵局。

（四）发挥特长，真诚挽救

"调大西北"？为什么会是在见到家人、见到他女儿后提出来呢？其实他还是有"药"可救的。他还会想到减刑，想到出去。这不是一个人生命的动力所在，一个罪犯的改造动力所在吗？

为了进一步走近刘×，特意将几个平时和他比较合得来的罪犯安排在他的周围，民警也多方面给予关心。因为，抛开一个执法者的身份，没有人会不为他的经历所怜惜。通过一段时间的情况反映，妻子的名字，慢慢地说得少了，平时的信件里和父亲谈得更多的是女儿的事情。虽说，自杀情结有了明显的改善，但是改造上不去，还是会有巨大的压力。谁又会知道，他会干出什么事情来呢？

这时，民警得到一个走出工作困境的良机。2003年8月，刘×所在的分监区并入了箱包车间。考虑到刘×以前从事过服装加工，民警马上将其作为箱包缝纫机的技术骨干，他还成了分监区的QC（质量控制）小组成员。在2003年度"双评"中，刘×获得监狱记功奖励。2004年9月，刘×获得了减刑的奖励，无期减为19年6个月。拿到裁定书的那一天，这个性格内向的小个子哭了。原来，见到了宝贝女儿后，刘×认识到抚养好女儿，这才是对心爱妻子的最好安慰，也是自己赎罪的最好回答。但是，漫长的刑期，到什么时候才可以承担起抚养女儿的责任呢？改造分数这么低，这刑怎么减？所以他产生了去新疆改造的念头。但是，从事箱包生产后，发挥了刘×的特长，考核分名列前茅，加上民警的关心、同犯们的热情帮助，使其树立了改造信心。刘×告诉警官："等我回去，女儿应该刚刚上初中，我要挣钱供她读书。"

（五）平稳过渡，积极改造

通过各种心理测试，结果表明刘×的焦虑情绪显著降低、厌世情结基本消除，正确的世界观、人生观和价值观正在逐步重塑。当初民警为其设计的改造规划也逐步实现，一是自杀倾向已经基本消除；二是平稳服刑的二级目标已经实现；三是积极改造的势头初露端倪。

现在的刘×，虽然晚上有时候还会想起死去的妻子，也会轻声叹息，但是他再也不会沉溺于整天的自责和连绵的噩梦之中了。一个既是害人者又是被害者，一个曾经经历不平和无数忧伤的社会底层者，一个曾经背负沉重包袱的改造低迷者，在民警的感召、亲人的关怀、社会的帮教以及自身的不断调节下，终于走出了改造的"沼泽地"。2004年度、2005年度他连续获得监狱记功奖励。2006年初，考虑到其家庭有特殊困难，也考虑到为刘×创造一个更为便利的改造环境，分监区决定将其调回原籍改造。临行前，刘×最后一次找民警谈心，此时的刘×已经完全没有了起始的胆怯、懦弱和羞涩，他说："警官，假如没有你们的关心和帮助，我可能早已不在人世。到老家后，我一定好好改造，争取早日与家人团聚，好好把女儿抚养成人，谢谢你们！"民警赶快扶起要下跪的刘×："上跪天下跪地，还有只可以跪父母的。到了那边继续努力！"看到刘×脸上露出欣喜的微笑，民警们坚信刘×的创伤已经抚平，其改造之路将越走越宽、越走越顺。

通过以上传统个别教育经验材料的学习，再与我们正在实践的个别化矫正方案的进一步理解，不难发现两种模式还是有明显的区别的：传统的个别教育更注重民警的人格魅力影响、反复谈话、社会帮教、亲情感化等经验型的和极其真诚的情感挽救方法；个别化矫正措施更强调个体的矫正需求与矫正技术的选择与应用，讲究矫正方法的科学性和实效性，同时注重计算机技术的应用和矫正效果的评估。一定的程度上而言，两种模式各具优势，也具有共通点，目的也是一致的，可以说，个案矫正模式是个别教育模式的技术深化。

第三节　矫正项目设计

本书所指的矫正项目仅指监狱等矫正机构专门用来实现服刑人员某一个或某方面具体矫正目标的系统化、程序化、规范化并具可操作性的干预措施或课程。矫正项目一般具有科学性、专业性、系统性和规范性等特点，加上矫正项目在矫正服刑人员的实践中不断得以拓展，同时需要各种学科的知识融合，因而又具有整合性、开放性、学科综合性和灵活性、多样性的特点。矫正项目是个别化矫正方案中的基本模块。矫正机构正是依赖于这些一个个的矫正项目来开展对服刑人员的教育矫正工作的。欲对服刑人员个体进行行之有效的个别化矫正，首先得编制个别化矫正方案，而个案矫正项目的选择和编制等一系列完整的设计，正是其中的重点。

一、矫正项目设计要素、原则和基本要求

一个完整的矫正项目的设计通常包括以下九个组成要素：项目名称，项目目标，适用对象，工作原理，干预方式，进度安排，关键要点，考核评估，备注说明。矫正项目的选择和编制等系列设计应当遵循教育矫正服刑人员的基本规律，其设计有其基本原则和要求。

（一）确保监狱安全的原则

监狱是社会的"控制阀"和"稳定器"，是满足公众安全需要的纯公共物品之一。边沁曾言："在法律力图达到的目标中，安全是主要的和基本的目标。"前南非总统曼德拉更是断言："安全的监狱是使我们的司法系统成为对付犯罪的有效武器的重要因素。"不言而喻的是，唯有监狱的安全保证才能使预先设计和采取的矫正项目得以成功实施。"以高质量的工作人员和犯人之间的关系为基础的互动安全（inter-active security）或者动态安全（dynamic security），才是创造一种安全环境（secure and safe environment）的最好方式。"①监狱安全有赖于监狱内部良好的关系以及对服刑人员的积极矫正，这是一个互动的过程。服刑人员与监狱管理人员之间建立良好的关系最能确保监狱的外部和内部安全。因而，矫正项目在选择及设计时，理应充足考虑是否能确保监狱的安全，确保监狱安全是一个基本的也是难以逾越的原则。

（二）矫正官员责任的原则

如果矫正官员能够以一种责任感帮助服刑人员成为更加成熟的人，那么服刑人员以后重新犯罪的风险就会大大降低。这需要矫正官员在工作中体面地对待服刑人员，尊重服刑人员的基本人权，让服刑人员清楚自己的选择及其后果，帮助服刑人员自我矫正、自我发展和自我完善。矫正官员在矫正项目的实施过程中具有引领性的方向指引作用，这不但需要矫正工作人员具备高超的技术，更需要有一种良好的职业道德观、宽广若谷的胸怀和高度的责任意识。只有具有这样为服刑人员矫正服务的义不容辞之责，矫正官员才能与服刑人员形成良好的互动，才能不断总结经验教训，不断修正矫正方案和调整矫正项目。因而，在矫正项目设计过程中应当明确矫正官员的责任和义务，矫正官员也应时时谨记与对照，克服急于求成、急功近利、敷衍草率的心态。此外，根据非歧视原则，对于监狱中处于弱势地位的服刑人员需要特别的矫正计划以获取平等，矫正官员需平等待之。

矫正官员的责任还体现于其专业化水平之中。没有专业化知识的支撑以及深厚的专业理论背景和职业素养，矫正官员无法深谙其中蕴含的理念，无法准确把握其工作原理与工作机制，也根本无法胜任矫正项目的管理与实施。而且，矫正项目的设计要求矫正官员不仅是一个个案管理的"专才"，更是一个通晓多学科的"通才"。

（三）服刑人员积极配合的原则

在服刑人员的配合下，监狱不但可以更加安全地运行，而且可以让矫正发挥更加积极的作用。也只有在服刑人员对矫正项目感兴趣并予以积极主动的配合下，服刑人员才会去努力端正行为、不断重塑责任感。事实表明，服刑人员的矫正并不是一种监狱管理部门单方面的行为，如果没有当事服刑人员的积极配合，矫正计划不可能如愿以偿得以实施，最终的矫正目标也是不可能成功实现的。因而，服刑人员的协同以及积极参与到矫正计划与方案之中，显得异乎寻常之重要，这是一个矫正项目设计时应当充分考虑的基本原则与信念。当然，欲使服刑人员能够自愿和愉悦地配合监狱方的努力，还需要为他们创造一个适合矫正的监狱良性环境，而其中监狱一方如何确保服刑人员的监禁痛苦之最小化、如何确保服刑人员的监狱生活正常化以及如何为服刑人员逐步回归社会生活提供便利条件等，是其重要的努力方向。

---

① 吴宗宪.当代西方监狱学.北京：法律出版社，2005.

(四)服刑人员个人需求的原则

为服刑人员的个人需求提供帮助,是服刑人员矫正工作"以人而非监狱为导向"的一个指导性原则,这既是以服刑人员教育矫正为中心的原则,也是以服刑人员回归为指导的一个原则。矫正方案的设计以及针对性矫正项目之选择,皆不能脱离服刑人员矫正的个体需求。监狱应当利用可用的改造、教育、道德、精神和其他方面的力量及各种协助,并设法按照服刑人员所需的个别待遇来运用这些力量和协助。服刑人员真正的改变和自我矫正、自我发展取决于他们自己的选择,而这种选择往往根据个体自身的需求。否则,任何不考虑服刑人员自身的矫正需求的所谓改造,都将有强制改造之嫌而不能取得如期效果。

(五)社会各界参与的原则

教育矫正服刑人员非监狱一家可以独立完成,需要社会各界的关心与支持,乃至直接参与其中,何况服刑人员本身具有获得社会帮助的权利。服刑人员与外界的联系是监狱生活的重要组成部分,也是帮助服刑人员重返社会的矫正计划的基础,因而在入监之初就应考虑这种联系。在矫正项目的设计中同样不可或缺对服刑人员与社会的关系问题的考虑,诸如与家庭、与社区、与政府部门关系的处理。社会各界的参与不仅指服刑人员在狱中得到帮助,还指服刑人员服刑期满回归社会后的持续帮助,不但要为服刑人员重返社会提供实质性的帮助(如提供住所和工作等),还要帮助刑满释放的服刑人员克服公众的负面态度。只有这样,矫正项目的实施效果才能得以延续和持久。

(六)矫正目标激励的原则

矫正项目的设计应当遵循过程管理与目标管理相结合的管理理念,尤其应凸显其基本的矫正目标。在矫正方案的设计过程中,矫正目标的设置十分关键,唯有目标定位准确、符合服刑人员改造实际,才能使矫正方案不形同虚设、矫正项目不流于形式。个别化矫正方案的设计应当包含对服刑人员良好行为表现的激励因素,服刑人员个体从中得到好处就会更加约束自己的行为。通过设置现实的分阶段、分区块的矫正目标并努力实现之,可以不断激励服刑人员的积极行为、鼓励其合作和不断增强其责任感,重塑其灵魂,重拾其信心,最终为重返社会打下坚实基础。服刑人员在狱中选择矫正项目的机会是非常有限的,尤其是规模大的监狱,服刑人员的选择余地更显狭窄,所以在有限的矫正资源中求得适合自己的项目对服刑人员而言异常难得与珍贵。作为矫正方案的设计者有义务也有责任去为服刑人员争取适宜的矫正项目并为其订立实际的矫正目标,并为服刑人员矫正目标的实现竭尽所能。当然,矫正目标激励的原则(正刺激、正强化)不排除对行为表现差的服刑人员相应的惩戒措施(负刺激、负强化),体现监禁的惩罚性和刑罚的公平原则。

最后,运行资金支撑的原则固然不可或缺。矫正计划对服刑人员而言具有根本性的意义,资金问题不能作为监狱不为服刑人员设计矫正计划、实施矫正项目的理由。然而,各种预先设计和选择的不同类型的矫正项目都需要一定的资金支撑,否则将成为束之高阁的空言。个别化矫正方案设计时还应充分考虑成本与效益、投入与产出的问题以及充分考虑国情、社情、狱情和民众的情绪,严格防止出台昙花一现的"作秀式方案"和一切脱离现实环境的项目设计。

二、常见矫正项目分类

监狱按每一个服刑人员的个人需要,使用一切恰当的方法,包括选择适宜的矫正项目来实现对服刑人员的矫正。国际上,矫正项目的选择一般围绕文化教育、职业指导和培训、生活技能培训、就业辅导、体能训练、道德性格的加强等方面进行。大多数的矫正项目皆是针对大多数服刑人员面临的四个主要问题组织的:不适当的文化教育;欠缺的职业培训;不完全的工作就业;有缺陷的社会和心理学治疗。[①]

常见的矫正项目可以进行如下的归类:

(一)认知矫正项目

认知矫正针对的是个体不良的思想意识、认知能力低下或缺失、认知片面等问题,其中心目标是改变罪犯个体冲动性的、自我中心的、不合逻辑的、僵硬的思维方式和推理模式,建立起良好的认知模式,即认知重建或认知技能塑造。服刑人员的认知缺乏往往来自受教育的缺失。认知矫正的一个基本目标就是使服刑人员能够会读、会写、会拼字、会计算,懂得做人的底线,懂得法律的意义,懂得道德的制约。目前的认知矫正一般由教育(如传统的政治文化教育,但这里的教育更宽泛)来完成,包括世界观、人生观、价值观教育;常识教育;文化知识教育(以扫盲教育、基础教育、中等教育为主);传统文化教育;法制教育(如常见的认罪服法教育);道德教育;科普教育;美学教育;信息技术教育;形势政策教育;理想前途教育等。由于个体的犯因性不一,在集体教育的同时应根据特定个体的认知水平状况来开展针对性的个别化认知教育,如一对一的文化补习解决知识匮乏问题、一对一的认罪服法教育解决法律意识缺失问题、一对一的良好人际关系处理教育解决哥们义气问题等。

(二)行为矫正项目

行为矫正针对的是个体不良的行为与习惯。个体行为不良的原因是潜在的情绪问题,尤其是极端的行为往往与愤怒等情绪相关联,故行为矫正理应包括不良情绪的自我控制,帮助服刑人员个体学习和使用愤怒情绪控制技能。其核心是帮助服刑人员个体"掌握减轻和控制愤怒情绪的技能,减少与攻击行为发生有关的情绪唤醒的频率,减弱这种情绪唤醒的强度;同时要让犯罪人学会使用解决冲突的亲社会技能"。[②]

治疗性计划所针对的是包括犯罪在内的服刑人员的行为问题,例如控制愤怒和学习如何拒绝。治疗性计划可以帮助服刑人员理解并改正自己的行为,有利于服刑人员重返社会。监狱中转变服刑人员的态度至关重要,这通过行为控制与矫正来实现。当个体的行为发生转变时,个体的态度和价值观随之改变。服刑人员最终明白自己应当用负责任的方式满足其需要,应当进行更加有责任心的行为。

懒惰是制造邪恶的工厂,懒惰是许多服刑人员个体之所以走上犯罪之路的一个重要行为取向。而在监狱中的无所事事、懒惰、厌倦的状态,将增加服刑人员由于"消磨时间"而产生的监禁压力,也将极易"无事生非",增加狱内的各种消极行为、敌意乃至暴力行为的发生率。因此,行为矫正应当严格关注监禁者的懒惰问题。解决懒惰问题最优的选择就是让服刑人员参加劳动以及填满服刑人员无所事事的那些空闲时间,让服刑人员时时参与到矫正计划之中,让有益的、建设性的活动(劳动、教育、治疗、娱乐活动等)和矫正活动占据服刑人员个体的大部分时间,同时也可以增强监狱秩序和稳定性。因此,在个别化矫正方案的设计与项目实施中,应围绕行为矫正而充分运用时间管理法。

---

①② 吴宗宪.当代西方监狱学.北京:法律出版社,2005.

（三）技能训练项目

技能训练项目包括社会技能训练、服刑职业生涯规划和职业技能培训等诸内容。社会技能训练主要是基本的社会生活技能训练，生活技能教育侧重于让服刑人员学习在社会生活中必须具备的基本技能，如基本生存技巧（独立生活技能、生存技能和生活适应技能）、公民技能、健康与安全技能、压力缓解技能、子女养育与家庭技能、良好的人际沟通处理技巧、自信与决策能力、财产管理和消费控制能力、社区资源使用技能、闲暇时间管理技能等。服刑人员个体的职业技能培训应当与监狱劳动密切联系，以提高其学习和培训的直观性、兴趣与积极性。职业技能培训应当是服刑人员在重返社会后可以在市场上使用的职业技能方面的培训，即应考虑促进个体的发展以及社会劳动力市场的趋势。服刑人员个体的职业技能培训还须穿插寻找工作技能、就业选择能力的训练。

（四）心理危机干预项目

个别化矫正方案除常规性的如解决个体监禁烦恼、紧张、焦虑、孤独、郁闷等一般心理问题之外，很重要的一个设计即是对个体出现严重心理问题甚至出现心理危机时的干预和介入。

（五）再犯预防教育项目

再犯预防教育项目应当贯穿于服刑人员个体矫正方案实施过程的始终。更为重要的设计在于服刑人员重返社会前的强化教育。该项设计应当与再犯预测相衔接。

思考题

1. 服刑人员个别化矫正方案包括哪些构成要素？

2. 矫正项目设计需要遵循哪些原则？

3. 服刑人员李某，男，1973年2月出生，吉林人，1995年5月因盗窃、流氓罪判7年，保外就医期间（1997年8月）因故意伤害罪被判处无期徒刑，送入辽宁某监狱服刑，于2013年刑满释放。回归社会后，自己创办公司，2015年3月到浙江经商过程中犯故意伤害罪，被某市中级人民法院判处无期徒刑，于2016年1月送入浙江某监狱，分配于一监区。

2016年下半年该监区违规情况增加，违规性质趋于恶劣，从8月份以来，受到禁闭处理3人次，严管1人次，扣3分以上2人次，扣2～3分2人次。这些事件中有严重对抗管教的事件2起，严重打人事件2起，开水泼人事件1起。监区于9月16日至10月24日采取监规纪律整顿活动，但违规情况没有得到有效遏制，仍有部分服刑人员对监区的管理持放松态度，表现消极，没有进取心。经查，该监区的这些事件均与服刑人员李某有关。李某分配到监区以来，一方面，向司法部、中院、高院、社会名人等单位及个人写信希望申诉成功或得到照顾；另一方面，为了在服刑人员当中立威，对监区个案的处理与他在外省监狱的服刑情况进行比较，对警官的管理教育评头论足，利用监狱制度与管理中的漏洞或瑕疵，打着为服刑人员维权的理由，挑起事端。

试对服刑人员李某作矫正需求分析，并设计相应的教育矫正方案。

第九章阅读材料

第十章 犯罪心理分析与矫正性谈话技术

矫正需求分析的核心内容是犯罪心理分析,而分析犯罪心理除了针对性心理测验、行为观察等方法之外,还有矫正工作人员的诊断性谈话技术。这是分析服刑人员犯罪心理的最核心技术。为了更有效地进行诊断性访谈,需要建构起犯罪心理的分析模型。矫正工作人员按照这一模型去谈话就有了路径。另外,在教育矫正服刑人员过程中,矫正工作人员还要运用矫正性谈话技术以纠正服刑人员的犯罪心理与不良行为。因此,犯罪心理分析技术与矫正性谈话技术常常是前后相接、共同应用于服刑人员心理矫治活动中的。

本章在阐述犯罪心理分析模型之后,接着阐明矫正性谈话技术的内涵与特征、方法与步骤,最后结合案例做阐释。

第一节 犯罪心理分析模型

本章所述之犯罪心理分析模型,是指对已经进入矫正机构的受刑人其犯罪心理状况所做分析的思路和路径。矫正机构工作人员可以根据这个模型来收集相关资料,并开展对服刑人员犯罪心理的有效分析,准确把握其犯罪心理的内容,从而为精准制定个别化矫正方案,良好地开展服刑人员心理矫治打下坚实基础。

犯罪心理分析模型参考了《精神疾病诊断与统计手册》第四版(DSM—Ⅳ)的结构体系,[①]从若干分析评估轴来综合评定服刑人员的犯罪心理状况。

一、分析评估轴

服刑人员犯罪心理分析模型的分析评估轴主要有以下几项。

(一)成长轴

成长轴是指从服刑人员出生到成人(18岁)整个成长过程中影响其犯罪心理形成与发展的诸多方面所做的分析维度。但对服刑人员犯罪心理形成与发展更有重大影响的是在12岁以前,所以主要考察服刑人员12岁以前的影响事项。

成长轴主要分析服刑人员与抚养人之间的互动方式、互动的数量与质量,其中互动质量的影响作用更为重要。

服刑人员早年与其抚养人特别是父母之间的互动方式,主要是指抚养人特别是父母的养育方式,一般包括虐待、冷漠、溺爱、放任、民主等。虐待包括抚养人对儿童的各种暴力行

---

① 李维,张诗忠.心理健康百科全书(第7卷·障碍疾病卷).上海:上海教育出版社,2004.

为,包括行为的和言语的。抚养人对儿童早年特别是3岁以前以及四五岁以虐待或冷漠方式养育,对儿童形成早年创伤,而且这种创伤深藏在潜意识中,对服刑人员的心理产生严重恶劣的影响。一些重大的刑事暴力犯罪,往往有早年的虐待或冷漠的养育史。溺爱的养育方式,在幼儿和小学阶段以及中学阶段持续影响儿童,使犯罪人形成缺陷人格,他们形成自我中心、是非不清、自私、承受挫折能力差等人格特征,是一些重大刑事案件犯罪人的人格基础。关于放任的养育方式,如果儿童既有的心素质差,这种养育方式会对小学和中学阶段的儿童带来消极影响;他们心中的消极面不断发展,并在与环境的交互作用中不断吸收消极信息,最终形成与社会规范对立、冲突的犯罪心理。

服刑人员早年与其抚养人的互动数量,是一段时间内抚养人特别是父母与儿童的见面次数以及在一起生活持续的时间。在儿童早年,特别是3岁之前,儿童应当由父母来抚养(孩子每天能够见到父母特别是母亲),而不应委托他人(长辈或亲戚)长期照料。早年与父母(特别是母亲)互动良好的儿童,才能发展起良好的心理素质(基质)。因此,留守儿童与抚养人的互动仅就数量上来讲都是严重缺乏的,给他们的心理发展带来诸多不良影响,有些消极影响常常影响其一生。也因此,在分析服刑人员犯罪心理时要关注到是否为留守儿童这一点。

服刑人员早年与其抚养人的互动质量,是指抚养人有没有根据儿童心理发展的年龄阶段特征来进行良好的互动,有没有及时有效地回应儿童的心理需求。虽然抚养人与儿童天天在一起,但儿童期望抚养人与他交流时抚养人却不予以理睬,或者儿童的心理需求是A但抚养人给的是B,牛头不对马嘴,比如儿童希望能够与邻居小伙伴玩耍但父母不允许,而是要求孩子在房间里弹钢琴,那么儿童的心理发展就会受到影响,很可能积累起许多消极能量或发展起一些消极品质,是犯罪心理形成与发展的内在基础。儿童与抚养人互动质量不高,到了青春期(心理逆反期)他们与父母或抚养人的(心理)冲突常常会非常强烈。

(二)行为轴

行为轴是指服刑人员的早年不良行为与违法犯罪行为,其中不良行为的数量与违法犯罪行为受处罚的年龄是两个主要的考察内容。行为轴中的"早年",具体可分为四个时间段:6岁以前、6—12岁(相当于小学阶段)、13—16岁(相当于初中阶段)、16—18岁(相当于高中阶段)。这四个年龄段中,小学与初中是其中两个更需要关注的年龄段。

服刑人员早年不良行为主要有:逃学,考试作弊,欺负同学,离家出走,抽烟,酗酒,打架,撒谎,经常上网,通宵上网,早年性行为,赌博,偷窃,吸毒等。[①] 一般来说,服刑人员早年不良行为越多其犯罪心理越严重,不良行为发生的时间越早其犯罪心理越严重。

服刑人员第一次违法犯罪行为被公安机关处罚或被逮捕,表明其不良行为发生了质的变化。而处罚的年龄是衡量其犯罪心理严重程度的关键因素。被处罚或逮捕的年龄越小,表明其犯罪心理越严重。

有研究者认为,个体早年残害或虐待动物的行为,是分析个体违法犯罪心理严重程度的重要因素。早年有残害或虐待动物的犯罪人,其犯罪行为往往表现较为凶残。因此,在分析服刑人员犯罪心理时,对早年这类行为的存在情况需要给予关注。

---

① 邵晓顺.违法犯罪人员家庭学校教育与早年不良行为关系研究.犯罪与改造研究,2012(3).

（三）受教育轴

受教育轴是指服刑人员接受正规学校教育与影响的情况。这个维度主要关注服刑人员接受教育的程度以及教育的质量情况，学习期间与老师、同学间发生的重大负性事件等。

我国监狱目前关押的服刑人员，文化程度以初中为最多，其次是小学文化。然而，许多犯罪人虽然文化程度是初中甚至是高中，但其实际的文化水平常常偏低，只有小学文化甚至是小学低年级文化水平。而发展心理学研究表明，小学三四年级是个体从具体形象思维向抽象思维过渡的年龄阶段。[①] 那些没有完成小学四年级学习的人，换句话说小学五年级前辍学的人，由于没有完成向抽象思维形式的过渡，思维形式还停留在具体形象思维阶段，抽象思维能力差造成个体认知能力低下，因而对周围的人与事物的认识表面化，辨别是非的能力也受到影响。这是许多个体违法犯罪的内在原因之一。

服刑人员文化程度低且教育质量差，不仅影响他们的认知能力，而且也影响着他们的认知内容。他们头脑中对周围事物的认识粗浅苍白，内在的思想单薄贫乏，缺乏远见，追求眼前不及长远，并且常常影响到他们的人格品质、理想观念，成为一个粗陋的人。各类犯罪人中都有这种内在空虚的人。

服刑人员接受教育过程中发生的重大负性事件，影响他们的一生。一名服刑人员在与笔者交谈时说，小学三年级时与一名同学发生冲突，而这名同学恰恰是学校领导的亲戚，学校领导就在全校学生大会点名批评了他，因此他被许多同学关注，并被同学们在背后指指点点，为此他感受到了很大的压力，对学习也逐渐失去了兴趣，成为一个厌学、逃学的人，最终没有完成小学学习就辍学了。其实，这个事件不仅阻碍了该服刑人员继续接受教育，而且在他的思想认识、对人的态度以及情绪情感等方面都产生负面影响。因此，服刑人员接受义务教育过程中发生的重大负性生活事件，是分析犯罪心理时需要关注的一个方面。

（四）人际互动轴

人际互动轴是指服刑人员成长过程中与之互动的人（非家庭成员）对其产生重大影响的因素。这个维度最需要关注的是服刑人员服刑前所交往的朋友情况。

犯罪学研究表明，有犯罪的朋友是预测个体是否会犯罪的最重要因素。[②] 因此，需要了解服刑人员在社会上时的人际关系网，并且在这个人际交往网中是否有反社会的人或正在犯罪的人，还要进一步了解有犯罪行为的朋友数量与持续交往的时间。有犯罪的朋友不仅会促发个体形成反社会的态度或认知，而且一旦有了这样的态度或认知，常常会引发个体实施反社会的行为以及犯罪行为。同时，有犯罪朋友在身边，还减轻了个体犯罪行为发生的内在心理压力，因社会促进机制以及从众心理机制而使个体更容易去实施犯罪行为。

在人际互动轴中，还需关注服刑人员在小学高年级和中学阶段互动人员中模仿对象的情况。处于青少年阶段的个体，生活中重要他人对其思想影响是相当大的。他们会自觉或不自觉地认同周围人特别是重要他人的观点，模仿周围人特别是重要他人的行为，并内化到自身的价值体系中去。如果青少年模仿的对象是横行于社区邻里的暴力团伙中的人或者是黑恶势力中的头脑人物，其犯罪心理就容易快速形成，成为犯罪人就是迟早的事。另外，青少年模仿的对象有时不一定是现实中的人，可以是影视作品中的反面人物，这也有同样的影

---

① 林崇德.发展心理学(第二版).北京:人民教育出版社,2009.

② [英]詹姆斯·马吉尔.解读心理学与犯罪.张广宇,等译.北京:中国人民公安大学出版社,2009.

响效应。在分析服刑人员犯罪心理时,现实和虚拟(虚构)两个方面都需要给予关注。

在人际互动轴这个维度,矫正工作人员还要了解学校教师在学生出现不良行为时的互动情况。明确老师对学生不良行为是否有教育以及教育时的具体做法,有助于矫正机构开展更有针对性的教育矫正活动。

(五)自我意识轴

自我意识轴是指服刑人员对自身思想、心理与行为的认知情况,以及自身主观能动性的认知情况。服刑人员的自我意识包括自我认识、自我体验和自我控制三个方面。

有的服刑人员自我认识能力低,认识不清自己与他人、与社会的关系,产生过于自信或过于自卑心理,也因此不能正确认识自己,不能辩证看待周围和社会上发生的事情,形成以偏概全的非理性认知。这不仅会使服刑人员产生情绪与心理问题,而且也会促发犯罪心理。

有的服刑人员缺乏深刻的自我体验,缺乏基本的内疚感和羞耻感,对自己日常生活中的许多行为或做法不以为耻、反以为荣,对周围发生的许多违反社会公德或道德的行为不以为然,是非不分、丑恶不辨。这是犯罪心理的一个内在作用机制。

许多服刑人员自我调节能力很差,自我监控能力缺乏。对自身不良行为缺乏阻止能力,对自身积极行为缺乏推动能力。如此,违法犯罪行为的发生就失去了内在制止力量。

清晰服刑人员自我意识轴状况,更主要的目的在于对他们进行有效的矫正。服刑人员有无自我调节能力,将极大影响矫正工作的有效性。

(六)犯罪轴

犯罪轴是指服刑人员历次违法犯罪情况。犯罪轴的分析主要是针对多次犯罪或多次被处罚的服刑人员。初次犯罪即被判刑入狱的服刑人员,犯罪轴不做分析。

有的服刑人员虽然是第一次入狱服刑,但被捕判刑前已经有过多次犯罪行为,那么每次犯罪行为都需要进行犯罪心理分析。当前在矫正机构中有许多服刑人员是多次被判刑入狱的,那么对每次犯罪判刑情况以及服刑情况都需要进行了解与分析,从而清晰犯罪心理形成与发展的脉络,明确犯罪心理的严重程度。

犯罪轴的分析,首先,要关注服刑人员初次犯罪的年龄。初次犯罪年龄越小则犯罪心理越严重(恶劣)。其次,要关注服刑人员的犯罪次数。犯罪次数越多则犯罪心理越严重。最后,要关注服刑人员多次犯罪以及被判刑的犯罪类型情况。犯罪存在交叉类型的(有多种犯罪类型的)比前后是同一犯罪类型的,犯罪心理要严重。多次犯罪或犯罪类型前后存在增进情况的,比前后犯罪情况差别不大的,犯罪心理要严重,如初次犯罪是聚众斗殴,接着是故意伤害,然后是故意杀人犯罪,那么其比始终是聚众斗殴犯罪的人犯罪心理更严重。

在犯罪心理分析中,还有三个因素也要有所涉及。一是对那些严重犯罪的服刑人员,对出生前怀孕时母亲的情绪状况和所受到的不良影响要给予关注。因为胎儿的发育会受到母亲身心状况变化的影响,母亲怀孕时受到的不良刺激,对胎儿也会带来不良的影响,而且这个影响可能是基础性和根本性的。二是要关注服刑人员的生理因素。根据个体生理心理相互作用机制,服刑人员心理以及犯罪心理要受其生理因素的制约。因此,矫正工作人员在分析服刑人员犯罪心理时,需要关注其犯罪时和服刑时的生理状况。犯罪时的生理状况与犯罪心理分析相对应,而服刑时的生理状况与设计和实施针对性矫正活动相关联。三是要关注环境影响因素,主要是指与犯罪心理与犯罪行为相对应的环境因素。犯罪心理的形成是基于当时怎样的环境因素,犯罪行为的发生又是基于怎样的环境因素,矫正工作人员在分析时要给予关注。有的犯罪行为的发生主要是基于环境诱发,具有突发式或机遇式特征,那么其犯罪心理与渐进式会有根本性区别。①

从笔者与服刑人员的访谈情况来看,一些严重的暴力犯罪和变态心理犯罪,其犯罪心理与早年成长经历紧密相关。而其他类型的犯罪,其犯罪心理常常是由小学或中学阶段各种心理发展不良状况所引发或促进,分析其犯罪心理的关键点可以放在小学或中学时期各种不良影响因素或维度上。

二、犯罪心理分析与心理问题评估诊断的关系

(一)犯罪心理分析与心理问题评估诊断的联系

从总体上来说,犯罪心理分析所涉及的资料范围与心理问题评估诊断所涉及的资料范围是重合的、同一的。也就是说,分析服刑人员犯罪心理所需要的资料范围总体,也就是评估服刑人员心理问题所需要的资料范围总体。

从不同分析轴上来看,首先,在成长轴上,个体早年成长过程中所受的创伤给个体带来消极影响,这是心理问题(心理障碍)与犯罪心理的共同起源,换言之,一些犯罪心理与某些心理问题(心理障碍)同根同源。或者说,犯罪心理分析与心理问题评估,都重视个体早年成长经历。其次,在行为轴上,犯罪心理分析与心理问题评估存在形式上的相关,即犯罪心理分析和心理问题评估都重视行为轴的分析,但两者关注的内容(具体行为)是差别很大的。最后,在受教育轴、人际互动轴、自我意识轴以及犯罪轴方面与行为轴存在相同的情况,即犯罪心理分析与心理问题评估诊断在形式上相关,但在关注的内容上有差异或者差异很大。

(二)犯罪心理分析与心理问题评估诊断的区别

正如前面所说,在具体分析服刑人员的犯罪心理时,其分析归纳的维度及内容与心理问题评估诊断的归纳维度及内容有较大区别。换句话说,在具体分析某个服刑人员的犯罪心理时,与评估他的心理问题相比,两者的分析归纳维度与所涉资料是不相同的,有时区别还非常大。

下面从各分析维度来说明两者的差别。

第一,从成长轴来看,犯罪心理分析主要关注于服刑人员早年成长经历中的问题,如与抚养人的互动方式不良、互动质量低、互动数量少;而心理问题的评估诊断则既关注早年成长经历中的不良情况,也同样关注早年成长经历中与抚养人良好互动的情况。

第二,从行为轴来看,犯罪心理分析时关注服刑人员早年不良行为和违法犯罪行为;而心理问题评估诊断时则关注服刑人员"有无离奇的表情和动作""有无重复性动作""是否避免与人对视""活动缓慢还是不停地乱动"等。

第三,从受教育轴来看,犯罪心理分析时关注服刑人员受教育的程度以及真正的文化水平,学校读书阶段的重大负性生活事件;而心理问题评估诊断虽然同样关注服刑人员在学校时的重大生活事件以及文化程度,但还关注其"特别感兴趣的科目以及所获得的成绩""感到困难的科目""值得其骄傲的科目""会谈内容是否与他的受教育程度相适应""运算能力如何""阅读、书写如何"等。

① 刘邦惠. 犯罪心理学(第二版). 北京:科学出版社,2009.

第四，从人际互动轴来看，犯罪心理分析时最关注交往的朋友中有无犯罪人；而心理问题评估诊断时虽然也关注"社交中互相在道德和法律方面的责任感"，但同样关注"社交网以及社交兴趣和社交活动的主要内容""与自己交往最多、最密切的人有几个""参加集体活动的兴趣如何"等。

第五，从自我意识轴来看，犯罪心理分析时关注服刑人员的非理性认知、羞耻感与自我控制能力低下的问题；而心理问题评估诊断时特别关注来访者有无"自知力"，以及自我描述的准确性、语言语调表情的协调性等。

第六，从犯罪轴来看，犯罪心理分析时是极为关注服刑人员的多次犯罪情况的；而心理问题评估诊断时，虽然也关注其犯罪情况，但更关注犯罪行为发生时是否存在心理障碍，从而对服刑人员的刑事责任带来完全不同的后果。而且，犯罪行为与心理问题（心理障碍）有时存在互为因果的情形，即服刑人员的某些心理问题或心理障碍引发其犯罪行为，而犯罪行为发生后被判刑而监禁，有的服刑人员由此产生了拘禁型精神障碍。

另外需要说明的是，心理问题与心理障碍的评估诊断过程不是按照犯罪心理分析模型的六个维度来做的。心理问题评估诊断与心理障碍的诊断体系另有他途，具体可参考相关书籍。[1][2]

第二节　矫正性谈话技术

一、个别谈话分类

对服刑人员开展个别谈话教育，是矫正机构对每个矫正工作人员的基本要求。个别谈话根据不同标准可分为不同类型。具体如下。

（一）按谈话内容来分类

个别谈话可分为探究性谈话、评估性谈话、管理性谈话、解释性谈话、沟通性谈话与矫正性谈话六类。探究性谈话是一种研究性谈话，是专业人员根据研究设计需要，对服刑人员开展的、围绕某一研究主题收集相关资料的谈话类型。评估性谈话是为了解服刑人员的心理状况而做的谈话，是心理评估与诊断过程中运用的谈话类型。管理性谈话是为了保证服刑人员遵守监狱、未成年犯管教所等矫正机构或社区矫正的相关规定而开展的谈话，以实现对服刑人员的有效管理为目的。解释性谈话是为了使服刑人员更好理解矫正机构或社区矫正的法律法规、相关规定而做的谈话。沟通性谈话主要是为了满足服刑人员的情绪情感需要所做的谈话，是一种情感沟通型谈话。矫正性谈话的含义与内容在下面详细叙述。

矫正工作人员开展个别谈话过程中，上述各种谈话类型往往是交杂在一起的。一次谈话往往既有管理性谈话，也有沟通性谈话，或者解释性谈话、矫正性谈话等。

（二）按矫正工作人员主动性分类

按矫正工作人员主动性分类，个别谈话可分为约谈式谈话与接谈式谈话。

---

① 郭念锋.心理咨询师(三级).北京:民族出版社,2005.
② 李维,张诗忠.心理健康百科全书(第7卷·障碍疾病卷).上海:上海教育出版社,2004.

约谈式谈话是指矫正工作人员根据个别教育方案和服刑人员实际，有目的地找服刑人员个别谈话，及时、全面了解服刑人员思想、心理动向和行为表现，以采取针对性对策的一种方法。接谈式谈话是指服刑人员主动要求找矫正工作人员谈话，矫正工作人员接谈的一种方法。

（三）按谈话性质分类

按谈话性质分类，个别谈话分为表扬性谈话、批评性谈话与陈述性谈话。

表扬性谈话是指对服刑人员表达肯定性评价的过程。批评性谈话是指向服刑人员表达否定性评价的过程。陈述性谈话是指向服刑人员客观陈述某个事实的谈话过程。

二、矫正性谈话的内涵

服刑人员矫正性谈话，是指矫正机构工作人员根据某一或某些学科理论以及人生阅历，针对服刑人员的犯罪心理（错误思想）、心理困惑、成长障碍以及不良行为习惯等缺陷或犯因性问题所做的指导性谈话。

准确理解矫正性谈话的内涵，需要明确以下几点：

（1）矫正性谈话所依据的理论，可以是社会学科或自然学科的任一或任何一些理论，如哲学、法学、社会学、犯罪学、教育学、心理学、医学，或者是物理学、化学等，并以它们作为理论指导。需要指出的是，本教材所述矫正性谈话，主要是指以心理学及其相关学科（如教育学、社会学、犯罪学）理论为基础而开展的谈话。另外，矫正机构工作人员丰富的人生阅历，可以成为矫正性谈话的指导内容或指导思路。

（2）矫正机构除了监狱、未成年犯管教所，还包括公安看守所及社区矫正机构。矫正机构工作人员是指在上述机构从事对服刑人员进行教育矫正工作的人员。而矫正性谈话的对象——服刑人员，除了在矫正机构服刑的人员之外，还有社区矫正的工作对象。

（3）矫正性谈话，一般是矫正工作人员与服刑人员一对一的、面对面的个别性谈话。而且，矫正性谈话一般一次作为一个完整单元，即从明确问题、分析问题到解决问题（指导）一次完成。如果问题特别复杂，或一次谈话后发现还有问题遗留，可再一次进行谈话。但每次谈话相对独立，都针对一个或几个问题进行指导，力求解决。正因如此，一次矫正性谈话往往需要较长时间，通常在一小时以上。不过，在全面、准确的心理评估与诊断结果基础上来开展矫正性谈话，可节省时间，收到事半功倍的效果。

（4）矫正性谈话强调谈话双方的平等性。矫正工作人员不能高高在上，谈话语气、姿势与谈话情景设置都要体现出平等性。笔者在监狱及公安看守所都曾看到，给警察坐的是高椅子，而服刑人员自带一小板凳来接受谈话教育。这至少在形式上不符合平等性原则。

（5）矫正性谈话是一种能够触及服刑人员内在思想（心理）问题的谈话，所以要突出教育指导性，而不是因为管理的需要。凡是为了管理而进行的谈话，比如服刑人员相互争吵打架，矫正工作人员找其谈话告知要按规定扣分，并要求今后遵守规定不许再犯，都不属于矫正性谈话。但是，如果服刑人员的违规违纪或者又犯罪行为暴露出他们的犯罪心理或错误思想，矫正工作人员针对暴露出这些问题而进行的有效指导，则属于矫正性谈话。因此，以理论为基础来指导解决服刑人员的思想问题，是矫正性谈话的核心内容。

（6）实施个别化矫正方案。服刑人员的犯罪心理（错误思想）和不良行为习惯并非一朝一夕形成的，因此仅仅通过一两次矫正性谈话，往往难以建立起正确的是非观念、人生价值观,也无法改变其不良的思维方式与行为习惯、提高其认知能力与自我控制能力。可以说,矫正性谈话主要指出了服刑人员存在的思想与行为问题,以及指导性的解决办法。但是改正这些问题,建立良性思维与行为,需要反复体会与练习。因此,应当设计并实施个别化矫正方案。个别化矫正、分类矫治、集体教育相结合的教育矫正模式,是转变服刑人员犯罪思维方式与不良行为习惯,习得社会技能,建立是非观念的有效的现代化矫正模式。有学者认为,在服刑中期,个别教育目标应定位于抓好罪犯反复性教育……要在罪犯思想出现反复之后,有针对性地进行反复教育。[①] 然而,仅仅是进行反复性的个别教育,特别是个别谈话教育,没有跟进实施包含数个矫正项目的个别化矫正工作,个别教育效果将事倍功半。另有监狱工作者认为,个别谈话要严格执行"十必谈"制度;要对个别谈话次数提出要求——监区警察对分管罪犯每月至少谈 1 次,监区领导每月不少于 5 次,禁闭罪犯每周谈话教育 2 次等;要实行个别谈话日制度。[②] 上述观点所指个别谈话主要是指管理性谈话;而对服刑人员的矫正性谈话,一般来说,每一个体谈几次明确其存在的问题就可以了。要实现对服刑人员的有效矫正,需要实施个别化矫正策略。

个别化矫正,是现代行刑的基本要求,也是社区矫正的基本途径,而矫正性谈话是个别化矫正的基本手段与主要方法之一。对服刑人员开展有针对性的矫正谈话,是推动他们深入思考自身犯罪原因,从而去纠正错误思想(犯罪心理)与不良行为、实现改造目的的基本途径。每个从事矫正的工作人员都要给予相当的重视,并掌握好这一方法。

三、矫正性谈话与个别教育的关系

矫正性谈话与个别教育之间既有联系又有区别,与目前矫正机构正在开展的心理咨询(治疗)之间亦存在着联系与区别,体现出矫正性谈话自身特有的性质。

个别教育是指针对服刑人员个体的特殊问题而采取的一种单独的面对面的教育活动。[③]如果对个别教育的内涵进行拓展,按照现代行刑理念解释与理解个别教育的含义,那么在强调个别教育对服刑人员的错误思想的矫正作用时,矫正性谈话就成为个别教育的构成部分。

有学者认为,个别教育的具体方法主要有个别谈话法、个别感化法与个别训练法。[④]也有学者认为(监狱)个别教育的基本方法是个别谈话法与顽危犯攻坚工作。[⑤] 还有学者认为,(监狱)个别教育的形式主要有谈话法、感化法、咨询法和罪犯自我教育法。[⑥] 可见,个别谈话法是个别教育的主要方法之一。根据司法部的有关规定,服刑人员出现这 10 种情形时必须进行个别谈话教育:新入监或者服刑监狱、监区变更时;处遇变更或者劳动岗位调换时;受到奖励或者惩处时;罪犯之间产生矛盾或者发生冲突时;离监探亲前后或者家庭出现变故时;无人会见或者家人长时间不与其联络时;行为反常、情绪异常时;主动要求谈话时;暂予监外执行、假释或者刑满释放出监前;其他需要进行个别谈话教育的情况。分析上述 10 种谈话情形,其中的大多数情况,如新入监或监区变更的谈话、离监探亲谈话、劳动岗位调换谈

① 王秉中.罪犯教育学.北京:群众出版社,2003.
②③④ 蒋才洪等.监狱精细化管理.北京:法律出版社,2010.
⑤ 应朝雄.监狱分监区工作实务.北京:中国政法大学出版社,2006.
⑥ 王祖清,赵卫宽.罪犯教育学.北京:金城出版社,2003.

话等，谈话的内容一般是解释有关规定，阐明事项原因，谈话的目的是希望服刑人员能够安心，适应这种变化，服从监狱的安排与管理。这些谈话可称为解释性谈话与管理性谈话。而当服刑人员行为反常、情绪异常或者相互发生冲突时实施的谈话，一般会触及服刑人员的内在思想，当矫正工作人员运用某种理论做指导进行这类谈话时，属于矫正性谈话的范畴。因此，个别谈话教育与矫正性谈话教育之间存在交叉关系，两者之间有一定的共同性。这种共同性表现为：一是个别谈话法与矫正性谈话都是解决服刑人员思想（心理）问题的方法；二是两者都是一对一、面对面的交流过程。

然而，矫正性谈话与个别谈话教育之间存在一定的差异性。一是矫正性谈话强调以理论为基础所做的指导。这是两者之间最主要的区别。矫正性谈话过程中以及结束前所做的指导都强调以学科理论为基础；而到目前为止有关个别谈话教育的论述在理论指导性上没有得到应有的重视。二是矫正性谈话强调谈话的灵活机动性。有学者在论述个别谈话教育时指出，在谈话之前要通过查阅档案、检查信件、分析思想汇报材料、深入三大现场观察了解等方法研究罪犯基本情况，从中发现问题，明确找谁谈、为什么谈、谈什么、达到什么目的，并在调查研究基础上制定谈话方案。[①] 另有学者认为，个别谈话教育要充分准备：掌握个体情况，确定谈话目的和主题，形成对策预案。谈话时要把握时机：要在出工前、收工后、休息时谈，碰到影响改造事情时谈，如上述司法部规定的 10 种情形。[②] 还有学者设置了个别教育环节：吃透情况，设计方案；选择最适合的地点、场合和时机；以情动人，打开心窗；联之以身，诲之以理；因人而异，辩证施教；警钟长鸣，巩固成果。[③] 这些学者从不同角度对个别谈话教育进行了较为全面的论述，对开展个别谈话教育提出了诸多要求。这丰富了对个别谈话教育的认识。但是，在实际操作中，面对复杂多样的犯罪人，以及常常是有差异的个体犯罪原因，或者是服刑人员主动求解思想（心理）困惑的时候，矫正工作人员在谈话时往往是满足不了上述学者所述条件的，而只能运用和依靠矫正者所掌握的理论知识与解决问题的技能，以灵活机动、及时准确、现场解决的方式，进行个别化的矫正谈话教育才能奏效。这是个别矫正生命力的体现。强调现场指导式的矫正性谈话，也必将促进矫正工作人员提高内在素质与解决问题的能力，造就一支"特别能战斗"的矫正队伍。

四、矫正性谈话与心理咨询的关系

（一）矫正性谈话与心理咨询的联系

首先，矫正性谈话与心理咨询都是矫正机构开展教育矫正的组成部分。当矫正性谈话以心理学理论为基础开展时，往往构成心理咨询，特别是强调指导性的咨询方法[④]如认知行为疗法的一个部分。其次，矫正性谈话与心理咨询都要求以一定的理论作为工作基础。最后，矫正性谈话与心理咨询在收集资料中有基本相同的程序。

（二）矫正性谈话与心理咨询的区别

（1）两者所依据的理论不同。矫正性谈话可以所有的学科理论作基础；而心理咨询所依

---

①　王秉中.罪犯教育学.北京：群众出版社，2003.
②　应朝雄.监狱分监区工作实务.北京：中国政法大学出版社，2006.
③　周雨臣.罪犯教育专论.北京：群众出版社，2010.
④　郭念峰.心理咨询师（三级）.北京：民族出版社，2005.

据的是心理学的理论与技术。

（2）工作人员不同。开展矫正性谈话的工作人员，是矫正机构内从事矫正工作的所有人员；而心理咨询一般只能由矫正机构或社会上的心理学工作者承担。

（3）工作程序存在差异。矫正性谈话，一次或数次，每次都是一个独立单元；心理咨询或治疗，一般是数次，甚至数十次或更多，数次谈话之间存在递进关系，呈现出一定的程序性。比如，首先是建立咨访关系，其次是收集资料与对资料进行分析，然后是评估与诊断，最后是制定咨询（治疗）方案，[①]并按步骤实施等。

五、矫正性谈话的结构

对服刑人员开展的矫正性谈话，包括三个部分：矫正性谈话的准备、实施与资料建档。

（一）矫正性谈话的准备

矫正性谈话亦重视谈话前的准备工作。这主要是指矫正工作人员阅读有关服刑人员的文字、音像记录等材料。如谈话对象的判决书，服刑人员所写的自传，以及矫正机构对服刑人员所实施的心理测评结果、观察记录、有关鉴定书（如出监鉴定）等。矫正工作人员应当特别注意心理评估与诊断结果，明确服刑人员的"犯因性问题"。阅读的结果，是形成对服刑人员的初步印象，确定大致谈话方向，明确在谈话中需要进一步了解的信息。

要求服刑人员撰写自传是一个在矫正工作中需要予以考虑的工作项目。这不仅能够促使他们去认真回顾自己的一生经历，总结经验教训，而且也是矫正工作人员了解服刑人员成长经历与思想发展状况的有效方法。对服刑人员撰写自传应当提出一定的要求，比如要独立完成（对文化程度低的服刑人员，可以采用口述他人记录的方式），并且对自传的构成提出要求，如个人基本信息、判决结果、成长过程（含就学经历）、就业情况、犯罪过程以及作案到被捕经历、羁押期思想与心理变化情况、对犯罪原因的认识、矫正经历（处在社区矫正阶段或者曾有矫正经历的服刑人员）等。矫正工作人员对服刑人员自传中提供的信息要注意鉴别。

目前，我国矫正机构工作人员所能阅读到的有关服刑人员的信息资料较少。例如，写自传也只是部分矫正机构的要求；观察记录不一定有；有关鉴定书所能提供的信息量也很少；而服刑人员的心理评估与诊断，或者只是部分矫正机构已经开展，或者是评估与诊断的项目不够全面、完整。因此，矫正工作人员谈话前的准备，往往不能够充分。矫正谈话所需要的信息，往往要在谈话过程中有步骤地去了解、收集。

另外，矫正性谈话的准备还包括矫正工作人员的身心准备。首先，矫正工作人员要有解决服刑人员的思想或心理问题的愿意，要有在矫正岗位上做出贡献的职业精神。其次，矫正性谈话从明确问题、分析问题到解决问题（指导）一次完成，是一件较为耗费心力的事，要求矫正工作人员在谈话过程中高度集中注意力，所以需要矫正工作人员有良好的精神状态。

（二）矫正性谈话的实施步骤

矫正性谈话包括以下内容：

（1）进一步了解服刑人员的背景信息（年龄、籍贯、民族、婚姻状况、文化程度、家庭构成、出生地、居住地等）。

---

① 郭念峰.心理咨询师（三级）.北京：民族出版社，2005.

（2）要求对犯罪事实作简要陈述。主要是听取服刑人员对犯罪事实的描述与认识评价，是客观描述还是辩解（推向客观化）甚至隐瞒。许多服刑人员在描述犯罪事实时会辩解，而职务犯与累犯可能更为严重，甚至隐瞒部分犯罪事实。对隐瞒的可在谈话中及时指出，以端正谈话态度。

（3）矫正性谈话中还需要了解掌握的信息有：①家庭教养方式，如家庭监管情况与教育态度（详细了解）。②父母兄弟姐妹或亲属犯罪情况（稍详细了解）。③家庭经济、住房情况，已婚服刑人员家庭与子女情况（简要了解）。④抚养及成长过程（详细了解）。⑤受教育情况（主要是小学、中学学习情况），以了解其认知与智力水平，与教师的互动情况（都需详细了解）；如是大学文化程度，对大学学习情况做简要了解。⑥青春期（初中与高中）同伴交往情况，以明了同龄人对其影响（稍详细了解）。⑦社会交往情况，特别是交往的朋友中是否有犯罪的（稍详细了解）。⑧工作就业情况（简要了解）。⑨曾经历的重大生活事件，如离婚、家庭重要亲人死亡、配偶死亡、夫妻分居、曾患重病或受过较严重的伤、婚姻变化情况、职业变化情况等（稍详细了解）。⑩（如有）矫正经历详细了解（劳教违法事实与执行情况，刑罚处分与执行情况，其他处分如拘留、工读学校等情况）。

也可按犯罪心理分析模型的六个维度来逐个谈话了解。

上述步骤与内容需要矫正工作人员熟记于心。当然不是说非要严格按上述步骤去谈，而是谈话中这些信息都要求收集，以实现对服刑人员的全面了解，并明确其存在的犯因性问题。

（4）根据准备阶段和前几步谈话过程中所了解到的信息，结合矫正者的理论知识，矫正者头脑中形成服刑人员的问题症结及针对性指导意见，以符合逻辑结构的清晰语言表达给服刑人员。这一步是见证矫正工作人员理论知识水平、分析能力、综合能力的环节，是整个矫正性谈话的核心与关键。

第4步中对服刑人员的针对性指导可分为两类。一是矫正性指导，是指对服刑人员的错误思想、犯罪心理、不良行为方式等所提出的改正性要求；二是发展性指导，是指服刑人员已经对造成其犯罪的原因有了较为正确的认识，为了促进服刑人员进一步或全面发展而提出的成长性要求或建议。两类指导可相互转换，如学习的要求，对小学四年级及以下文化程度的服刑人员，应当是矫正性指导，而对初中及以上文化程度的服刑人员，一般是发展性指导。在矫正性谈话中，既可以有矫正性指导，又可以有发展性指导，但首先应当有矫正性指导，要把矫正性指导放在首位。

矫正性谈话是否有效，从服刑人员的反应即可当场得到反映。如果矫正性谈话触及了服刑人员的思想困惑，那么被谈话者通常会表现为反应激烈，或感激之情溢于言表，或出现豁朗开朗的面部表情。因为许多服刑人员的思想处于困顿、迷茫之中，矫正性谈话会让他们有顿悟之感，会引起被谈话者的喜悦、欢欣之情，也可能引发被谈话者的愤怒、惊讶之情。

矫正工作人员从服刑人员谈话时的反应，可以得到矫正性谈话的效果反馈。如果服刑人员表现出迷茫或漠然，则表明效果不良，应及时对指导内容进行调整，如反思归纳出的问题是否具有针对性，阐述是否明晰，是否符合服刑人员的认知水平，即服刑人员能否听懂。如果对效果不佳的状况一时找不到解决之策，则应当结束本次谈话，然后进行深入的反思分析，以准备下一次矫正性谈话。

（三）矫正性谈话的资料建档

每次矫正性谈话结束，都需要进行谈话回顾，或者根据录音、录像整理（录音、录像前原则上要征得被谈话者同意），或者设计相应的表格并完成填写。这些整理资料构成个别化矫正档案的一部分。

矫正性谈话的完整单元至此结束。不过，当矫正档案积累到一定数量后，可以进行定性定量的分析研究，获取规律性结论，为我国矫正工作的理论与实践服务。

第三节　案例分析

一、案例呈现（一）

服刑人员张某某，男，25岁，初中，未婚，抢劫罪，无期徒刑。

本次谈话是张某到监狱第8天进行的。对张某的了解，仅限于上述7项内容。以下是笔者与其进行的矫正性谈话。

谈话时间：某年某月某日，9:30—11:00。

谈话地点：某监狱入监分监区阅览室。

笔者：张某某，来，坐下来，我们一起聊聊。你今年几岁，哪里人？

张：25岁，××地方人。

笔者：你是抢劫罪，怎么一回事？跟我谈谈。

张：我有个女朋友，20岁，在××地方一歌厅当"妈咪"。有一个40岁的私企老板李某，多次要求我女朋友跟我断绝关系，要包养她。我当然非常恼火。在我女朋友与李某到宾馆开房后，我与两个手下冲进去，抓了个正着。拿了李某身上的1.8万元作为补偿，还拿了他的卡，要他汇20万元到卡里。第二天我从他的卡中取走了20万元。

笔者：你女朋友与李某到宾馆开房间，这是你设计好的吧。当场拿了他1.8万元，定抢劫罪还是准确的。

张：这个……是的。这个事本来已经没事了的。是我的两个手下，（李某的）卡不是在他们手上么，一个月后，他们又向李某去要1.5万元，这个时候李某报警，就查过来了。

笔者：也不见得是你手下坏事。你女朋友怎样了？

张：她判了7年，现在女监那边吧。

笔者：你父母怎样？你来了（监狱）后写信回去了吗？

张：我母亲已经死了，父亲还在的。

笔者：母亲死了？怎么一回事呢？

张：哦……那时我父母在××县城开酒楼，当时还算比较大的，在当地有点名气。我12岁时，酒楼遭人下毒，父母、帮工都中毒了，送医院抢救，母亲没抢救回来，死了。（说到母亲死亡，张某某有点难过）父亲、帮工救活了。不过医药费很多，再赔了帮工费用，酒楼就倒闭了。

笔者：父亲现在怎样？家里还有其他人吗？

张：父亲？他，在我小的时候就赌博，根本不关心我。我现在跟他也没什么联系。家里就我一个小孩。

笔者:母亲对你好的吧。

张:母亲对我很好的。只是在我 12 岁时死了。

笔者:那你 12 岁后谁来管你呢?

张:我就回到农村跟爷爷过。

笔者:12 岁,你要读初中了。

张:是的,读初中,也不想读书的,到初二就不读了。

笔者:是你自己决定不读书的吗? 大人管你吗?

张:父亲就知道赌博,每天都去赌,不管我的。初二我自己决定不读书了,也没人管这事。爷爷年纪大了,60 多岁,管不了我。有什么事时,有时哄哄也就过去了。老人么,很好骗的,而且我不听他也没办法。爷爷也就管管饭。

笔者:你不读书,或者你学习成绩不好时,老师有没有找你谈谈,或者找你家人去说?

张:好像没有的。老师也不那么管的。

笔者:不读书了,那你做什么呢?

张:去打工。当时,一年打工下来去结工钱时,老板告诉我(工钱)给父亲结走了。(我)问父亲(要),(他)说没钱,拿去赌博输掉了。当时那种感觉真是差极了。什么亲情不亲情的……后来我就不在当地打工,就来到了××地方打工。

笔者:是的,你父亲没有起到监护责任。而且赌博,对你带来不好的影响。(停顿)你到××地方打工,人生地不熟的,开始很艰辛吧。

张:开始跟着人家做,反正打打小工。后来慢慢地做起来。再后来跟一帮小兄弟一起去承包房屋拆卸、建筑垃圾处理的工作。确实挺难的,因为大家都要做,都会做。到一个工地,拆拆房子、搬搬垃圾,很多人都会做。有什么办法? 有时就和小兄弟一起去要(活儿)来做,有时就给建筑工地负责的人送钱、送东西。市场经济,就搞这一套。没有这个,做不了。

笔者:市场经济肯定不是这样搞的。强买强卖、行贿送礼,这是没有法制的国家。你说的这些,也是有的,不能说不存在。你十五六岁出来打拼,也没有人帮你,也没有人指导你,(生活也)确实不容易。(停顿)那你从事这些工作,一年收入有多少呢? (钱)怎么花?

张:每年赚 10 万元是有的,也许更多。如果平平常常过,也是可以过得挺好的(但做不到)。比如回家就租一辆豪华轿车回去,风光风光,给当地人、亲戚看看,一般都是这样。有时小兄弟一起回去,就租两三辆车(回去)。

再就是,自己打工的钱,一个也去赌博,一个则是到 KTV 唱歌、吃喝花掉了,还有就是穿名牌衣服。唱歌是这样子的,开始是一般的 KTV,慢慢就高档起来了,到后来就到当地很(最)高档的 KTV 去唱歌。穿衣服也是这样,开始穿一般性的名牌,后来就越来越高档,穿世界名牌。

笔者:你这是吃喝玩乐赌全齐了。那么除了这些,你平时还做点什么呢? 看点书吗?

张:看书? 没想到过。最多也是看点消遣类的书。

笔者:看些什么消遣类的书呢?

张:比如"汽车"杂志,"服装"杂志。有时候觉得看点书也挺好的。

笔者:有朋友吗? 平时交往怎样?

张:朋友吗? 真正的朋友是没有的,(就是)有几个小兄弟。生意场上,想利用你的人多。

笔者：知道一个人活在世上，除了吃喝玩，还要做点什么吗？

张：自己活得好就不错了，还能做什么呢？

笔者：有没有去想过人生问题？人怎么过自己的一生？

张：人生问题？没什么考虑，过一天算一天吧。自己要成为一个什么样的人？没去考虑过。今后怎么办？也没怎么考虑过。

笔者：你现在有钱够你生活了，但你把所有的钱都花了、赌了，你有没有想过60岁以后怎么办？年老了怎么办？按照现在的养老保障体制，像你这样的人，养老的钱部分是要自己去准备起来的。还有，你不是有女朋友吗？你总要结婚、生孩子吧。这些都是要花钱的。你把所有的钱都花了，怎么办？

张：（呆住，迟疑一阵后答）这个没考虑……怎么从没有人跟我说过这个！（这句话张某某是喊出来的，并表现出一些愤怒之情）

笔者：还有，人除了吃喝玩乐，还要追求精神生活，要去看些有意义的书，还要想到为这个社会做点什么，为他人做点什么，总不能只想到自己。

（张某某听到这些话后出现茫然的样子，过一阵子点头称是。笔者看到张某某的迟疑，就转换一种说法，更通俗些指导。）

笔者：好吧，可以这样说，你呢，12岁就失去了母亲。之前有母亲关心你、爱护你；你父亲沉溺于赌博，他不管你；爷爷年纪大了，管不了你。这样，你的一生，你这个人的发展到12岁就停止了。不是说，身高、体重发展停止了，而是你的心理发展基本停止了。一个人，从生下来到成长为大人，成为一个合格的社会公民，是要学习很多东西，比如生活的技能、赚钱的手艺，还有社会的规范。特别是明白自己应当成为什么样的人。这些都是人在成长过程中要学习的、慢慢去弄明白的。当然需要父母、老师来教你。可惜你到12岁，就没有人教你了。从你刚才说的情况看，你长大后日常生活就是赚钱，然后吃喝玩乐，"今朝有酒今朝醉"，没有什么精神生活，高尚的东西也没有。这是为什么呢？一方面，人生下来是个动物，只会吃喝，这是人与动物一样的，叫人的自然性。但是，人是社会性动物，自己要有所追求，除了想到自己还要想到他人，要遵守社会的规范，这是人的社会性。你呢，社会性没有多少发展，还是一个只知道吃吃喝喝的动物。我这样说你不要生气。另一方面，有一个心理学家叫马斯洛，他提出了一个"需求层次理论"，人的需要从低到高分为五层，最低层是生理需要，然后是安全需要，往上是爱的需要、自尊的需要，最高层是自我实现的需要。一个人在低层次需要满足之后，要去追求高层次的需要。你呢，仅停留于低层次的生理需要，追求吃喝玩乐，缺乏高层次的心理需要。或者说只有物质需要，没有精神需要。这个人是不完整的，只是一个低层次的人。

因此，我希望你"把刑期当学期"，在监狱里你会经常听到这句话：好好学点东西。你判无期，现在刚来，还有很长的时间要待，好好利用这个时间，学习一些东西，看些书报，向英雄模范人物学习。还要认真想一想"人为什么活着""人在世上要做点什么"之类的问题，还有前面说的"自己年纪大了怎么办"。不能再这样糊里糊涂过日子了。自己要有个计划，可以跟这里的队长、警官商量，他们都会认真帮助你的。

如果有可能，下次我再找你谈，希望到时你自己有所思考：今后怎么办？要成为什么样的人？要有些想法。监狱里怎么过？也要有个打算。今天就谈到这里。

张：谢谢警官，谢谢。

〔中间省略了一段关于对他人犯罪的举报是否属于立功的对话。交谈中还了解到 15～18 岁期间因盗窃(从犯)在未成年犯管教所矫正 3 年。〕

二、案例分析

张某某的人生发展在 12 岁时出现了停滞。根据艾里克森的人生发展理论,当个体成长到 12～18 岁,其心理社会发展的中心任务,是形成自我意识和自我角色,获得同一感而克服同一性混乱,即个体会出现"同一性对角色混乱"的危机。个体如果解决了这一发展危机,将获得自我同一性,顺利进入人生发展的下一阶段;而当个体不能解决这一发展危机,将产生"消极同一性"或"角色混乱",从而给个体的心理发展带来障碍,产生社会适应不良,甚至引发个体越规行为。[①] 观察张某某的心理发展,其没有能够解决人生发展的这一危机,出现了"消极同一性"。对"我是谁"与"我将走向何方"这些人生基本问题出现了彷徨、迷失。对自己是谁,在社会上应占什么地位,将来准备成为什么样的人以及怎样努力成为理想中的人等一系列的问题没有思考、缺乏思考,也没有人帮助、指导,甚至也没有人提出这些问题叫他去思考。这是张某某现在需要弥补的人生课题。

另外一个严重的问题是,张某某在少年、青年期成长过程中,缺乏关爱,而且由于是自己一个人在社会上独自打拼,自身生存的途径基本上是以越规方式实现的,再加上父亲的不良影响,其人格上消极因素较多,可以说是一个"犯罪人格"。[②] 因此,矫正其犯罪人格,发展成熟自我,这些都不是一两次矫正性谈话所能解决的。对张某某的教育矫正,需要精心设计并实施个别化矫正方案,以及精神分析理论指导下的心理治疗。实现对张某某的有效矫正,难度不小。

本次对张某某的谈话指导,主要运用了发展心理学理论、个体社会化理论与马斯洛"需求层次理论"。

三、案例呈现(二)

服刑人员周某,1967 年 12 月出生,汉族,小学文化,已婚。

2006 年 12 月,因涉嫌犯虚开增值税专用发票被某中级人民法院判处死刑,缓期两年执行,剥夺政治权利终身,于 2007 年 5 月到某监狱服刑改造。

根据自传介绍,周某按时入小学,学习成绩良好。因家里子女多,小学三年级辍学,跟爷爷撑船挣钱补贴家用。15 岁时因撑船挣钱少,跟村里人合股到海上捕鱼。16 岁从事机动船运输。20 岁办水产加工厂,后因台风工厂遭毁,再从事机动货船运输。1992 年卖掉船后一家人到某地做生意,从事小商品与服装买卖,生意做得不错。1997 年做生意认识了李某,后李某提出开增值税发票牟利,周某予以配合。到后来两人一起成立公司虚开增值税发票牟利,直至案发。

谈话记录:时间:某年某月某日,9:15—10:10。

地点:某监狱一监区厂房会议室。

---

① 〔美〕赫根汉.人格心理学导论.何瑾,冯增俊译.海口:海南人民出版社,1986.
② 李玫瑾.犯罪心理研究——在犯罪防控中的作用.北京:中国人民公安大学出版社,2010.

笔者:来,坐下来。你是周某哦。

周:(笑着说)恩,是的。

笔者:周某,你好,今天我们一起随意聊聊,你不用紧张。我看了你写的自传,你应该是44岁吧。

周:(笑着说)恩,是的。

笔者:文化(程度)是小学,我记得小学也没念到毕业。

周:(笑着说)恩,是的。小学念到三年级就不念了。

笔者:你是家里的老大吧。书不念早点干活,好像是与爷爷一起撑船搞运输去了,挺不容易的。

周:(笑着说)是啊。15岁就跑船去了。

笔者:你判死缓,那应是重罪,怎么一回事呢?

周:开那种发票,稀里糊涂的,我也不太懂。

笔者:增值税发票吧,开了多少?

周:总共8000多万元吧。

笔者:8000多万元,不少啊。老婆还在一起吧,来看你吧。小孩呢? 他们也来看吗?

周:老婆来看的。一个女儿,一个儿子,他们也来看的。

(到目前为止,从进来到现在约5分钟,从外在表现看,周某表情轻松,谈笑风生,回答都是笑着说的)

笔者:父母好吧,兄弟姐妹怎样?

周:父亲48岁就过世了,母亲……(突然低下头,显得很难过,伤心,流泪,随后胸部剧烈起伏,难以开口。手不停抹眼泪,想停住,但难以做到)

笔者:(我停止说话,等着)……(过了一会儿)提到母亲,让你伤心了……

周某仍然难以抑制,我继续等着……

周:(过了一阵子)……对不起啊(还是控制不了,继续流泪)……

(又过一阵子,渐渐平静)。

笔者:是家里的什么事让你伤心呢?

周:(仍难过,没有回答)

笔者:你母亲身体好吗?

周:(努力控制)母亲……今年62岁了……年纪大了……又有病,自己作为长子,一直是家里的顶梁柱,(现在)不能在身边照顾,还要(她)为我担心,想想就难过……

笔者:是啊。你在监狱里,母亲年纪又大了……(停顿了一下)你判死缓,现在改为多少年? (注:笔者在此没有按照心理咨询的要求去谈话,共情不够。这可认为是矫正性谈话与心理咨询的区别之一吧)

周:改为无期。

笔者:哦。您经常想起这些伤心的事吗? 比如晚上。

周:是的,总是会想起的,总要想起。

笔者:自己有没有去反思为什么会犯罪?

周:不懂哪,稀里糊涂的,等到知道了已经来不及了。也是朋友说的,生意上的朋友,大家经常一起喝酒,熟了,就这么做起来了。

笔者：跟你一起做的，开发票的，叫什么名字？我记不起来了。

周：李某某，他原来是开汽配公司的，我做生意时与他认识了。

笔者：你是主犯还是……判决书上谁写在前面？有几个人？

周：同案两个，他是主犯。他也判了死缓，两个死缓。

笔者：知道同案犯以前曾判过刑吗？

周：听他老婆讲，李某某以前被公安拘留过，好像十几天吧。

笔者：按照犯罪学的有关研究，成年人犯罪的一个重要影响因素，是朋友中是否有犯过罪的人。青少年人也一样，交的朋友是否不良，对青少年成长影响很大的。（停顿）你小孩怎么样？还在读书吧。

周：女儿已经大学毕业了，在一个亲戚开的公司里做会计。

笔者：哦？（有点意外，意外于其小孩的年龄与文化程度：女儿大学毕业）大学毕业啦。好啊，不错，不错。

周：儿子在读初中。

笔者：初中是一个人成长的关键时期。那他的生活谁管呢？

周：老婆在家管他。老婆绣花挣点钱，每天有十几块，过过日子刚刚够吧。

笔者：小孩假期来看你吗？

周：来看的。（语气不是很肯定）

笔者：母亲也来看过你吗？

周：也来看过。

笔者：你判死缓，现在改为无期，还要改为有期，一般来说总要蹲个十几年。

周：唉，出去总要60岁了。

笔者：现在可能还没去想这个问题，出去后有什么打算？今后的路怎么走？不过现在还早吧，也不一定去想。

周：以后么，本本分分的、老老实实地做点小生意。

笔者：这是对的。我记得你后来是到××地方去做生意的。怎么到××地方做生意的？

周：有亲戚在那边做生意，他们介绍过去的。

笔者：哦，是这样。我想问一下，反正现在都过去了，你给我说实话，你在××做生意，最好时一年或一月或半年能挣多少钱？或者就说一年吧。

周：开发票吧，有时一张能拿到几千块钱，最多时拿到2万元。

笔者：不一定指开发票，你做服装生意，你在自传上说的，与俄罗斯人做生意，很好赚的，现在（指写自传时）想想都要笑。

周：是的，一开始好赚，一开始俄罗斯人不讲价，一批几千件、上万件，有时一天都有20来万元的。

笔者：那一年能赚多少呢？

周：（有点迟疑）这个……这个……不一定的。有时多，有时少，三四十万元……（下定决心似的）……嗯，最好时有七八十万元。

笔者：你一年能赚七八十万元，那是相当不错的啦。

周：是，不错的。

笔者：一年赚七八十万元，还想去做那种（开发票的）生意？

周：这个开始不知道的，朋友说一起做，帮帮忙什么的。再则么，做生意，总想越做越大点。唉，自己不懂，糊里糊涂的。

笔者：我呢，也许就跟你谈这么一次话，也许今后咱们也不会再见面了。有这么几件事想跟你说。一个是你自己今后要怎么走，我觉得一个人不能太贪，本本分分的，做点小生意，这个想法是好的。另一个是你的小孩，儿子，刚好初中，是关键的时期。可能你的犯罪会给他带来一定的影响，那么，他来看你时，你可以跟他说，要诚恳地跟他说，自己犯罪正是因为学得少，知识少，道理就懂得不够，子女更要从中吸取教训，所以你一定要好好学习，多学点知识。爸爸呢，也一定从中吸取教训，以后走正道。还有，国内外的研究都表明，青少年时期，初中阶段，小孩的交友情况非常要紧，作为父母，小孩的交友情况要注意、要知道，如果交了坏朋友，那很容易使小孩走上歪路。最后，初中阶段的学生，作为父母，要抓三件事，一是小孩作业完成情况。可能你老婆文化程度低，看不懂小孩的作业，像我这么个文化程度，我小孩也是初中，他的作业我看了也有的不懂。但是，是否完成了，这个应该能够看得出来。对照作业要求，一条一条地对着看，叫他指给你老婆看，这个作业做在什么地方，那个作业又做在什么地方。我想这个应该能够做得到。二是是否喜欢学校。喜欢学校的小孩那是好的。可以问问小孩，是否喜欢学校，或者说，在学校里感觉怎样？他可能不会说喜欢，也可能不会说不喜欢。不讨厌，那也行。三是学习成绩怎样。学习成绩很差，那要注意了。总之，父母，或者说，叫你老婆管住小孩三个事：作业完成情况、对学校的态度、成绩怎样。你看，是不是这样？

好，今天我们就谈这么多，应当谢谢你！

周：不是的，不是的，应该谢谢你！谢谢！谢谢！

（省略了周某离家到东北，再到××地方做生意的过程）

四、案例分析

在与周某谈话时，笔者明显感到其认知能力不强，言语反应简单且有点木讷。出现这种现象可能是监狱的关押所致，也有可能是周某装出来的假象。但是笔者认为，这更有可能是他文化程度低所导致的。提高犯罪人的认知能力，非一次矫正性谈话所能实现，需要提升其文化程度作为基础，同时需要进行一定的专门训练。因此，在本次矫正性谈话过程中，主要在两个方面进行了指导：一是犯罪心理方面。个体膨胀的需要以及控制能力不足，是造成其犯罪的主要内在原因。周某在每年收入多达七八十万元的情况下仍不满足，用他自己的话说："做生意总想多赚点"，从而实施虚开增值税发票的犯罪行为，是需要膨胀——"贪婪"之心的典型表现。对此在谈话中给予了指导。二是周某当前的关切点——对初中小孩如何教育走正道，也正是其困惑之处。笔者根据有关犯罪心理学与犯罪学的理论[①]给予了针对性的有效指导。指导得到了服刑人员周某的积极反应。

思考题

1. 试述犯罪心理分析模型。

---

① ［美］迈克尔·戈特弗里德森，特拉维斯·赫希.犯罪的一般理论.吴宗宪，苏明月，译.北京：中国人民公安大学出版社，2009.

2. 如何准确理解矫正性谈话？矫正性谈话应如何实施？

3. 案例：张××，男，1995 年×月出生，未婚，浙江人，因盗窃、故意伤害罪被判处有期徒刑 8 年，2015 年 12 月被逮捕，2016 年 10 月到某监狱服刑。据了解，该服刑人员是非观念不清，自我控制能力差，在监区经常与人吵架、打架，为分监区顽危犯。

请设计一个谈话思路，阐明通过谈话需要了解的主要内容。

第十章阅读材料

第十一章 心理矫治工作人员素质要求

心理矫治工作对矫治工作人员的素质要求主要分为态度、能力与技巧三个方面。态度包括心理矫治工作人员的思维模式、职业态度和职业品格,其中指导思想与具体思路是思维模式的主要组成部分;敬业乐业、共情尊重、价值中立、助人自助是职业态度的基本要求,真诚奉献、恪守职责是职业品格的基本要求;能力包括洞察分析与综合能力、表达能力和自我平衡能力;技巧主要包括八种参与性技术和八种影响性技术。

第一节 心理矫治工作人员的思维态度与品格

从事服刑人员心理咨询与危机干预的工作人员,应当具备心理咨询师资格。这点没有人会有疑义。那么,从事个别化矫正的工作人员,是否应当具备心理咨询师资格呢? 对此,可能意见不一。我们认为,专业从事个别化矫正的工作人员最好具有心理咨询师资格,或者是从心理学、教育学、社会学、犯罪学等教育矫正核心专业毕业。

然而,不管是已经有心理咨询师资格,还是上述教育矫正核心专业毕业的工作人员,都应当具备一些基本的素质要求,才能做好服刑人员心理矫治工作。

一、心理矫治工作人员应有的思维模式

心理矫治工作人员思维模式主要是指矫正机构工作人员从事该项工作的指导思想以及在矫治工作中应当遵循的分析问题的具体思路。正确的指导思想来自正确的观点,正确的观点是心理矫治工作人员思维模式的思想基础。同时,正确的观点也为心理矫治提供方法论原理,从而为有效开展心理矫治确定科学的工作思路。

(一)指导思想

1. 辩证唯物主义观点

心理矫治技术是一门科学技术,其应用离不开马克思主义哲学的指导。心理矫治技术的应用必须坚持辩证唯物主义观点,避免机械唯物主义,反对一切迷信、巫术、邪教。

(1)存在决定意识。服刑人员心理矫治的工作内容是其业已形成的犯罪心理与不良行为,以及心理问题与心理障碍。这些心理都是对客观存在的歪曲的反映,一旦形成就具有一定的稳定性,但这种稳定性是相对的,在一定条件下是可变的。既然存在决定意识,那么存在的改变便能引起意识发生相应的改变。服刑人员心理矫治之所以成为可能,正是由于矫治工作人员通过改变和创设一定的情境与条件,使其犯罪心理、不良行为、心理问题、心理障碍等逐渐得以改善。

(2)意识对存在能动的反作用。人对客观现实的反映是积极、能动的反映。对服刑人员

的心理矫治,包含了心理矫治工作人员和服刑人员两个方面的意识能动作用。一方面,心理矫治工作人员把心理矫治的理论知识、基本技能及矫正服刑人员的经验等意识内容,通过语言、表情等中介物转化为客观刺激,有计划、有目的地影响服刑人员的认知、情绪和行为,调动服刑人员自我矫正的积极性。另一方面,服刑人员根据自己的知识、经验和个性特点对外在刺激加以能动的选择,进行自我认知、评价与调控。

2. 普遍联系的观点

普遍联系的观点也即是整体的观点。人的任何一种心理和行为都不是孤立的。坚持普遍联系的观点可以使心理矫治工作人员在资料归纳整理、形成诊断结论、确定咨询目标、制定咨询方案以及实施矫治工作时,充分考虑各要素间的内在联系,做到既能考虑心理、生理及社会因素的相互制约和影响,又能综合运用各种矫治方法,防止矫治工作的片面性。普遍联系的观点有以下多重含义:

(1)整体性观点。人的任何一种心理和行为都是认知态度、情绪情感、需要动机、行为模式等相互作用的结果,其中的一方出现问题,另外的其他方面也都会因此受到影响。服刑人员的心理问题不是孤立的,其情绪障碍必然涉及认知、人际交往等方面的问题。如某女子监狱一名服刑人员先表露出来的是劳动能力问题,但按照整体性的观点,通过交谈会发现该女服刑人员除了劳动能力问题外,还有自信心不足和情绪低落等问题。坚持整体性观点,不仅有助于心理矫治工作人员对服刑人员的全面了解,同时可以促使心理矫治工作人员对各种矫治方法的整合运用,在实际的操作中,针对性的综合方法往往比单一性的方法更为有效。

(2)身心一体的观点。人的心理和生理是相互作用、互为影响的两个方面,对于同一个人,其心理状况的好坏必然影响到生理状况,反之也一样。心理矫治工作人员看待心理问题,应立足于两者的结合,不能将其割裂开来。在心理矫治工作的实践中,常常会发现一些服刑人员存在明显的心理问题躯体化倾向,即把心理问题诉说成各种躯体不适症状。同时,也有一部分服刑人员将生理上的难受体验为心理状态的不适。因此,坚持身心一体的观点,有助于更加清晰地诊断服刑人员的真实心理问题。

(3)身心与外因相互作用的观点。引起服刑人员心理问题的因素往往是多方面的,归结起来就是人自身的身心因素与生存环境的外部因素交互作用的结果。同时引起心理问题的原因,既有同一时段内相互交错的横向因素,又有不同时段上的纵向影响因素。这就需要心理矫治工作人员既要站在现时的角度分析影响求助者心理的各种因素,也要回顾分析影响服刑人员心理的各种以往事件。对心理矫治临床的各类案例剖析,都会发现每一个服刑人员的现实心理问题或犯罪心理,其生成的原因是立体的,即横纵向因素、身心与外部因素相互作用的结果。

3. 历史、逻辑、现实相统一的观点

历史、逻辑、现实相统一的观点,是一种科学思维方法。它强调分析一种事物现象的本质时,需要结合以往和现实现象进行分析推理,找出其本质原因。在狭义心理矫治工作中,心理矫治工作人员至少在两种情况下应当运用这种思维方法:一是矫治工作初期,在初次面对服刑人员的心理问题时,应当首先查清心理问题在以往是否出现过,症状如何。如有,则需要重点分析与现实的症状存在怎样的联系。二是矫治工作过程中,心理矫治工作人员必须用发展的眼光看待服刑人员。因为服刑人员的心理状况是随着矫治工作的深入而不断变化发展的,只有对服刑人员进行思维、情感、态度等多角度的动态考察,并适时调整心理矫治方法，才能使服刑人员更为自然地摆脱心理问题。

对服刑人员犯因性心理问题的分析同样应当遵循这些观点。他们的犯罪心理是在成长过程中逐步形成的，是家庭、学校与自身等多因素共同作用的结果。只有坚持辩证唯物的观点，普遍联系的观点，历史、逻辑、现实相统一的观点，才能使矫正工作人员对服刑人员犯罪心理的认识达到真理的彼岸。

（二）具体思路

（1）促进认知转变。由于服刑人员的犯罪心理和不良行为与他们的认知偏差和扭曲的思想密切相关，所以心理矫治需要从转变服刑人员的认知入手，结合传统教育方法，充分运用理性情绪疗法、认知行为疗法等心理矫治技术，通过改变认知实现对服刑人员的心理矫治效果。

（2）促进情绪调整。焦虑、忧郁、恐惧、沮丧等不良的情绪状态会导致各种心理疾病。服刑人员在特定的监管环境下，其情绪状态明显低于正常人水平，使其原有的犯罪心理受到压抑。如果这些不良情绪得不到及时疏导与矫治，就会影响改造进程。心理矫治应当结合传统教育的感化法，并充分运用共情法、音乐疗法、色彩疗法等心理矫治方法，来调整服刑人员的情绪以促进心理治疗。

（3）促进行为矫正。服刑人员特别是累犯，普遍存在不良行为习惯，有的甚至到了病态的程度，成为接受改造的重大障碍。心理矫治应当结合传统管理的行为规范要求，充分运用行为疗法等治疗措施或行为训练技术，达到对服刑人员不良行为或病态行为的矫正。

（4）促进人格完善。服刑人员的不健全人格是其产生违法犯罪行为的重要心理基础。绝大多数服刑人员都是带着不健全的人格走进矫正机构的，由于监禁环境的作用，他们的人格会出现退化、萎缩，甚至表现出明显的病态。应当采用综合教育矫正方法，运用教育、管理、心理矫治等多手段开展有针对性的教育矫正活动，完善他们的人格。

二、心理矫治工作人员的职业态度

一名优秀的心理矫治工作人员，应当具备敬业乐业、共情尊重、价值中立、助人自助等良好的职业态度。

（一）敬业乐业

敬业，就是但凡做一件事，便忠于一件事，将全部精力集中到这件事上。心理矫治工作人员能否做到敬业，要看其是否将心理矫治工作当作一种精神享受的人生体验，也就是热爱这个岗位和职业。爱岗是敬业的前提，敬业是爱岗情感的升华，是对职业责任、职业荣誉的深刻理解和认识。因此，爱岗才能敬业，敬业首先要爱岗，所以从事心理矫治工作的工作人员首先要热爱这份职业。现实生活中，可能一些心理矫治工作人员一开始并不怎么喜爱自己的职业，但相处长了，就会慢慢体验到这份职业的价值和情感，进而喜欢心理矫治这份平凡而有意义的职业。

敬业才能乐业。所有的职业都会有可乐的地方，只不过不容易被发现，而且很多人又不知如何去乐业。"知之者不如好之者，好之者不如乐之者"，说的就是乐业。当一个人专注于一件事时，就能做到心不旁骛，并会逐渐感悟和品味出其中的乐趣，久而久之，就能够培养出对一份职业的独特兴趣。心理矫治工作人员面对的是犯了罪的人，有的思维偏激，有的存在人格缺陷，还有的长期置身于违法犯罪环境或与犯罪人员为伍，心理扭曲、变态，心理矫治工作的难度不小,似乎只有困难没有什么趣味可言。但这却是一份非常有意义的工作。从事这项工作多年的一些心理矫治工作人员大多有一个共同的感受,即只要专心从事矫正机构的心理矫治工作,时间长了,就能慢慢地体悟到这份职业的特殊意义。随着工作的进展和成功,使人产生一种成就感,并渐渐地陶醉在自己的工作里。可见,乐业能加深理解矫治工作的职业内涵,可以让心理矫治工作人员切身感受到自己的人生价值。

(二)共情尊重

共情是指体验别人内心世界的能力。它在心理矫治领域包括三方面含义:心理矫治工作人员借助服刑人员的言行,深入对方内心去体验他的情感、思维;心理矫治工作人员借助于知识和经验,把握服刑人员的体验与其经历、人格间的关系,以更好地分析问题的实质;运用咨询技巧,把自己的关切理解传达给对方,以影响对方并取得反馈。共情的作用在于,心理矫治工作人员通过设身处地地理解对方,无条件地接受对方,使服刑人员感受到自己被理解、被接纳、被关怀、被同情,体会到平等、尊重、理解、支持,从而促使他们自我探索、自我反省,真正实现双方的心灵交流。这是开展心理矫治工作的必要前提。这一点,对情感型矫治对象(如女犯、未成年犯等)的效果尤为明显。

共情的前提是尊重。尊重是指要把服刑人员作为有思想感情、内心体验、生活追求和具有独特性、自主性的个体去对待,即意味着一视同仁、以礼相待、信任对方、保护隐私,并对其现状、价值观、人格、权益等方面表现出主动的关注。罗杰斯非常强调尊重对心理矫治的意义,提出了"无条件尊重"的理论,并将其列为使求助者人格产生建设性改变的关键条件之一。矫正机构心理矫治工作的对象不同于社会人。由于服刑人员的特殊身份,使得尊重这一职业态度在心理矫治过程中可能会大打折扣。为此,心理矫治工作人员应当从职业的角度感受尊重的重要性。尊重服刑人员的意义在于可以给其创造一个安全、温暖的氛围,使其最大限度地表达自己。同时可以唤起对方的自尊心和自信心,并成为对方模仿的榜样,起到激发潜能的作用。

(三)价值中立

价值中立的职业态度是指心理矫治工作人员在对待服刑人员反映的各种信息与事件时,保持中立与中性的立场。而不是以个人持有的价值取向作为考虑问题的参照点,对服刑人员的个性特点及观点进行随意评价和批判。采取价值中立的态度开展心理矫治工作,对于确定服刑人员的真实心理问题具有不可替代的作用。只有通过中立的视角,才能理性地分析相关信息,做出正确的判断。反之,则会疏忽甚至对重要情节视而不见,按照自己的主观臆想做出错误的结论,会造成在矫治环节无法对症下药的后果。在目前我国矫正机构的心理矫治工作中,强调价值中立的职业态度尤为重要,因为我国心理矫治工作开展时间不长,特别是许多心理矫治工作人员曾经在管教岗位工作过较长时间,擅长于思想教育而不是心理矫治,因而容易去做价值判断,对一些正常诉求信息会觉得是无理诉求或是在逃避劳动,甚至认为是故意刁难、抗拒改造。这会对服刑人员是否存在真正的心理问题造成误判,错失心理矫治的良机。

价值中立的职业态度还要求心理矫治工作人员在服刑人员心理评估、心理健康教育、心理咨询、心理预测和心理危机干预等环节采用中性的立场,既不能简单地按自己的主观想象采取心理矫治措施,也不能随意迎合服刑人员的情感或观点,而是尽可能地引导服刑人员自己去面对想法,使之产生了解和探索的好奇,进而做出多维度的处理。同时,价值中立的立场可以确保心理矫治工作人员不把个人的情绪带到工作中，能够增强服刑人员对心理矫治工作人员的信任感，便于全程建立良好的咨访关系。另外，在心理矫治过程中，心理矫治工作人员应尽量采用中性词来表达态度，按照"理解""倾听"的角度使用中性词语。在这一点上，"价值中立"区别于"共情"，但两者不应对立起来。"共情"要求以来访者的情感来体验世界、以来访者的眼光来看世界，这是建立良好咨访关系的基础，也是理解来访者内心世界的前提；但是，在诊断来访者心理问题或犯罪心理内容时，又要以矫治者的知识和经验作价值中立的分析与判断。

（四）助人自助

助人自助是指心理矫治工作人员在解决服刑人员的心理问题和矫正犯罪心理的过程中，要帮助服刑人员发展起积极的心理能量，依靠他们自身的力量去获得自我成长。

心理矫治工作人员透过心理现象与行为表现，对服刑人员的心理问题形成准确的判断；服刑人员在心理矫治工作人员的帮助下，重新认识自己，形成新的自我观念，进而改变行为。从这个角度来说，前者是助人的环节，后者带有自助的成分。助人环节是促动自助环节的基础，每个人包括服刑人员都有能动性，希望通过心理矫治工作人员的有效引导，正确地认识自己和他人，建立新的思维方式、情感与行为方式，增强改变自己的决心和信心，并对自己行为的后果负责，即在心理矫治工作人员的帮助下，服刑人员重新认识自我、重新认识他人和周围环境，从自知到自信、自控，进而达到自我指导、自我改变。

三、心理矫治工作人员的品格要求

心理矫治工作人员的品格要求分为品质和性格两个方面，品质要求是指个人的核心价值体系应当符合心理矫治的职业品质，即真诚奉献、恪守职责；性格特指个人的修养应当适应心理矫治的职业特性，主要有热情亲和、沉稳严谨等方面。

（一）真诚奉献

真诚即真实诚恳，是指通过真心实意、坦诚相待以感动他人而最终获得他人的信任。在心理矫治活动中，矫治工作人员通过对服刑人员真心诚意的关注，增强其信任感，建立起良好的心理矫治关系。真诚的态度是发自内心的，即使内心不认同服刑人员的行为，仍能关心其对自己行为的理解和想法，并能节制自己的反移情，积极帮助服刑人员找到解决问题的方法。矫治工作人员的诚实与宽容，在心理矫治工作中具有重要的意义，一方面，可以为服刑人员提供一个安全自由的氛围，能让对方知道可以袒露自己的软弱、失败、过错、隐私等内容而无须顾忌，使服刑人员切实感到自己被接纳、信任和关心；另一方面，也可以为服刑人员提供良好的榜样，使其以真实的自我进行互动。当然，表达真诚不等于毫无顾忌地说实话或自我情绪的随意发泄，真诚的表达也不是越多越好，应当根据具体情况适度把握。

奉献是指满怀感情地为他人服务、做出贡献，不计较个人的得失。目前，矫正机构开展心理矫治工作的人员以取得心理咨询师资格的工作人员为主，由于还没有实现职业化的分工，工作人员在日常工作中承担着多方面的管理事务，心理矫治工作只是其中的一项。而心理矫治工作的开展具有一定的框架模式，如特殊的场地、规定的时间等，会与工作人员的正常上班时间发生冲突，因此就需要心理矫治工作者必须具有奉献的良好品质，如一项正在开展的心理矫治工作，来访者的特殊情况需要延长咨询时间，此时心理矫治工作人员则不能因为自己下班时间到了而中止此项工作的开展。因为一旦心理矫治工作中止，可能会影响矫治效果，甚至使效果走向预期的反面。

（二）恪守职责

恪守职责是基本的职业道德，是相关人员在职业活动中的行为要求。每种职业都担负着一种特定的职业责任和职业义务。同样，从事心理矫治工作也有其职责的具体规范。从本质上讲，矫正机构心理矫治是一项职业行为，矫治工作人员与服刑人员之间的关系是一种职业关系，而不是一般的交往关系。因此，心理矫治工作人员不仅需要具备心理咨询的职业要求、条件和素养，还应当具备高尚的职业道德，按照职业要求履行好职责。

心理矫治工作人员能否做到恪守职责，取决于其责任感的强弱。责任感是主体对于责任所产生的主观意识，也就是责任在人的头脑中的主观反映形式。责任感是衡量心理矫治工作人员精神素质的重要指标。在监禁环境下开展心理矫治工作，在技巧的运用上往往容易与传统的个别谈话教育相混合。此时，心理矫治工作人员的责任感就显得尤为重要，需要本着对工作负责的精神，严格按照心理矫治工作的特定模式进行，使服刑人员真正体会到咨询的精髓，而不能简单以个别谈话教育代替之，否则会使服刑人员对心理矫治失去客观的认识，进而失去信心。

（三）热情亲和力

热情是指咨询师对求助者提供帮助时表现出来的具有浓厚感情色彩的周到、友好、主动的态度。热情是一名心理矫治工作人员必须持有的态度，因为很难想象冷冰冰的心理矫治氛围能带来良好的矫治效果。只有视助人为己任的心理矫治工作人员，才能最具分寸地表达热情的态度。在矫正机构心理矫治工作中，热情主要体现在四个环节上：一是服刑人员初次心理矫治时的适当询问，表达关切，以缓解其紧张不安和疑虑等心情；二是注意倾听服刑人员的叙述，以激发其合作愿望；三是矫治过程中做到耐心、认真、不厌其烦，以安定其情绪；四是心理矫治工作结束时告知注意事项，使其感受到温暖。当然，热情的表示也要把握好度，过于夸张的热情表示反而会造成紧张的气氛。

亲和力是人与人之间信息沟通、情感交流的一种能力。亲和力的培养方法主要在于平时养成尊重别人、乐于助人的习惯。具有亲和力的心理矫治工作人员，能始终以自信、乐观、向上的心情去面对每一名服刑人员，加深信任感。因为服刑人员接受心理咨询与治疗时往往会有更强的自卑心理，除了心理问题和心理障碍给来访者带来的内心压力外，还因其特殊的被羁押身份使其在心理矫治工作人员面前产生"低人一等"的想法，为心理矫治工作的开展带来更大的难度。在监禁环境中心理矫治工作的顺利开展，需要心理矫治工作人员具备亲和力的品性，消除歧视心理，以平等对话方式开展工作。

（四）沉稳严谨

沉稳是指沉着稳重、不浮躁，表明做事很稳重、很谨慎、很小心。一个人的成熟度是沉稳的基础，主要表现在人格的稳定性和协调性两个方面。人格稳定性和协调性高的人在个性倾向性方面不会出现经常性的冲突，如没有内在的价值观冲突；对人生和世界形成了自己的观念和态度体系，遇事有主见，能容忍多样性，忍让他人的生活态度，有稳定的情绪生活和较强的自制力。服刑人员的价值观冲突千奇百怪，心理矫治工作人员如果具有成熟的品性，则能以"不变应万变"的沉稳方式顺利开展工作。同时，衡量心理矫治工作人员成熟度的另一个标志是对矫治对象心理问题的独立思考与判断性。在矫正机构众多心理矫治案例中，服刑人员作为被监管身份的来访者在面对具有管理身份的心理矫治工作人员时，往往带有深层的功利心理,希望通过与工作人员面对面的私密接触,达到拉近人际关系、检举其他服刑人员违规行为等目的,借此传递很多狱内犯情信息给工作人员。这就要求心理矫治工作人员在尊重来访服刑人员的感觉和诉求时,也要清醒地做出准确的判断,独立思考来访服刑人员言语的真正用意和深层表达,使自己更深入地理解和接纳来访服刑人员。

严谨就是严密谨慎。严谨的风格是心理矫治工作的基本要求,心理矫治的特性需要矫治工作人员始终保持认真、负责的精神,保持一丝不苟、精益求精的态度,对每一个心理矫治个案都要做精做细,不心浮气躁,不好高骛远。尤其是服刑人员处于监禁状态时,其心理问题的产生很大程度上与监禁状态相关,很多症结与执法政策和形势变化相关,那么作为了解各项政策的心理矫治工作人员必须养成严谨的品格来慎重地对来访服刑人员做出回应,不泄露秘密,也不随意编造政策,以确保心理矫治工作的有序进行。

第二节　心理矫治工作人员的能力

一、心理矫治工作人员洞察分析与综合能力

洞察分析与综合能力是指心理矫治工作人员观察、发现事物本质,客观、周密分析事物间内在联系的能力,是心理矫治工作人员的专业技能之一,它能够使心理矫治工作人员透过来访服刑人员身上的言行、表情、眼神、步态、语气、躯体姿势等纷繁复杂的现象观察到其心理的内在实质,并具有分析现象与本质之间关联的能力,进而找到矫治来访者心理的有效对策。

（一）洞察

洞察就是明察秋毫、透彻了解,即通过现象看本质。矫正机构心理矫治的特性要求从事心理矫治工作的人员具备更强的洞察能力,对服刑人员心理问题的本质的了解具有穿透力、感受力,也就是对矫治对象的认知、情感、行为的动机与相互关系的透彻了解。洞察属于理性的创造性功能,用弗洛伊德的话来讲,就是变无意识为有意识。心理矫治工作人员的洞察力如何,往往决定心理矫治个案的成败。洞察分为两个方面:一是对非语言行为的洞察,即通过对服刑人员外在各种状况的观察,如衣着、表情、身姿、眼神等非语言性行为的注意,记录其相关信息。其中,对心理矫治过程中大多数人共有的反映,如好奇、疑虑等现象,可以不必记录;但对一些不寻常的、出乎意料的、个案特有的行为,需要详细记录,为专项分析提供有价值的信息。二是对语言的洞察,即通过对服刑人员的声调、音调、内容等细节的体会,理解语言表达之中、之外的含义,听出"弦外之音"。

（二）分析

分析是一种科学的思维活动,就是将研究对象的整体分为各个部分、方面、因素和层次,并分别地加以考察的认识活动。心理矫治工作注重分析能力,其意义在于细致地寻找能够解决服刑人员真实心理问题的主线,并以此制定针对性的矫治措施。洞察是科学分析的前提,但最犀利的观察代替不了理性的分析。心理矫治工作人员要充分认识服刑人员心理问题的本质,必须将洞察的信息分解至最基本的成分,然后分别加以研究。分析也是对矫治对象的重新认识。在心理矫治工作中,应当防止先入为主,避免简单地套用一般性的因果关

系。因为许多服刑人员的行为看上去相同,但形成的缘由并不一定相同,即心理问题的产生常常是多因一果的现象。心理矫治工作人员在分析时,应根据各方面的信息形成一条主线,通过由此及彼、由表及里的过程,找到问题的来龙去脉,必要时还应当专项求证。总之,分析的方法越是客观科学,主观臆测的成分就会越少。

（三）综合

综合就是将已有的关于研究对象各个部分、方面、因素和层次的认识联结起来,形成对研究对象的统一整体的认识。综合与分析相对应,是认识过程中相互联系着的两个方面,属于一种统一的思维方法。心理矫治工作人员的综合能力同样十分重要,需要在深入分析的基础上,对咨询、矫治中收集到的各种信息(语言、非语言、谈话、测验、档案资料等)进行综合分析归纳。心理矫治工作人员只有把分析过的服刑人员情况有机联系起来,形成科学的结论,才能确立合理、现实的治疗目标,才能根据问题的主次内外、轻重缓急有条理地实施治疗。综合是在分析的基础上进行的,它的基本特点就是探求矫治对象心理问题各方面相互联系的方式,它不是关于各个构成要素的认识的简单相加。因此,心理矫治工作人员要凭借扎实的专业功底和综合能力,找准根本性问题,以求得每个矫治个案的根本性解决。

二、心理矫治工作人员的表达能力

表达能力是指运用语言和非语言行为来传达对相关人和事的理解、引领、关心等个人意愿表示的能力。在心理矫治环节,表达是分析综合能力的结果与继续,即心理矫治工作人员将分析综合后的相关信息或指导意见以清晰的语言表达给服刑人员。如果出现"词不达意""言不由衷"等现象,不但无法使心理矫治中的各类技巧正常发挥功效,也无法使服刑人员理解和接纳心理矫治工作人员的工作意图,更会引起双方不必要的误解而影响到整体工作的开展。其中,表达的适切性、目的性、真实性、感染性、启发性是心理矫治工作人员需要着重培养的能力。

（一）即时表达

即时表达是指心理矫治工作人员在矫治过程中对服刑人员通过语言与非语言信息的即时反馈式表达。在矫治之初,服刑人员的心理一般存有一定的疑虑,心理矫治工作人员应通过即时表达方式打消其顾虑,主要表达出矫治内容的保密性、宽容与接纳的态度、尊重对方的意见,以营造出良好的矫治氛围。在矫治的强化环节,应针对服刑人员普遍存在的焦虑状态,以即时表达方式说明矫治的目的,通过鼓励、引导、安慰、共情、倾听、反问、理解和专注的表情等方式,减轻服刑人员的心理压力。有效的即时表达可以清晰反映服刑人员的真实意思,同时也要求心理矫治工作人员始终关注服刑人员的状态,集中精力引导矫治对象按照预设的矫治方案进行。即时表达还要求心理矫治工作人员掌握促进谈话顺利推进的技巧,主要是适时使用得体的过渡性语言、重复服刑人员的相关表述、了解其感受和看法等。

（二）综合表达

综合表达一般是指在矫治活动的后期通过语言方式对服刑人员提出指导意见。综合表达以心理矫治工作人员的总体概括、归纳分析、综合说理等能力为基础。在具体矫治过程中,心理矫治工作人员综合分析服刑人员所谈的事实、信息、情感、行为反映等情况,凭借工作经验和专业功底确定个案的具体指导意见,以概括的形式进行综合表达。在特殊的个案矫治中,综合表达不一定只有在后期或结束后进行,也可以在矫治过程中随时运用,只要判定服刑人员所提某件事的主要内容已基本掌握即可。有效的综合表达需要事先做好对矫治对象的前期分析工作,找准主要问题及其原因,通过矫治过程的进一步论证丰富矫治的指导意见。另外,对服刑人员犯因性心理问题的指导,也需要矫正工作人员具有一定的语言表达能力。

三、心理矫治工作人员的自我平衡能力

自我平衡能力包括自觉能力与自身平衡能力。自觉能力实际上是"自知之明""人无完人"的认知水平。自身平衡能力主要是排除负面信息感染、平衡其他矛盾与主体工作关系的自我调节水平。心理矫治工作人员的自我平衡能力在矫治过程中十分重要,因为服刑人员作为一个特殊群体,比社会上一般的心理问题人员更容易走极端,矫治的难度更大,对心理矫治工作人员的能力素质要求也相应地提高。

（一）自觉能力

自觉能力是指对自身优势和局限性的客观认知,关键是能否对自身能力的局限性有一个客观的判断。如果心理矫治工作人员能够正确分析自身能力与新时期心理矫治工作的差距,并以此进行自我完善,加强自身修养,增强专业功底,那么建设一支高素质的专业队伍就会成为每一名从事心理矫治工作人员的自觉行动。自觉能力还包括自我生存价值的评价,这类评价常常和自我成就感以及社会主流文化联系在一起。这就需要心理矫治工作人员从事业的角度看待所从事的职业,按工作人员核心价值观的要求投身岗位实践,并从中查找自身的不足,努力增强自觉能力的培养锻炼。唤醒自觉能力培养的关键力量应该是对责任感的承担,如果把履行好心理矫治工作的职责作为自己的使命与责任,就能正确对待自觉能力的培养锻炼问题,从而有效地减少心理矫治工作人员因个人主观性、情绪化对工作产生的影响。

（二）自身平衡能力

自身平衡能力是指针对负面信息感染等因素造成的心理不平衡进行自我调节的水平。心理矫治工作的自我调节特指用自己能够控制的能力来加强和维持自己的行为的过程,表现为三个阶段:一是自我观察阶段,是在矫治过程中遇到不平衡因素后,对自身心理活动或行为表现进行自我观察的过程;二是自我判断阶段,是对自己的心理活动或行为是否符合矫治工作要求进行自我评价的过程;三是自我反应阶段,是经过反思对自己的心理活动或行为进行调整的内心体验过程。一般来说,修养水平高、心理素质强、平衡能力强的人,能更有效地调节自己的情绪,因为他们在遇到问题时,善于明理与宽容。能够做到及时自我平衡的人在矫治工作中会通过语言、表情及行为的调整,使矫治工作正常进行。由于心理矫治工作人员在工作过程中接触的绝大多数是服刑人员的负面信息,其负面思维、心理、事件等也一一进入了心理矫治工作人员的大脑,势必也会引发心理矫治工作人员个人的负面心理,如果心理矫治人员不能及时地将这些不良情绪排除,不仅影响心理矫治工作人员接下来的工作心态,长此以往更会引发心理疾病,与心理矫治工作间形成一种恶性循环。同时,心理矫治工作人员在社会中扮演的角色是多重的,如同时是父母、丈夫或妻子、监区领导等,担当的各类责任也是多重的,而除了心理矫治工作以外,常常会遭遇很多生活和工作的难题,也会产生这样那样的心理矛盾和冲突。而心理矫治工作的开展是无选择性的,是根据服刑人员的需要开展的,并不受制于心理矫治工作人员心理状态的好坏。因此,心理矫治工作一旦展开,矫治工作人员就必须要平衡好自身内心矛盾与矫治工作的关系,只有具备了这种平衡能力,才不会将个人情绪带入矫治工作中去。

第三节　心理矫治技巧

一、参与性技术

心理矫治效果的好坏,在很大程度上取决于如何运用矫治的技巧。心理矫治的技巧,不仅要通过心理矫治的正规训练去掌握,更重要的是在矫治实践中反复探索和总结提高。心理矫治技巧有很多种,其中参与性技术常用的有以下八种。

（一）倾听

倾听是心理矫治的第一步。倾听既可以表达对服刑人员的尊重,同时也能使对方在比较宽松和信任的气氛下诉说自己的烦恼。善于倾听,不仅在于听,还要有参与,有适当的反应。反应既可以是言语性的,也可以是非言语性的。反应的目的既是为了向服刑人员传达心理矫治工作人员倾听的态度,鼓励其叙述,同时也是为了深入了解,澄清问题,促进对矫治对象的了解。

1. 如何倾听

倾听时,矫治工作人员要认真、有兴趣、设身处地地听,并适当表示理解,不要带偏见,不要做价值评判。对服刑人员表达的内容不做夸张或者情绪激动的神态,如惊讶、厌恶、奇怪、激动、恐惧、耻笑、气愤等,而应予以无条件的尊重和接纳。同时,可以通过言语和非言语的方式对求助者的倾诉做出反应,比如,"嗯""是的""然后呢""接下来呢"等,或者以点头、微笑、目光注视等回应。心理矫治的过程中倾听是最基本的技术。矫治工作初期,更应以"倾听"为主。正确的倾听要求心理矫治工作人员以机警和共情的态度深入服刑人员的感受中去,同时还要注意服刑人员在叙述过程中的语气停顿、语调变化以及表情、姿势、动作等,从而对语言做出更深层的判断。比如服刑人员说到在监房洗漱间与他犯发生争执事件,他可能对事件有以下不同的表述:①我与某某吵架了。②某某在洗漱间找我事。③别人在挑拨我与某某的关系,某某误解我了。从这些不同的表述中可以洞悉有关服刑人员的自我意识。如第一句对事件做了客观描述;第二句则是将事件的责任推给了当事另一方,这种人往往遇事容易推诿。第三句则是进一步将事件的发生归责为第三方,这种人遇事多疑,思维复杂,在求助过程中易话中有话。服刑人员描述人和事件时的措辞和语言结构,往往比事件本身更容易反映一个人的心理特点。

2. 倾听时容易出现的错误

（1）急于下结论。刚开始做心理矫治的人往往在真正了解服刑人员所述事实的真相之前,便急于下结论,提供矫治意见。这会对工作产生很多不利影响,如服刑人员会认为工作人员对他的话或者心理问题缺乏耐心,影响良好关系的建立;心理矫治工作人员也会因此对服刑人员的问题缺乏全面准确的把握,影响工作的针对性。若服刑人员察觉到这一点,就会对心理矫治工作人员的意见和矫治方案产生怀疑。

（2）轻视求助者的问题。缺乏矫治工作经历的心理矫治工作人员,往往对求助者的问题不敏感、不重视,甚至认为小题大做、无事生非、自寻烦恼,继而流露出轻视、不耐烦的态度。对于心理正常的人来说不是问题的问题,对于一些服刑人员来说可能因其思维方式、认知模式存在问题而无法对事物做出客观的评价,这便是心理问题之所在。

(3)干扰、转移求助者的话题。经验不足的心理矫治工作人员,由于对心理矫治案例缺乏规律性的探索,在与来访者的咨访过程中,很难找准心理症结所在,缺乏透过现象看本质的能力,故容易在心理矫治的过程中缺乏倾听的耐心,常常打断服刑人员的叙述或者直接转移话题,使得服刑人员无所适从。

(4)过早做出道德或正确性的评价。由于矫治对象来自犯罪人群体,其身上一般都集聚着恶习与不良价值体系,在访谈的过程中往往流露出一些不入耳的口头禅、不文明用语或者是极端的价值理念,作为心理矫治工作人员切忌马上做出道德性或者正确性的评价,如"你说话怎么这么不文明的""从这件事来看你的做法很自私""你怎么老是爱推卸责任""你的价值观念是不正确的"等。并不是说对服刑人员所有的表述都不能做评价,而是尽量不要轻易做评价,不要在服刑人员未叙述完问题时就插话,不要仅做评判而无有力的解释说明,能不做这样的评判时尽量改用他法。

(5)不适当的运用咨询技巧。一些心理矫治工作人员在心理矫治技巧的运用上往往会出现以下三方面问题:一是询问过多。如果心理矫治工作人员一开始就询问过多,容易使服刑人员处于被动提供资料的状态,不利于服刑人员理清自己的思路,也就无法充分表达自己。二是概述过多。概述服刑人员的话过多,不但占用时间太多而且容易使其怀疑矫治工作人员的领悟能力。三是不适当的情感反应。不适当的情感反应过多或者过重都容易对服刑人员产生心理暗示,如"你觉得很伤心""你受了很大的委屈"等,会煽起服刑人员的不良情绪,尤其当服刑人员已经对矫治工作人员产生信任之后,这些话对他的暗示作用就越大。

3. 倾听时给予适当的鼓励性回应

在倾听的过程中,心理矫治工作人员要进行一些鼓励性的回应,才能使求助者顺利地将表述继续下去,其中最常用、最简便的动作是点头。点头时应该认真专注,充满兴趣,配合以目光注视,但是点头也要适时适度。点头切忌随意、机械,如边点头边东张西望或者边点头边翻看无关书籍等。

案例介绍:王某,女,28岁,因心慌、手脚发冷,偶有惊恐感,小便增多等,主动提出心理咨询。自述近期经常做梦,时而梦见其三岁多的女儿发烧感冒了,时而梦中听到父母大声训斥她,时而梦到掉河里等。梦中惊醒后无法入睡,感到心力交瘁。

案例分析:通过对来访者的问题的初步分析,可能属于广泛性焦虑,这是一种没有明确对象和具体内容的焦虑症状,并同时伴有运动性焦虑现象,如坐立不安、来回徘徊等。

矫治措施:进一步了解其具体情况,包括目前的家庭状况、家人探监是否正常等,从中掌握其压力和强度,并适时给予共情,特别是对于其关注家人的现象要予以积极关注,并给予其宣泄和倾诉的渠道,缓解其内心紧张和压力。对于广泛性焦虑症个案适宜采取非指导性人本主义治疗,不断地给予倾听、支持、鼓励,以舒缓其紧张的情绪和精神压力。

(二)询问

询问即提问。良好的询问方式可以引导矫治对象自我了解和自我觉察,进行深入的自我探索和领悟,产生较好的心理治疗效果。心理矫治工作人员在询问时,要做到语气平和、礼貌、真诚,不能给矫治对象以被审问或被剖析的感觉。如何询问是一种技术,需要反复体会和实践。

1. 开放式询问

开放式询问通常是指心理矫治工作人员使用"为什么""是什么""怎么样"等词句对服刑人员进行发问,以引导求助者对有关的思想、情感、问题进行详细的回忆和说明。一般地,带"为什么"的询问可引出一些对问题原因的探讨,如"你为什么不自己去晒衣房收衣服",带"是什么"的询问能引起求助者陈述一些事实资料,如"那天在工场收工是什么时候""你丈夫(妻子)对你的案子是什么态度"等。而带"怎么样"的询问可以引起求助者对事件或情绪等的描述、认知,如"你认为心理咨询是怎么样的"。

(1)如何使用开放式询问。这与心理矫治工作人员对问题的需要以及所接受的理论基础有关,有些心理矫治工作人员不喜欢用"为什么"式的询问,以避免用情绪性的问题来讨论过去的事物,然而理性情绪学派以及精神分析学派的心理矫治工作人员则十分注重"为什么"的句子。

(2)开放式询问的前提。开放式询问的使用要在良好的咨访关系的基础上进行,否则容易使服刑人员产生被询问、窥探、剖析的感觉,继而产生阻抗心理。同时询问的语气语调也很重要,同样的话不仅会因咨访关系的不同而产生截然相反的效果,也会因语气语调的不同引起各异的心理反应,切忌语气逼人或指责训诫。

2. 封闭式询问

封闭式询问通常是指心理矫治工作人员使用"是不是""有没有""对不对"等语句对来访服刑人员进行询问,对方也只需做"是""否"式的简单回答。封闭式询问主要用来收集资料并加以条理化、澄清事实,获取重点,缩小讨论范围。当服刑人员的叙述偏离正题时,用来适当地中止其叙述,避免会谈过分的个人化。但是,过多的封闭式询问会使服刑人员陷入被动回答之中,压抑自我表达的欲望,挫伤陈述的积极性。在心理矫治的实践中,应注重发挥开放式询问和封闭式询问相结合的功效。

(三)鼓励和重复技术

鼓励,即直接地重复服刑人员的话或仅以某些词语如"嗯""还有呢?"等,来强化其叙述的内容并鼓励其进一步讲下去。鼓励除促进会谈继续外,另一个功能则是通过对求助者所述内容的某一部分、某一方面或者某一点做选择性关注,从而引导服刑人员的会谈朝某一方向做进一步的深入。

案例介绍:潘某,未成年犯,16岁,盗窃罪,父母早逝。总觉得自己命不好,内心时常处在压抑和痛苦之中,有自残现象,心理咨询时讲到自己常常失眠多梦,他在几次被碎玻璃割破手后疼痛袭来时,却感觉到全身非常放松,于是日渐沉迷在这种自残行为中。

案例分析:由于心情压抑、忧郁,加之长期无家人探监,加重了抑郁的程度,导致青少年抑郁症的出现。

矫治措施:让其了解自己的病状及病因,增强治愈疾病的信心。结合小剂量的多虑平药物治疗,消除其抑郁症状,恢复心理平静。在心理矫治中采用重复和鼓励技术:

潘某:每次看到他人有亲属探监就觉得很烦恼、失眠,不知该怎么办?

咨询师:(1)想念父母吗? ——小时候对父母的记忆

(2)父母如果在世,希望你活得怎样? ——天下父母心

(3)烦吗?失眠吗? ——你的感受、痛苦

(4)该怎么办? ——解决困扰

（注：不同的重复内容，会将问题向不同方向引导，影响咨询方向）

（四）内容反应

内容反应也称说明或者释义，是指心理矫治工作人员把服刑人员的主要言谈、思想加以综合整理，再反馈给服刑人员。心理矫治工作人员选择服刑人员的实质性内容，用自己的语言将其表达出来，最好是引用其言谈中最有代表性、最敏感、最重要的词语。内容反映可以使服刑人员有机会再次剖析自己的困扰，重组零散事件和关系。

（五）情感反应

情感反应与释义类似，但是情感反应主要侧重于对服刑人员进行情感说明的内容反馈。情绪是思想的外露，心理矫治工作人员往往通过对服刑人员情绪的了解来推测其思想和态度等。一般来说，情感反应与释义同时进行，比释义有更深的情绪含义。如"你昨天很气愤"是情感反应，而如果是"你认为生产组长向警官报告了你记错产量的事，为此你很气愤"，则是综合了释义与情感反应两种技巧。

情感反应具有捕捉服刑人员瞬间感受的功能，其最有效的方式是针对服刑人员此时而非过去的情感。例如，"你现在对弟弟不来接见的做法很不满"比"你一直对弟弟不来接见的做法有意见"来得有效。但也可能因这种针对此刻的情感反应对服刑人员冲击过大，而不如以过去的经验为情感反应那样更适宜。在心理矫治过程中，服刑人员常会出现矛盾情感和混合情绪。如既向往又排斥、既爱又恨的情感。发现困扰服刑人员的矛盾情感，对于发现服刑人员的心理症结具有很大价值。

（六）具体化

在服刑人员的叙述出现问题模糊、过分概括或概念不清等混乱、模糊、矛盾、不合理的情况时，心理矫治工作人员协助其清楚、准确地表达他们的观点、所用的概念、所体验的情感以及所经历的事件，称为具体化。这些问题往往是引起服刑人员困扰的重要原因，同时也因模糊叙述使思路更加混乱。心理矫治工作人员使用具体化技术可以澄清服刑人员所要表达的观念和问题，有利于弄清事实的真相，得到真实的信息。没有具体化技术的参与，在思维混乱的服刑人员案例中，心理矫治工作人员很难把握住心理问题的要点，也无法开展针对性的工作。求助者如出现以下情况时，可采用具体化技术。

（1）问题模糊。当服刑人员表达一些非常模糊、笼统的情感体验、观念或概念时，如"我很烦""我觉得很无聊""做人没意思"等，他们往往会沉浸在自己界定的情绪氛围中，不能自制。这种情况下，他们自己不能确切表达自己的思想、情感，对情感的体验模糊，也搞不清楚这些情绪的具体来源。这时候心理矫治工作人员应使用具体化技术，使求助者的情绪体验逐渐清晰。

（2）过分概括。一些服刑人员存在以偏概全的思维方式，对事物的定性过分夸张。服刑人员常把对个别事件的意见上升为一般性结论，把对事的看法发展到对人的评价，把发生频率和时间扩大化等。例如，"男人里没有好人，都是感情骗子""社会是没有公平的，到处黑暗"等。这时候，咨询师应运用具体化技术予以澄清。

（3）概念不清。一些服刑人员常出现乱贴标签、概念含义理解有误或不恰当使用某些概念的情况，有些甚至到了十分离谱的程度。例如，服刑人员说："我有抑郁症。"问："有什么症状？"答："睡不着。"问："还有什么症状？"答："入睡时间要两三个小时，早上很早醒来睡不着。隔壁寝室有个人有抑郁症就是睡不着引起的，现在已经住院了。"这个时候心理矫治工作人员应当用层层解析、由表及里的方法，将其问题具体化。

（七）参与性概述

参与性概述是指心理矫治工作人员把服刑人员的言语和非言语行为包括情感综合整理后，以提纲的方式反馈给服刑人员。参与性概述可使服刑人员对自己的叙述一目了然，也有助于其在暂停的过程中回顾自己的情况。参与性概述可用于叙述完一个重大事件时，也可用于一次访谈结束前，还可用于一个阶段完成时。只要认定服刑人员所说的某一内容已基本清楚，便可做一小结性的概述。

（八）非言语行为的理解和把握

（1）非言语行为的运用。例如，服刑人员改变坐姿为背靠椅背，可能表现为不耐烦、疲惫、怀疑、不想继续会谈等。非语言行为能提供许多言语不能直接提供的信息，甚至可能是服刑人员想要回避、隐藏、作假的内容。正确把握非言语行为，需要心理矫治工作人员多加观察、比较和分析思考。

（2）非言语行为具有因人而异的特性。观察和分析非言语行为是一门微妙而复杂的技术，同样的行为在不同人身上所表达的含义不同。

（3）注意非言语行为和言语内容的区别。当非言语行为和言语内容出现不一致的情形时，要注意抓住其不一致的信息，由此可能会发现心理问题的真实根源。

案例介绍：陈某，男，38岁，入监后常常情不自禁地过分夸大自己的缺点，甚至毫无根据地臆造出许多自己的弱点，还总爱拿自己的短处与他人的长处相比。由此，他失去了改造自信心，将自己看得一无是处，对那些自以为无力完成或实际上稍加努力就能完成的生产任务都认为无法完成。心理咨询时反复出现坐立不安、身体前倾、声音轻微等现象，并始终坐在椅子的一个小角上。

案例分析：陈某的问题属于非病理性一般心理问题中的自卑。

矫治措施：耐心倾听其倾诉，关注其神情但不紧盯住矫治对象，当他重复表述其观点时，适时点点头、微笑、用嘴角与眉毛的变化状态表示理解等，使其感受到工作人员对他的话感兴趣。通过非言语行为的引导，让其得到倾诉宣泄。同时，适时提问过去成功的经历让其增强自信，亦可针对"过分夸大自己的缺点"和"臆造出自己弱点"的情况提出质疑，可以运用面质技术，帮助其使用正向的自我评价。

二、影响性技术

在心理矫治过程中需要对服刑人员实施干预时，常常会用到影响性技术。影响性技术同样也有八个方面，与参与性技术不同的是，参与性技术主要用了解服刑人员的问题，多在摄入性会谈中采用这一技术；而影响性技术则是在咨询实施过程中对服刑人员进行矫治干预时采用。

（一）面质

面质指的是在服刑人员言行、理想与现实、前后言语等方面发生不一致时，心理矫治工作人员指出其身上存在的矛盾。面质也称对质、对峙、对抗、质疑等。当以下矛盾出现时，心理矫治工作人员可以运用面质技术。

（1）言行不一致。服刑人员接受心理矫治时的言语与平时的行为表现不一致，如"你说休息天你都在寝室里看书，但是警官观察发现你多数时间在大厅与人聊天"。

（2）理想与现实不一致。服刑人员想象中的自己与现实中的自己不一致，如"你说寝室人员都想选你当组长，但是上星期选组长时你的票数很低"。

（3）前后言语不一致。服刑人员前后叙述的事实不一致，如"你刚才说你妈妈每个月都给你账上存钱，现在又说你上个月因没钱没订购食品"。

（4）咨访意见不一致。心理矫治工作人员对服刑人员的评价与其自我评价有出入，如"你说你反应不够灵敏，可是我觉得你很机灵"；心理矫治工作人员与服刑人员对咨访关系的看法有差异，如"你认为我们谈话进行得很困难，可是我觉得我们配合得很好"。

心理矫治中使用面质的目的是协助服刑人员促进对自己的感受、信念、行为及所处境况的深入了解，激励其放下自己有意无意的防卫心理、掩饰心理，面对自己、面对现实，并由此产生富有建设性的活动。需要注意的是，面质具有一定的威胁性，所以在实际矫治工作中需要根据具体情境尤其是矫治关系建立的程度，选择适当的用词、语气、态度。一般来说，心理矫治关系没建立好应避免面质；不得不使用时，可以考虑应用尝试性的面质。例如，"我不知是否误会了你的意思""你似乎……""不知我这样说对不对"等。

（二）解释

解释是指运用某一种理论来描述服刑人员的思想、情感和行为的原因与实质。解释被认为是面谈技巧中最复杂的一种，与释义的区别在于：释义是在服刑人员的参考框架中说明实质性内容，而解释则是在心理矫治工作人员的参考框中运用其理论和人生经验来为服刑人员提供一种认识自我的思维与方法。解释是理论联系实际而做出的富有创造性的解释，与心理矫治工作人员个体水平的高低、学识的渊浅有很大的关系。心理矫治工作人员在进行解释时，要明确自己想解释的内容，并对什么样的人在什么时间运用什么理论、怎样进行解释都要有适当的把握。影响解释效果的因素并非是单一的，它不仅取决于心理矫治工作人员掌握知识的多少，还在于灵活地、熟练地、创造性地在心理矫治个案中运用知识的程度。心理矫治工作人员不可将解释强加给服刑人员，而要针对不同的个体进行适当的"匹配"。

（三）指导

指导是指心理矫治工作人员直接地指示服刑人员做某件事、说某些话或以某种方式行动。指导是影响力最明显的一种技巧，心理分析学派常指导求助者进行自由联想以寻找问题的根源。行为主义学派常指导求助者做各种训练，如系统脱敏法、满灌法、放松训练、自信训练等。人本主义中的完形学派习惯于做角色扮演指导，使求助者体验不同角色下的思想、情感、行为。理性情绪学派则针对求助者的各种不合理观念予以指导，用合理的观念代替不合理的观念。心理矫治工作人员不管运用何种学派的理论，都应当具体情况具体分析，采用有针对性的指导方法。

（四）情感表达

情感表达指的是心理矫治工作人员将自己的情绪、情感活动状况告诉服刑人员。与情感反应的区别在于，情感反应是心理矫治工作人员反映服刑人员所叙述的情感内容，而情感表达则是表述自己的情感内容。心理矫治工作人员的情感表达既可以针对矫治对象，也可以是针对自己，或针对其他事物。正确使用情感表达，既能体现对矫治对象设身处地的反应，又能传达自己的感受，使其感受到一个可亲可近的心理矫治工作人员形象，从而更易被来访者接受。同时，心理矫治工作人员的这种开放式情绪表达方式也为矫治对象做出了示范，易于促进其自我表达。

（五）内容表达

广而言之，心理矫治工作人员传递信息、提建议、给保证、反馈、解释、指导、自我开放和影响性概述都是属于内容表达。心理矫治过程的各项影响技巧都离不开内容表达。内容表达与内容反应不同，前者是心理矫治工作人员表达自己的意见，而后者则是其反映矫治对象的叙述。虽然内容反映中也含有心理矫治工作人员所施加的影响，但比起内容表达来，则要显得隐蔽、间接、薄弱得多。来访者中心学派、非指导型咨询师多用内容反应，而希望直接施加影响、表达自己观点的咨询师则多喜欢内容表达。心理矫治工作人员在内容表达过程中要注意缓和与尊重，如"我希望你……""如果……会更好"。一般不要用肯定的语气，如"你必须……""你一定要……""你只有……才能……"等，否则会影响矫治的效果。

（六）自我开放

自我开放指的是心理矫治工作人员提出自己的情感、思想、经验与矫治对象共享，也称自我暴露、自我表露。它与情感表达和内容表达十分相似，是两者的特殊组合。自我开放在面谈中十分重要，心理矫治工作人员的自我开放与矫治对象的自我开放有同等价值，它能够促进建立矫治关系，能借助于心理矫治工作人员的自我开放来实现矫治对象更多的自我开放。自我开放一般有两种形式：一是心理矫治工作人员把自己对矫治对象的体验感受告诉对方；另一种是心理矫治工作人员暴露与矫治对象所谈内容有关的个人经验。自我开放应以有助于促进矫治关系、促进矫治对象进一步自我开放和深入地了解自己、加强矫治效果为准则。

（七）影响性概述

心理矫治工作人员将自己所叙述的主题、意见等经组织整理后，以简明扼要的形式表达出来，即为影响性概述。影响性概述可使矫治对象有机会重温心理矫治工作人员所说的话，加深印象，亦可使心理矫治工作人员有机会回顾讨论的内容，加入新的资料，并借此强调某些特殊内容，提出重点，为后续交谈奠定基础。影响性概述与参与性概述不同，前者概述的是心理矫治工作人员表达的观点，而后者概述的是矫治对象叙述的内容。因而，前者较后者对矫治对象的影响更为主动、积极和深刻。影响性概述既可在面谈中间使用，也可在结束时使用，有时也和参与性概述一起使用。

（八）非言语行为的运用

非言语行为在心理矫治中的作用有三个方面：一是加强言语意义。手势和面部表情与言语一起出现，可使言语的意义更丰富，情绪色彩更鲜明。二是配合言语，如讲话者如果想继续说下去，那么他会把手停在空中。三是实现反馈，听话者对讲话者做出持续的反应，如用嘴和眉毛表示同意、理解、惊讶、不满等，以此传达情感。心理矫治工作人员常用非言语形式表达自己对对方的喜欢、理解、尊重、信任的程度，像面部表情和声调这样的非言语暗示有时比言语信号影响更大。非言语行为的运用如下：

（1）目光注视。在传递信息的所有部位中，眼睛是最重要的，它可以传递最细微的感情。一般来说，当心理矫治工作人员倾听服刑人员叙述时，目光往往直接注视着对方的双眼。而当自己在讲话时，这种视线的接触会比听对方讲话时少些。不管何种情形，心理矫治工作人员的目光大体在对方的嘴、头顶和脸颊两侧这个范围活动为好，给对方一种舒适、很有礼貌的感觉。因为目光范围过小会使对方有压迫感，而目光范围过大则会显得太散漫、随便。

（2）面部表情。在理解面部表情时，需要注意的是，有些人体动作在某种情况下可能根本没意义,而在另一种情况下却包含了许多内容,而且内容的含义也可能很不一样。比如,皱眉可以简单地理解为一句话的中间停顿,在另一种情况下也可能是"心里冒火"或"讨厌"的信号,或者是思想集中的表现。心理矫治工作人员自身的面部表情要表达正确的信号,防止引起歧义。同时,在观察矫治对象的面部表情时,也要确切把握对方的含义,即注意联系其他一系列的非言语行为,判断其实际的情绪。

（3）身体语言。心理矫治工作人员和矫治对象的身体、手势的运动及位置在相互沟通中起着重要作用,即使微小的反应也能反映咨询状况的某种变化。心理矫治工作人员要善于观察对方身体语言的变化,始终把握住矫治过程中的主动权。

（4）声音特质。声音通常包括嗓子的音质、音量、音调和言语速度。人们借助于声音的轻重缓急来自觉不自觉地表达自己错综复杂的思想和感情。心理矫治工作人员不仅要善于判别矫治对象声音变化所表达的含义,还要善于运用声音效果加强所表述内容的意义及情感。例如,停顿,有时是一种强调以引起矫治对象的重视,有时是一种询问以观察矫治对象的反应,有时则是给矫治对象提供一个思考的机会。

（5）空间距离。心理矫治双方的空间距离也具有非言语行为的特征。一般来说,在专设的矫治室里,座位可能相对固定,双方按各自位置就座即可。但座位的布置则应符合有助于矫治关系建立、彼此感到适宜的原则,距离以 1 米左右为好。空间距离的安排还应当考虑视角因素,如有的矫治对象希望面对面交谈,觉得这样有更多的目光和面部表情交流,言语沟通比较直接;也有的矫治对象不习惯太多的目光接触,则可以安排成直角而坐。

（6）衣着及步态。衣着也可以视为非言语交流的一部分,矫治对象的衣着整齐与否,有时会体现出其不同的心情。同时,矫治对象进治疗室的步姿及动作,对于心理矫治工作人员把握其心理特征亦是有价值的,那些垂头丧气、痛苦不堪的矫治对象从他们进门的一刹那,就提供了某种情绪的特定表现。心理矫治工作人员要善于对矫治对象的衣着及步态情况进行观察,捕捉他们当时情绪的基本信息。

思考题

1. 为什么心理矫治工作应确立整体性观点?
2. 洞察分析与综合能力在服刑人员心理矫治个案中的作用有哪些?
3. 心理矫治的倾听环节容易发生哪些错误?
4. 案例 背景资料:钱某,男,23 岁,犯抢劫罪入狱,刑期 10 年,家住山区,家庭经济条件较差,自幼性格腼腆,说话少,伙伴不多,不太会与人交往,初一辍学,外出打工,经常打架斗殴,后结识抢劫团伙,二进宫。入监后待人淡漠,孤独感和自卑感较强,情绪很不稳定,常为小事争执。SCL-90 测验结果:恐怖、人际关系、焦虑、抑郁指数超过正常范围。自诉:自小就不太会与人打交道,入监后总感到同室服刑人员要欺负他,经常怀念小时候的生活,不想

 与人说话,担心父母身体不好、没人照顾,内心越来越感到空虚、孤独,情绪时好时坏。

试根据该案例中服刑人员的心理特征,指出在运用咨询技巧时应注意什么?

第十一章阅读材料

第十二章　心理矫治实务若干问题探索

服刑人员心理矫治作为一种区别于劳动改造、教育改造和狱政管理的独立的改造手段，越来越受到矫正机构的重视，对促进服刑人员有效教育矫正的作用也越来越凸显。但是，在服刑人员心理矫治工作迅速发展的同时，也逐渐暴露出一些问题与不足，如符合我国矫正机构本土化发展的心理矫治模式如何构建？越来越庞大的心理咨询师队伍如何管理，并使他们健康、良性成长？服刑人员心理矫治工作又如何实现专业化和职业化？

本章从监狱心理矫治模式、心理咨询师健康维护、心理矫治职业化发展等方面做一些探讨，以期促进我国服刑人员心理矫治工作的健康发展。本章主要从监狱与未成年犯管教所角度来阐述，其他矫正机构可资参考。

第一节　监狱心理矫治模式

任何事物发展到一定的成熟期时，就会出现它特有的模式。监狱心理矫治工作从 20 世纪 80 年代的探索期，到现今的全面铺开、全面推进，除了继续学习、引入国内外心理矫治的模式与方法之外，必须认真思考，建立起一种适应于我国矫正机构的本土化矫治模式。监狱心理矫治模式一旦确定下来，矫正机构心理矫治工作的开展就有了规范化、科学化的指导。本节从个案矫治模式和服刑人员心理健康指导中心运作模式两方面做介绍。

一、个案矫治模式

服刑人员个体心理矫治在当前的矫治实践中主要有四种模式：发展模式、医疗模式、改造模式、全员训导模式。

（一）发展模式

发展模式，是以健康心理为导向，帮助来访服刑人员挖掘心理潜力，注重提高服刑人员自我认识和生活质量的矫治模式。该模式将服刑人员的很多心理问题不看作疾病，而看作正常发展状态下的偏差或偏离。它的理念是"健康导向、平等关系、着眼发展、重视潜力"。该模式结合了后现代咨询流派，比如焦点解决、短期心理咨询和叙事治疗等流派的理念。关注来访者身上正向的、积极的资源，相信来访者是有能力、有潜能解决自己的问题的，咨询师只是"引发"来访者运用自身存在的能力和经验，从而促进来访者的"改变"。咨询师因持正向的、积极的基本态度，更容易以平等的身份与来访服刑人员建立良好的咨访关系。发展模式的运作方式遵循：普及心理健康知识—增加服刑人员自我认识能力并产生寻求帮助的自觉性—发展性心理咨询—使服刑人员提高自尊、自信并获得人格成长。

【案例一】

发展模式咨询(片断)

来访服刑人员张某,外在印象:坐下时动作生硬,表情傲慢,说话声音很小,几乎听不清楚。基本情况:因走私毒品、贩卖和运输毒品罪被判处无期徒刑,2009年入监。

心理咨询师:(咨询师看其状态不佳做了简要的寒暄)请问这次来想和我谈些什么呢?

来访者:(面无表情、生硬地表示)没什么好说的,只是想来看看咨询是什么样的。

心理咨询师:听得出关于是否真的参加咨询,你是有些纠结的,那么,你想改变什么呢?(尽量引导来访者回到正向的叙事中来)

(来访者微微抬头后,出现第一次沉默)

心理咨询师:刚才我看到你迅速抬头的变化,我知道其实你也是想说点什么的,是吗?我会遵守我们咨询师的职业操守要求,对谈话内容会严格保密,你可以放心地和我说说。

来访者:(还是很不配合,也很消极)没什么好说的,也不想说,说了也没人关心的。

心理咨询师:你心里非常孤独。

来访者:(抬起了头)我犯罪了,父母不要我了,我对自己的判决又不服,没人理解我。

心理咨询师:因此,你的内心非常孤单,觉得没人理解你、支持你,而事实上你又非常渴望获得理解与支持,或者说,你很希望有人能听你说点什么。

来访者:犯罪了,我自己也知道错了,但对判决我是不服的。可是这时我的父母却不认我这个儿子了。我内心也有委屈,很想找人说说,可是,我又不知道这里谁会是我的朋友,而谁又可能只是把我说的话当笑话。

(一直说话声音都轻轻的,说到这里,突然加重了一点)

心理咨询师:我能理解你的处境。目前,你的内心非常渴望被理解,而事实上你也是希望能找到一个能让你说说心里话的朋友。

来访者:(开始慢慢地用目光来接触咨询师)是的,有时,我真的一点勇气都没有了。

心理咨询师:一个人的孤独是不好受的,这份感觉我能理解。我相信,在你的同伴中,也会有很多人能理解你的这份感受的。那么,现在就让我们来看看有什么好的办法,可以在同伴中找到一个安全的倾诉者,好吗?

在这个咨询片断中,咨询师没有急于给来访者下结论——你可能有抑郁倾向,在稍稍了解了一点来访者情况后,咨询师也没有马上给来访者做指导——在人际关系中你应该怎么样,而是引导来访者一起来探讨这个问题,让来访者回到主动的位置中来。这种模式是可以在今后的个体心理咨询中常用的。

(二)医疗模式

医疗模式,是指以病理心理为导向,矫治专业人员作为医生和专家的角色,把来访者视为病人,注重对病人心理疾病的诊断和分析,在此基础上制定和实施治疗方案,直到病人病情有转机或痊愈的过程。其基本理念为:病理导向、医患关系、着眼疾病、重视技术使用。在医疗模式中,咨询师是主动的,而来访者是被动的,一般在精神科的治疗中经常使用该模式。但是,因为目前咨询师的培训比较简单与程序化,又大多没有深厚的心理学理论基础,因此,在经过短暂的考证培训后,很容易让新咨询师以此模式开展咨询工作。在咨询时,动辄就用上"我觉得你的病因是""你的症状是"等字眼。医疗模式的运作方式是:来访者主动求助,或被劝导求助—症状评估与诊断—主要由咨询师拟订咨询方案—进行咨询。

【案例二】

医疗模式咨询(片断)

来访者:我最近一到厂房里就害怕。

心理咨询师:除了心里害怕还有其他的症状吗?

来访者:走在厂房的路上,我的腿就会不由自主地发抖,到了厂房时,手心、后背都开始冒汗了。

心理咨询师:你有没有做过体检呢?

来访者:前段时间刚体检过,医生说我身体特别好。

心理咨询师:你说身体检查是好的,那根据你的症状,我认为你可能得了"恐惧症"。你们工厂里是不是发生过什么事了?

……

心理咨询师:现在可以完全确认你患了"恐惧症",现在我教你几个缓解"恐惧症"的方法。

这是一位初学咨询师做的个案。在个案中,对来访者的诉说,急于寻找症状,在确认症状成立后,就急于告诉来访者怎么办。这样的咨询,可以说对来访者是缺乏有效理解与沟通的,对来访者的帮助是表面的其至是误导的。在现实工作中,除了精神病医生的治疗可以用此模式(当然前提也是医患双方进行了有效的沟通)外,心理咨询师应避免该模式的使用。

(三)改造模式

改造模式,是指将心理咨询、法制教育、思想教育融为一体,由监区、分监区从事教育改造工作的人员来完成,以心理辅导和思想教育为主导,以咨询、谈话、教导为主要方式,与服刑人员谈话或进行心理咨询的主要目的在于摸清服刑人员的心理状况和思想脉搏,以便有针对性地进行矫治和改造,从而达到维护狱内安全、提高改造质量的最终目的的一种矫治模式。其基本理念为:思想导向、教导关系、着眼安全、重视探测不良思想,属于广义的心理矫治范畴。目前,在具体的改造工作中比较常见。工作人员虽然没有经过具体的心理学专业培训,但在个别教育谈话中使用部分心理学知识,对提高个别教育质量有一定作用,但由于目的和谈话方式与心理矫治的专业要求不同,容易阻碍心理矫治工作的专业化发展。

【案例三】

改造模式咨询(片断)

来访者:方某(生产小组长)

咨询背景:方某与李某因为服装质量问题发生了争吵,心里难受,前来找民警诉说。

咨询师:这么不高兴,碰到什么事了?

来访者:(一开始没敢说话)

咨询师:说吧! 不要这么扭扭捏捏的。

来访者:(因为受到了咨询师的鼓舞,开始叙述)刚才因为服装质量上的一点事情,和李某吵了一架。

咨询师:你把事情讲具体些,让我来看看,你们谁对谁错?

......

咨询师：好了，我知道了，不管怎样，你是组长，你要带好头的，不要随意去和别人起冲突。

在这个咨询片断中，咨询师虽然能用具体化、鼓励等心理咨询的技术，但没有很好地表现出倾听与理解的咨询素质，忽略了来访者来找咨询师的最初内在感受或目的。作为咨询方式之一，是不提倡的。咨询师应遵循心理学的原理与方法，在咨询中尽量避免这类情况的出现。但是，在平时的教育改造工作中，如果在谈话中，适当、合理地应用一些心理学的原理，以使谈话更有效果，是可行的。

（四）全员训导模式

全员训导模式，是指全体监狱人民警察投身服刑人员心理矫正中，着眼于对服刑人员的心理训练和发展指导，要求民警全员提高改造工作的心理策略水平，在服刑人员服刑期间和所有改造场合，全面负起对服刑人员全员的心理训导责任，科学地将心理训练和发展指导活动，融入日常的改造工作中去。其基本理念为：心理决定导向、训导关系、着眼全员参与、重视传统经验和日常训练。此模式就是本书在第十章中介绍的"矫正性谈话"模式，是以心理学及其相关学科（如教育学、社会学、犯罪学）理论为基础而开展的谈话。全员训导模式或矫正性谈话模式的开展贯穿于服刑人员教育矫正工作的全过程。

随着教育改造工作要求的不断提高，在全体民警中普及心理学知识，逐渐将矫正性谈话引入到日常的改造工作中来，已成为必然的趋势。关于矫正性谈话的具体内容详见本书第十章。

二、监狱三级矫治机构模式

为使监狱心理矫治活动能健康、良性发展，逐步走向专业化、职业化道路，在监狱以及未成年犯管教所开展心理矫治活动时，应当建立"三级矫治机构模式"，以便更好地促进心理矫治工作的开展。

"三级矫治机构模式"是指为了促进监狱等矫正机构开展心理矫治工作，应当在省监狱局、监狱与监区（含分监区）三个层面建立层级分明、职能明确、相互支持、共同促进的工作模式。

第一级为监狱管理局心理矫治工作指导与督导机构。该机构设在省监狱管理局，由专职和兼职人员组成。兼职人员包括：科研院所心理学专家、社会心理咨询专家、精神科专家、监狱优秀心理咨询师数名。其主要职责是：心理矫治工作的规划，上级与同级以及有业务关系的其他系统（如省监狱管理局与公安厅看守所管理机构间业务交流与协调）部门之间的工作汇报、沟通与协调，心理咨询师整体队伍建设与发展，心理矫治工作的研究与交流，疑难个案专家会诊等。具体工作是：对一个省的心理矫治工作进行整体规划；协调矫正机构之间以及与上级、同级或相关业务部门之间的心理矫治工作；组织开展矫正机构心理咨询师的培训与督导；指导各监狱开展心理矫治工作、参与监狱疑难个案会诊工作；指导开展服刑人员司法精神病鉴定工作；其他应当由省局心理矫治工作指导与督导机构应做的工作。

第二级为监狱服刑人员心理健康指导中心。服刑人员心理健康指导中心可隶属于教育改造科，也可成为独立的科室。如果隶属教育改造科，应配备1名现职副科级领导，以更好地指导全监心理矫治工作，同时有利于更好地开展各项工作的配合。对于"中心"组成人员，由专职与兼职人员组成。专职人员按规定配备,但不少于 3 名;兼职人员分散于各部门,定期从事心理矫治工作。其主要职责是:对监狱心理矫治工作进行规划,建章立制,组织开展心理矫治的各项工作,心理咨询师队伍建设,经验总结、评比、交流,疑难个案会诊与司法精神病鉴定等。具体工作是:对监狱的心理矫治工作进行规划;建立监狱心理矫治工作规章制度;制订并落实年度工作计划;指导监区开展心理矫治工作;组织开展监狱心理健康教育活动;对全监狱的心理咨询师进行统一调配,并协调开展危机干预,以及各监区心理矫治工作;对监狱疑难矫治个案组织专家会诊与司法精神病鉴定;组织监狱心理咨询师开展心理矫治的研究与交流,培训与进修;对监区心理矫治工作进行检查与考核;完成上级心理矫治工作指导机构分配的工作。

第三级为各监区(分监区)心理辅导站。其主要由服刑人员所在单位的心理咨询信息员和监区(分监区)管教领导组成。其主要职责是:负责对本监区服刑人员开展除个体咨询外的其他各项心理矫治活动,服刑人员个体咨询则实行交叉咨询。具体职责是:组织开展本监区(分监区)服刑人员心理评估,建立心理档案;组织心理健康教育活动;完成交叉咨询任务;上报本监区(分监区)需要咨询服刑人员名单,由监狱心理健康中心负责安排咨询师咨询;对需要危机干预的服刑人员开展心理危机干预工作;对顽危服刑人员建立心理专档;组建监区(分监区)服刑人员心理健康互助小组;定期分析服刑人员心理动态;对疑难个案上报监狱心理健康教育中心安排专家会诊;完成监狱安排的其他心理矫治工作。

第二节　心理咨询师健康维护

根据司法部的相关规定,各监狱按在押服刑人员数的 2% 配备心理咨询师,到 2016 年年底,仅浙江省监狱系统已取得国家心理咨询师资格的民警就有近 4000 人(包括二级和三级)。相对社会咨询师的人数来看,这个比例已相当可观。在这个庞大的队伍中,经过系统的专业教育和训练的心理咨询人员却较少。除少数是医学、心理学、教育学专业外,大多数是其他专业,如法学、经济学、管理学、监狱管理等,只经过了 3 至 6 个月的短期培训,所以需要在实践中不断摸索和积累经验成长起来的。实践证明,这种短期培训显然不能很好地协助新手成长。经过一段时间的工作,很快就会显现出职业的"瓶颈期",在咨询中甚至在生活中出现迷茫、困惑等情绪,影响到监狱民警的正常生活与工作质量。

同时,各监狱数量众多的咨询师都是分散在各个部门工作,往往还承担着非咨询工作。一些民警只是作为一个"考证人"出现,考心理咨询师资格是由单位安排,以完成队伍建设指标;不是自觉自愿从事心理矫治工作,职业归属感不强,也就不能很用心、很主动地做事。可以说,目前我国监狱系统心理咨询师队伍已经较为庞大,但是专业素质却显得不足,并且缺乏有效的管理。

一、心理咨询师心理健康维护的必要性

(一)咨询师个人成长的需要

任何一名咨询师在专业理论知识、实践操作以及个人修养上,总是存在着或多或少的局限性。而如果自身存在心理误区或盲点,往往会对心理咨询工作产生一定的消极影响。心

理咨询界有一句行话:"心理咨询师能走多远,带领你的来访者就能走多远。"

监狱系统相对社会其他行业来说,与社会的联系较少,平时的工作也相对封闭,所以相互间交流业务、探讨工作、获取信息和互相支持的机会与资源都较少。这种情况对心理咨询师的成长是十分不利的。在咨询现实中常常会听到有的咨询师感叹:"有时咨询时,明明已和来访者一起分析出他的问题的原因,但这时我却不知道该怎么办好了。"

(二)咨询师"瓶颈期"问题凸显

随着监狱心理矫治工作的正常开展,咨询师心理咨询个案也逐渐增多,遇到的问题各种各样:有认知问题的,有情感问题的,有家庭关系问题的,有监禁环境中人际关系问题的,有服刑期改造问题的,还有刑满释放前心理问题的等。每一次咨询,除了做好咨询时的 60 分钟工作外,还要完成个案材料的整理。每一个来访者都可能给咨询师带来许多负面信息或负性情绪,但同时却又得不到有效的技术指导与督导,慢慢地咨询师的工作"瓶颈期"就出现,得不到有效缓解就会出现职业倦怠。这是一种个体无法应付外界超出个人能量和资源的过度要求而产生的心神耗竭状态。出现这种状态的咨询师,在平时的工作生活中会无缘无故地表现出焦虑、过度紧张、精力不足、身心疲惫、易怒、工作效率降低、生活质量下降等情况。

(三)咨询对象的特殊性

近几年,随着社会法制环境的提升,对服刑人员教育改造质量提出了更高的要求,心理矫治也成为继教育改造、劳动改造、监管改造之后的第四个改造手段被广泛认可。服刑人员作为一个特殊的咨询群体,不像社会咨询对象那么主动、那么纯粹,还有很多可能并不是心理上的问题,如刑事政策问题、法院判决问题、监禁障碍等。这些问题是咨询师必须面对并需要有所了解的,这扩大了咨询师的工作边界;而且我国的法制在不断完善中,需要咨询师不断学习新的法律知识与刑事政策,从而带来一些心理咨询外的冲突。长此以往,会使矫正机构的咨询师产生更大的心理负担。

种种现状都表明,在监狱系统必须尽快建立起符合监狱实际的维护心理咨询师身心健康的体系,以避免出现无效或有害的心理咨询,甚至对咨询师个体本身产生不良成长与有害影响。

二、维护咨询师心理健康的措施

知识需要更新,能力需要发展,经验需要积累,心理咨询师职业的特殊性决定了咨询师的成长是一个动态的过程,是一个终身学习的过程。所以,每一级矫正机构都应当重视监狱心理咨询队伍的培训、管理与维护工作,使咨询师队伍培训实现"持久化"、管理实现"制度化"、维护实现"终身化",努力造就一支专业素养优良、身心健康的心理咨询师队伍。

维护心理咨询师的身心健康,可以通过加强对咨询师后续知识技能的培训、寻求专业"督导"、自我减压、学会放松、不断加强自身学习实现自我成长等途径来实现,具体见本章第三节中的"建立健全心理咨询师队伍素质专业化的培育体系"。

三、建立咨询师督导机构

近年来,我国服刑人员心理矫治工作发展迅速,按司法部《教育改造考核标准》,要求各监狱100%开展心理健康教育,100%对服刑人员进行心理测验,100%为服刑人员建立心理健康档案。同时,对各监狱咨询师的配备及工作开展有了明确的要求。但是,现实表明各级心理矫治工作的开展还是缺乏"工作规范"的督导、"咨询师个体心理健康"的督导,因此各省咨询师队伍系统管理已是迫在眉睫。从维护咨询师心理健康和更有效地开展工作的角度出发,各省监狱管理局成立"心理咨询师督导机构"非常迫切、非常必要。"心理督导"是对长期从事心理矫治工作的心理咨询师和治疗师职业化过程的专业指导。心理督导在西方的心理咨询培训体系中占有非常重要的地位,是伴随着咨询师整个生涯的一项重要内容。

咨询师督导机构的功能有:一是对全省服刑人员心理矫治工作的决策起建议作用和指导功能,以保证服刑人员心理矫治工作开展的专业性、规范性和统一性,保护来访服刑人员的健康与利益;二是维护监狱系统心理咨询师心理健康,及时解决心理咨询师的心理问题、职业倦怠问题、咨询困惑问题等;三是对获证心理咨询师的再培训与考核。

(一)机构设置及人员配备

心理咨询师督导机构设置在省监狱管理局,可隶属于政治部,由专职和兼职人员组成。专职人员,一般配备1~3名,必须是心理学专业硕士研究生及以上学历,有较为深厚的心理学知识与心理咨询经验,具有一定的督导能力。兼职人员人数可不限,根据需要随时调整、补充。人员方面以社会资深心理咨询专家并有督导资质的组成。

(二)经费及制度保障

应当给予心理咨询师督导机构经费保障,并建立相应的管理制度,实现督导工作制度化管理。

(三)运行

心理咨询师督导机构的建立,目的在于规范矫正机构的心理矫治工作,维护在册心理咨询师的身心健康。所以,不管是对矫治工作的督导、心理咨询师身心健康的督导,还是对个案的督导,都要常态化地开展。

第三节 心理矫治职业化

随着社会历史发展,各行各业分工越来越细,专业化、职业化程度要求也越来越高。监狱工作也一样,现代社会对监狱职能提出了更高的要求,必然对监狱警察也提出职业化的要求,将原来粗放型的职业分类转为专业化的职业分工,如刑务处理、安全管理、教育矫正、心理矫治、警务保障等。只有科学化的设置、专业化的训练、有序化的管理,才能构建专家型的管教队伍体系。

一、行刑工作发展趋势分析

21世纪是一个现代化科技、文化、信息和政治文明高度竞争发展的时代。人们的思想、观念空前活跃,社会的进步、人类的文明,成为时代发展的主流,而监狱工作文明程度正是折射时代文明水平的一面镜子,它从一个特殊的视角集中反映出所在社会的管理理念和文明进步的程度,在日益广泛的国际交往中,行刑制度逐步走向国际化大趋势。

在发达国家的监狱中,监狱工作人员是有明确分工的,一般而言,可以将监狱工作人员分为四部分:一是监狱行政管理人员;二是监狱看守人员;三是监狱矫正工作人员;四是辅助人员。服刑人员心理矫治主要是由矫正工作人员承担。矫正工作人员通常要求有高等学校相关专业的学历并受过一定的专门训练,职业化程度要求较高。

对服刑人员开展心理矫治工作,是欧美、日本、新加坡等地监狱对服刑人员矫正的主体内容。西方各国监狱普遍配有一定比例的心理工作者,并形成了一套工作机制,积累了丰富的经验。无论是一般的矫治方法如社会技能训练、态度转变方法、愤怒情绪控制、行为矫正方法、人际互动技巧等,还是针对未成年服刑人员、女性服刑人员、性犯罪人员、累犯、毒品犯罪人等各类"犯罪人"的具体矫治方法,都已形成比较完备的体系。在矫治效果的评价方面,也有一些值得借鉴的具体做法。

我国近30年来,经济社会快速发展,科学技术日新月异,随着社会竞争日趋激烈,生活节奏日益加快,社会成员的心理压力、心理失衡、心理问题,甚至心理疾病也随之而来,心理问题、心理障碍正越来越成为备受关注的社会问题,心理健康教育、心理咨询、心理治疗等应运而生。同普通人相比,心理问题在"犯罪人"这类特殊群体中表现得更为普遍和严重。犯罪心理学研究表明,各类刑事案件的"犯罪人"都有其特殊的犯罪心理,一些人违法犯罪的诱因往往就是心理问题或不良的心理素质造成的。不仅如此,服刑人员由于生活在高压封闭的环境之中,活动空间狭小,个人自由受到限制,心理压力大,心理疾患和心理危机相对高发,因而心理矫治更为必要。

现代监狱对服刑人员的行刑、矫正已经成为一门科学,行刑及矫正工作者也不是简单的看守,而是具有丰富知识的专业人员。《联合国囚犯待遇最低限度标准规则》第47条规定:①管理人员应具有教育和智力上的适当水平。②管理人员就职前应在一般和特殊职责方面接受训练,并必须通过理论和实际测验。③管理人员就职后和在职期间,应该参加不定时举办的在职训练班,以维持并提高他们的知识和专业能力。第49条第1款规定:管理人员中应该尽可能设有足够人数的精神病医生、心理学家、社会工作人员、教员、手艺教员等专家。这些规定都表明当代监狱管理与矫正将向职业化发展。

但心理咨询与心理治疗是复杂的专业工作,需要长期的、正规的院校教育,经常性的继续教育,以及持续不断的临床实践与督导。但是,从我国目前情况看,虽然医学院校开设的心理卫生专业越来越多,心理学、教育学课程在高等院校广泛开设,然而这些毕业生能够到矫正机构工作的并不多。矫正机构需要在已有民警中通过专业培训与继续教育方式建立职业化的心理矫治队伍。这一方式在我国已经得到司法部等矫正工作管理部门的重视,并提出了具体要求。这是适应世界行刑发展趋势的必然。

二、心理矫治职业化的含义

所谓职业化,就是一种工作状态的标准化、规范化和制度化,即要求人们把社会或组织交代下来的岗位职责,专业地完成到最佳,准确扮演好自己的工作角色;也即在合适的时间、合适的地点,用合适的方式,说合适的话,做合适的事。①

以国际通行的概念分析,职业化的内涵至少包括四个方面的内容:一是以"人事相宜"为

---

① 姜苟.职业化——职场人士生存与发展的必备素养.北京:经济管理出版社,2009.

追求,优化人们的职业资质;二是以"胜任愉快"为目标,保持人们的职业体能;三是以"创造绩效"为主导,开发人们的职业意识;四是以"适应市场"为基点,修养人们的职业道德。

心理矫治工作职业化,就是根据心理学的基本原理与操作要求,结合监狱等矫正机构工作实际,制定出心理矫治工作通行的操作规程,将监所心理矫治工作程序化、标准化、规范化、制度化,使心理矫治工作为管理、教育、矫治服刑人员事业发挥最大功效。其具体含义包括:一是矫正机构的心理矫治职业化,首先不能离开心理学的基本原理与操作要求。二是必须结合矫正工作实际,制定出切实可行的操作规程;操作规程要求简单、明了,易操作。

三、心理矫治职业化的实现途径

(一)建立健全心理咨询师队伍素质专业化的培育体系

人是做任何工作最关键的要素,心理矫治工作也一样。心理咨询师队伍的素质专业化程度决定着心理矫治工作的成败。而心理矫治工作职业化是持续发展过程,必须始终贯穿于心理矫治工作的各个阶段。

1. 构建完善心理咨询师的专业知识和能力结构体系

促进心理咨询师职业化最重要的就是提高心理咨询师的专业知识和专业技能。所以,学习心理学理论知识是专业化过程的第一步。从事服刑人员心理矫治工作,若没有丰富的心理学知识可以提取,尤其是对服刑人员这一特殊人群心理知识的学习掌握,就无法帮助来访服刑人员,更不可能根据自己的特点形成独特的咨询风格。矫正机构心理矫治工作的专业知识与能力结构有其特殊性,既要研究一般人的心理,还要了解服刑人员的特殊心理;既要学习基础理论知识、咨询治疗方法,掌握面谈技术、心理测量方法,以及提高自身综合素质,还要结合国内外服刑人员心理矫治工作的新形势、新要求,运用科学的方法研究探讨我国矫正机构心理咨询的工作内容、工作特征与素质要求,从而构建起心理咨询师的专业知识和能力体系,为工作人员心理咨询师自身的专业发展和继续教育提供理论依据。

2. 构建完善心理咨询师培养和培训体系

由于监狱心理咨询师大多是经过短暂的培训、考证上岗的,有的在培训前没有系统学习过心理学知识,仅靠短期培训所获的心理学基础知识就仓促上阵,其专业化程度与水平不足。这就要求建立健全心理咨询师的培训体系,使每个心理咨询师在考证后仍能够接受足够的专业培训,在工作中能够获得持续的专业发展。

监狱要适应心理矫治工作的专业化要求,就必须完善不同阶段心理咨询师的培训内容。第一阶段为民警心理咨询师上岗前的培训,把好入口关。除了必须获得国家认证的心理咨询师资格证书外,在上岗前还要联系矫正机构实际进行较为系统的专业培训。其中课程结构的合理设置及任课教师的选择具有重要意义。培训的时间及内容应做统一安排,除理论培训外,还要形成相对稳定的实践培训模式。第二阶段是对新上岗的心理咨询师进行上岗培训,过好适应关。任何职业生涯的前几年都是他们从事该专业工作的关键适应期,这一阶段的状况决定其一生专业素质的高低。要特别重视新咨询师的上岗培训,并把它看作是专业成长的一个重要的和不可或缺的阶段,逐步加以规范化和制度化,如即时提供支持和帮助,有更高一级咨询师的跟踪辅导,有比较系统的训练课程和评价体系等。第三阶段为在职心理咨询师再培训工作,过好专业关。要对咨询师的持续专业化发展形成明确思路,要规定每名心理咨询师每年须参加专业培训的时间,进行脱产培训,使在职培训规范化。同时,心理矫治在职培训要进一步专业化;可以有所侧重,针对每一个咨询师在实践中所擅长的侧重点进行分类培训,如认知疗法、行为疗法、精神分析疗法等内容或以在实践中擅长的人际交往、婚姻家庭、理性情绪等为侧重点侧重培训,以深化咨询师的专业所长,形成"百花争鸣"的局面。

3. 构建完善心理矫治队伍质量保证体系

(1)严格心理咨询师的各项管理制度。心理咨询师的专业化要求有效的心理咨询师制度管理。目前,有的监狱已经建立了心理咨询师管理制度,但这些管理制度还有许多不足,如制度不系统,缺少理论的支持,跟不上时代的变化,缺少可操作性等。要促进心理咨询师的专业化,监狱必须根据专业的要求,紧密结合工作实际,进一步完善心理咨询师准入制度、考核制度和晋升制度等。

(2)确立监狱心理咨询师的职业道德和专业伦理。无论咨询师的个人风格如何,心理咨询师都必须严格遵守"心理咨询师职业道德与伦理规范",遵循心理矫治的基本原则,如保密原则、中立原则和平等原则等,并且所有这些原则都应该体现并贯穿于咨询与辅导的整个过程。这里要特别强调一下保密原则。虽然在服刑人员心理矫治的专业书籍或教材中都认为,若在咨询中发现服刑人员有危及监管安全的,如自杀、脱逃、行凶等行为倾向时,就须突破保密原则,及时与有关部门沟通,并加以防范控制。但在咨询实践中,实际上很少需要突破保密原则。绝大多数时候,来咨询的服刑人员在咨询过程中表达出有行凶、自杀、脱逃的倾向时,其实其危险性比没有说之前已经降低了。正确的做法应当是,及时与上一级咨询师沟通,及时会诊,并跟踪咨询,消除隐患。这样才能让咨询工作正常运行,才能让更多的服刑人员相信,来咨询是安全的,咨询师是值得信任的。

(3)建立并完善优秀心理咨询师的工作评价体系。要通过对优秀心理咨询师资格认定来不断促进心理咨询师的专业化成长。优秀心理咨询师资格认定制度的建立有利于咨询师的持续性专业成长和发展,因为对于接受认定的咨询师来说,认定的过程本身就是专业发展和提高的绝好机会。如认定程序和方法要求受认定的咨询师,在一定的时间里对工作实绩进行总结并提供典型的个案进行交流,这要求咨询师进行大量的思考,准备各种材料。对于未接受认定的咨询师来说,经过认定的优秀咨询师将成为他们的榜样及努力的方向。通过高标准和高要求的优秀咨询师资格认定制度,将有助于咨询师快速成长。

(4)在实践中不断促进心理咨询师的专业发展。第一,在传帮带中促进新咨询师专业化成长。①慎重选择初次咨询对象,树立信心。选择刚入监(所)的心理测试有问题的新犯,或是经筛选相对容易咨询的对象,由易到难,循序渐进。②及时交流跟踪指导,培养自信。在前期咨询过程中,可安排有经验的咨询师做指导,让新咨询师在掌握相关技能的同时,更快进入咨询轨道。第二,搭建实践平台促进咨询师专业化成长。①可要求新咨询师给新服刑人员上心理健康教育课,这样既可提高新服刑人员心理健康水平,又可作为新心理咨询师的习艺场所,能力得到锻炼。②可要求咨询师给全监(所)服刑人员教授心理学课,让新心理咨询师在压力中成长,汲取更多的知识养分,不断超越自我。③参与心理咨询相关的座谈会、研讨会等活动,在交流研讨中提高咨询能力。④经常开展心理咨询的心得体会交流活动,如防自杀专题会、疑难个案咨询交流会以及其他相关工作会议,不断创造机会让咨询师相互交流工作体会,体现个人工作的成就感与价值感。第三,通过培训、外出考察学习以及自我学习促进咨询师专业化成长。通过不断的培训接受新理念、充实新知识;通过全省、全国心理矫治工作考察交流,达到开阔视野、提升咨询水平的效果;通过心理咨询师自身主动学习,在工作中琢磨业务,总结经验,不断提高专业知识和专业技能。第四,在矫正机构内的咨询师中间成立"互助沙龙"。以完全自愿的、自由组合的方式,在心理咨询师中成立"互助沙龙"。这是一个简便易行而有效的方法。定期开展活动,地点不限,可以是谈个案,谈个人问题,也可以做拓展训练、休闲放松游戏等。通过此类活动,加强专业沟通,提高咨询技术,搭建起心理支持系统。第五,在省局成立心理咨询师督导队伍。对全省矫正机构的心理咨询师进行业务、心理状态的督导,以提升咨询师业务水平,解决长期咨询后产生的咨询师个体心理危机。

(二)建立健全心理矫治工作职业化的外部支持体系

心理矫治工作职业化不仅是咨询师自身的问题,也涉及外部环境的问题。心理矫治工作的专业化涉及矫正机构心理矫治工作硬件设施的配置、其他民警的支持、服刑人员的主动参与等,尤其是在监狱心理矫治工作职业化实施的初期阶段,其成功与否、进程快与慢,很大程度上依赖于外部环境的支持和保障。

1. 硬件设施的投入

硬件投入是开展心理矫治工作职业化的必要条件。缺乏相应的硬件设施,不利于心理咨询工作深入、持久、有效地开展。在一些矫正机构,尚未建立起心理矫治室,设施也不规范,资料不齐全。咨询师在这种环境下难以有效开展工作,更难以实现咨询工作职业化。有效的咨询需要有一个良好的工作环境作保障,比如咨询室的选择与布置、咨询相关场所的建设、咨询设备的配置、咨询软件的必要配备等,都要与专业化要求相一致,使咨询师和来访者在安定和谐的气氛中开展咨询,达到良好的咨询效果。

2. 领导重视与民警支持

领导重视是心理矫治工作职业化的必要保障。随着矫正机构管理部门出台心理矫治的相关规范性文件,各级领导对心理矫治工作越来越重视,但是要从注重培养心理咨询师的数量转变到提高咨询师的质量上来,并且重视工作的真正落实,要从粗放型管理转变到专业化管理上来。为此,首先,要求各级领导转变心理矫治无用论、与教育改造一回事等认识,树立监狱心理矫治工作是进一步确保监狱监管安全、提高教育矫正工作质量的有效途径的认识。其次,监狱要加大心理科学知识的全员培训力度,让更多的民警能接受心理学知识的培训,能把心理咨询的基本原理运用到教育矫正工作中去,在帮助民警维护自身心理健康的同时,在管理教育服刑人员中自觉地运用心理学知识以取得实效。最后,心理矫治工作部门要主动与其他岗位民警进行沟通交流,取得他们的理解与支持。

3. 服刑人员的主动参与

服刑人员的主动参与是心理咨询工作实现职业化的土壤。要重点做好以下工作:①在服刑人员中进行心理学知识的普及,营造良好的心理矫治氛围。可以通过刊物,面向服刑人员的报纸、墙报等,以及电视、广播、影视作品、动漫作品、内部网站视频等形式,让服刑人员学习心理健康知识,明白常见心理问题的表现形态。②灌输咨询理念。要从新入监服刑人员开始,不断灌输心理健康及咨询的相关理念,让全体服刑人员对心理问题、心理障碍有初步的认识,知道什么时候有必要找心理咨询师咨询。③简化求助方式。尽可能简化服刑人员的求助方式,可以在各单位设立信箱,或通过各单位心理辅导员填好心理矫治预约单,确保各种求助渠道畅通。

（三）建立健全心理矫治工作规范化运作体系

心理矫治工作规范化运作是心理咨询师职业化的前提与必经之路,而心理矫治工作模式的确定、操作流程的规范、心理档案建设的规范以及对咨询师的心理督导等,构成规范化运作的重要组成部分。这些内容已在前面的章节中论述,此处不再赘述。

此外,可以成立矫正机构专业心理咨询师协会。在全国监狱系统以及其他矫正机构中成立心理工作者协会,把获证的咨询师吸收入会;省级成立分会;建立内部网站促进咨询师间的相互交流,使咨询师有归属感。

同时,要建立服刑人员心理矫治工作专业化的评审标准以及评估办法,开展有效的专项评比工作,促进心理矫治工作的职业化与规范化建设。

（四）力求个案突破,深化心理咨询工作

服刑人员心理矫治工作与社会上心理咨询工作有所区别,除了矫治服刑人员心理问题之外,最主要的目的还在于服务矫正机构的管理、教育与矫正工作,确保监管安全。要实现心理矫治工作的职业化建设,要提高其地位,就应当在个案矫治上有所突破,因此要以对个案的有效矫治作为工作重点。服刑人员个别化矫治与分类矫治,是实现我国心理矫治工作职业化的必由之路。正是一个个富有成效的矫正成功的案例,彰显着服刑人员心理矫治职业化的光辉。

思考题

1. 监狱个案心理矫治模式有哪些? 它们各自的特点是什么?
2. 监狱心理矫治机构的运行模式怎样?
3. 监狱心理咨询师心理健康维护的必要性如何?
4. 谈谈你对心理矫治职业化的理解。

参考文献

[1] 毕惜茜.公安监所管理.北京:中国人民公安大学出版社,2011.

[2] 陈伟.人身危险性研究.北京:法律出版社,2010.

[3] 车文博.心理治疗手册.沈阳:吉林人民出版社,1990.

[4] 段晓英.罪犯改造心理学.桂林:广西师范大学出版社,2010.

[5] 樊富珉.团体心理咨询.北京:高等教育出版社,2005.

[6] 冯建仓,陈志海.中国监狱若干重点问题研究.沈阳:吉林人民出版社,2002.

[7] 龚惠香.团体心理咨询的实践与研究.杭州:浙江大学出版社,2010.

[8] 国际刑罚改革协会.让标准发挥作用——监狱实务国际手册.北京:法律出版社,2009.

[9] 郭明.监狱学基础理论.北京:中国政法大学出版社,2011.

[10] 郭念锋.心理咨询师(基础知识).北京:民族出版社,2005.

[11] 郭念锋.心理咨询师(三级).北京:民族出版社,2005.

[12] 郭念锋.心理咨询师(二级)(第二版).北京:民族出版社,2012.

[13] 何为民.罪犯改造心理学.北京:中国人民大学出版社,1997.

[14] 黄兴瑞.罪犯心理学.北京:金城出版社.2003.

[15] 吉春华,朱娟.服刑人员心理健康指南.天津:天津社会科学出版社,2009.

[16] 蒋才洪等.监狱精细化管理.北京:法律出版社,2010.

[17] 江光荣.心理咨询与心理治疗.合肥:安徽人民出版社,1998.

[18] 江山河.犯罪学理论.上海:上海人民出版社,2008.

[19] 贾洛川.罪犯教育学.桂林:广西师范大学出版社,2008.

[20] 姜乾金.医学心理学.北京:人民卫生出版社,2004.

[21] 姜荀.职业化:职场人士生存与发展的必备素养.北京:经济管理出版社,2009.

[22] 金鉴.监狱学总论.北京:法律出版社,1997.

[23] 金忠扣.浅论危险分子的排查控制与转化.监狱理论研究,2008(4).

[24] 李玫瑾.犯罪心理研究——在犯罪防控中的作用.北京:中国人民公安大学出版社,2010.

[25] 李权超,谢玉茹.实用团体心理游戏与心理辅导.北京:军事医学科学出版社,2010.

[26] 李维,张诗忠.心理健康百科全书·第7卷,障碍疾病卷.上海:上海教育出版社,2004.

[27] 连春亮.罪犯心理矫治策论.北京:华文出版社,2004.

[28] 林崇德.发展心理学(第二版).北京:人民教育出版社,2009.

[29] 林家兴,王丽文.心理咨询与治疗实务.北京:化学工业出版社,2009.

[30] 林茂荣,杨士隆.监狱学:犯罪矫正原理与实务.台北:五南图书出版股份有限公司,2008.

[31] 刘邦惠.犯罪心理学(第二版).北京:科学出版社,2009.

[32] 刘眉,董新义.重塑人格:服刑人员团体心理辅导.北京:金城出版社,2011.

[33] 刘伟.团体心理咨询与治疗.北京:人民卫生出版社,2015.

[34] 刘勇.团体心理辅导与训练.广州:中山大学出版社,2007.

[35] 罗大华,何为民.犯罪心理学.北京:中国政法大学出版社,2007.

[36] 马志国.心理咨询师实用技术.北京:中国水利水电出版社,2005.

[37] 潘国和,[美]罗伯特·麦尔.美国矫正制度概述.上海:华东师范大学出版社,1997.

[38] 钱铭怡.心理咨询与心理治疗.北京:北京大学出版社,2007.

[39] 屈建伟.影响危险性评估准确性的因素及危险性评估对法律机构的影响.江苏警官学院学报,2011(4).

[40] 阮浩.罪犯矫正心理学.北京:中国民主法制出版社,1998.

[41] 阮浩.罪犯心理矫治.北京:金城出版社,2003.

[42] 吕成荣,赵山等.服刑罪犯精神障碍患病率调查.临床精神医学杂志,2003(4).

[43] 邵晓顺.劳动改造的动态发展阶段论.劳改劳教理论研究,1990(3).

[44] 邵晓顺.服刑人员心理矫治的操作化程序.中国监狱学刊,2010(3).

[45] 邵晓顺.服刑人员心理矫治:理论与实务.北京:群众出版社,2012.

[46] 邵晓顺.违法犯罪人员家庭学校教育与早年不良行为关系研究.犯罪与改造研究,2012(3).

[47] 邵晓顺.犯罪个案研究与启示.北京:群众出版社,2013.

[48] 邵晓顺.限制减刑服刑人员犯罪案例分析与启示.北京:群众出版社,2013.

[49] 邵晓顺.犯罪心理分析与矫正.杭州:浙江大学出版社,2015.

[50] 邵晓顺,薛珮琳.矫正机构中期教育理论与实务.北京:群众出版社,2015.

[51] 邵晓顺,蒋小霞.亚隆团体咨询技术矫治顽危服刑人员实务.北京:群众出版社,2016.

[52] 石向实等.心理咨询的原理和方法.杭州:浙江大学出版社,2010.

[53] 宋行.服刑人员个案矫正技术.北京:法律出版社,2009.

[54] 宋胜尊.罪犯心理评估:理论、方法、工具.北京:群众出版社,2005.

[55] 孙晓雳.美国矫正体系中的罪犯分类.北京:中国人民公安大学出版社,1992.

[56] 唐新礼,陈蕊.论罪犯危险性评估操作技术.河南司法警官职业学院学报,2007(4).

[57] 王秉中.罪犯教育学.北京:群众出版社,2003.

[58] 王云海.监狱行刑的法理.北京:中国人民大学出版社,2010.

[59] 王祖清,赵卫宽.罪犯教育学.北京:金城出版社,2003.

[60] 汪凤炎,郑红.中国文化心理学(第三版).广州:暨南大学出版社,2005.

[61] 吴宗宪.中国服刑人员心理矫治.北京:法律出版社,2004.

[62] 吴宗宪.国外罪犯心理矫治.北京:中国轻工业出版社,2004.

[63] 吴宗宪.当代西方监狱学.北京:法律出版社,2005.

[64] 吴宗宪.罪犯改造论——罪犯改造的犯因性差异理论初探.北京:中国人民公安大学出版社,2007.

[65] 吴宗宪.中国服刑人员心理矫治技术.北京:北京师范大学出版社,2010.

[66] 萧前,李秀林,注永祥.辩证唯物主义原理(第三版).北京:北京师范大学出版社,2012.

[67] 谢钢,林婷婷.从标签理论视角看社区矫正的基层推广.吉林师范大学学报(人文社科

版),2010(4).

[68] 徐西森.团体动力与团体辅导.广州:广东世界图书出版公司,2003.

[69] 杨宏飞.心理咨询原理.杭州:浙江大学出版社,2008.

[70] 杨世红.心理咨询的理论与实践.云南:云南大学出版社,2009.

[71] 叶扬.中国罪犯心理矫治教程.北京:法律出版社,2003.

[72] 易法建.心理医生.重庆:重庆大学出版社,1996.

[73] 应朝雄.监狱分监区工作实务.北京:中国政法大学出版社,2006.

[74] 于爱荣.矫正技术原论.北京:法律出版社,2007.

[75] 于爱荣.矫正质量评估.北京:法律出版社,2008.

[76] 于爱荣.服刑人员个案矫正实务.北京:化学工业出版社,2011.

[77] 翟中东.国际视域下的重新犯罪防范政策.北京:北京大学出版社,2010.

[78] 章恩友.罪犯心理矫治技术.北京:中国物价出版社,2002.

[79] 章恩友.中国监狱心理矫治规范化运作研究.北京:中国市场出版社,2004.

[80] 章恩友.罪犯心理矫治.北京:中国民主法制出版社,2007.

[81] 张婧.监狱矫正机构之观察与省思.北京:中国人民公安大学出版社,2010.

[82] 张日昇.咨询心理学.北京:人民教育出版社,2009.

[83] 张文华,侯绍臻,狄小华.罪犯心理矫治理论与实践.北京:群众出版社,1997.

[84] 赵兰.试论女犯拘禁性心理障碍及其矫治.湖南科技学院学报,2005(9).

[85] 郑日昌.当代心理咨询与治疗体系.北京:高等教育出版社,2007.

[86] 郑天明.个别化矫治的探索与思考.犯罪与改造研究,2012(2).

[87] 中华医学会精神科分会.中国精神障碍分类与诊断标准(CCMD-3).济南:山东科学技术出版社,2001.

[88] 中国大百科全书出版社编辑部.中国大百科全书·自动控制与系统工程卷.北京:中国大百科全书出版社,1991.

[89] 中国监狱学会.中国监狱学会20年:1985—2005.北京:法律出版社,2006.

[90] 钟志龙.心理辅导活动课操作实务.宁波:宁波出版社,2007.

[91] 周晓红.现代社会心理学——多维视野中的社会行为研究.上海:上海人民出版社,1997.

[92] 周雨臣.罪犯教育专论.北京:群众出版社,2010.

[93] 朱建军.意象对话心理治疗.北京:北京大学医学出版社,2006.

[94] [美]赫根汉.人格心理学导论.何瑾,冯增俊,译.海口:海南人民出版社,1986.

[95] [美]科米尔,纽瑞尔斯,奥斯本.心理咨询师的问诊策略(第六版).张建中,等译.北京:中国轻工业出版社,2009.

[96] [美]理查德·格里格,菲利普·津巴多.心理学与生活.王垒,王甦,等译.北京:人民邮电出版社,2003.

[97] [美]克莱门斯·巴特勒斯.矫正导论.孙晓雳,等译.北京:中国人民公安大学出版社,1991.

[98] [美]迈克尔·戈特弗里德森,特拉维斯·赫希.犯罪的一般理论.吴宗宪,苏明月,译.北京:中国人民公安大学出版社,2009.

［99］［美］尼斯塔尔. 心理咨询入门：艺术与科学的视角（第三版）. 张敏，等译. 北京：高等教育出版社，2007.

［100］［美］苏珊·卡罗尔. 青少年小组游戏——治疗师手册. 刘梦，冯杰，朱凯，译. 北京：中国人民大学出版社，2007.

［101］［美］B. E. Gililand，R. K. James. 危机干预策略. 肖水源，等译. 北京：中国轻工业出版社，2000.

［102］［美］E. E. Jacobs，R. L. Masson，R. L. Harvill. 团体咨询策略与技巧（第五版）. 赵芳，等译. 北京：高等教育出版社，2009.

［103］［美］Gerald Corey. 团体咨询的理论与实践（第六版）. 方豪，等译. 上海：上海社会科学院出版社，2006.

［104］［美］Gerald Corey. 心理咨询与治疗的理论及实践（第八版）. 谭晨，译. 北京：中国轻工业出版社，2010.

［105］［美］Reter Jenking，Vincent Keter，Julie Stone. 心理治疗与法律. 胡连新，译. 北京：人民卫生出版社，2009.

［106］［美］Ruth E. Masters. 罪犯心理咨询（第二版）. 杨波，译. 北京：中国轻工业出版社，2005.

［107］［美］Sheldon Cashdan. 客体关系心理治疗理论、实务与案例. 鲁小华，等译. 北京：中国水利水电出版社，1998.

［108］［美］William P. McInnis 等. 青少年心理治疗指导计划. 张宁，译. 北京：中国轻工业出版社，2005.

［109］［瑞典］Danuta Wasserman. 自杀：一种不必要的死亡. 李鸣，等译. 北京：中国轻工业出版社，2004.

［110］［英］詹姆斯·马吉尔. 解读心理学与犯罪. 张广宇，等译. 北京：中国人民公安大学出版社，2009.

［111］［英］约翰·麦克里奥德. 心理咨询导论（第三版）. 潘洁，译. 上海：上海社会科学院出版社，2006.

［112］［英］Clive R. Hollin. 罪犯评估和治疗必备手册. 郑红丽，译. 北京：中国轻工业出版社，2006.